T0197054

Eine Reise durch die Ökonomie

Detlef Pietsch

Eine Reise durch die Ökonomie

Über Wohlstand, Digitalisierung und Gerechtigkeit

2. Auflage

Vorwort zur zweiten Auflage

Seit dem Erscheinen der ersten Auflage Ende 2019 hat sich die Welt dramatisch verändert. Zu Beginn des Jahres 2020 hat sich eine weltweite Pandemie entwickelt, die in ihren Konsequenzen und Einschnitten in das Leben der Menschheit ein so noch nie dagewesenes Ausmaß erreichte. Hunderte Millionen von Menschen sind weltweit an dem Covid-19 Virus erkrankt, einige Millionen daran auch gestorben. Die Pandemie hat ein unendliches Leid über die Erdbevölkerung gebracht, ganz zu schweigen von den ökonomischen Konsequenzen. Ganze Branchen standen kurzfristig vor dem Aus wie etwa die Tourismus-, Luftfahrt- oder Messebranche. Andere, wie die Gastronomie oder das Hotelgewerbe, wurden nachhaltig in ihrer Existenz bedroht. Ähnliches galt für die Kultur, den Sport, viele Einzelhandelsgeschäfte und Unternehmen weltweit. Die Pandemie hatte zeitweilig die Ökonomie fast vollständig zum Erliegen gebracht. Menschen durften sich außerdem zeitweilig nicht mehr treffen, Kinder wurden von zu Hause aus unterrichtet und das Krankenhaus- und Pflegepersonal arbeitete sich am Rande ihrer physischen und psychischen Fähigkeiten auf. Soziale Isolation, mentale Depressionen und Erschöpfung breiteten sich weltweit aus. Man spricht bereits von einer „Generation Corona". Unvergessen werden die Bilder von den zahlreichen Infizierten bleiben, die auf den Intensivstationen beatmet werden mussten und mit dem Tode rangen. Täglich erschütterten uns neue Meldungen von der Anzahl der Neuinfizierten und Toten. Immer neue Corona-Varianten trübten das tägliche Nachrichtenbild.

War das nicht schon schlimm genug, kam im Sommer 2021 auch noch die Flutkatastrophe hinzu, die in Teilen Deutschlands Tausenden von Menschen ihr zu Hause, ihr Hab und Gut nahm und trotz der sofort einsetzenden Hilfsmaßnahmen von Freiwilligen unzählige verzweifelte Menschen hinterließ. Spätestens jetzt ist jedem klar, dass der Klimawandel mit Wucht eingesetzt hat und seine Spuren hinterlässt. Während bereits die letzten Jahre der Corona-Pandemie mit ihren dramatischen Ereignissen in die Geschichtsbücher eingehen werden, scheint das Jahr 2022 ein regelrechtes *annus horribilis,* ein Schreckensjahr zu werden: Der Krieg hat die Welt wieder erreicht. Mehr als 76 Jahre nach dem letzten Weltkrieg wurde die Ukraine, ein freier und selbstständiger Staat, von russischen Verbänden angegriffen und zu einem Krieg genötigt. Die Staatengemeinschaft wehrt sich nicht nur mit umfangreichen Hilfslieferungen an die Ukraine, sondern auch mit Waffenlieferungen und einschneidenden Wirtschaftssanktionen. Ökonomische Maßnahmen werden als legitime Waffen zur Verteidigung eingesetzt und sollen gleichzeitig in Form von Spenden der notleidenden ukrainischen Bevölkerung helfen. Alle drei Katastrophen, die Corona-Pandemie, das Hochwasser und der Ukraine-Krieg, machten es notwendig, ein weiteres Unterkapitel in dieser zweiten Auflage zu ergänzen. Es heißt aus nachvollziehbaren Gründen: *Ökonomie in unsicheren Zeiten*. In diesem habe ich versucht, die wesentlichen Entwicklungen der letzten Monate vor allem aus ökonomischer Sicht nachzuzeichnen und damit die „Reise durch die Ökonomie" auf den neuesten Stand zu bringen. Wie es mit den dramatischen Ereignissen rund um den Krieg in der Ukraine und der Pandemie weitergeht, werden wir alle mit großer Sorge und Anteilnahme verfolgen.

Ich möchte mich auch im Rahmen dieser zweiten Auflage sehr herzlich bei Frau Dr. Isabella Hanser und ihrem Team vom Springer Verlag für ihre wie gewohnt sehr professionelle und wertvolle Zusammenarbeit bedanken. Ferner gilt mein persönlicher Dank wie immer meiner Familie.

München   Detlef Pietsch
im Frühjahr 2022

Vorwort

Ich möchte Sie auf eine Reise mitnehmen. Eine Reise durch die Ökonomie von gestern, heute und morgen. Geht es Ihnen auch so, dass Sie sich nicht trauen, ein Fachbuch zu wirtschaftlichen Themen in die Hand zu nehmen? Sehr viel Fachchinesisch, häufig viel zu schwierig und aus Sicht eines interessierten Laien meist nur sehr schwer verständlich. Wie schade! Dabei ist die Ökonomie als Wissenschaft der Wirtschaft eines der spannendsten Themen der Welt. Ich habe mir überlegt, wie ich meinem Sohn, der 19 Jahre alt ist und vor nicht allzu langer Zeit sein Abitur gemacht hat, die Wirtschaft erklären und das Fach „schmackhaft" machen könnte. Er studiert nämlich Betriebswirtschaftslehre. Also habe ich mir gedacht, ich versuche ihn auf eine Reise durch die spannende Welt der Wirtschaft mitzunehmen.

Ich möchte Sie, liebe Leserin und lieber Leser, einladen, uns auf dieser Reise zu begleiten. Dabei wähle ich bewusst den Weg „über die Hintertreppe" (vgl. Weischedel,

2005): Einen Weg, der nicht wie der durch den Haupteingang über den beschwerlichen Weg der komplexen
Theoriegebäude der Ökonomie geht, sondern der die
wesentlichen Kerngedanken und -ideen der größten ökonomischen Vordenker aller Zeiten darstellt und seine Leser
dabei unterhalten soll. Zwar ist dieser Weg weniger glanz-
voll als der Weg durch den Haupteingang, gleichwohl
führt er zu seinem Ziel, die luftige Höhe des wirtschaftswissenschaftlichen Denkens zu ergründen und die Reise
dennoch in gut überschaubare Schritten und Treppen-
stufen aufzuteilen.

Sie fragen sich sicherlich, wie ich dazu komme, mir
anzumaßen, meinem Sohn und Ihnen die Wirtschaft
erklären zu wollen. In erster Linie möchte ich sie nicht
erklären, sondern mit Ihnen gemeinsam einen Blick auf
die Wirtschaft werfen, ihre Kernthemen identifizieren
und gemeinsam mit Ihnen darüber nachdenken, wie sich
die Wirtschaft in die richtige Richtung weiterentwickeln
lässt. Kurz zu meiner Person: Ich habe vor über 30 Jahren
an der Universität Mannheim Betriebswirtschaftslehre
studiert und bin anschließend in diesem Fach promoviert
worden. Danach habe ich in verschiedenen Positionen im
Management eines großen internationalen Unternehmens
gearbeitet, wo ich noch immer tätig bin. Nachdem ich
also jahrelang die ökonomische Theorie studiert hatte,
durfte ich sie über 25 Jahre in der Praxis anwenden und
konnte die wirtschaftliche Entwicklung intensiv verfolgen.

Dabei ist mir aufgefallen, dass die kritischen Stimmen
über die Wirtschaft immer mehr zugenommen haben
(u. a. Küng, 2010). Das System des Kapitalismus steht
massiv unter Beschuss und im Verdacht, aus dem Ruder
zu laufen und die wirtschaftliche Ungerechtigkeit und
Ungleichheit zu verstärken (vgl. Piketty, 2014; Atkinson,
2015). Zahlreich sind die Debatten über die hohen
Gehälter etwa der Hedgefonds-Manager bei zunehmender

Arbeitslosigkeit in Teilen der Welt und damit einhergehender Altersarmut. Das Streben nach Glück scheint vielfach durch das Streben nach Reichtum ersetzt worden zu sein. Ist der Reichtum einiger weniger aber das ursprüngliche Ziel der Wirtschaft gewesen?

Ich möchte in diesem Buch nicht dozieren. Den Stein des Weisen habe auch ich nicht gefunden. Ich kann und möchte Sie, liebe Leserin und Leser, nicht mit Theorien und Deutungen überfluten, sondern Sie im Gegenteil einladen, spannende Schritte in das Reich der Wirtschaft hineinzugehen. Gemeinsam wollen wir drängende Themen der heutigen Wirtschaft wie etwa das der Gerechtigkeit, das Ziel des „Wohlstands für alle" (Erhard, 1964), das Ludwig Erhard in der jungen Bundesrepublik ausgab, diskutieren und versuchen, mögliche Lösungen zu skizzieren. Vielleicht schaffen wir es, eine Wirtschaft zu entwerfen, die „Wert schafft". Eine Wirtschaft, die allen ein auskömmliches und selbstbestimmtes Leben ermöglicht, die die Ungleichheiten in engen Grenzen hält und das „größte Glück für die größte Anzahl an Menschen", so der englische Philosoph Jeremy Bentham (Bentham, 1776, S. 393), bereithält. Was das beste Ziel der Wirtschaft ist, werden wir im Laufe der Lektüre des vorliegenden Buches gemeinsam entwickeln. Der Weg vom ersten „richtigen" Ökonomen, dem Moralphilosophen Adam Smith, der sich vor allem damit beschäftigte, wie Nationen zu Wohlstand (Smith, 2009) gelangen können, war sehr lang und steinig. Heute lautet die Frage eher, wie der Wohlstand in Zeiten der Digitalisierung und der Globalisierung bei allen ankommen kann. Es geht um die Frage der Gerechtigkeit. Daher habe ich unserer Reise durch die ökonomische Geschichte den Untertitel „Über Wohlstand, Digitalisierung und Gerechtigkeit" gegeben. Drei Begriffe, die die ökonomischen Themen des Gestern, Heute und Morgen widerspiegeln wie keine anderen.

3.3   Thorstein Veblen   183
3.4   John Maynard Keynes   191
3.5   Milton Friedman   217
3.6   Die Ordoliberalen   237
Literatur   259

4   Gegenwart   **265**
4.1   Die Ethiker   268
4.2   Die Verhaltensökonomen   279
Literatur   289

**Teil II   Aktuelle und zukünftige
            Herausforderungen der Wirtschaft**

**5   Die Quintessenz des ökonomischen
     Denkens**   **293**
5.1   Wesentliche Ideen der Ökonomie   293
5.2   Die Logik der ökonomischen
      Forschung   309
5.3   Beiträge anderer Disziplinen   313
5.4   Mathematik in der Wirtschaftstheorie   318
5.5   Grenzen der ökonomischen Theorie   323
Literatur   337

**6   Die drängendsten Themen der
     Wirtschaft von morgen**   **341**
6.1   Gerechtigkeit   341
6.2   Kapitalismus als Auslaufmodell?   353
6.3   Wirtschaft und Ethik   359
6.4   Grenzen des Wachstums   379
6.5   Globalisierung und Digitalisierung   387
6.6   Wirtschaft und Ökologie   399
6.7   Die Arbeitsgesellschaft von morgen   406

6.8   Die Ökonomie des guten Lebens   411
6.9   Ausblick: Ökonomie in
      unsicheren Zeiten   424
Literatur   448

Dank   459

Literatur   461

Teil I

Eine Reise durch die Geschichte der Ökonomie

Wir wollen in Teil I dieses Buches tief in die Geschichte der Wirtschaft eintauchen. Dabei gehen wir weit in die Steinzeit zurück (Kap. I. 1.1), werden sowohl den alten Griechen Platon und Aristoteles (Kap. I. 1.2), den gebildetsten Menschen ihrer Zeit, begegnen als auch Denkern des Mittelalters wie Thomas von Aquin (Kap. I. 1.3) oder vorklassischen Denkern wie Jean-Baptiste Colbert und François Quesnay (Kap. I. 1.4). Wenn man über die Geschichte der ökonomischen Ideen nachdenkt, kommt man vor allem an den Klassikern dieses Faches nicht vorbei, allen voran an dem Moralphilosophen und ersten modernen Ökonomen Adam Smith (Kap. I. 2.1). Die Klassiker der ökonomischen Theorie bauten Smiths Ideen aus (Kap. I. 2.2): David Ricardo erweiterte den Horizont in der Außenhandelstheorie u. a. mit seinem Prinzip der komparativen Kostenvorteile; Jean-Baptiste Say konzentrierte sich auf das Marktangebot und behauptete, „jedes Angebot schafft sich seine Nachfrage" (vgl. Stehle 2014). Die sozialistischen Denker wie vor allem Karl Marx (Kap. I. 2.3) konzentrierten sich auf den zunehmenden Klassenunterschied zwischen Arm und Reich, zwischen Besitzenden („Kapitalisten") und armen

Lohnempfängern („Proletariern") sowie deren Leben und Arbeiten am Existenzminimum.

Während die Neoklassiker (Kap. I. 3.1) den Einzug der Mathematik in Optimierungsüberlegungen forcierten und der Formalisierung der Ökonomie den Boden bereiteten, propagierte die von namhaften Ökonomen gebildete „Österreichische Schule" (Kap. I. 3.2) die Vorteile der freien Marktwirtschaft und eine Zurückhaltung des Staates in der Ökonomie (Kap. I. 3.3 über Thorstein Veblen) . Dies wurde von dem Monetaristen Milton Friedman (Kap. I. 3.5) wieder aufgegriffen, der ein radikaler Verfechter der freien, staatlich nahezu unbeeinflussten Marktwirtschaft war. Dem wohl einflussreichsten Ökonomen des 20. Jahrhunderts, dem Engländer John Maynard Keynes (Kap. I. 3.4), ging es vor allem darum, wie eine erneute Weltwirtschaftskrise (nach der gerade erlebten) künftig zu vermeiden wäre. Die Ordoliberalen (Kap. I. 3.6) versuchten in Deutschland vor allem nach dem Zweiten Weltkrieg, das Beste aus zwei Welten miteinander zu kombinieren: Der Staat solle nur den Rahmen setzen und die Wirtschaft sich ansonsten frei entfalten lassen. Neueste Entwicklungen der ökonomischen Ideengeschichte zeigen einen verstärkten Fokus auf unterschiedliche Themen: Joseph Stiglitz prangert u. a. die Fehlentwicklungen der Globalisierung und der wachsenden Ungleichheit an. Amartya Sen plädiert für eine menschlichere Ökonomie (Kap. I. 4.1), Daniel Kahneman und Richard Thaler (Kap. I. 4.2) schließlich führen mit der Verhaltensökonomie die Idee eines realistischeren Menschenbildes ein, ergänzt um psychologische Komponenten.

1

Steinzeit, Antike und Vorklassik

1.1 Steinzeit

Ich möchte hier bewusst nicht mit Lehrbuchformeln wie „Knappheit" oder „Optimierung" oder dem ökonomischen Prinzip beginnen. Im Gegenteil möchte ich Sie auffordern, mit mir gemeinsam das Wesen der Wirtschaft anhand von einfachen Fragen zu durchdringen. Woher kommt die Beschäftigung des Menschen mit der Wirtschaft? Was macht Wirtschaft aus? Wozu benötigen wir Wirtschaft? Wie in vielen Themen des Lebens erschließen sich die Hintergründe der Wirtschaft durch einen Blick in die Geschichte. Gehen wir dazu viele, viele Jahre in der Menschheitsgeschichte zurück, genauer gesagt, etwa 600.000 Jahre: in die Altsteinzeit. Die Anfänge der Menschheit, wie wir sie heute kennen, reichen bis etwa 500.000 vor Christi Geburt zurück. Nach einer langen Voreiszeit konnte sich in einer Periode der Wärme durch die klimatischen Veränderungen – einer sogenannten

© Springer Fachmedien Wiesbaden GmbH, ein Teil von Springer Nature 2022
D. Pietsch, *Eine Reise durch die Ökonomie*,
https://doi.org/10.1007/978-3-658-38095-3_1

Zwischeneiszeit – menschliches Leben entwickeln. In der Periode der ersten dieser Zwischeneiszeiten um etwa 500.000 v.Chr. wurden in Europa Überreste des „Heidelbergmenschen", der Homo heidelbergensis, gefunden (vgl. dazu exemplarisch Bick, 2012; Bortis o. Jg.; Kaier, 1974, S. 2 ff.).

Wie lebten die Menschen damals zusammen? Zunächst lernten die Menschen der Altsteinzeit mit dem Feuer umzugehen und waren relativ früh in der Lage, Werkzeuge wie etwa den Faustkeil herzustellen. Sie lebten damals in kleinen, dörflichen Gemeinschaften zusammen und waren vor allem Jäger und Sammler. Dabei wurden die gefangenen Fische oder das erlegte Wild genauso wie die gesammelten Beeren und Früchte zusammengetragen und in der dörflichen Gemeinschaft geteilt. Die Werkzeuge wurden aus Rohstoffen wie z. B. Steinen aus der nächsten Umgebung gefertigt. Die Herstellung der Werkzeuge wurde in der Gruppe vorgenommen. Die Gemeinschaft sorgte für sich selbst: Nahrungsmittel, Kleidung und weitere Güter des täglichen Bedarfs der Gruppe wurden von der Gemeinschaft zum Eigenbedarf selbst erzeugt.

Dadurch bestand weder die Notwendigkeit noch das Bedürfnis eines Austauschs von Gütern. Als Gruppe von Selbstversorgern begnügte sich jede Gemeinschaft mit dem, was die Natur um sie herum bot. Die Jagd von Elefanten, Bären, Riesenhirschen etc. war hauptsächlich den von Natur aus stärkeren und schnelleren Männern vorbehalten, während die Frauen eher Sammlerinnen von Pflanzen, Früchten und Beeren waren und die Kinder beaufsichtigten. So hatte jedes Mitglied der Gemeinschaft bestimmte Aufgaben zu erledigen und trug gemäß seinen Fähigkeiten zum Überleben der Gemeinschaft bei. Dabei entstand die heute noch wichtige Arbeitsteilung in einer damals vorherrschenden familiären Wirtschaftseinheit.

Dies änderte sich durch das wärmere Klima der Mittelsteinzeit zwischen 10.000 und etwa 2500 v.Chr. Die Gletscher schmolzen langsam, die Kälte liebenden Tiere folgten der Eisgrenze nach Norden und die Menschen folgten diesen Tieren. Aus dem Schmelzwasser entstanden große Seen, die den Menschen durch ihren Fischbestand reiche Nahrung boten. Durch die aufkommende Wärme wuchsen die Wälder. Die Menschen der Mittelsteinzeit gingen immer mehr dazu über, nicht nur Pflanzenknollen zu ernten, sondern sie auch gezielt anzupflanzen und größere Vorräte für den Winter aufzubewahren. Damals legten sie die Grundlagen für den Ackerbau. Sie domestizierten Wildtiere wie etwa Wildschweine und Wölfe und erfanden die Töpferei. Sie nutzten ausgehöhlte Einbäume als Boot und konstruierten Beile aus Feuersteinsplittern, die sie an einem Stiel befestigten. Ferner züchteten sie Schafe, Ziegen und Rinder und Pferde. Am Ende der Mittelsteinzeit gegen 2500 v.Chr. wurden die Menschen sesshaft.

In der Jungsteinzeit ab etwa 2500 bis 1500 v.Chr. hatten sich die Menschen bereits von den einstigen Jägern und Sammlern zu Hirten und Ackerbauern entwickelt, die mit einer immer größeren Geschicklichkeit befestigte Siedlungen und stabile Hausanlagen errichteten, die die leichten Wohnanlagen der Jäger und Sammler ablösten. Angebautes Getreide wurde geerntet und auf Vorrat angelegt. Wilde Pflanzenarten wurden kultiviert und Tiere gehalten, auf Feldern und Äckern wurden Getreide und Hülsenfrüchte angebaut und geerntet. Durch die Haltung und Zucht von Haustieren wurde ein Fleischvorrat aufgebaut, und die Jagd verlor an Bedeutung. Da Arbeiten wie Bebauung, Ernte, Viehzucht und der Bau von Hausanlagen eine immer größere Zahl spezialisierter Tätigkeiten mit sich brachte, wurde die Arbeitsteilung der Menschen in der Gemeinschaft immer ausgeprägter.

Jedes Mitglied konzentrierte sich darauf, was es am besten konnte. Nicht selbst gebrauchte Produkte wurden getauscht. So konzentrierte sich z. B. ein begabter Werkzeugmacher auf die Herstellung der Werkzeuge und tauschte sie gegen die von ihm und seiner Familie benötigten Nahrungsmittel ein. Neue Funktionen der Steinzeitwirtschaft erforderten neue Geräte und Werkzeuge: In der Jungsteinzeit wurden Spindel und Webstuhl erfunden, Hacke und später Pflug und Wagenrad erleichterten den Anbau auf größeren Flächen und den Transport von Gütern.

Da die Menschen der Jungsteinzeit nun immer mehr Vorräte ansammelten oder züchteten und in feuerfesten Tongeräten lagerten, wurde der Überschuss gegen andere Gegenstände und Lebensmittel getauscht, schließlich sogar Haustiere wie Schafe und Ziegen. Dadurch entstand eine Tauschwirtschaft, deren Kerngedanke es war, Knappheit und Mängel an bestimmten Gütern zu beseitigen. Voraussetzung des Tauschens war die Tatsache, dass der Tauschwillige einen Partner findet, der einen Überschuss an einem Gut besitzt und entbehren kann und im Gegenzug seinen Bedarf an dem reichlichen Gut des anderen eintauschen kann. So kann der Besitzer mehrerer Rinder seinen Besitz zum Teil gegen Werkzeuge oder Saatgut zum Anbau von Getreide eintauschen. Der wesentliche Punkt war jetzt am Ende der Jungsteinzeit erreicht: Der Mensch produzierte mehr, als er selbst benötigte, speicherte auf Vorrat und tauschte gegen andere Waren seines individuellen Bedarfs. So entstand die Tauschwirtschaft *Ware gegen Ware* bei ausgeprägter Spezialisierung der Menschen einer sesshaft gewordenen Gemeinschaft.

Nach der Jungsteinzeit wurde durch die Metallverarbeitung eine neue Epoche eingeleitet: die Eisen- und Bronzezeit. Aus dem Vorderen Orient kommend, wurde etwa gegen 1800 v.Chr. das Bronzegießen auch in

Europa bekannt. Die Metallgewinnung wurde durch die Erfindung des Brenn- und Schmelzofens gefördert. Das Handwerk spezialisierte sich weiter, es kamen neue Berufe der Metallverarbeitung hinzu, und die Arbeitsteilung der Wirtschaft wuchs. Die zunehmende Spezialisierung der Berufe und Tätigkeiten in einer Gemeinschaft intensivierte die Zusammenarbeit und den Tausch zwischen immer weiter entfernt liegenden Gemeinschaften. Metallgewinnung und -verarbeitung verstärkten die Handelsbeziehungen weiter. Rohstoffe für Werkzeuge und Waffen wurden aus immer weiter entfernten Quellen beschafft und getauscht. So entstanden im Laufe der Zeit Handelsstraßen für u. a. Kupfer, Bronze und Zinn. Kupfer, Gold und Bernstein wurden ebenso wie Schmuck gehandelt. Als Zahlungsmittel dienten Naturalien. So wurden u. a. hochqualitative Tierfelle wie etwa Biberpelze als Bemessungsgrundlage und Referenzwert für den Tausch eingesetzt.

Was halten wir also für unser Thema der Wirtschaft anhand des kleinen geschichtlichen Ausflugs in die Menschheitsgeschichte fest? Wenn eine Gemeinschaft sich die lebensnotwendigen Güter wie etwa Lebensmittel, Kleidung, Unterkunft etc. selbst organisieren kann, existiert keine Notwendigkeit, sich mit anderen Gemeinschaften auszutauschen. Allerdings muss ein jedes Mitglied nach seinen Fähigkeiten eingesetzt werden und arbeitsteilig für das Gemeinwohl sorgen: die Männer z. B. auf der Jagd, die Frauen als Sammlerinnen. Erst wenn die Tätigkeiten und Berufe sich immer stärker spezialisieren und nicht jeder von seiner Tätigkeit allein leben kann, wird der Tausch interessant. Vor allem dann, wenn die Menge der zum täglichen Bedarf zur Verfügung stehenden Güter wie etwa Lebensmittel begrenzt sind, wird ein Tausch notwendig. Dieser resultiert dabei vor allem daraus, dass sich jedes Mitglied aufgrund der arbeitsteiligen Spezialisierung auf seine Tätigkeit (z. B. Werkzeugmacher) konzentriert und Waren tauscht, auf die sich ein anderes Mitglied der Gemeinschaft spezialisiert hat. Ein weiterer Grund für Tausch und Handel sind jeweils vorhandene Ressourcen: Habe ich in einer Region mehr Rohstoffe in Form von Metallen zur Gewinnung zur Verfügung, kann ich mit jemandem tauschen, der z. B. mehr Felle zur Verfügung hat, da in seiner Gegend mehr Tiere leben. Der Tausch dient dann gemeinsam mit dem Handel von Ware gegen Ware zum Ausgleich der Knappheit. Wenn Sie sich nun die skizzierte steinzeitliche Gemeinschaft vergegenwärtigen, werden wir schnell feststellen, was das Wesen der Wirtschaft ist:

Durch die Arbeitsteilung und die Spezialisierung der Tätigkeiten holt eine Gemeinschaft das Maximale aus den vorhandenen, knappen Ressourcen heraus. Diese werden dann auf die einzelnen Mitglieder der Gemeinschaft verteilt, um das Überleben, „die Wohlfahrt", abzusichern. Im Tauschhandel mit anderen Gemeinschaften wird nur das angeboten, was man am ehesten verschmerzen kann oder eher im Überfluss hat und deshalb eintauschen kann gegen das Gut, an dem man Mangel leidet. Dabei spielt eine entscheidende Rolle für den Handel oder den Tausch von Waren, dass ich eine notwendige Ware wie Lebensmittel oder gewünschte Ware wie etwa Schmuck gegen etwas tauschen kann, das ich selbst besitze, aber als weniger wertvoll erachte als das zu Tauschende. Dies macht den wirtschaftlichen *Anreiz* aus.

Durch den Handel geht es jedem besser, da z. B. der steinzeitliche Werkzeugmacher die begehrten Lebensmittel tauschen kann, die er sich nicht besorgen kann, während er an seinen Werkzeugen arbeitet. Der Handel findet zumeist an einem Ort statt, wo sich mehrere Personen treffen, um ihre Waren zu tauschen und den Wert des Tausches anhand des eingetauschten Gutes zu bewerten. So überlegt sich die Frau mit dem Biberfell bester Qualität, was sie im besten Fall für dieses Biberfell für ihre Familie eintauschen kann. Sie hat dabei genau im Hinterkopf, wie viel Mühe ihre Gemeinschaft das Erlegen und professionelle Enthäuten des Bibers gekostet hat. Sie sehen, auch damals haben sich die Menschen bereits Gedanken über ihre „Produktivität" in der Wirtschaft gemacht. Rechtliche Rahmenbedingungen existierten im Steinzeitalter nicht ausdrücklich. Allerdings kann davon ausgegangen werden, dass die zum Handel erlegten Tiere der Gemeinschaft gehörten und die Täusche gewissen Regeln unterlagen. Eines ist auch in dieser Darstellung des frühen Wirtschaftens klar geworden: Je mehr Waren und Güter des täglichen Lebens hergestellt und getauscht wurden, desto höher war der Lebensstandard der Menschen einer Gemeinschaft. In der Antike, die wir im Folgenden betrachten, fand erstmalig die gedankliche und „wissenschaftliche" Auseinandersetzung mit der Ökonomie statt.

1.2 Antike

Die abendländische Wissenschaft, wie wir sie kennen, begann bekanntlich mit den alten Griechen. Dank ihrer Fähigkeit, zu staunen, „thaumázein" (Platon 1991a), entwickelten die griechischen Denker der Antike wesentliche Einsichten in die Prinzipien der Welt und das Zusammenwirken der Menschen im Allgemeinen. Während sich allerdings die – Platon und Aristoteles zeitlich vorgelagerten – „Vorsokratiker" vor allem mit dem Urgrund der Welt beschäftigten, konzentrierten sich Platon und Aristoteles auch auf die Fragen, bei denen der Mensch im Vordergrund steht. So beschrieb Platon in seinem Werk „Der Staat" (orig. *Politeia*) seine Version eines idealen

Staates, in dem die Menschen tugendhaft lebten (Platon, 1991b). Natürlich gehörten dazu auch ökonomische Fragestellungen wie etwa die nach Geld oder der Wirtschaftsform generell. Wesentlich ist hierbei allerdings, dass die Wirtschaft per se keinen besonders hohen Stellenwert im philosophischen Denkgerüst der antiken Philosophen genoss. Dieses Thema wurde wie selbstverständlich im Rahmen der Diskussion um Staat und Gesellschaft mit betrachtet. Beginnen wir also mit Platon, einem der neben Aristoteles wirkmächtigsten Philosophen der Antike.

Platon (vgl. Schefold, 1989, S. 23 ff.; Hoffmann, 2009, S. 23 ff.; Höffe, 2015, S. 129 ff.; Hülser, 1991) wurde 427 v.Chr. auf dem Höhepunkt der attischen Demokratie und 2 Jahre nach dem Tod des Perikles in Athen geboren. Er entstammte einer aristokratischen Familie und war aufgrund seiner Verwandtschaft mit den politisch und gesellschaftlich Führenden verbunden. Ursprünglich wollte Platon Politiker werde, schloss sich aber dann im Alter von 20 Jahren als Schüler Sokrates an, einem der führenden Denker – heute würde man sagen, einem der führenden Intellektuellen. Als Platon Sokrates traf, war jener bereits 62 Jahre alt. Sokrates wehrte sich gegen die unreflektierte Übernahme von Wissen, wie es seiner Meinung nach vor allem die „universalgelehrten" Sophisten seiner Zeit vorlebten. Sokrates' Philosophie basierte vor allem darauf, alles Bestehende infrage zu stellen aufgrund seiner Annahme, er „wisse, nichts zu wissen". Im Vordergrund seines Fragens stand der Dialog mit seinen Mitbürgern, die er in Gespräche verwickelte, in denen er den Fragen nach der Tugend und vieles mehr nachging. Sokrates hinterließ keinerlei schriftliche Aufzeichnungen. Das meiste, das von ihm überliefert wurde, hat Platon in seinen zahlreichen dialogisch verfassten Büchern aufgeschrieben.

Nach dem erzwungenen Tod seines Lehrers – Sokrates musste im Jahr 399 v.Chr. den Schierlingsbecher mit Gift trinken, da er aus Sicht der athenischen Obrigkeit die Jugend zur Gottlosigkeit, „Eusebia", verleitete – flüchtete Platon in die Hafenstadt Megara. Danach unternahm er verschiedene Reisen, die ihn u. a. nach Ägypten und die damals griechischen Städte Süditaliens und Siziliens führten. Im Jahr 387 v.Chr. – da war Platon bereits 40 Jahre alt – gründete er in Athen seine eigene Schule, die Akademie. In dieser Schule widmeten sich die Schüler vor allem dem Studium der Wissenschaften. Die Akademie bestand noch 900 Jahre fort. Platons Forschung und Lehre an seiner Akademie wurde nur einmal kurz unterbrochen, als er Berater des Königs von Syrakus, Dionysios II., wurde. Nach seinem Aufenthalt in Syrakus kehrte er an seine Akademie zurück, wo er 80-jährig im Jahr 347 v.Chr. starb.

Ansätze ökonomischen Denkens findet man vor allem in Platons staatspolitischem Hauptwerk *Politeia*. Dort beschreibt er, dass die Menschen in einer Gemeinschaft zusammenleben, weil sie unterschiedliche Bedürfnisse haben, unterschiedliche Dinge benötigen, die vor allem durch die Arbeitsteilung am besten herzustellen sind. Jeder Staatsbürger sei von Natur aus verschieden und zu einem anderen Geschäft geeignet. Ergebnis der Arbeitsteilung sind die einzelnen Güter, die nach Bedürfnissen zwischen den einzelnen Mitgliedern des Staates gegen Münze auf dem Markt getauscht werden. In seinem Alterswerk „Gesetze" (orig. *Nomoi;* im Folgenden zitiert nach der Ausgabe von Hülser, 1991), fordert Platon, dass Güter gemäß ihrem Wert zu verkaufen sind und nicht zwei Preise für ein und dieselbe Ware angegeben werden dürfen. Reichtum verderbe die Seele des Menschen. Armut sei gleichsam ein „Jammer" und zu vermeiden (Vgl. Platon, 1991c). Bekannt geworden ist vor allem

Platons Ständestaat mit den Philosophen als Königen, einem Stand der Wächter, die ohne Privateigentum auskommen müssen und gemeinsam wohnen und leben. Ehe und Familie existierten für die Wächter nicht, sondern alles ist ihnen gemeinsam. Dies gilt allerdings nicht für die anderen Stände. Platons Staat ist als „urkommunistisch" beschrieben worden und seine Ausgestaltung als „soziale Utopie" (vgl. Kurz, 2013, S.14).

Höchsten Stellenwert haben bei Platon die „Intellektuellen", die Philosophen, die ständig auf der Suche nach Erkenntnis sind. Typische ökonomische Aktivitäten wie Handel, Gewerbe und Produktion sind Aufgabe der „unteren" Schichten. Erwerbsstreben und die Suche nach dem ultimativen Profit sollen aus dem idealen Staat platonischer Prägung herausgehalten werden. Bei Platon finden wir die ersten Ideen zu einer sozialen Gerechtigkeit. Am Beispiel des Töpfers schildert Platon, dass dieser durch den Reichtum seine Kunst vernachlässigt und immer fauler werde. Andererseits wird ein armer Töpfer nicht mehr in der Lage sein, seine notwendigen Werkzeuge anzuschaffen und dadurch seine Arbeit zwangsweise schlechter machen. Gleichzeitig kann er seinen Söhnen und weiteren Schülern nicht mehr die handwerkliche Qualität weitergeben. Platon führt ein weiteres Argument gegen den Reichtum an: Hätten die Wächter selbst Vermögen, würden sie sich nur noch darum bemühen, ihre Vermögen zu verwalten und könnten sich nicht mehr auf ihre eigentliche Aufgabe konzentrieren, den Staat zu bewachen und zu verteidigen.

In seinem Werk „Gesetze", *Nomoi,* fordert Platon explizit, dass Bürger weder unter drückender Armut leiden noch übermäßig reich sein dürfen. Der Gesetzgeber müsse für Armut und Reichtum feste Grenzen setzen. Diese Grenze legt Platon willkürlich auf das maximal Vierfache fest: Wer mehr als das Vierfache eines armen Bürgers besitzt, solle den Überschuss – egal wie er erworben wurde, ob aus Schenkung, Fund, Geschäftsgebaren oder einfach Glück – an den „Schatz des Staates" abgeben. Ansonsten müsse er bestraft werden oder verliert seinen guten Namen (Platon, 1991c, 744e und 745a). Das gesamte Besitztum aller Bürgerinenn und Bürger solle öffentlich bei einer Behörde verzeichnet sein, die die Überwachung der Vermögensverhältnisse zur Aufgabe hat.

Zins zu nehmen verbietet Platon ausdrücklich (Platon, 1991c, 742c), „da es dem Schuldner freisteht, sie nicht zu bezahlen, ja nicht einmal das Kapital zurückzugeben." Zinszahlung ist nur erlaubt, wenn der Lohn für eine verrichtete Arbeit nicht rechtzeitig gezahlt werde. In diesem Fall sei der Schuldner das „Doppelte schuldig", und für den Fall, dass die Zahlung über ein Jahr aussteht, soll zusätzlich noch monatlich für jede geschuldete Drachme ein Sechstel als Zinsen entrichtet werden. Ansonsten sollen Gelder im „Staate nur zinslos ausgeliehen werden" (Platon, 1991c, 921c, d).

Platon geht es in seinem idealen Staat vor allem um ethische Vorschriften. So moniert er vor allem die ökonomischen Ursachen des Unrechts. Sehr deutlich wird er vor allem in der folgenden Passage aus den Gesetzen, in der er fordert, ungerechtfertigte Gewinne „umzuverteilen", um der Gerechtigkeit Genüge zu tun und das übermäßige Gewinnstreben nicht auch noch zu belohnen: „Hat aber jemand mehr verkauft oder teurer gekauft, als das Gesetz es zulässt, welches vorschreibt, bei welchem Grade der Vermehrung des Vermögens kein weiteres Wachstum und bei welchem der Verminderung keine Abnahme derselbe [...] verstattet ist, so soll der entstandene Überschuss sofort von den Gesetzesverwesern in ihren Verzeichnissen angemerkt, das Fehlende aber in denselben gelöscht werden" (Platon, 1991c, 850a).

Festzuhalten ist, dass Platon sich vor allem mit dem idealen Staat beschäftigte. In diesem spielt die Wirtschaft nur eine untergeordnete Rolle. Wenn überhaupt, so wird sie zur Sicherung der Ernährung und des auskömmlichen Reichtums nur zur Versorgung der Bevölkerung mit den Dingen des täglichen Bedarfs genutzt. Lediglich die unteren, aber nicht die gebildeten Schichten und auf keinen Fall die Philosophen mögen sich mit diesen „niederen" Themen beschäftigen. So Platon das Thema in seinen Schriften überhaupt aufgreift, geht es ihm vor allem um die ethischen Dimensionen wirtschaftlichen Handelns: Weder Zinsen zu berechnen noch der Aufbau übermäßigen Reichtums sind erlaubt, Armut ist ebenfalls zu vermeiden. Das schnöde Streben nach Gewinn und eine Gesellschaft des Überflusses und Konsums sind Platon ebenso suspekt wie materialistische Werte, die im Vergleich zu den eigentlichen Tugenden wie Klugheit, Gerechtigkeit, Tapferkeit und Besonnenheit keine Rolle spielen. Dennoch haben wir vor allem bei den Punkten der generellen Staatsauffassung und der Fokussierung auf Themen wie soziale Gerechtigkeit einige moderne Themen bei Platon gefunden. Auf diesen baut der Schüler Platons, Aristoteles, auf und vertieft die Erkenntnisse in unerreichter Art und Weise.

Kaum ein Philosoph hat die geistige Entwicklung der Antike und des Abendlandes stärker geprägt als Aristoteles (vgl. Schefold, 1989, S. 33 ff.; Dettling, 1996, S. 3 ff.; Hoffmann, 2009, S. 46 ff.; Flashar, 2013 vor allem S. 9 ff.). Man kann ihn mit Fug und Recht einen Universalgelehrten nennen. Es gibt heute kaum eine wesentliche Wissenschaft, die Aristoteles nicht mitbegründet hat oder bei der er nicht zumindest die gedanklichen Grundlagen legte. Aristoteles gebührt zudem der Verdienst, dem Fach Ökonomie seinen Namen gegeben zu haben: *oikonomiké,* d. h. in etwa die Hausverwaltungskunst, aus *oikos* = Haus und *nomos* = Gesetz. Natürlich hatte das Fach in der Antike nur eingeschränkt mit den heutigen Themen der Ökonomie zu tun. Doch damals wurden die ersten Grundlagen gelegt.

Aristoteles wurde 384 v.Chr. in der kleinen Stadt Stageira im Grenzgebiet zwischen Thrakien und Makedonien geboren. Er war Sohn des Leibarztes des Königs Amyntas III. von Makedonien, des Vaters von Philipp II. und des Großvaters Alexanders des Großen. Philipp II. leitete den Aufstieg Makedoniens von einem rückständigen Agrarstaat zur führenden Macht Griechenlands ein. Sein Sohn Alexander der Große vergrößerte das Reich nach Osten bis an die indische Grenze. Aristoteles' Eltern starben früh, sein Vormund Proxenos schickte Aristoteles im Alter von 17 Jahren an die Akademie Platons, die damals als die beste Bildungsanstalt in Griechenland galt, wo er etwa 20 Jahre bis zum Tod Platons blieb. Neuesten Forschungen, etwa von Flashar (2013) zufolge kehrte Aristoteles vor allem wegen der anti-makedonischen Stimmung in Athen dieser Zeit über den Umweg Assos und Lesbos schließlich im Jahr 343 v.Chr. nach Makedonien zurück, wo er Lehrer von Alexander dem Großen wurde. 339 v.Chr. ging er dann nach Stageira zurück und gründete 4 Jahre später, 335 v.Chr., in Athen eine eigene Schule, das Lykeion. In diesen Jahren legte Aristoteles die Grundlagen für umfangreiche wissenschaftliche Studien in nahezu jedem heute bekannten Wissensgebiet, so auch in der Ökonomie. Wegen anti-makedonischer Unruhen musste Aristoteles 12 Jahre später, 323 v.Chr., Athen verlassen und verbrachte noch ein Jahr in Chalkis, wo er 322 v.Chr. mit 62 Jahren verstarb.

Wie bei seinem Lehrer Platon stand die Stadt, die *Polis,* im Vordergrund von Aristoteles' Überlegungen. Aus seinem wie vorher von seinem Lehrer Platon „Der Staat", *Politeia* (zitiert aus Aristoteles, 1995, 1253a

2 f.), genannten Werk stammt der berühmte Satz „Der Mensch ist von Natur aus ein staatenbildendes Wesen" *(ho anthropos physei zoon politikón)*. Das Haus, *oikos,* und die Hausgemeinschaft bildeten im antiken Griechenland die Keimzellen wirtschaftlichen Handelns. Zur Hausverwaltungskunst, *oikonomiké,* gehören Haus, landwirtschaftlicher Hof, die Familie und alles, was deren Lebensunterhalt umfasst. Jedes Mitglied des Hauses, Vater, Mutter, Kinder und Sklaven (!), nimmt jeweils verschiedene ökonomische Rollen ein. Aristoteles differenziert hier im Gegensatz zu seinem Lehrer Platon zwischen Aufgaben der Hausverwaltung und der Staatsverwaltung. Dadurch erreicht er eine heute noch vorhandene Trennung zweier Wissensbereiche, der Politikwissenschaft, Politologie, und der Wirtschaft, Ökonomie.

Ziel der Ökonomie ist es aus der Sicht Aristoteles', den griechischen Bürgern für ein gutes Leben die nötigen materiellen Mittel zur Verfügung zu stellen. Dabei ist der maßvolle materielle Wohlstand eine Zielsetzung, die im Leben des Menschen nur eine untergeordnete Rolle spielen sollte. Im Gegensatz zu Platon ist Aristoteles ein strenger Befürworter des Privateigentums. Der Eigennutz des Einzelnen wird so besser bedient und hilft beim wirtschaftlichen Vorankommen (Aristoteles, 1995, 1263 a 27). Der Besitz solle zwar privat bleiben, die Benutzung allerdings gemeinsam erfolgen (Politik 1263 a 38). Aristoteles nennt verschiedene Arten der Beschaffungskunst: Einerseits erzeugen oder beschaffen Hirten, Jäger, Fischer und Bauern die wirtschaftliche Güter, und andererseits werden Dinge des täglichen Lebens getauscht, um die natürliche Autarkie des Hauses sicherzustellen. Reichtum und der Erwerb materieller Güter dienen für Aristoteles nur als Mittel zum Zweck eines gutes Lebens der Hausgemeinschaft. Höchstes Lebensziel ist das Streben nach höherer Einsicht durch die Philosophie.

Durch den Tausch von Gütern des täglichen Lebens zwischen benachbarten Hauswirtschaften und später länderübergreifend entstand ein Handel, den die Einführung von Geld in Form von Eisen, Silber oder daraus geprägten Münzen erleichterte. Aristoteles kritisierte die Fehlentwicklungen, die die Einführung des Geldes zwangsweise verursachte: Geld wurde zum Selbstzweck und diente der Bereicherung. Diese sinnlose Vermehrung des Geldes in den Händen einzelner weniger lehnte er als unethisch ab. Natürlicher Reichtum, *plutos kata physin,* sei etwas anderes als die „Bereicherungskunst", *chrematistiké,* die er kategorisch ablehnte. Das Streben nach Reichtum sei eines philosophischen Denkers unwürdig, meint Aristoteles, und unterstreicht dies mit einem Beispiel: der „Urphilosoph" Thales von Milet, einer der Vorsokratiker, wurde zunächst wegen seiner Armut verhöhnt. Philosophie sei also eine brotlose Kunst. Mithilfe astronomischer Überlegungen gelang es Thales jedoch, die erwartete karge Olivenernte richtig zu prognostizieren, er spekulierte und verdiente mit dem rechtzeitigen Ankauf und späteren Verkauf von knapper gewordenen Oliven ein Vermögen. Für Philosophen sei es also leicht, so Aristoteles, reich zu werden, wenn sie es wollten, sie legten darauf aber keinen Wert (Aristoteles, 1995, 1259 a 17 ff.).

Geld ist für Aristoteles nur für den Tausch gegen Waren geschaffen worden. Zins zur Geldschöpfung aus Geld ohne Warentausch lehnte er wie sein Lehrer Platon ab. Diese Form des Gelderwerbs sei gegen die Natur (Aristoteles, 1995, 1258 b 5 ff.). Ebenso lehnte Aristoteles wenig überraschend Wucher aus ethischen Gründen ab. Einen interessanten Einblick in die Welt der Staatseinnahmen und die Wege, diese zu vermehren, lieferte Aristoteles in seinem zweiten Buch, der *Oekonomika.* Exemplarisch seien hier einzelne Maßnahmen erwähnt (vgl. Brodersen, 2006): Abgaben auf den Salzverkauf,

auf Stände von Wundertätern und Magiern, Steuern auf langes Haar oder auf Haustüren, die sich zur Straße hin öffnen. Ferner dachte Aristoteles darüber nach, z. B. Zahlungstermine von Staatsausgaben einen Monat nach hinten zu schieben, oder über die Einführung einer Währungsreform, die Geldprägung mit billigerem Metall wie Zinn statt Gold oder Silber, das Streichen eines Feiertags inklusive vom Staat finanziertes Volksfest, die Einbürgerung nur gegen Bargeld (!) oder das Vorschreiben unbezahlter Urlaubstage.

Den Schwerpunkt seiner ökonomischen Betrachtung legt Aristoteles allerdings ähnlich wie Platon auf die ethischen Aspekte, dargestellt am Beispiel des „gerechten Tauschs", den er in seiner „Nikomachischen Ethik" (Aristoteles, 2007) beschreibt. Für Aristoteles ist Gerechtigkeit, *dikaiosyne,* die vornehmste aller Tugenden. Er unterscheidet zwischen der verteilenden und der ausgleichenden Gerechtigkeit:

Gemäß der *verteilenden Gerechtigkeit* soll z. B. für materielle Güter wie Geld und Besitz gelten, dass Gleichen Gleiches und Ungleichen Ungleiches gebührt. Konkret bedeutet das für Aristoteles, dass jedem „das Seinige" gemäß Verdienst, „Würde" und Status zukommt. Ein für das Staatswesen tätiger Bürger muss daher bei der Verteilung von Reichtum oder materiellen Dingen generell überproportional bedacht werden gegenüber jemandem, der sich nicht um den Staat verdient gemacht hat. Dabei lässt Aristoteles offen, ob die Stellung des Einzelnen im Staat auf eigenem Verdienst, etwa durch besondere Begabung oder Leistung, oder auf dem Verdienst seiner Vorfahren beruht. Wesentlich dabei ist: Die Verteilung sei dann gerecht, wenn die Stellung einzelner Bürger zueinander bei der Verteilung materieller Güter proportional berücksichtigt wird. Dies dient nur als ethische Richtschnur und gibt selbstverständlich keinen konkreten Wert vor.

Bei der *ausgleichenden Gerechtigkeit* spielen die Verhältnisse der beteiligten Personen in Bezug auf ihren unterschiedlichen sozialen Status keine Rolle. Hier geht es Aristoteles vor allem um den Ausgleich des entstandenen Schadens beispielsweise bei Betrug, Raub, Diebstahl, aber auch bei Darlehen, Bürgschaften usw. In diesem Fall seien alle Bürger vor dem Gesetz gleich. Der Schaden etwa durch Betrug oder Diebstahl sei entsprechend voll auszugleichen, unabhängig von der Person des Geschädigten. Darlehen seien dann ebenso in voller Höhe zurückzuzahlen, wie der Preis für eine gekaufte Ware zu entrichten sei. Ein gerechter Tausch besteht für Aristoteles vor allem auf der Gegenseitigkeit, *antipeponthós*. Status und Würdigkeit der am Tausch beteiligten Personen bestimmen wesentlich die Gegenseitigkeit. Aristoteles führt in seiner Nikomachischen Ethik ein konkretes Beispiel an, wie man sich diesen gerechten Tausch vorzustellen hat (Aristoteles, 2007, 1133 a 9 ff.):

Person A sei ein Baumeister, *oikodomos,* Person B ein Schuster, *skytotómos,* C ein Haus und D seien Schuhe. Tauschen A und B ihre Erzeugnisse, muss „der Baumeister nun die Arbeit des Schusters erhalten und diesem dafür von der seinigen geben. Wenn nun als Erstes die proportionale Gleichheit hergestellt wird und sodann die Wiedervergeltung, d. h. die Gegenseitigkeit, *antipeponthós,* eintritt, so geschieht das, was wir meinen, der gerechte Tausch. Wenn nicht, so haben wir keine Gleichheit und keinen Zusammenhang" (Aristoteles, 2007, 1133 a 11–13). Bei diesem aus Sicht Aristoteles'gerechten Tausch erfolgt eine Angleichung der Sachen gemäß ihrem proportionalen Tauschwert und nicht eine Angleichung der Personen. Für Aristoteles bildet das Geld einen Maßstab, die tauschenden Güter vergleichbar zu machen.

Der anhand des praktischen Beispiels von Aristoteles aufgezeigte gerechte Tausch lässt sich nur schwer in die ökonomische Realität von heute übertragen. Aus heutiger Sicht würde es am ehesten darauf hinauslaufen, dass der vom Hausbauer erzeugte Wert, gemessen in Geldeinheiten, der Menge an Schuhen mit dem gleichen Wert, gemessen am Preis, entspricht. Das Prinzip der „Proportionalität der Personen" ist aus heutiger Sicht schwer nachzuvollziehen und hängt mit dem Status der Person im Gemeinwesen zusammen. Es geht Aristoteles dabei im Wesentlichen darum, die für ihn höchste Tugend der Gerechtigkeit an diesem ökonomischen Beispiel zu illustrieren. Die ökonomische Handlung an sich war für Aristoteles zweitrangig.

Als Quintessenz der ökonomischen Überlegungen Aristoteles' können wir festhalten, dass er zwar Namensgeber der Ökonomie war, sich aber für die grundlegenden Fragen, wie etwa der Marktpreise, der Gewinnerzielung oder gar der wirtschaftlichen Effizienz, weniger interessierte. Auffällig ist allerdings, dass wirtschaftliche Aktivitäten selbstverständlich ihren Platz im Gemeinwesen hatten und zum Leben des Menschen dazugehörten. Obwohl Aristoteles einige Anregungen beispielsweise zur Erzielung und Vermehrung der Staatseinnahmen gab, sind seine ökonomischen Beschreibungen als Teil seiner gesamten Theorie zur Gestaltung des Gemeinwesens, der *politeia*, und zur Ausgestaltung des praktischen Zusammenlebens, der Ethik, zu sehen. Seine Zielsetzung und die seines akademischen Lehrers Platon war das Streben nach Glückseligkeit, dem glücklichen Leben, der *eudaimonia*. Diesem Ziel hatten sich alle anderen Gedanken und Überlegungen unterzuordnen. Auf Aristoteles' Überlegungen baute im Mittelalter vor allem ein Mann auf, dessen Leben und Werk wir in Abschn. 1.3 diskutieren wollen: Thomas von Aquin.

Damit wagen wir auf unserer Zeitreise einen weiten Sprung von ca. 1500 Jahren. Doch ist hier nicht der Raum, die verschiedenen ökonomischen Ideen darzustellen, die bereits in der Antike und zu Beginn des Mittelalters reiften. Um diesen Sprung etwas abzufedern und gedanklich zu überbrücken, skizziere ich hier ohne Anspruch auf Vollständigkeit einige der Kernideen wirtschaftlichen Denkens und Handelns aus der langen Zeit zwischen Aristoteles und Thomas von Aquin (vgl. u. a. Hoffmann, 2009, S. 64–89). Da ist zum Beispiel die einflussreiche philosophische Schule der **Stoiker** zu nennen, die die Gleichgültigkeit des Einzelnen gegenüber äußerlichem Besitz als Norm hervorhebt. So schreibt der Stoiker **Seneca** in seinen berühmten Lehrbriefen an Lucilius: „Nemo alius est deo dignus quam qui opes contempsit" („Niemand anders ist des Gottes würdig als wer Schätze gering achtet") (Rosenbach 2011, 3. Bd., S. 144–145). Im ersten Buch und seinem zweiten Brief an Lucilius (5,6) betont Seneca sogar: „Honesta, inquit, res est laeta paupertas. Illa vero non est paupertas, si laeta est: non qui parum habt, sed qui plus cupit, pauper est" (Eine ehrenhafte Sache, sagt er, ist freudige Armut. Das ist allerdings nicht Armut, wenn sie freudig ist: Nicht wer zu wenig besitzt, sondern wer mehr begehrt, ist arm) (Rosenbach, 2011, 3. Bd., S. 8–11). Besonders deutlich schreibt Seneca in seinem 87. Brief, dass mancher Reichtum nur aus Habgier entsteht und zu Bösem verleitet (Rosenbach, 2011, 4. Bd., S. 272–275). Reichtum sorge weder für seelische Größe noch für die Freiheit von Sorge, sondern vor allem für Anmaßung. Stoiker wie Seneca, Epiktet, ein freigelassener Sklave, und später Marc Aurel, der philosophierende römische Kaiser, legten Wert auf die Feststellung, Reichtum sei flüchtig, ganz im Gegensatz zum unvergänglichen Besitz der Wahrheit. Wirtschaftliches Denken wurde eindeutig von moralischen und ethischen Überlegungen dominiert.

1.3   Mittelalter

Das Mittelalter stand ganz im Zeichen der Rezeption der christlichen Ethik. Jesus hatte sich um die Armen, Schwachen, Kranken und Entrechteten gekümmert, lehnte Reichtum ab und verkündete Gottes Reich. Im Neuen Testament der Bibel, vor allem in den Evangelien, finden sich verschiedene Stellen, an denen Jesus eindeutige Botschaften zu monetären Themen gesetzt hat. So z. B. bei Lukas 6,20 „Selig sind die Armen, denn Ihnen ist das Himmelreich." Oder aber in dem Text Markus 10,21, in dem Jesus einen reichen Jüngling auffordert, seinen Reichtum zu verkaufen und ihm, Jesus, zu folgen. Dieser Gedanke ist in dem christlichen Glauben verankert, dass angesichts der Wiederkunft Christi und des nahen Weltendes materielle Dinge ihren Wert verlieren. Die Maxime der persönlichen Bedürfnislosigkeit galt als Kernmaxime des mittelalterlichen Klosterlebens in Armut. Die Maxime der Geringschätzung von Reichtum und Geld im Besonderen führte **Augustinus von Hippo** (354–430) der bedeutende Philosoph, Kirchenvater und Bischof von Hippo Regius weiter. Auch Augustinus mahnt: „Das Geld haben die Bösen in schlechter Weise, die Guten hingegen in umso besserer Weise, je weniger sie es lieben" (Brief Nr. 153 an Macedonius, zitiert nach Hoffmann, 2009, S. 80).

Die mittelalterliche Wirtschaft war lange Zeit vor allem durch eine Naturalwirtschaft geprägt, bei der die Bauern einen bestimmten Teil ihrer Ernte an den Lehnsherren abgaben. Erst mit dem Aufkommen der Stadtstaaten und eines regen Handels wird die Naturalwirtschaft sukzessive durch die Geldwirtschaft abgelöst. Seit dem 12. Jahrhundert entstanden Handwerkerzünfte im Bereich des Gewerbes, die den Einzelnen in seinem Lebenslauf stark reglementierten, aber wirtschaftlich absicherten und ihm politischen Einfluss verschafften. Bei den ökonomischen Aktivitäten war die christliche Wertorientierung immer noch prägend. So wurden *Wucher und Darlehenszins verpönt* und als unethisch zurückgewiesen. Das Thema Gerechtigkeit stand weiterhin stark im Fokus. So verwundert es nicht, dass bei ökonomischen Handlungen die Frage nach dem gerechten Preis, dem „iustum pretium", intensiv diskutiert wurde. Diese Frage griff viel später Thomas von Aquin wieder auf.

Thomas von Aquin (vgl. Beutter, 1989, S. 56 ff.; Sander, 1996, S. 8 ff.; Hoffmann, 2009, S. 90 ff.) wurde am Neujahrstag 1225 auf Schloss Roccasecca über der damaligen Stadt Aquino unweit von Neapel geboren. Thomas' Eltern waren der Graf Landulf von Aquino und Donna Theodora, die Gräfin von Teate, die beide dem niederen Adel angehörten. Im Alter von nur 5 Jahren schickten sie ihr siebtes Kind zur Ausbildung in das Benediktinerkloster Montecassino. Die Familie folgte damit der Tradition, den jüngsten Sohn eine geistliche Karriere verfolgen zu lassen. 1239 kam Thomas zum Studium generale nach Neapel, wo er intensiv mit den Schriften Aristoteles' und Averroes', eines weiteren bedeutenden Philosophen, in Kontakt kam. 1244 trat er dann gegen den Willen seiner Eltern dem 1215 als Bettelorden gegründeten Dominikanerorden bei. Um ihn von seinen Eltern fernzuhalten, entsendete ihn sein Orden zunächst nach Rom und später nach Bologna. Auf dem Weg dorthin wurde er allerdings 1244 im Auftrag seiner Mutter von seinen Brüdern überfallen, auf die Burg Monte San Giovanni Campano gebracht und danach auf Roccasecca festgehalten. Doch alle Bemühungen seiner Familie, Thomas zum Austritt aus dem Bettelorden der Dominikaner zu bewegen, schlugen fehl, und so musste sie ihn schließlich doch nach Neapel ziehen lassen.

1245 bis 1248 studierte Thomas bei Albertus Magnus (Albert von Lauingen), einem der bedeutendsten Gelehrten dieser Zeit, Theologie, dem er nach Köln an die Universität folgte. 1248 bis 1252 war er Student und später Assistent von Albertus Magnus. 1250/51 wurde Thomas in Köln zum Priester geweiht. Ab 1252 lehrte er in Paris, zunächst über die Sentenzen (Lehrsätze) des Theologen Petrus Lombardus, ab 1256 bis 1259 als Magister der Theologie auf einem Lehrstuhl der Dominikaner. 1259 bis 1269 war Thomas als Magister zuerst in Neapel, dann in Orvieto, Rom und Viterbo tätig. Nach dem Tod von Papst Urban wurde er mit der Leitung des Studiums Santa Sabina in Rom beauftragt. Anschließend war Thomas noch ein Jahr am päpstlichen Hof in Viterbo tätig. In Viterbo begann er mit der Abfassung seines Hauptwerkes, der dreiteiligen Schrift „Summa Theologiae" (Die Summe der Theologie), in der er systematisch versuchte, eine Gesamtsicht der damaligen Theologie zu erstellen. Nach Abschluss des ersten Bandes wurde Thomas von 1269 bis 1272 ein zweites Mal nach Paris entsandt. In dieser intellektuell produktivsten Zeit vollendete er den zweiten Teil seiner „Summa Theologiae", begann den dritten Teil und verfasste zahlreiche Kommentare zu allen Hauptwerken Aristoteles'.

Thomas arbeitete in dieser Zeit sehr effizient und diktierte drei bis vier Sekretären gleichzeitig seine theologischen Gedanken mit hoher Konzentration aus seinem vorzüglichen Gedächtnis heraus. Er las sehr viel und schnell, prägte sich die Lektüre genau ein und schrieb ebenso schnell in seiner berühmten, eher unleserlichen Handschrift der „Scriptura inintelligibilis". Im Jahr 1272 beauftragte ihn sein Orden, ein neues Studium generale an einem Ort seiner Wahl einzurichten. Thomas entschied sich für Neapel. Da er dort ein geringeres Lehrdeputat hatte, konnte er sich mit dem dritten Teil der Vollendung seiner „Summa Theologiae" widmen. Ferner schrieb er weitere Kommentare zu Aristoteles und zu ausgewählten Psalmen. Am 06.12.1273 wurde Thomas während einer morgendlichen Messe von einem unbestimmten Gegenstand getroffen, fühlte sich plötzlich schwach und zweifelte an allem, was er bislang geschrieben hatte. Von da an veränderte er sich und betete nur noch. Dem Auftrag seines ihn unterstützenden Königs von Sizilien, Karl von Anjou, zum 2. Konzil nach Florenz zu kommen, entsprach Thomas trotzdem. Auf der Reise dorthin schlug er unglücklich mit dem Kopf auf einen quer über den Weg gelegenen Baum. Von diesem Sturz stark geschwächt, bat er darum, zu seiner Nichte in die nah gelegene Zisterzienserabtei Fossanova gebracht zu werden. Dort starb Thomas von Aquin am 07.02.1274 im Alter von nicht einmal 50 Jahren.

Die Hintergründe der plötzlichen Erschöpfung, des psychischen Sinneswandels und seines Todes sind nie aufgeklärt worden. Neben dem tragischen Sturz spielten wohl psychosomatische Gründe eine Rolle: So wurde über eine psychische und physische Erschöpfung im Sinne eines „Burn-out" berichtet. Weitere Ursachen der Erschöpfung könnten eine Hirnblutung, einhergehend mit einer Sprachstörung und Bewegungseinschränkung, gewesen sein. Der große italienische Dichter Dante deutete an, der Leibarzt des Königs Karl von Anjou habe Thomas mit einem vergifteten Konfekt ermordet. Hintergrund sei wohl ein Machtkampf der Grafen von Aquino mit König Karl gewesen. Der Leibarzt wollte dem König möglicherweise „einen Gefallen" tun und Thomas von Aquin beseitigen, bevor dieser zu mächtig und als Mitglied des Geschlechts der Grafen von Aquino in den Kardinalsrang erhoben würde. Eine Bestätigung des Gerüchts („si dice"), Thomas von Aquin sei ermordet worden, gab es allerdings nie. Thomas wurde 1323 vom Papst Johannes

XXII. „heilig" gesprochen. Seine sterblichen Überreste werden seit 1974 in der Kirche des Dominikanerklosters Les Jacobins in Toulouse aufbewahrt.

Thomas von Aquin sieht das wirtschaftliche Handeln als Teil der menschlichen Realität, getragen von dem Gedanken, alles gehe von Gott aus und führe zu ihm als letztes Ziel zurück. Aufgabe der Ökonomie sei die Sicherstellung der physischen und psychischen Grundbedürfnisse des Menschen nach Nahrung, Kleidung, Wohnung usw. In der christlichen Tradition stehend, soll der Umgang mit den materiellen Gütern sich in den Grenzen der Klugheit, *prudentia,* und der Weisheit, *sapientia,* bewegen. Allerdings gibt Thomas zu, dass solche äußeren Güter zum menschlichen Glück, *beatitudo,* wichtig sind. Ganz in der Logik von Aristoteles, der den griechischen Begriff *zoon politikón* für den in der Gemeinschaft lebenden und handelnden Menschen entwickelte (Abschn. 1.2), ist für Thomas die Wirtschaft ein soziales und gemeinschaftliches Handeln („communicatio oeconomica"). Oberstes Ziel der Ökonomie sei das Wohlergehen in einem Gemeinwesen („ad bene vivere totum") (Thomas von Aquin, 2012, Secunda Pars Secundae Partis q. 50 a. 3 arg. 1).

Wesentlich ist dabei, wirtschaftlich klug und vernünftig zu handeln. Dieses Handeln setzt Thomas mit Gerechtigkeit gleich. Im Tausch von Gütern solle Tauschgerechtigkeit („iustitia commutativa", wörtlich eine gegenseitige Gerechtigkeit) herrschen. Gleichzeitig solle eine *gerechte Verteilung* („iustitia distributiva") vorgenommen werden. Die Funktion der Ökonomie ist gemäß Thomas vor allem die Versorgung der Bürger eines Staates mit Gütern des täglichen Bedarfs und nicht die Vermehrung des Reichtums. Das öffentliche Wohl („bonum commune") steht bei seinen Überlegungen eindeutig im Vordergrund. Arbeit hält Thomas für eine natürliche, von Gott aufgetragene Aufgabe des Menschen. Ganz im Sinne der theologischen Orientierung seiner ökonomischen Reflexionen soll die Arbeit einen Beitrag zur Ehre Gottes und zur Vollendung der Schöpfung leisten. Arbeit verfolgt vier Ziele: Lebensunterhalt, Vermeidung von Müßiggang, Mäßigung der Begierde und Abhärtung des Leibes. Schließlich soll sie Arbeit auch dazu beitragen, Notleidenden das zum Überleben Notwendige („necessarium vitae") zu gewähren. Allerdings lässt Thomas keinen Zweifel daran, dass er geistige Arbeit wie etwa das Philosophieren der körperlichen Arbeit vorzieht.

Ähnlich wie Aristoteles befürwortet Thomas Privateigentum. Er begründet dies vor allem damit, dass der Mensch sich mehr um seine eigenen Güter („propria") kümmert als um das gemeinschaftliche Gut („commune omnium"). Ferner seien durch Privateigentum die menschlichen Verhältnisse geordneter, da sich ein jeder um seinen irdischen Besitz kümmert. Schließlich sei der innere Friede einer Gemeinschaft besser gesichert, wenn jeder seinen Anteil an den irdischen Gütern hat, mit dem er zufrieden ist und ein auskömmliches Leben führen kann. Allerdings schränkt Thomas das Privateigentum insofern ein, als alle am Gebrauch des individuellen Besitzes teilhaben dürfen, vor allem, wenn sie in Not („urgens necessitas") sind. Schließlich seien die Güter der Erde für alle Menschen da.

Geld ist für Thomas ein Mittel, um den Preis der einzelnen Güter zu messen und einen gerechten Tausch durchzuführen. Geld ist eine von Menschen geschaffene Institution zum Zwecke der Zahlung und als Recheneinheit. Ein gerechter Tausch findet für Thomas nur statt, wenn das Geld über die Zeit wertbeständig ist. Hier nimmt er wichtige Überlegungen zur Inflation (Geldentwertung) vorweg. Geld soll dafür sorgen, dass ein gerechter Preis („pretium iustum") zustande kommt. Ein Preis ist für Thomas dann gerecht, wenn er wahrheitsgemäß ist und somit ein gesundes Verhältnis zwischen den Bedürfnissen des Menschen nach einem Gut und dessen Eigenschaften, die diese Bedürfnisse erfüllen, besteht. Als Beispiel nennt Thomas eine einfache Rechnung: Hat ein Haus einen Wert von fünf Geldeinheiten und ein Bett den von einer Geldeinheit, dann muss das Haus bei einem gerechten Preis den Wert von fünf Betten aufweisen. Ist dies der Fall, was früher im Fall des reinen Naturalientauschs intuitiv durch Handeln zustande kommen musste, dann ist die Wertgleichheit sichergestellt, und die Preise für Haus und Bett sind gerecht. Thomas erkannte damals bereits den Wert von Angebot und Nachfrage. Waren, die in größerer Menge vorrätig sind, erzielen einen niedrigeren Preis als solche, die nur sehr begrenzt zur Verfügung stehen („propter diversitatem copiae et inopiae rerum") (Thomas von Aquin, 2012, Secunda Pars Secundae Partis q. 77 a. 2 ad 2).

Bestimmungsgrößen des Preises sind darüber hinaus nicht nur die Qualität, sondern auch die eingesetzte Arbeit, die mit der Herstellung einer Ware verbundenen Kosten. Unterschiedliche Preise an unterschiedlichen Orten sind deshalb erlaubt. Gewinn dürfe nur in dem Maße anfallen, als er eine gerechte Entlohnung der Arbeit oder der Ware ist, solle allerdings nicht gezielt gesucht werden. Hier kann man ebenfalls den Einfluss Aristoteles' herauslesen, alles in „Maßen" zu erzielen, also in der „Mitte" zwischen zu viel und zu wenig. Laut Thomas darf der Händler eine Ware teurer verkaufen, als er sie gekauft hat, wenn er sie verändert und qualitativ verbessert hat – heute würde man dies „Wertschöpfung" nennen –, also irgendwo hin transportiert hat oder sich der Preis zwischenzeitlich geändert hat.

Darlehenszinsen lehnt Thomas in bester aristotelischer und christlicher Tradition mit der Begründung ab, es werde etwas verkauft, was gar nicht existiere. Denn es existiert nur der geborgte Geldbetrag und nicht der um die Zinsen erhöhte Geldbetrag. Eine Ausnahme lässt Thomas nur gelten, wenn der Geldleiher einen wirtschaftlichen Schaden erleidet oder der Darlehensempfänger dem Darlehensgeber zum Dank ein Geschenk gibt. Thomas denkt in unternehmerischen Fragen bereits sehr modern. So ist es einem Gesellschafter eines Unternehmens erlaubt, im Gegenzug für das in das Unternehmen investierte Kapital einen entsprechenden Anteil am Gewinn zu erhalten.

In der Quintessenz kann man festhalten: Thomas von Aquin kombiniert in seinen Werken in ökonomischer Hinsicht die Ideen Aristoteles' mit dem christlichen Gedankengut und „übersetzt" sie in die damalige Zeit. Hauptziel der Wirtschaft sei es, allen Menschen ein Leben in menschenwürdiger Form zu ermöglichen. Interessant ist dabei die Position, die Ökonomie sei ein Teil des täglichen menschlichen Lebens. Diese integriert er in seinen philosophisch-theologischen Überlegungen wie selbstverständlich, womit Thomas zum Teil recht moderne Ansichten vertritt. Wie bei fast allen bislang behandelten Philosophen liegt auch sein Schwerpunkt auf ethischen Überlegungen. Dennoch hat Thomas von Aquin die ökonomischen Ideen andere Denker beeinflusst und inspiriert.

Ich möchte nun einen Abstecher zur ökonomischen Gedankenwelt **Martin Luthers** (1483–1546; vgl. u. a. Hoffmann, 2009, S. 99 ff.) machen. Auch Luther wendet sich vornehmlich ethischen Themen im Rahmen der Ökonomie zu. So verwirft er das Armutsideal seiner Zeit: Zwar solle der Mensch nicht nach Geld streben und einen maximal möglichen Wohlstand erarbeiten. Andererseits räumt Luther dem Menschen das Recht ein, Geld und Gut zu haben; er müsse es nicht im Sinne eines höheren Ziels wegwerfen. Man möge aber nicht als einziges Ziel im

Leben danach streben, sondern sich eine „innere Distanz"
zum äußeren Gut bewahren: „In den Händen soll das Gut
sein, nicht im Herzen." Die Arbeit als solche bewertet
Luther positiv, da sie notwendig ist, um das Wohlergehen
der Menschen auf der Erde zu sichern und „sich die Erde
untertan" zu machen. Auch den Kaufmannsstand sieht er
als notwendig an, um eine Versorgung der Bürger eines
Staates mit den Dingen des täglichen Bedarfs sicherzustellen. Den Fernhandel lehnt Luther aber ab, da „an
sich starke Volkswirtschaften ohne erkennbaren Nutzen
geschwächt werden" (Hoffmann, 2009, S. 105).

Den Verkaufspreis solle der Kaufmann gerecht
gestalten, sodass der Nächste davon nicht geschädigt
werde. Idealerweise wird die Preissetzung des freien
Marktes durch eine staatliche Behörde kontrolliert.
Kreditgeschäften steht Luther eher reserviert gegenüber.
Er rät zu Bargeschäften oder zum Tausch von Ware gegen
Ware. Er wendet sich gegen den Wucher und kritisiert die
Monopolbildung, die zu ungerechten Preisen führt. In der
Quintessenz geht es Luther vor allem darum, dass sich im
ökonomischen Handeln keiner zulasten seines Nächsten
bereichern soll, weil dies das Gemeinwohl schädige.
Hier kommt die Maxime der Bergpredigt klar zum Vor-
schein, die sich an Barmherzigkeit orientiert und nicht an
Nutzenmaximierung. In seiner bekannten Schrift „An den
christlichen Adel deutscher Nation" spricht Martin Luther
davon, den „Fuggern und dergleichen Gesellschaften einen
Zaum ins Maul zu legen." Der Staat, in der Zeit Luthers
sind es eher kleine staatliche Einheiten, solle dafür sorgen,
dass das Zusammenleben der Menschen nicht durch
übermäßige Gewinnmaximierung Schaden nimmt.

1.4 Vorklassik

Jean-Baptiste Colbert war streng genommen (vgl. vor allem Born, 1989, S. 96 ff.; Hoffmann, 2009, S. 139 ff.) kein ökonomischer Theoretiker. Vielmehr war er ein Politiker und Praktiker in der französischen Wirtschafts- und Finanzpolitik seiner Zeit. Dennoch hat er in seinen zahlreichen Schriften wesentliche Gedanken zur Wirtschaftspolitik in der Zeit des Merkantilismus hinterlassen, die im Rahmen des ökonomischen Denkens berücksichtigt werden sollten. Daher wollen wir uns Leben und Werk von Jean-Baptiste Colbert näher anschauen.

Geboren am 29.08.1619 in Reims als Sohn einer Tuchhändlerfamilie und Bankiers, erhielt Colbert schon früh eine Erziehung im Jesuitenkolleg. Seit 1629 in Paris lebend, durchlief er eine breite Ausbildung bei einem Bankier, einem Notar, dem königlichen Gericht der Stadt Paris und bei einem Armeelieferanten. Später wurde er in die Militärverwaltung berufen, um danach bei seinem Vetter, dem Staatssekretär für das Kriegswesen, zu wirken. Sein Vetter half ihm dann später, eine Anstellung als Vermögensverwalter bei dem Kardinal und Minister Mazarin zu erhalten, dem mächtigsten Politiker seiner Zeit. Während Colbert mit großem Geschick das private Vermögen des Kardinals vermehrte, genoss er aus erster Hand einen guten Einblick in dessen politische Aktivitäten und erlernte so das Handwerk der Politik. Nach dem Tod Mazarins wurde Colbert Nachfolger Nicholas Foucquets, des gestürzten Leiters der Staatsfinanzen. Sein Aufgabenspektrum wuchs in den folgenden Jahren. 1665 wurde Colbert unter Ludwig XIV., dem „Sonnenkönig", zum Finanzminister Frankreichs ernannt („Contrôleur général des finances").

In seine Zeit als Finanzminister fiel vor allem die Steigerung der Staatseinnahmen durch die Erhöhung direkter und indirekter Steuern. Er vereinheitlichte die Zivil- und Strafprozessverfahren, das Maß und Gewichtssystem in Frankreich. Zur Ankurbelung des Außenhandels investierte Colbert in das Straßen- und Transportwesen, holte ausländische Facharbeiter ins Land, standardisierte die Erzeugnisse und verbesserte deren Qualität für den Export. So erhielten die Textilproduzenten, die diverse Tucharten herstellten, genaue Anweisungen hinsichtlich der erforderlichen Qualität und der wesentlichen Maße. Colbert förderte gezielt die Manufakturen, aber auch die Großbetriebe, indem er zur Gründung staatliche Transferleistungen auslobte oder temporäre Produktions- oder Verkaufsmonopole zuließ. Colbert „belohnte" Familien mit zehn und mehr Kindern finanziell, sofern keines der Kinder einem „ehelosen" Beruf wie etwa Priester, Nonne etc. nachging, indem er ihnen die Steuern erließ. Ebenso betrieb er eine intensive Kolonialpolitik, gründete analog zu den englischen Ostindien-Kompanien fünf Handelskompanien u. a. in Indien und investierte in die französische Handelsflotte. Außenhandelspolitik verstand Colbert als Machtpolitik zur Steigerung des Ansehens und der Bedeutung Frankreichs, basierend auf ökonomischer Stärke. Dabei sollte der Staat seine Investitionen solide finanzieren und möglichst keinerlei Schulden machen. Colbert erneuerte das staatliche Rechnungswesen und vereinfachte die Finanzverwaltung. Jean-Baptiste Colbert starb am 06.09.1683.

Über seine zahlreichen Aktivitäten als Finanzminister berichtet Colbert vor allem in seinen hinterlassenen zehnbändigen Schriften „Lettres, instructions et mémoires de Colbert". Darin lassen sich seine wesentlichen Ideen zur Finanzpolitik nachlesen. Colberts finanzwirtschaftliches Handeln, sein ökonomisches Denken unterlagen immer dem Primat der Politik: Nur was dem Staat, in seinem Fall Frankreich, nutzt, wird ökonomisch umgesetzt. Was heute in Deutschland wieder in Mode kommt, einen ausgeglichenen Staatshaushalt von Einnahmen und Ausgaben sicherzustellen, war für Colbert eine selbstverständliche Zielsetzung der damaligen Finanzpolitik. Hellsichtig sah er schon früh, dass die gestiegenen Staatsausgaben für Militär, Repräsentation, Prachtbauten etc. durch gestiegene Steuern nicht beliebig kompensiert werden konnten. Verdient aber die Mehrzahl der arbeitenden Bevölkerung nicht ausreichend, werden erhöhte Steuern nur zu mehr Arbeitslosigkeit und Verarmung der Bevölkerung führen und dadurch dem Effekt der Steuererhöhungen entgegenwirken. Colbert unterstellte einen numerischen Zusammenhang (1:3) zwischen dem Steueraufkommen und der im Land zirkulierenden Geldmenge und konnte so das Steueraufkommen besser planen.

Colbert achtete auch auf die gleichmäßige und faire Verteilung der Steuerbelastung zwischen den einzelnen Provinzen Frankreichs. So flossen überproportional höhere Geldströme des Staates in jene Provinzen, die von den Steuersummen besonders belastet waren. Um sein oberstes Ziel der Einnahmensteigerung des Staates zu erreichen, drehte Colbert an verschiedenen finanzpolitischen Stellschrauben. So hielt er die Staatsbürger zu harter, täglicher Arbeit an – er selbst lebte einen 16-Stunden-Arbeitstag vor und gab dieses Arbeitsethos verpflichtend an seine Söhne weiter – und versuchte die arbeitende Bevölkerung in diejenigen Berufe zu dirigieren, die dem Staat den meisten Ertrag brachten. Das waren aus Sicht Colberts vor allem Landwirtschaft, Handel, vor allem der Außenhandel, gewerbliche Produktion und der Kriegsdienst zu Wasser und zu Land. Für nicht sinnvoll im Sinne seiner Zielerreichung erachtete er geistliche Berufe wie Priester, Nonne, aber auch Verwaltungsjobs in den großen bürokratischen Organisationen der Justiz und der Finanzen. Staatseinnahmen ließen sich auch erhöhen, indem die Anzahl der Steuerpflichtigen anstieg. So förderte Colbert Frühehen, verringerte die Mitgift für Frauen in die Ehe und hielt seine Hand schützend über die im Handel überaus erfolgreichen jüdischen Kaufleute, die unter Ludwig XIV. Anfeindungen ausgesetzt waren.

In der Gewerbepolitik war oberstes Ziel Colberts, Frankreich von den Importen aus anderen Ländern möglichst unabhängig zu machen. Zu diesem Zweck förderte er die aus seiner Sicht hart arbeitenden und tüchtigen Unternehmer und versuchte, Monopolbildung und Privilegien aller Art zu unterbinden. Er subventionierte große Manufakturen und Betriebe, weil er sich davon die effizienteste Produktion und Verbesserung heimischer Qualitätsprodukte versprach. Colbert sah Steuererleichterungen für diese Betriebe ebenso vor wie (zinslose) Staatskredite und sogar die Bereitstellung staatlich subventionierter, kostengünstiger, aber qualitativ hochwertiger Rohstoffe. Temporäre Schutzzölle für heimische Produktionen sollten die französische Wirtschaft ebenso stärken wie das werbewirksame Tragen heimischer Stoffe durch den französischen König.`

Da Colbert sowohl die Geldmenge als auch die Warenmenge auf dem Weltmarkt für mehr oder minder konstant hielt, konnte seiner Meinung nach ein Wachstum der französischen Wirtschaft nur auf Kosten der anderen Länder stattfinden („Nullsummenspiel"). Um dies zu erreichen, mussten folglich die Exporte gesteigert werden – was die Geldmenge in Frankreich erhöht – und die Importe verringert werden. Auf die Steigerung des Exports zielte Colbert vor allem mit dem bereits beschriebenen Ausbau der heimischen Großbetriebe und Manufakturen, aber auch mit der gezielten Förderung der Handelskompanien in Übersee. Die Importe dagegen

wurden hoch besteuert bzw. unterlagen hohen Import-
zöllen. Ferner forderte Colbert seine Landsleute auf,
heimische Produkte zu kaufen, um das Geld im Land zu
behalten und das heimische Gewerbe zu unterstützen.
Ähnliche protektionistische Tendenzen lassen sich gegenwärtig wieder in einzelnen Ländern der westlichen Welt
feststellen.

Der internationale Handel basierte vor allem auf
einem ausgebauten und sicheren Transportsystem. Daher
investierte Colbert außer in das Straßen- und Verkehrs-
wesen verstärkt in die Handels- und Kriegsflotte. Bei
seiner Zielsetzung, den Außenhandel für Frankreich zu
stärken, schreckte er auch vor einem Krieg u. a. gegen die
niederländische Handels- und Flottenmacht nicht zurück,
den er allerdings nicht gewann, sondern der mehr oder
minder in einem Remis endete (Friede von Nymwegen,
1678).

Wesentlich für die uns hier interessierenden ökonomischen Ideen ist vor allem Colberts Politik der
systematischen und nachhaltigen Förderung der
französischen Wirtschaft. Die Ökonomie wurde hier
erstmals strategisch zum Ausbau der Macht gegenüber anderen Staaten genutzt. Das ökonomische System
Colberts („Colbertismus") wurde Vorbild für einige
Staatenlenker seiner Zeit. Vor allem Friedrich der Große
in Preußen verstand sich in diesem Sinne als „Colbertist".
Am Beispiel Colberts kann man vor allem zeigen, wie
der Staat durch ene gezielte Wirtschafts- und Finanzpolitik den Wohlstand und die Lebensverhältnisse der
Bevölkerung steigern kann. Diese Wirtschaftsform zur
Steigerung des Reichtums eines Staates wurde nach dem
lateinischen Begriff „mercantia" (Handel oder Ware)
„Merkantilismus" genannt. Colbert war einer seiner
bekanntesten Vertreter. Allerdings geschah dies auf
Kosten eines staatlichen Dirigismus. Die Einflussnahme

auf die Familienpolitik im Sinne der Belohnung einer hohen Kinderzahl oder die Bevorzugung bestimmter „wertschöpfender" Berufe würde sich heute kein seriöser Politiker einfallen lassen. Dass Importzölle einen negativen Effekt auf den Wohlstand einer Bevölkerung haben, ist heute ökonomisches Allgemeinwissen, zumal die Gegenreaktion der anderen Länder nicht lange auf sich warten lässt. Dennoch können wir von den ökonomischen Aktivitäten Colberts lernen, wie sich die Staatseinnahmen per saldo systematisch erhöhen lassen. Kein anderer Staatsmann seiner Zeit war so erfolgreich in seinen ökonomischen Bemühungen. Auf Colberts Vorüberlegungen und praktischen Ansätzen baute wenig später ein Landsmann: François Quesnay.

François Quesnay (vgl. Gilibert, 1989, S. 114 ff.; Zank, 1996, S. 20 ff.; Hoffmann, 2009, S. 144 ff.), geboren 1694 als Sohn einer Bauernfamilie in einem Dorf in der Nähe der Île de France, war von seiner Ausbildung her Arzt und Chirurg. 1749 wurde er Leibarzt der berühmten Marquise de Pompadour, später auch von König Ludwig XVI., und wirkte in Versailles. Im Gegensatz zu seinen eher theoretisch-philosophierenden Medizinerkollegen war Quesnay ein Mann der Experimente: Er versuchte, durch Experimente medizinische Erkenntnis zu erlangen. Er schrieb eine Reihe medizinischer Fachbücher etwa über das Fieber. Erst im Alter von etwa 60 Jahren befasste sich Quesnay erstmalig intensiver mit wirtschaftlichen Fragen, die er in ausgewählten Artikeln in der *Encyclopédie* behandelte. Er interessierte sich vorrangig für wirtschaftliche Aspekte der Landwirtschaft, die ihn seit seinen Kindertagen auf dem Bauernhof beschäftigten. Im Jahr 1758 veröffentlichte er sein wichtigstes Modell der Wirtschaft, das „Tableau économique", die erste schematische Darstellung des Wirtschaftskreislaufs, mit dessen Hilfe Quesnay die

Ökonomie umfassend darstellte. Nach 1768 bis zu seinem Tode im Jahr 1774 beschäftigte sich Quesnay noch mit ausgewählten Problemen der Geometrie wie der Dreiteilung des Winkels und der Quadratur des Kreises. Seine wichtigste Errungenschaft auf dem Gebiet der Ökonomie bleibt allerdings das „Tableau économique", eine schematische Darstellung des Kreislaufs der Wirtschaft, auf das ich im Folgenden eingehen möchte.

Quesnay verstand das System der landwirtschaftlichen Produktion und des Verbrauchs als einen zirkulären Prozess. Waren werden einzig für den menschlichen Verbrauch hergestellt, deren Menge sich am Verbrauch orientiert. Andererseits definiert der Konsum der Waren die für die Zukunft herzustellende Menge an Waren. Aus Sicht von Quesnay besteht die wesentliche Aufgabe und Herausforderung der Wirtschaftswissenschaft darin, die technischen und sozialen Bedingungen dieses zirkulären Prozesses zwischen Produktion und Verbrauch zu erforschen. Der monetäre Überschuss an Produktion gemessen am Verbrauch einer Volkswirtschaft wird als „Nettoprodukt" bezeichnet und gilt als Indikator für den wirtschaftlichen Reichtum eines Landes. Die Gesellschaft eines Landes wird in einzelne Klassen eingeteilt, je nachdem welchen Beitrag sie zu Produktion und Verbrauch leisten.

Das Tableau umfasst gemäß Quesnay drei Klassen: die Klasse der Grundbesitzer, die „sterile" Klasse der Handwerker und die „produktive" Klasse der Pächter, die die landwirtschaftliche Produktion organisieren. Zu dieser „produktiven" Klasse gehören auch die landwirtschaftlichen Tagelöhner, die allerdings im Gegensatz zu den Pächtern passiv sind, weil sie den Weisungen der Pächter unterliegen. Da die Produktion im Schnitt ein Jahr benötigt, muss der Pächter in Vorleistung gehen und jährliche „Vorschüsse" leisten: So muss z. B. Saatgut angeschafft werden, die Landarbeiter müssen ihre täglichen Löhne unabhängig vom Zeitpunkt der Ernte erhalten. Diese Vorschüsse werden im Laufe des Produktionsprozesses verbraucht – im Gegensatz zum Grundkapital zur Anschaffung von Maschinen und Anlagen, die nicht verbraucht werden, sondern deren Anschaffungskosten sich im Laufe des Produktionsprozesses amortisieren, sprich rechnen, sollen. Daher sind letztere sogenannte „primäre Vorschüsse".

Das laufende Produktionsjahr wird mit den Vorschüssen des Vorjahrs finanziert: Die „produktive" Klasse der Landwirte besitzt die Nahrungsmittel und Rohstoffe wie u. a. das Saatgut, um ihre Familien zu ernähren und gleichzeitig in das neue Produktionsjahr zu investieren. Ferner verfügt sie über ausreichendes Kapital, um nicht mehr funktionierende Geräte der landwirtschaftlichen Produktion sukzessive zu ersetzen. Ähnlich sieht es bei der „sterilen" Klasse der Handwerker aus, die ebenfalls aus dem Vorjahr mit genügend Nahrungsmitteln und Rohmaterialien bzw. Ersatzgeräten versorgt sind, um den Produktionsprozess ausreichend zu unterstützen. Die Landwirte legen vom monetären Gegenwert ihrer Ernte jedes Jahr die Vorschüsse für das folgende Jahr als Reserve zurück. Im Gegenzug zum Verkauf eines Teils der Ernte an die Handwerker erwerben die Landwirte bei diesen Ersatzgeräte zur Produktion im nächsten Jahr. Die Grundbesitzer erhalten von den Landwirten als Pächter ihres Grundbesitzes eine jährliche Rente. Im Gegenzug geben die Grundbesitzer einen Teil ihrer Renteneinkünfte für den Einkauf von Nahrungsmitteln bei den Landwirten und einen anderen Teil für den Einkauf handwerklich gefertigter Gebrauchsgütern aus. Die Handwerker verkaufen ihre Erzeugnisse also an Grundbesitzer und Landwirte und verfügen so über die Mittel, um für sich und ihre Familien die notwendigen Nahrungsmittel und Rohstoffe einzukaufen.

Diese Beziehung zwischen den drei Klassen hat Quesnay in seinem berühmten „Tableau économique" schematisch abgebildet. Dabei unterstellt er, dass die Summe der ausgehenden monetären Ströme gleich der Summe der eingehenden ist. In diesem Modell erzielen Landwirte, „Pächter", und Handwerker keinen Gewinn. Lediglich die Grundbesitzer erhalten eine Rente für das Überlassen des Grundes an die Pächter. Dieser „Gewinn" wird durch den Kauf von Nahrungsmitteln und handwerklichen Gebrauchsgegenständen vollkommen aufgezehrt. Kritisch gesehen wurde bereits damals der wertende Blick Quesnays auf die Handwerker: Er sah sie aus der Sicht der Grundbesitzer als „sterile" Klasse an, da sie „nur" handwerkliche Erzeugnisse lieferten und im Gegenzug Nahrungsmittel bei den Landwirten einkauften. Tatsächlichen produktiven Mehrwert schufen, so die Argumentation Quesnays, nur die Landwirte mit ihren Erzeugnissen einerseits und mit ihrer an die Grundbesitzer gezahlten Pacht andererseits. Gemäß dem Tableau von Quesnay stellt die Rente den einzigen Gewinn, das „Nettoeinkommen", dar.

Die Wirkung von Quesnay auf die nachfolgenden ökonomischen Denker ist nicht gering zu schätzen. So hat z. B. Karl Marx Idee und Struktur des Tableaus übernommen und auf seine damaligen Verhältnisse der Volkswirtschaft übertragen. Während Quesnay und seine Anhänger von der besonderen Bedeutung der Natur für den Wirtschaftsprozess ausgingen – bezeichnend dafür ist der Fokus auf die landwirtschaftliche, natürliche Produktion, man nannte Quesnay und seine Bewegung *die Physiokraten* – von altgriechisch *physis* (= Natur) und *kratéo* (= ich herrsche) – adaptierte Marx das Tableau an die Zeit der industriellen Revolution. Aus den Grundbesitzern wurden bei Marx die Kapitalisten und aus Handwerkern und Landwirten zwei verschiedene Industrien.

Auch Adam Smith griff in seinem bahnbrechenden Werk „Der Wohlstand der Nationen" die Kerngedanken der Physiokraten, namentlich von Quesnay, auf. Selbst wenn man die Grundannahme der Physiokraten, es gäbe mit der Natur nur *eine* produktive Kraft und mit den Landwirten nur *eine* produktive Klasse, aus heutiger Sicht nicht mehr teilen kann, haben die Ideen Quesnays mit dem „Tableau économique" in der Wirtschaftshistorie Spuren hinterlassen. Sie wurden u. a. von Jacques Turgot, Victor de Mirabeau und in Deutschland von August Schlettwein weiterentwickelt. Diese und alle anderen in diesem Kapitel beschriebenen Denker von der Antike über das Mittelalter bis zur Vorklassik legten intellektuelle Grundsteine für einen Mann, der im wahren Sinne dieses Wortes der Begründer der modernen Nationalökonomie wurde: der *schottische Moralphilosoph Adam Smith* (1723–1790). Von ihm soll zu Beginn von Kap. 2 über die Klassiker ausführlich die Rede sein.

Literatur

Aristoteles. (1995). *Philosophische Schriften in sechs Bänden* (Politik, Bd. 4). Übersetzt von Rolfes E. Felix Meiner. Meiner.

Aristoteles. (2007). *Nikomachische Ethik* (2. Aufl.). Tusculum.

Atkinson, A. B. (2015). *Inequality – What can be done?*. Harvard University Press.

Bentham, J. (1776). A fragment on government. In J. H. Burns, & H. L. A. Hart (Hrsg.), *A comment on the commentaries and a fragment on government* (S. 391–551). (The collected works of Jeremy Bentham) London 1977.

Beutter, F. (1989). Thomas von Aquin. In J. Starbatty (Hrsg.), *Klassiker des ökonomischen Denkens* (2 Bände, S. 56–75). Beck.

Bick, A. (2012). *Die Steinzeit* (2., korr. u. akt. Aufl.). Theiss in Wissenschaftliche Buchgesellschaft (WBG).

Born, K. E. (1989). Jean Baptiste Colbert. In J. Starbatty (Hrsg.), *Klassiker des ökonomischen Denkens* (2 Bände, S. 96–113). Beck.

Bortis, H. (o. J.). Anfänge der Wirtschaft und Wirtschaft der Antike. https://www.unifr.ch/withe/assets/files/Bachelor/ Wirtschaftsgeschichte/Anfaenge_der_Wirtschaft_Wige.pdf. Zugegriffen: 19. März 2019.

Brodersen, K. (Hrsg.). (2006). *Aristoteles – 77 Tricks zur Steigerung der Staatseinnahmen, Oikonomika II*. Reclam.

Dettling, W. (1996). Wie modern ist die Antike? In N. Piper (Hrsg.), *Die großen Ökonomen. Leben und Werk der wirtschaftswissenschaftlichen Vordenker* (2., überarb. Aufl., S. 3–7). Schäffer-Poeschel.

Erhard, L. (1964). *Wohlstand für alle* (8. Aufl,, bearbeitet von Wolfram Langer). Ludwig-Erhard-Stiftung c. V. https://www. ludwig-erhard.de/wp-content/uploads/wohlstand_fuer_alle1. pdf. Zugegriffen: 17. Juni 2018.

Flashar, H. (2013). *Aristoteles – Lehrer des Abendlandes*. Beck.

Gilibert, G. (1989). François Quesnay. In J. Starbatty (Hrsg.), *Klassiker des ökonomischen Denkens* (2 Bände, S. 114–133). Beck.

Höffe, O. (2015). Platon. Griechenlands bester Ökonom. In L. Nienhaus (Hrsg.), *Die Weltverbesserer – 66 große Denker, die unser Leben verändern* (S. 129–131). Hanser.

Hoffmann, T. S. (2009). *Wirtschaftsphilosophie – Ansätze und Perspektiven von der Antike bis heute*. Marix.

Hülser, K. H. (Hrsg.). (1991). *Platon. Sämtliche Werke griechisch und deutsch* (10 Bände). Insel.

Kaier, E. (Hrsg.). (1974). *Grundzüge der Geschichte: Band 1 Von der Urgeschichte bis zum Ende der Völkerwanderungszeit* (12. Aufl.). Moritz Diesterweg.

Küng, H. (2010). *Anständig wirtschaften – Warum Ökonomie Moral braucht*. Piper.

Kurz, H. D. (2013). *Geschichte des ökonomischen Denkens*. Beck, S. 14

Pietsch, D. (2017). *Grenzen des ökonomischen Denkens – Wo bleibt der Mensch in der Wirtschaft?* Eul/Lohmar.

Piketty, T. (2014). *Das Kapital im 21. Jahrhundert.* Beck.

Platon. (1991a) Theaitetos. Sämtliche Werke IV. In K. H. Hülser (Hrsg.), *Sämtliche Werke griechisch und deutsch* (Bd. 10). Insel.

Platon (1991b). Politeia. Sämtliche Werke V. In K. H. Hülser (Hrsg.), *Sämtliche Werke griechisch und deutsch* (Bd. 10). Insel.

Platon (1991c). Nomoi. Sämtliche Werke IX. In K. H. Hülser (Hrsg.), *Sämtliche Werke griechisch und deutsch* (Bd. 10). Insel.

Rosenbach, M. (Hrsg.). (2011). *Seneca. Philosophische Schriften lateinisch und deutsch* (2. Aufl., Bd. 5). Wissenschaftliche Buchgesellschaft.

Sander, O. (1996). Die Zeit gehört Gott. In N. Piper (Hrsg.), *Die großen Ökonomen. Leben und Werk der wirtschaftswissenschaftlichen Vordenker* (2., überarb. Aufl., S. 8–13). Schäffer-Poeschel.

Schefold, B. (1989). Platon und Aristoteles. In J. Starbatty (Hrsg.), *Klassiker des ökonomischen Denkens* (2 Bände, S. 19–55). Beck.

Smith, A. (2009). *Wohlstand der Nationen.* Nach der Übersetzung von Max Stirner, hrsg. von Heinrich Schmidt. Anaconda.

Stehle, A. (2014). Jedes Angebot schafft sich seine Nachfrage. *Wirtschaftswoche* 06.02.2014. https://www.wiwo.de/politik/konjunktur/geistesblitze-der-oekonomie-xiv-jedes-angebot-schafft-sich-seine-nachfrage/9412150.html. Zugegriffen: 29. Mai 2019.

Thomas von Aquin. (2012). Summa Theologiae. http://www.unifr.ch/bkv/summa/inhalt1.htm. Zugegriffen: 6. Juni 2019.

Weischedel, W. (2005). *Die philosophische Hintertreppe. Die großen Philosophen im Alltag und Denken* (Ungekürzte Ausgabe). dtv.

Zank, W. (1996). Reiche Bauern, reiches Land. In N. Piper (Hrsg.), *Die großen Ökonomen. Leben und Werk der wirtschaftswissenschaftlichen Vordenker* (2., überarb. Aufl., S. 20–25). Schäffer-Poeschel.

2

Klassik

2.1 Adam Smith

Jede Wissenschaft hat seine „Klassiker", jedes Fach so etwas wie einen „Begründer". In der Soziologie gilt allgemein Auguste Comte als Vater der modernen Gesellschaftstheorie, und in der Ökonomie ist es der schottische Moralphilosoph Adam Smith (vgl. Recktenwald, 1989, S. 134 ff.; Bofinger, 2015, S. 31 ff.; Kurz, 1996a, S. 29 ff.; Hoffmann, 2009, S. 154 ff.; Thornton, 2015, S. 13 ff.; Herrmann, 2016, S. 15 ff.; Streminger, 2017). Über kaum einen anderen Ökonomen ist so viel geschrieben worden, kaum ein Buch ist so häufig diskutiert und interpretiert worden wie Smiths Hauptwerk „Der Wohlstand der Nationen" (orig. „The Wealth of Nations"). Dabei war er von Hause aus kein klassischer Ökonom – dieses Fach existierte zu seinen Lebzeiten als eigenständige Wissenschaft noch gar nicht. Vielmehr verstand er sich als Philosoph, der sich vor allem mit den Themen Moral und Ethik auseinandersetzte. Ist von

© Springer Fachmedien Wiesbaden GmbH, ein Teil von Springer Nature 2022
D. Pietsch, *Eine Reise durch die Ökonomie*,
https://doi.org/10.1007/978-3-658-38095-3_2

Adam Smith die Rede, wird meist auch das berühmteste Zitat aus seinem Hauptwerk angeführt, das in dem Opus magnum nur ein einziges Mal vorkommt: „die unsichtbare Hand des Marktes", „the invisible hand of the market". Häufig als Marktliberaler charakterisiert, kämpfte Smith vielmehr für soziale Reformen in der Gesellschaft seiner Zeit und wollte die Privilegien der Reichen beschneiden. Doch der Reihe nach.

Adam Smith wurde am 16.06.1723 in der kleinen schottischen Hafenstadt Kirkcaldy, etwa 18 Kilometer von Edinburgh entfernt, als Sohn von Adam Smith senior geboren, der Rechtsanwalt war und bereits im Alter von 26 Jahren Privatsekretär von Hugh Campbell wurde, des Grafen von Loudoun. Leider starb sein Vater sehr früh: Dieser war erst 44 Jahre alt, als er Anfang 1723 verstarb, etwa ein halbes Jahr vor der Geburt seines zweiten Sohnes Adam. Smiths Elternteile stammten beide aus der schottischen Oberschicht. Sein Vater gehörte einer einflussreichen Familie an. Seine Mutter, Margaret Douglas, war die zweite Frau von Adam Smith senior. Die erste Frau Lilias war die Tochter des Bürgermeisters von Edinburgh, die allerdings früh starb. Margaret Douglas, Adam Smiths Mutter, war die Tochter eines reichen Grundbesitzers und die Enkelin des 3. Lord Balfour of Burleigh. Sie wurde mit 29 Jahren Witwe und heiratete nicht wieder. Sie konzentrierte sich auf ihr einziges Kind Adam, mit dem sie fast fortwährend zusammenlebte, bis sie 90-jährig starb.

Adam Smith war bei der Geburt ein schwächliches und kränkliches Kind, das von seiner Mutter liebevoll umsorgt wurde. Daher wundert die sehr innige Beziehung nicht, die Adam Smith zeitlebens zu seiner Mutter hegte, auch in Ermangelung eines väterlichen Elternteils. Familie Smith war eine religiöse Familie. Dies bezeugen nicht nur die rund 80 Bücher vorwiegend religiösen Inhalts aus dem Nachlass des Vaters, sondern auch zahlreiche Bilder im Hause Smith, die u. a. die Jungfrau Maria und die Heiligen Drei Könige portraitierten. Der sonntägliche Kirchgang zählte zu den selbstverständlichen Pflichten der Familie. Die Predigten schienen beim kleinen Adam eher das Interesse an ethischen Fragen als an religiösen Riten an sich geweckt zu haben. Aufgrund seiner eher schwächlichen körperlichen Konstitution ging Adam erst mit 9 Jahren in die Schule, wiewohl er aufgrund seiner intellektuellen Fähigkeiten und seines regen Interesses an Büchern wesentlich früher hätte eingeschult werden können. Es fiel schon früh auf, dass Adam Smith zeitweilig geistesabwesend war und sogar Selbstgespräche führte. Anscheinend war er geistig sehr rege mit vielen Themen beschäftigt, die er sich selbst zu erläutern versuchte.

Adam Smith besuchte die hoch renommierte Burgh-Schule von Kirkcaldy, an der Kinder unterschiedlicher Schichten gemeinsam vor allem Latein lernten und Theater spielten. Im Alter von 14 Jahren verließ Smith die Schule in Kirkcaldy, um in Glasgow zu studieren. Das junge Alter war zu der Zeit nicht ungewöhnlich, da der Lehrstoff damals noch nicht so umfangreich war wie heute und vor allem die Lebenserwartung wesentlich niedriger. Aufgrund seiner bereits guten Kenntnisse der lateinischen Sprache konnte Smith das Vorbereitungsjahr überspringen und lernte neben Altgriechisch fleißig Logik, Naturphilosophie, Mathematik, Geometrie und Metaphysik, mit Ausnahme der Geometrie und der Mathematik klassische Fächer der Philosophie. Der Lehrer, der damals auf Adam Smith den meisten Eindruck machte, war der schottische Moralphilosoph Francis Hutcheson. Dieser lehrte u. a., die Moral könne auch unabhängig von der Kenntnis Gottes erkannt werden. Die menschliche Natur neige von Hause aus zu einem eher altruistischen, wohlwollenden

Verhalten gegenüber den Mitmenschen. Im Frühjahr 1740, mit knapp 17 Jahren, schloss Adam Smith sein Studium an der Universität Glasgow mit einem „Master of Arts" ab und erhielt eines der hoch renommierten und begehrten „Snell"-Stipendien, das ihm ein Studium an der Eliteuniversität im englischen Oxford ermöglichte. Allerdings wurde von den Stipendiaten erwartet, dass sie am Ende des Studiums die Laufbahn eines anglikanischen Geistlichen einschlugen. Die Vermutung liegt nahe, dass seine tief religiöse Mutter ihn auch deswegen nach Oxford schickte.

Im Juli 1740, Adam Smith war gerade 17 Jahre alt geworden, schrieb er sich an der Universität Oxford ein und studierte 6 Jahre lang am renommierten Balliol College. Smith war sehr fleißig und vertiefte sich vor allem in das Studium der antiken und englischen Klassiker in der jeweiligen Originalsprache. Von den philosophischen Studien war er allerdings enttäuscht: So kritisierte Adam Smith die einseitige Fixierung auf die aristotelische Lehre, das regelmäßige Gebet und die hohen Studiengebühren. Zusätzlich zur Universitätslektüre arbeitete Smith vor allem die ersten Bände von David Humes „Traktat über die menschliche Natur" akribisch im Selbststudium durch – sein alter Lehrer und Förderer Hutcheson schien ihn auf dieses Werk aufmerksam gemacht zu haben. Im Gegensatz zu seinen geistlichen Lehrern in Oxford, die sich vor allem mit der Eschatologie (der Lehre von den letzten Dingen des Lebens) und dem Jenseits beschäftigten, bemühte Smith sich, die Ereignisse auf Erden und den Menschen im Diesseits zu verstehen.

Allgemein hielt er von seinen Lehrern in Oxford relativ wenig, kritisierte ihre Hinwendung zu überalterten Dogmen und ihre autoritäre, geistig inflexible Lehre. Nach 6 Jahren Studium kehrte Smith im Jahr 1746 zurück nach Kirkcaldy. Da er auf keinen Fall anglikanischer Priester

werden wollte, hielt er sich als Privatlehrer und frei-
schaffender Vortragsredner über Wasser. Smith hielt Vorträge über Recht, vor allem Naturrecht, in Edinburgh
und konnte so finanzielle Unabhängigkeit erlangen. Auf-
schlussreich sind vor allem eine Reihe von Essays, die er
in den Jahren zwischen 1748 und 1750 schrieb und sein
intellektuelles Themenspektrum zu dieser Zeit offenlegt: So entwickelte Smith eine Theorie „intellektueller
Empfindungen" und bestimmte die Rolle und Aufgabe der Philosophie und der Wissenschaft. Er skizzierte
seine Ideen zur antiken Physik, Logik und Metaphysik
vor allem Platons und versuchte sich an einem Essay
über die äußeren Sinne, vor allem des Sehens. Auch die
Erkenntnistheorie schlug ihn in ihren Bann. Smith war
ein außerordentlich breit interessierter und tiefschürfender
Denker, der sich nicht nur mit einem einzigen Spezial-
gebiet befassen wollte.

1751 wurde Smith auf einen Lehrstuhl für Logik in
Glasgow berufen. Seine Antrittsvorlesung bestritt er mit
dem Thema „De origine idearum" (Über den Ursprung
der Ideen). Darin behandelte er vor allem die Frage nach
dem Ursprung menschlicher Eindrücke und Vorstellungen.
Im April 1752 wechselte Smith auf den Lehrstuhl für
Moralphilosophie. Seine Vorlesungen drehten sich ab dem
Zeitpunkt verstärkt um die natürliche Religion, Ethik,
Recht und politische Ökonomie. Zum Verständnis der
Themenbreite muss man sich vergegenwärtigen, dass der
englische Begriff „moral philosophy" sich nicht nur auf
Moral und Ethik konzentriert, sondern allgemeiner gefasst
ist und sich auf „menschliches Verhalten in der Summe"
bezieht. Auf die heutige Zeit übertragen könnte man
mit Gerhard Streminger (2017, S. 46) von „Geistes- und
Gesellschaftswissenschaft" sprechen. Hier liegt meines
Erachtens auch der Kernpunkt des wissenschaftlichen
Ansatzes von Adam Smith: Die Ökonomie wird nicht

isoliert von den anderen geistes- und gesellschaftswissen-schaftlichen Gebieten gesehen, sondern als ein integraler Bestandteil zur Erklärung menschlicher Verhaltensweisen. Gleichzeitig gründete Smith 1752 die „Literary Society", in der er Vorträge zu so verschiedenen Themen wie Ästhetik, Literaturkritik und Geschichte der Philosophie hielt. Darüber hinaus war er wie zahlreiche Kaufleute Mit-glied des „Political Economy Club", dessen Hauptziel in der Analyse des Handels in allen seinen Facetten bestand. Schließlich betätigte sich Smith ebenso in einem Club der schottischen Aufklärer, dem „Select Society Club", der die ökonomische Entwicklung Schottlands zu fördern zum Ziel erkoren hatte.

Theorie der ethischen Gefühle

Smiths umfangreiches intellektuelles Schaffen, aber vor allem seine jahrelangen Vorlesungen und Vorträge zur „moral philosophy" mündeten 1759 in seinem ersten Buch mit dem bezeichnenden Titel „Theorie der ethischen Gefühle" (orig. „Theory of Moral Sentiments"). Darin zeigt Smith auf, wie ethisches Handeln in der Praxis funktioniert. Ausgangspunkt für Smith war die Aufgabe der Moralphilosophen, die seit der Antike die Wege zu diesseitigem Glück aufzuzeigen hatten. Smith kritisiert, dass Theologen und religiöse Menschen glauben, nur durch sklavische Befolgung leerer religiöser Riten und Handlungen sich für das Jenseits gottesgnädig empfehlen zu können. Es gehe aber gemäß Smith nicht um das jen-seitige Glück, sondern um das Glück im Hier und Jetzt auf Erden. Smith trieb die Frage um, unter welchen Bedingungen Menschen sich moralisch und tugend-haft verhalten. Dabei postulierte er, im Menschen seien sowohl sittliches Verhalten als auch Moralität von Natur aus angelegt. Sittliches Verhalten sei also ein natürliches Verhalten des Menschen. Sittliches Verhalten sei nicht

ausschließlich rational, also dem Verstand nach, zu rechtfertigen, sondern entstehe als Ausdruck verschiedener
Emotionen des Menschen. So nehmen wir Menschen
Anteil am Schicksal anderer Menschen, wir leiden mit
ihnen mit. Wir zeigen „Sym-Pathie" („sympathy") von altgriechisch „syn/m = mit" und „pathos = Leiden". Wir ver-
setzen uns in die Lage des Gegenübers und können so die
Gefühle anderer Menschen nachempfinden. So können
wir deren Verlust eines geliebten Menschen, des Ehepartners, des Kindes, der Eltern, nachfühlen. Allerdings
verfügt dieses Mitempfinden auch über eine kognitive,
verstandesmäßige Komponente: Wir bewerten die
Gefühle hinsichtlich ihrer Angemessenheit: So wird eine
übermäßige Trauer durch hohe Intensität und lange Dauer
genauso als wenig angemessen erachtet wie keinerlei oder
nur wenige Gefühlsregungen beim Tod eines geliebten
Menschen. Dies hängt allerdings wieder von den äußeren
Umständen und dem kulturellen Kontext ab.

Adam Smith beschäftigt sich in „Theorie der ethischen
Gefühle" auch mit den Affekten des Menschen. Er unterscheidet dabei im zweiten Abschnitt des ersten Teils seiner
Abhandlung neben den körperlichen und psychischen
Emotionen vor allem unsoziale, soziale und selbstbezogene
Affekte (Smith, 2010, S. 38 ff.). So erwähnt Smith die verschiedenen Facetten des Hungers, der einerseits abstoßend
wirkt, wenn allzu gierig gegessen wird; andererseits kann
der Hunger bei den Mitmenschen positiv gesehen werden,
wenn die Mahlzeit mit gutem Appetit zu sich genommen
wird. Generell werden die körperlichen Affekte allerdings
als negativ gesehen: „Derart ist unsere Abneigung gegen
alle Begierden, die vom Körper ihren Ursprung nehmen:
Jeder starke Ausdruck derselben wirkt ekelhaft und unan-
genehm. Nach einigen antiken Philosophen sind dies eben
die Leidenschaften, die wir mit den Tieren teilen, und
die, da sie nicht mit den charakteristischen Eigenschaften

der menschlichen Natur in Zusammenhang stehen, deshalb unter deren Würde sind." (Smith, 2010, S. 39). Körperliche Schmerzen werden ebenso wie der Hunger ambivalent gesehen: So wird lautes Schreien wegen körperlicher Schmerzen als unmännlich und unmanierlich empfunden. Gleichzeitig leidet der Mensch mit den Schmerzen der ihnen nahestehenden Personen mit. Smith erklärt die sittliche Einschätzung des Verhaltens beim Erleiden körperlicher Schmerzen mit der geringen Sympathie, die wir diesen Personen entgegenbringen.

Bei den Affekten, die durch Emotionen hervorgerufen werden, wird die Sympathie, die wir gegenüber unseren Mitmenschen empfinden, ebenfalls differenziert: „Wenn unser Freund beleidigt worden ist, dann sympathisieren wir leicht mit seinem Vergeltungsgefühl und werden ärgerlich gerade gegen die Person, gegen die er auch ärgerlich ist. Wenn er eine Wohltat empfangen hat, teilen wir gerne seine Dankbarkeit und haben sehr viel Verständnis für das Verdienst seines Wohltäters. Wenn er aber verliebt ist – mögen wir auch seine Leidenschaft für gerade ebenso vernünftig halten als irgendeine andere dieser Art – so erachten wir uns doch niemals für verpflichtet, eine Leidenschaft der gleichen Art zu fühlen und etwa gar für die gleiche Person, für die er sie gefasst hat." (Smith, 2010, S. 45). Wir können uns also in bestimmte Situationen einfühlen, die wir generell nachvollziehen können, z. B. Beleidigungen, Wohltaten. Konkrete Liebesgefühle für bestimmte Personen aber eher nicht, sondern in Form eines generalisierenden Liebesgefühls als solches. Damit findet Smith immer wieder auch Anleihen in der antiken oder modernen Literatur, z. B. bei Ovid und Horaz oder Thomas Otway.

Im dritten Kapitel des zweiten Abschnitts behandelt Smith die unsozialen Affekte. Dazu zählt er den Hass und das Vergeltungsgefühl „mit all ihren verschiedenen

Abarten" (Smith, 2010, S. 49). Das Vergeltungsgefühl
gegenüber einem Beleidiger werde umso intensiver
erlebt, je geduldiger, sanftmütiger und menschlicher
der Beleidigte erlebt wird. Dieser wiederum darf nicht
zu passiv, als „Dulder" agieren, da er schnell als Feigling
und damit als verächtlich angesehen wird. Auch bei den
unsozialen Affekten gibt es Regeln und Maßnahmen, die
deren negative Wirkungen umkehren lassen: „Kurz, unser
ganzes Benehmen muss klar erkennen lassen – ohne dass
wir uns dabei bemühen würden, dies auf eine erkünstelte
Weise zur Schau zu stellen –, dass Leidenschaft nicht
unsere Menschlichkeit erstickt hat und dass, wenn wir
den Geboten der Rache nachgeben, dies mit dem Wider-
streben geschieht, unter dem Zwang der Notwendigkeit
und infolge großer und wiederholter Herausforderungen.
Wird das Vergeltungsgefühl in dieser Weise bewacht und
beschränkt, dann kann man es selbst edel und vornehm
anerkennen." (Smith, 2010, S. 57).

Zu den sozialen Effekten meint Smith im vierten
Kapitel des zweiten Abschnitts: „Edelmut, Menschlichkeit,
Güte, Mitleid, gegenseitige Freundschaft und Achtung, all
die sozialen und wohlwollenden Neigungen werden, wenn
sie sich in unserer Miene und in unserem Benehmen selbst
solchen Personen gegenüber ausdrücken, die uns nicht
besonders nahestehen, fast in allen Fällen das Wohlgefallen
des unparteiischen Zuschauers erwecken." (Smith, 2010,
S. 58). Smith hat auch Verständnis für die menschliche
Schwäche von Eltern, die gegenüber ihren Kindern allzu
sanft oder nachgiebig sind oder diese zu stark lieben. Diese
Schwäche würden die Mitmenschen mit Sympathie und
Güte wahrnehmen und eher in die Kategorie Mitleid mit
den elterlichen Schwächen klassifizieren.

Schließlich skizziert Adam Smith noch eine letzte
Kategorie von Affekten: die egoistischen Affekte. Er
definiert diese als die „Mittelstellung" zwischen sozialen

und unsozialen Affekten und charakterisiert sie als „Kummer und Freude, sofern wir sie um unseres eigenen persönlichen Glücks oder Unglücks willen empfinden …" (Smith, 2010, S. 61). Wir Menschen neigen dazu, mit den „kleinen Freuden und mit großen Leiden zu sympathisieren" (Smith, 2010, S. 61). Wenn ein Mann plötzlich zu Reichtum kommt, dann werden selbst seine besten Freunde nur begrenzt erfreut sein, da sie der Neid ergreift und sie aus egoistischer Sicht lieber selbst so reich wären wie ihr Freund. Andererseits kann der reich gewordene Freund durch seine ausdrückliche Bescheidenheit diesem Gefühl des Neides und der gekünstelten Sympathie entgegenwirken. Schmal ist auch der Grat zwischen der Sympathie und des Mitleids der Freunde beispielsweise bei schwerer Krankheit oder einem kleineren Missgeschick, etwa wenn man von der Geliebten verlassen wurde.

Smith referiert in „Theorie der ethischen Gefühle" nicht nur über verschiedene Arten und Ursachen der Sympathie und der Affekte des Menschen, sondern befasst sich auch mit einer ganzen Reihe anderer menschlicher Eigenschaften. So beschäftigt er sich z. B. mit dem Ursprung des menschlichen Ehrgeizes und den Standesunterschieden. Ferner mit der Tatsache, dass wir dazu tendieren, die Reichen und Großen zu bewundern, während wir die Armen und Angehörigen der einfachen Schichten der Gesellschaft eher verachten (3. Abschnitt des ersten Teils). Im zweiten Teil seines Werkes behandelt Smith den Verdienst des Menschen und seine Schuld und stellt diesen Belohnung und Bestrafung gegenüber. Er skizziert die Gerechtigkeit und Wohltätigkeit der Menschen und beschreibt den Einfluss des Zufalls auf die Empfindungen der Menschen. Der dritte Teil steht ganz im Zeichen der Grundlage für die Urteile der Menschen über ihr Verhalten und ihre Gefühle. So beschreibt Smith eindringlich das menschliche Verlangen nach Lob und die Furcht vor dem Tadel, den Einfluss des Gewissens dabei und die allgemeinen Regeln der Sittlichkeit und des Pflichtgefühls. Der vierte und fünfte Teil konzentrieren sich auf den Einfluss der Nützlichkeit, von Brauch und Mode auf das Gefühl der sittlichen Billigung und der Missbilligung. Der sechste Teil befasst sich ausschließlich mit der Beantwortung der Frage, was wir tugendhaft nennen. Im siebten und letzten Teil beschreibt Smith einige Systeme der Moralphilosophie und geht der Frage nach, wie der Mensch sich seine Urteile über ein ethisches Verhalten bildet.

Es ist hier nicht der Ort, das komplette Werk der „Theorie der ethischen Gefühle" detailliert zu beschreiben. Allerdings dürfte in den vorhergehenden Ausführungen klar geworden sein, dass sich Smith in seiner Beschreibung möglichst gut dem Fühlen und Handeln des realen Menschen seiner Zeit annähern möchte. Er beschreibt sowohl die menschlichen Schwächen des Neides und der Missbilligung als auch die positiven Eigenschaften wie Sympathie und Altruismus. So entsteht ein sehr differenziertes Bild über die menschlichen Verhaltensweisen des Einzelnen und im Kollektiv, das mit dem Homo oeconomicus neoklassischer Prägung nichts gemein hat. Smith geht es vor allem um die Frage, die schon die antiken Philosophen umgetrieben hat: Wie kann der Mensch tugendhaft handeln? Für ihn ist Selbstbeherrschung, „self-command", die schwierigste, aber notwendige Bedingung für ein tugendhaftes Handeln. Selbstbeherrschung hilft die Tugenden wie Klugheit, Gerechtigkeit und Wohlwollen erfolgreich umzusetzen, Affekte in den Griff zu bekommen und ein inneres wie äußeres Gleichgewicht zu erreichen. Die im letzten Kapitel seines Werkes „Theorie der ethischen Gefühle" beschriebenen Systeme der Moralphilosophie enthalten jeweils nur Teile der Wahrheit, die von Smith zu einem homogenen System verbunden werden.

Mit seinem Erstlingswerk von 1759, das international große Beachtung fand und positiv aufgenommen wurde, legte Adam Smith den Grundstein zu seinem im Jahre 1776 erschienenen Hauptwerk, das ihn zum Begründer der modernen Nationalökonomie werden ließ: „Der Wohlstand der Nationen". Häufig wird angesichts der Tatsache, dass Smith in „Theorie der ethischen Gefühle" den Menschen mit seinen Facetten der Sympathie und des Altruismus skizziert und in „Wohlstand der Nationen" das egoistische Handeln, die inhaltliche Gegensätzlichkeit beider Werke betont. Dem Argument (von Charles Gide), die Sympathie des Menschen gehört der Welt der Moral an, während in der ökonomischen Welt die Nutzenüberlegung dominiert, kontert der Übersetzer der deutschsprachigen Ausgabe von „Theorie der ethischen Gefühle", Walter Eckstein, in seiner Einleitung wie folgt: „Gegen beide Lösungsversuche ist einzuwenden …, dass die zwei Hauptwerke von Smith nach dem Bericht seiner Biografen doch Teile eines Kurses über Moralphilosophie gewesen sind, sodass es von vornherein unwahrscheinlich erscheinen muss, dass Smith eine solche grundsätzlich verschiedene Einstellung in den beiden Werken zum Ausdruck bringen wollte. Auch wäre kaum einzusehen, wie sich die wirtschaftliche Welt von der Welt der Moral trennen ließe, da doch die letztere gar nicht anders gedacht werden kann als das ganze Leben umfassend." (Smith, 2010, S. XLV).

Bevor Smith allerdings sein bahnbrechendes Hauptwerk angehen konnte, war der Professor an der Universität Glasgow in zahlreiche Ämter und Aufgaben eingebunden: So war er Quästor der Universitätsbibliothek, Dekan und schließlich Präses der Universitätsverwaltung und Prorektor. Neben seinem immensen Vorlesungspensum – er hielt Vorlesungen über so unterschiedliche Themen wie Rhetorik, den Ursprung der Sprache und Sprachtypen, Recht, Stufen der gesellschaftlichen Entwicklungen, unterschiedliche Regierungsformen und politische Ökonomie – war Smith mit seiner Forschung, dem Verfassen großer Werke und administrativen Aufgaben an der Universität beschäftigt: So beschaffte er Geldmittel, teilte Hörsäle zu oder kümmerte sich um den Bau eines Chemielabors und einer Sternwarte. Wesentlich für Smiths Theorie zur Ökonomie war, dass er sich mit einer Vielzahl verschiedener geistes- und sozialwissenschaftlicher Themen beschäftigte, gleichzeitig aber den Bezug zur Praxis nicht verlor.

1764 erhielt Smith das Angebot, als Privatlehrer Henry Scotts, des Herzogs von Buccleugh, nach Frankreich zu kommen. Dies verschaffte ihm die Möglichkeit, mehr Zeit für sein Hauptwerk „Wohlstand der Nationen" aufzuwenden. Gleichzeitig erhielt er ein deutlich höheres Gehalt als in Oxford inklusive einer großzügigen Altersversorgung und konnte sich in Frankreich mit der *Encyclopédie* beschäftigen und das mildere Klima genießen. Kurz darauf verzichtete Smith ganz auf seinen Lehrstuhl in Glasgow. Während der 3 Jahre als Tutor des Herzogs von Buccleugh bereiste er Toulouse, besuchte Voltaire in Paris und lernte die bedeutenden französischen Nationalökonomen und Physiokraten Turgot und Quesnay persönlich kennen. Ende 1766 kehrte Smith nach London zurück, sein Schützling mit dem er sich während seiner Tutorzeit hervorragend verstanden hatte, heiratete und brauchte keinen Privatlehrer mehr. Nach sechsmonatigem Aufenthalt in London, während dem er einer der Berater des britischen Finanzministers war, zog Smith sich zu seinen Verwandten und alten Bekannten in seine schottische Geburtsstadt Kirkcaldy zurück, wo er intensiv an seinem Hauptwerk „Wohlstand der Nationen" arbeitete. Von 1773 bis 1776 lebte er dann wieder in London und gab seinem Buch nun den letzten Schliff. Am 09.03.1776 erschien es mit dem Originaltitel: „An Inquiry into the Nature and the Causes of the Wealth of Nations".

Wohlstand der Nationen

Kernpunkt von Smiths' Hauptwerk (Smith, 2009) ist die Suche nach der Ursache und der Natur des Wohlstands der Nationen und seiner Verteilung. Dies ist aus heutiger Sicht eine sehr offensichtliche Fragestellung, vor allem, wenn man sich um ein tieferes Verständnis der Ökonomie bemüht. Im Gegensatz zu den Denkern der Antike und des Mittelalters, die das Glück in geistigen Dingen suchten oder auf das Himmelreich verwiesen, wollte Smith in Anlehnung an Goethes Faust verstehen, „was die Ökonomie im Innersten zusammenhält". Smith gelangt an den absoluten Ursprung ökonomischen Denkens: wie etwa der Fortschritt in den produktiven Arbeitskräften zu erklären ist und sich der Arbeitsertrag verteilt, über das Wesen des Kapitals, wie Nationen zu Reichtum gelangen, unterschiedliche Wirtschaftssysteme und die Staatsfinanzen. Nach diesen Themenbereichen gliedert Smith auch sein umfangreiches Hauptwerk in fünf Bände (Smith, 2009).

Im ersten Band beschreibt Smith das Wesen der Arbeitsteilung, wie es dazu kommt und wie die Arbeitsteilung im Verhältnis zur Ausdehnung des Marktes steht (Kap. 1–3, erster Band). Danach nimmt er sich das Geld vor, führt in den Ursprung und den Gebrauch des Geldes ein (4. Kapitel, erster Band). Das 5. bis 7. Kapitel des ersten Bandes konzentriert sich auf die Bestimmung des Warenwertes gemessen am Arbeits- und Geldwert, den Preis der Waren und dessen Zusammensetzung, dem natürlichen und dem Marktpreis. Im 8. Kapitel des ersten Bandes erläutert Smith den Begriff des Arbeitslohns, im 9. den Kapitalgewinn und im 10. Band die Erträge der

Arbeit und des Kapitals, nämlich Lohn und Gewinn, sowie die Ungleichheiten, die mit den unterschiedlichen Erträgen einhergehen. Im 11. und letzten Kapitel des ersten Bandes widmet sich Smith der Grundrente des Bodens.

Der zweite Band mit seinen fünf Kapiteln steht ganz im Zeichen des Kapitals, seines Wesens, wie es zur Ansammlung des Kapitals kommt und wie es angewendet wird. Im dritten Band erläutert Smith in vier Kapiteln, wie es zum unterschiedlichen Fortschritt des Reichtums in den verschiedenen Nationen kommt. Gleichzeitig zeigt Smith auf, wie sich die großen und kleinen Städte nach dem Fall des Römischen Reiches entwickelt haben und woraus wirtschaftliches Wachstum resultiert. Im vierten Band nimmt Smith sich die verschiedenen Wirtschaftssysteme seiner Zeit vor, vor allem den Merkantilismus und die Physiokratie (Kap. 1). In den Kap. 2–4 erläutert Smith die unterschiedlichen Einfuhrbeschränkungen und deren Wirkungen. Weiter beschreibt er so unterschiedliche Themen wie Ausfuhrprämien (Kap. 5), Handelsverträge (Kap. 6), Ursachen der Gründung neuer Kolonien, deren wirtschaftliche Entwicklung und die Vorteile für die Mutterländer (Smith, 2009, S. 562 ff., Kap. 7). Die Schlusskapitel 8 und 9 beschäftigen sich dann wieder mit Merkantilismus und Physiokratie. Im abschließenden fünften Band widmet sich Smith in drei Kapiteln den Finanzen des Staates, folgerichtig beginnend mit den Staatsausgaben (Kap. 1) und -einnahmen (Kap. 2). Das abschließende 3. Kapitel des fünften und letzten Bandes hat die Staatsschulden zum Thema.

In die moderne Ökonomietheorie eingeordnet, streift Smith somit wesentliche Teile der Außenhandelstheorie, der Finanzwissenschaft, der Wirtschaftspolitik und der Makroökonomie. Dies alles erläutert er vor dem Hintergrund realer historischer Entwicklungen und konkreter praktischer Beispiele. Lassen Sie uns nach der kurzen Darstellung der Gliederung seines Hauptwerkes nun in die Kernthemen der ökonomischen Betrachtungen von Adam Smith einsteigen.

Arbeitsteilung

„Der größte Fortschritt in den produktiven Arbeitskräften und die Vermehrung der Geschicklichkeit, Gewandtheit und Einsicht, womit die Arbeit irgendwo geleitet oder verrichtet wird, scheint eine Wirkung der Arbeitsteilung gewesen zu sein." (Smith, 2009, S. 11). Mit diesen Worten leitet Smith sein Hauptwerk ein und unterstreicht die bereits an früherer Stelle unserer Erläuterungen getätigte Aussage über die Bedeutung der Arbeitsteilung für den wirtschaftlichen Fortschritt. Während sich in der Steinzeit die Jäger und Sammler noch selbst versorgten, wird die Arbeit zunehmend spezialisiert und in verschiedene Teiltätigkeiten untergliedert. Am Beispiel eines Nadelmachers erläutert Smith den Vorteil der Spezialisierung: „Der eine zieht den Draht, ein anderer streckt ihn, ein dritter schneidet ihn ab, ein vierter spitzt ihn zu, ein fünfter schleift ihn am oberen Ende, wo der Kopf angesetzt wird …" (Smith, 2009, S. 12). Durch diese Spezialisierungen der Arbeit und Gliederung in kleine, vergleichbare Untereinheiten, die zwei Jahrhunderte später unter dem Namen „Taylorismus" bekannt wurde – Frederick Winslow Taylor war ein US-amerikanischer Ingenieur und Begründer der Arbeitswissenschaft, von ihm stammt auch der Begriff des „Scientific Management" – lässt sich die Ausbringungsmenge der Produktion potenzieren.

Smith dazu: „Diese zehn Personen [einer Stecknadelfabrik, Anm. d. Verfassers] konnten demnach täglich über achtundvierzigtausend Nadeln herstellen. Da jeder den zehnten Teil von achtundvierzigtausend Nadeln machte, so lässt sich auf jeden täglich viertausend-achthundert Nadeln rechnen. Hätten sie dagegen alle einzeln und unabhängig gearbeitet, und wäre keiner für diese besondere Tätigkeit angelernt worden, so hätte gewiss keiner zwanzig, vielleicht nicht eine Nadel täglich machen können ..." (Smith, 2009, S. 12 f.). Ursache dieser enormen Produktivitätssteigerung sind die größere Spezialisierung ("größere Geschicklichkeit") auf gelernte, immer wieder ausgeführte Tätigkeiten – modern würde man von einem Erfahrungskurveneffekt sprechen – und die Einführung von Maschinen, die die Arbeit erleichtern. Außerdem spart man sich den mit dem ständigen Wechsel der Arbeitstätigkeit verbundenen Zeitverlust – heute würde man in der industriellen Produktion von „Rüstzeit" sprechen.

Ursache der Arbeitsteilung ist die Neigung des Menschen zum Tauschhandel. „Diese Teilung der Arbeit, aus der so viele Vorteile entspringen, ist ursprünglich nicht das Werk menschlicher Weisheit, welche die allgemeine Wohlhabenheit, zu der es führt, vorhergesehen und beabsichtigt hätte. Sie ist die notwendige, wenn auch sehr langsame und stufenweise Folge einer gewissen Neigung der menschlichen Natur, die keinen so ausgedehnten Nutzen vor Augen hat: der Neigung zum Tausch, zum Tauschhandel und zum Umtausch einer Sache gegen eine andere." (Smith, 2009, S. 20). Dabei ist bemerkenswert, dass sich Smith analog seinem Erstlingswerk „Theorie der ethischen Gefühle" sehr klar mit den Gefühlen und Gedanken seiner Akteure beschäftigt: „Nicht von dem Wohlwollen des Fleischers, Brauers oder Bäckers erwarten wir unsere Mahlzeit, sondern von der Bedachtnahme auf ihr eigenes Interesse. Wir wenden uns nicht an ihre Humanität, sondern an ihren Egoismus und sprechen ihnen nie von unseren Bedürfnissen, sondern von ihren Vorteilen." (Smith, 2009, S. 21).

Die Marktgröße begrenzt allerdings die Vorteile der Arbeitsteilung: „Wenn der Markt sehr beschränkt ist, so kann niemand sich ermutigt finden, sich einer einzigen Beschäftigung ganz hinzugeben, weil es an der Möglichkeit fehlt, jenen ganzen Produktüberschuss seiner Arbeit, der weit über seinen eigenen Verbrauch hinausgeht, für solche Produkte der Arbeit anderer, die er gerade braucht, auszutauschen." (Smith, 2009, S. 24). Grenzen der Arbeitsteilung sind allerdings durch die Größe der Stadt begrenzt: Eine große Stadt kann es sich leisten, jeweils einen Fleischer, Bäcker und Brauer zu haben. Ein kleines Dorf muss hingegen verschiedene Handwerksberufe wie den des Zimmermanns, Schmieds oder Maurers in einer Person vereinen, da die Zahl der Nachfragen der einzelnen handwerklichen Tätigkeiten in einem kleinen Dorf im schottischen Hochland z. B. viel zu gering ist, um eine Spezialisierung zu rechtfertigen. Vielfach sind die geografischen Gegebenheiten einer Region maßgeblich für Art und Ausdehnung des Handels und der Arbeitsteilung. Smith schlägt in seinen Betrachtungen zur Arbeitsteilung einen weiten historischen Bogen und bemüht zumeist konkrete Beispiele, um seine Theorien zu erläutern: „Es ist bemerkenswert, dass weder die alten Ägypter noch die Inder noch auch die Chinesen den auswärtigen Handel ermunterten, vielmehr alle ihren großen Reichtum dieser Binnenschifffahrt zu verdanken." (Smith, 2009, S. 27).

Werttheorie
Wie wir in den früheren Kapiteln gesehen haben, ist der Tausch bereits in der Antike dadurch zustande gekommen, dass der Überschuss an einer Ware, der nicht selbst verbraucht wurde, gegen andere Waren getauscht worden, die zum täglichen Leben benötigt wurden, aber nicht selbst hergestellt worden sind (oder werden konnten). Da der gegenseitige Tausch nicht immer sinnvoll war und

verschiedene Tauschpartner umfassen konnte – z. B. will der Bäcker überschüssige Backwaren gegen Fleisch des Metzgers tauschen, der dafür aber keine Verwendung hat (oder nicht in dem Maße) –, wurde Geld oder wurden Münzen aus Metall als Zahlungs- und Tauschmittel entwickelt. „Auf diese Weise ist das Geld bei allen zivilisierten Völkern das allgemeine Handelsmittel geworden, durch dessen Vermittlung Güter aller Art gekauft und verkauft oder gegeneinander ausgetauscht werden." (Smith, 2009, S. 33). Wesentlich für Smith ist dabei eine Frage, die bis heute die Ökonomen und sogar moderne Marketingforscher umtreibt – die nach dem Tauschwert und der Zusammensetzung des Preises einer Ware: „Um die Prinzipien zu erforschen, welche den Tauschwert der Waren regulieren, werde ich darzulegen versuchen, Erstens: Welches der wahre Maßstab des Tauschwerts ist, oder worin der reale Preis aller Waren besteht. Zweitens: Aus welchen verschiedenen Teilen dieser Realpreis zusammengesetzt ist oder zu einem Ganzen wird." (Smith, 2009, S. 34).

So unterscheidet Smith den Tauschwert und den Gebrauchswert einer Ware. Wasser hat z. B. einen relativ geringen Tauschwert, da es normalerweise häufig vorkommt und nur einen geringen Tauschwert aufweist. Das Gegenteil ist beim Diamanten der Fall, der einen geringen Gebrauchswert besitzt, aber aufgrund seiner Seltenheit über einen hohen Tauschwert verfügt. Das gerechte Maß für den Tauschwert einer Ware ist für Smith die Arbeitsmenge, die für deren Herstellung aufgewendet werden muss: „Jenes Geld oder jene Güter ersparen uns in der Tat diese Arbeit. Sie enthalten den Wert einer bestimmten Quantität Arbeit, welche man gegen etwas vertauscht, wobei man zurzeit glaubt, dass es den Wert einer gleichen Quantität enthalte." (Smith, 2009, S. 35). Allerdings erhalten die Arbeiter in der von Smith dargestellten ökonomischen Realität nicht die in der Ware steckende Arbeitsmenge ausgezahlt: Da nach Einführung des Geldes die Ware gegen Geld getauscht wird, wird sich der Geldwert einer Ware nach dem Gesetz von Angebot und Nachfrage richten. Steigt die Nachfrage nach einer Ware, steigt auch deren Preis, gemessen am Geldwert. Sinkt dagegen die Nachfrage, so sinkt auch in der Regel der Preis d. h. der Geldwert dieser Ware. Der Geldwert repräsentiert dann allerdings nicht mehr oder nur noch zu einem Teil die für die Herstellung der Ware eingesetzte Arbeitsmenge.

In der Wirtschaft existieren allerdings nicht nur Arbeiter, sondern auch Unternehmer und Grundbesitzer. Die Unternehmer, die das Kapital angesammelt haben, beschäftigen Arbeiter, ebenso wie die Grundbesitzer ihren Grund verpachten. Während die Unternehmer einerseits Gewinn erzielen wollen und ihren Arbeitern Lohn zahlen müssen, wollen die Grundbesitzer von ihren Pächtern eine Pacht erzielen, die ihnen auskömmlichen Gewinn bzw. Rente ermöglichen. Ohne diese Aussicht auf Gewinn wird kein Unternehmer das unternehmerische Risiko eingehen wollen. Daher wird der durch die Arbeit erhöhte Wert des Rohmaterials in zwei Teile zerlegt: in einen Teil des Arbeitslohns und in den anderen Teil des Gewinns des Unternehmers oder der Rente des Grundbesitzers. Um es mit den Worten von Smith zu sagen: „Unter diesen Umständen gehört nicht immer das ganze Produkt der Arbeit dem Arbeiter. Er muss es in den meisten Fällen mit dem Kapitalisten teilen, der ihn beschäftigt." (Smith, 2009, S. 55).

Smith war davon überzeugt, dass die Eigeninteressen der Menschen in sinnvolle Bahnen gelenkt werden müssen, wenn die menschliche Gesellschaft funktionieren soll. So sprach er sich einerseits gegen die Bildung von Monopolen und die Durchsetzung von Einzelinteressen aus. Andererseits ging es ihm darum, den Wettbewerb zu fördern, der zu Innovationen anregt und die gesamte Wirtschaft vorantreibt. Jeder Arbeitnehmer soll in die Lage versetzt werden, von seinem Lohn leben und eine Familie ernähren zu können. „Es muss ein Mensch durchaus von seiner Arbeit zu leben haben, und der Arbeitslohn muss wenigstens hinreichend sein, um ihm den Unterhalt zu verschaffen." (Smith, 2009, S. 74). Unternehmergewinne hängen von der Höhe des Kreditzinses und der Höhe des eingesetzten Kapitals ab. Die Rente oder Pacht des vermieteten Ackerbodens hängt wiederum von der Qualität im Sinne des Ertragsreichtums und der Größe des Ackerbodens ab.

Im dritten Band seines Hauptwerkes kommt Smith zu der wesentlichen Frage, wie es in den einzelnen Nationen zu Wohlstand kommt. Die Entwicklung verläuft in unterschiedlichen Schritten. Zunächst findet der Handel innerhalb eines Landes zwischen den Städten und dem ländlichen Teil statt. Der Überschuss der landwirtschaftlichen Produktion, vor allem Lebensmittel, Bekleidung, Unterkunft etc., wird getauscht bzw. gegen Geld gehandelt. Folglich wird auch das Kapital hauptsächlich in die Landwirtschaft investiert. Den Aufstieg der Landwirtschaft und die Steigerung des Wohlstands der Landbevölkerung erklärte Smith hauptsächlich mit der Abschaffung der Leibeigenschaft der Bauern. Diese wurden zu Pächtern, die immer stärker unternehmerisch agierten und ihr eigenes Kapital investierten. Da gleichzeitig aufgrund des gestiegenen Bevölkerungswachstums die Nachfrage nach landwirtschaftlichen Produkten stieg, konnten die Bauern bzw. Besitzer größerer Landwirtschaften einen immer größeren Reichtum anhäufen.

Die Städte und deren Bevölkerung erarbeiteten sich den Wohlstand auf andere Weise. Vor allem durch den Handel von Luxusgütern wie Schmuck für die Adligen konnten einzelne städtische Unternehmer ein beträchtliches Vermögen erwerben, was sie an den Grundherren weiterverliehen und wodurch sie Zinsen und Einfluss erhielten. Durch die zunehmende Steigerung des Wohlstands in den Städten wurde die Nachfrage nach landwirtschaftlichen Produkten weiter angeregt, sodass die davon profitierenden Bauern und deren Arbeiter ebenfalls wohlhabender wurden. Gleichzeitig investierten die städtischen Kaufleute ihr Geld nach Renditegesichtspunkten in landwirtschaftlichen Grund und schufen so weitere Arbeitsplätze und landwirtschaftliches Angebot. Handwerker und Händler waren jetzt nicht mehr wie im alten Feudalsystem von einem Großgrundbesitzer abhängig, sondern – ganz modern – von vielen Kunden und Abnehmern ihrer Erzeugnisse. Damit formulierte Smith eine Gesetzmäßigkeit, die noch heute Gültigkeit hat: Als die Bedürfnisse nach Grundnahrungsmitteln und Gütern des täglichen Lebens gedeckt waren, beginnt die Nachfrage nach Luxusartikeln, die man zwar nicht zum täglichen Überleben benötigt, das Leben aber schöner und angenehmer gestaltet.

Im vierten Band von „Wohlstand der Nationen" beschäftigt sich Smith mit den Systemen der politischen Ökonomie, die er ganz zu Beginn so definiert: „Die politische Ökonomie, als ein Gebiet der Wissenschaft eines Staatsmannes oder Gesetzgebers betrachtet, hat zwei verschiedene Ziele: Sie hat erstens dem Volk reichliches Einkommen oder Unterhalt zu verschaffen oder, richtiger, dasselbe zu befähigen, sich selbst ein solches Einkommen oder solchen Unterhalt zu verschaffen; zweitens aber hat sie dem Staat oder dem Gemeinwesen ein Einkommen zuzuführen, das zur Bestreitung der öffentlichen Dienste hinreicht. Sie hat den Zweck, sowohl das Volk als das Staatsoberhaupt zu bereichern." (Smith, 2009, S. 423). Gemäß dem damals vorherrschenden wirtschaftlichen System des Merkantilismus sollte die Goldmenge eines Landes maximiert werden, um den Reichtum einer Nation zu fördern. Zu diesem Zweck wurden die Exporte angekurbelt und die Importe gedrosselt, da diese zu einem Goldabfluss führten. Diese Wirtschaftsmaxime hielt Smith für vollkommen falsch: Die verhinderten Importe müssten im gleichen Umfang durch eine zum Teil wesentlich teurere Produktion im eigenen Land kompensiert werden. Gleichzeitig würde auf diese Weise in die Wirtschaft eingegriffen und der freie Handel behindert.

Smith hält eine Reihe von Argumenten für den Freihandel parat. Jedes Land kann sich aufgrund der klimatischen und geografischen Bedingungen auf die Produkte konzentrieren, die es am besten herstellen kann. So ist z. B. Schottland ein von Natur aus für die Schafzucht prädestiniertes Land, während in südlichen Ländern mit mehr Sonne ein qualitativ hochwertiger Wein reift. Die jeweils nicht im eigenen Land produzierten Waren können dann gegen Waren des anderen Landes mit dessen jeweiliger Warenspezialisierung getauscht werden. Dies ist natürlich nur bei einem freien Warenhandel ohne Zölle und andere Importbeschränkungen möglich. Ferner verhindert der Freihandel Hungersnöte, da die notwendigen Lebensmittel, die in einem anderen Land aufgrund der klimatischen Verhältnisse wesentlich günstiger hergestellt werden können, günstiger aus dem Ausland bezogen werden. Manche Produkte wachsen außerdem nicht in ausreichender Menge im eigenen Land. Da jedes Land sich aufgrund der internationalen Handelsbeziehungen auf das Gut konzentriert, auf das die anderen Länder angewiesen ist, wird auch die Wahrscheinlichkeit eines (Handels-)Krieges verringert.

In der Summe mein Smith: „Wir können mit vollkommener Sicherheit darauf rechnen, dass die Freiheit des Handels uns ohne alle Fürsorge der Regierung stets mit so viel Wein versorgen wird, als wir brauchen, und mit ebenso großer Sicherheit können wir darauf rechnen, dass sie uns stets mit allem Gold und Silber versorgen werde, das wir zu kaufen und entweder zur Zirkulation unserer Waren oder zu anderen Zwecken anzuwenden imstande sind." (Smith, 2009, S. 430). Allerdings war Smith in jeder Hinsicht Realist. Da er sich in seinem Erstlingswerk „Theorie moralischer Empfindungen" mit dem Wesen seiner Mitmenschen vertraut gemacht hatte, sah er sehr genau die Grenzen des Freihandels: „Die Hoffnung freilich zu hegen, dass die Handelsfreiheit in Großbritannien jemals vollkommen hergestellt werde, ist ebenso töricht, als wenn man erwarten wollte, dass hier einmal eine Oceana oder ein Utopien zustande kommen werde. Dem stehen nicht nur die Vorurteile des Publikums, sondern, was noch weit unbezwinglicher ist, die Privatinteressen vieler Einzelner geradezu im Weg." (Smith, 2009, S. 468).

In seinem relativ umfangreichen Kapitel über die Kolonien, deren Entstehung und wirtschaftliche Entwicklung erläutert Smith den kulturellen Einfluss auf die ökonomische Entwicklung. So stellt er nüchtern fest, dass keine Kolonie so große wirtschaftliche Fortschritte gemacht habe wie die der Engländer in Nordamerika. Hauptgrund der überragenden Entwicklung der englischen Kolonien in Nordamerika seien die rechtlichen Rahmenbedingungen: Der Kauf unbebauten Landes wurde stärker eingeschränkt als in anderen Kolonien. Ferner wurden die Käufer verpflichtet, das Land innerhalb einer gewissen Zeit produktiv zu nutzen d. h. zu kultivieren. Im Negativfall konnte das Land an andere Interessenten weitergereicht werden. Außerdem galt z. B. in Pennsylvania kein Erstgeburtsrecht. Das Land wurde auf die Nachkommen gleichmäßig verteilt. „Da nun die Arbeit der englischen Kolonien mehr auf den Anbau und die Kultur des Landes verwendet wird, so bringt sie auch eher ein größeres und wertvolleres Produkt hervor als die der Kolonisten der drei anderen Nationen, welche durch das Zusammenschlagen von Land mehr oder weniger auf andere Gewerbezweige gelenkt wird." (Smith, 2009, S. 581). Schließlich führen die in den englischen Kolonien vorherrschenden relativ niedrigen Steuern und Abgaben dazu, dass mehr Gewinne erzielt werden und die Bewohner entsprechend mehr in ihre wirtschaftlichen Aktivitäten investieren konnten.

Das Kapitel über die Kolonien ist sehr interessant und zeugt von der umfassenden Belesenheit des Autors. Adam Smith zieht darin mühelos historische Vergleiche der antiken Kolonialisierung bei den alten Griechen, Römern, schreibt über die Entdecker Marco Polo, Kolumbus sowie über die einzelnen Kolonien. Ganz Moralphilosoph kritisiert er die Vorgehensweise der Kolonialisten gegenüber der eingeborenen Bevölkerung harsch: Die Gier nach Gold und Silber, nach fruchtbarem Land trieb die Europäer. Land und Bodenschätze, die sie den Eingeborenen abnahmen, wiewohl diese ihnen, den Kolonialisten, mit gutem Herzen und Gastfreundschaft entgegenkamen. Dennoch muss Smith am Ende seiner Ausführungen über die Kolonien festhalten, dass die europäische Kultur und Politik die Menschen in den Kolonien letztlich doch erzog und so formte, dass diese zu solchen wirtschaftlichen Leistungen erst fähig wurden. Smith meint zwar vor allem die Einwanderer. Die Ureinwohner partizipieren allerdings ebenfalls von den wirtschaftlichen Leistungen. Somit sind beide Gruppen betroffen und unter „Menschen in den Kolonien" gemeint.

In seinen Schlussbemerkungen von Kap. 8 des vierten Bandes beschreibt Smith, warum er das Merkantilsystem ablehnt. So sind seiner Meinung nach die Monopolgesetze eher dazu geeignet, die Händler und Kaufleute zu unterstützen als das Wohl des Verbrauchers.

Die Physiokraten um François Quesnay dagegen hätten klar erkannt, dass der Kapitalstock eines Landes durch künstliche Eingriffe – Smith beschreibt eine Reihe von Maßnahmen zu Importbeschränkungen, Monopole und Exportfördermaßnahmen des Staates – geringer ausfällt als in einem Zustand vollkommener Freiheit. Um eine sehr bekannte Passage von Adam Smith zu zitieren: „Räumt man also alle Begünstigungs- und Beschränkungssysteme völlig aus dem Weg, so stellt sich das klare und einfache System der natürlichen Freiheit von selbst her. Jeder Mensch hat, solange er nicht die Gesetze der Gerechtigkeit übertritt, vollkommene Freiheit, sein Interesse auf seine eigene Weise zu verfolgen und seine Industrie sowohl als sein Kapital mit der Industrie und den Kapitalien anderer Menschen oder anderer Klassen von Leuten in Konkurrenz zu bringen." (Smith, 2009, S. 703).

Im Anschluss formuliert Smith die wesentlichen Aufgaben des Staates im Rahmen der vorgegeben natürlichen Freiheit: „Nach dem System der natürlichen Freiheit hat die Staatsregierung nur noch drei Pflichten zu beobachten, (…): Die erste ist die Pflicht, die Nation gegen die Gewalttätigkeiten und Angriffe unabhängiger Nationen zu schützen; die zweite die Pflicht, jedes einzelne Glied der Nation gegen die Ungerechtigkeit oder Unterdrückung jedes anderen Gliedes derselben so viel als möglich zu schützen, d. h. die Pflicht, eine genaue Rechtspflege aufrechtzuerhalten; die dritte Pflicht endlich ist die, gewisse öffentliche Werke und Anstalten zu errichten und zu unterhalten, deren Errichtung und Unterhaltung niemals in dem Interesse eines Privatmannes oder einer kleinen Zahl von Privatleuten liegen kann, weil der Gewinn daran niemals einem Privatmann oder einer kleinen Zahl von Privatleuten Entschädigung gewähren würde, obgleich er eine große Nation oft mehr als schadlos hält." (Smith, 2009, S. 703). Heute könnte man diese Anforderungen an den Staat etwa so formulieren, dass der Staat die Sicherheit seiner Bürger nach außen und innen gewährleisten, für eine klare Rechtsordnung sorgen und die Versorgung mit öffentlichen Gütern wie etwa Museen, Parks, Straßen etc. sicherstellen soll. Wesentlich dabei ist allerdings die Tatsache, dass es Smith nicht nur um die Freiheit der Wirtschaft und der Bürger ging, sondern auch darum, dafür zu sorgen, dass es in einer Wirtschaft gerecht zugeht und Unterdrückung unterbleiben soll.

Mit den Pflichten des Staates sind Aufgaben und Ausgaben verbunden, die über die entsprechenden Einnahmen des Staates gegenfinanziert werden müssen. Daher widmet sich Smith in seinem fünften und letzten Band den Finanzen des Staates. Zunächst erläutert er in dem sehr spannenden Kapitel über die Ausgaben für die Landesverteidigung die Aufwände, die durch die verschiedenen Arten der Aufstellung einer Kriegsmacht i.e. eines Heeres in Friedens- wie in Kriegszeiten resultieren. Dabei greift Smith auf einen reichen Fundus an praktischen Vergleichen von den alten Griechen über die Römer, die Germanen bis in die damalige Zeit die russische Armee im 18. Jahrhundert zurück.

Im nächsten Kapitel stellt Smith das Justizwesen mit seinen wesentlichen Aufgaben und Ausgaben u. a. für Gerichte, Parlamente und deren Mitglieder dar. Dabei ist wiederum sehr interessant zu beobachten, dass Smith sich in seinen Erläuterungen keineswegs nur mit den ökonomischen Aspekten beschäftigt wie etwa heute im vergleichbaren Fach der Finanzwissenschaft, das die Einnahmen und Ausgaben des Staates zum Gegenstand hat. Im Gegenteil beschreibt er z. B. vier unterschiedliche Gründe, warum einzelne Mitglieder der Gesellschaft sich über andere „Mitbrüder erheben", es also zu einer natürlichen Über- und Unterordnung von Menschen kommt: Zum einen liegt es an persönlichen Eigenschaften wie

Stärke und Schönheit, Klugheit, Weisheit, Tugend, Tapferkeit etc., also mehrheitlich an klassischen antiken Tugenden, wie sie Platon in seinem Werk der Staat von seinen „Philosophenkönigen" verlangte. Zum anderen sind da das Alter, je höher, desto besser, da erfahrener und weiser, das größere Vermögen und damit verbunden das höhere Ansehen der Vermögenden. (Smith wertet nicht, sondern beschreibt die aus seiner Sicht in seiner Zeit gegebenen Tatsachen.) Schließlich gibt er den Vorzug der Geburt. Als Beispiel nennt Smith reiche, einflussreiche und/oder adlige Familien.

Weitere notwendige Ausgaben des Staates sind die Investitionen in die Infrastruktur eines Landes, die den Handel erleichtern sollen, wie etwa Straßen, Brücken, Kanäle, Häfen etc. Diese sind nicht nur zu bauen, sondern auch regelmäßig zu modernisieren und zu erhalten. Smith beschäftigt sich sowohl mit Institutionen, wie der ostindischen Kompanie, die den Handel in den Kolonien fördern sollen, als auch mit Aktiengesellschaften.

Ein wesentlicher Aspekt der Staatsausgaben sind laut Smith – und da ist er wieder ein sehr moderner Ökonom und Staatstheoretiker – die Investitionen in die Bildung. Dabei meint er nicht nur die Bildung der Jugend, sondern, wie er in einem weiteren Kapitel schreibt, auch „Unterrichtsanstalten für Personen jedes Alters". Faszinierend ist hier wieder, mit welcher Detailkenntnis sich Smith mit den Inhalten der Ausbildung beschäftigt und diese darlegt, z. B. von der sprachlichen Ausbildung der Philosophen und Theologen in den alten Sprachen Latein, Griechisch und Hebräisch.

Als letzten Ausgabenblock skizziert Smith die „Ausgaben zur Behauptung der Würde des Staatsoberhauptes". Als Begründung dieser Art von Aufgaben des Staates schreibt Smith: „In einer reichen und blühenden Gesellschaft, wo die verschiedenen Stände eines Volkes von Tag zu Tag mehr für ihre Häuser, ihre Gerätschaften, ihren Tisch, ihre Kleidung und ihr Fuhrwerk ausgeben, kann man wohl nicht verlangen, dass der Fürst allein hinter der Mode zurückbleiben solle. Auch er wird daher natürlicher- oder vielmehr notwendigerweise in allen diesen Artikeln mehr Aufwand machen. Und selbst seine Würde scheint es zu erfordern, dass es so sei." (Smith, 2009, S. 838).

Bei den Einnahmen des Staates unterscheidet Smith zum einen „Quellen des Einkommens, die dem Staats- oberhaupt oder dem Staat unmittelbar gehören". Das sind Einkünfte auf das Kapital des Staatsoberhaupts. Das Kapital kann angelegt werden und erzielt einen Profit, heute würde man eher von Rendite sprechen. Oder aber das Kapital kann ausgeliehen werden und erzielt dann ent- sprechend der Marktlage einen Zins. Ländereien erzielen eine Bodenrente, modern würde man sagen: eine Grund- steuer. Dazu zählt Smith aber auch die Einnahmen des Staates durch Verpachtung der Ländereien an Bauern oder an Großgrundbesitzer, die die Pacht durch die Erträge ihrer landwirtschaftlichen Erzeugnisse bezahlen. Die zweite Kategorie der Einnahmen des Staates sind die Steuern. Dabei sind folgende Grundregeln für Steuern zu beachten:

1. Steuern müssen „nach dem Verhältnis der Einkünfte, die ein jeder unter dem Schutz des Staates genießt" (Smith, 2009, S. 848), bezahlt werden: hohe Ein- kommen, hohe Steuern, großes Vermögen, hohe Steuern.
2. Die Steuer muss genau bestimmt und darf nicht willkürlich sein. Die Art und Weise der Zahlung müssen ebenso klar sein wie die genaue, nachvollzieh- bare Summe und der Zeitpunkt der Zahlung.

3. Jede Steuer muss zu einem Zeitpunkt und auf eine Art erhoben werden, die dem Steuerpflichtigen am leichtesten fällt.
4. Die Steuer sollte beim Staat auch ankommen und für die Zwecke des Staates so gering wie möglich sein.

Als notwendige Steuern sieht Smith die Steuer auf die Grundrente, also den Ertrag des Grundes und des (Acker-) Bodens (Grundsteuer). Ferner Steuern, die sich nach dem Bodenertrag richten, d. h., nicht der Grundbesitz an sich wird besteuert, sondern das, was man aus dem Boden „herausholt". Haus und Grundbesitz werden separat zur Besteuerung durch den Staat herangezogen. Weitere Steuern sind die auf Gewinn und Kapitaleinkünfte (Dividenden), den Kapitalwert von Ländereien, Häusern und beweglichen Gütern, auf den Arbeitslohn. Darüber hinaus werden *Kopfsteuern* im Wesentlichen auf das Vermögen diskutiert, wiewohl das Vermögen aus Smiths Sicht sehr großen Schwankungen unterliegt und im Einzelnen schwer zu messen ist, und *Verbrauchssteuern,* unserer Mehrwertsteuer vergleichbar. In seinem Schlusskapitel beschreibt Smith Wesen und Ursache von Staatsschulden, die u. a. aus dem zeitlichen Auseinanderklaffen von Staatsausgaben und -einnahmen entstehen: Der Staat muss sich in Kriegszeiten verschulden, hat aber die Erträge einer „Kriegssteuer" erst nach einigen Monaten zur Verfügung. Oft ist für überschuldete Staaten der Bankrott die einzige Möglichkeit, sich der Staatsschulden zu entledigen.

Wie wurde nun Smiths Werk von der Öffentlichkeit aufgenommen, und was blieb am Ende des Tages hängen? Noch heute wird der Begründer der Nationalökonomie fälschlicherweise mit dem Begründer des Liberalismus gleichgesetzt: Egoismen der handelnden Individuen führen in einem freien, ungezähmten Markt durch das Einwirken „der unsichtbaren Hand" dazu, dass alle einen wirtschaftlichen Vorteil genießen. Diese falsche Vorstellung resultierte von der (einmaligen) Erwähnung der unsichtbaren Hand in der folgenden Passage im Wohlstand der Nationen im vierten Band zu den Systemen der politischen Ökonomie (Kap. 2): „Indem er [gemeint ist das Individuum, Anm. d. Verfassers] den einheimischen Gewerbefleiß dem fremden vorzieht, hat er nun seine eigene Sicherheit vor Augen, und indem er den Gewerbefleiß so leitet, dass sein Produkt den größten Wert erhalte, beabsichtigt er lediglich seinen eigenen Gewinn und wird in diesem wie in vielen anderen Fällen von einer unsichtbaren Hand geleitet, dass er einen Zweck befördern muss, den er sich in keiner Weise vorgesetzt hatte … Verfolgt er sein eigenes Interesse, so befördert er das der Nation weit wirksamer, als wenn er dieses wirklich zu befördern die Absicht hätte." (Smith, 2009, S. 451).

Dies ist wei bereits eingangs dieses Kapitels erwähnt die berühmteste Passage des etwa 1000-seitigen Werkes von Adam Smith. Sie wird immer undifferenziert zitiert, wenn es darum geht, Adam Smith als Garanten einer liberalen Wirtschaftsordnung zu nehmen. Da der Mensch in seinem wirtschaftlichen Handeln sowieso in seinem Eigennutz unbeabsichtigt das richtige Ergebnis, den Wohlstand für alle, erzielt, soll sich der Staat tunlichst aus der Wirtschaft heraushalten. Dabei beschreibt Smith lediglich die menschlichen Verhaltensweisen, die – damals wie heute – mehrheitlich gewinnorientiert und egoistisch sind, aber in der Summe die Wirtschaft voranbringen. In Kontinuität zu seinem primär moralphilosophischen Werk der „Theorie der ethischen Gefühle" geht es Smith aber vor allem um ein realistisches Menschenbild: Jedes Individuum soll sich vor dem Hintergrund eines stabilen, durch Gesetz und Ordnung geschützten liberalen Gemeinwesens wirtschaftlich entfalten können. Dies sollte vor dem Hintergrund klarer moralischer Regeln erfolgen und durch Gesetze vor Ungerechtigkeiten geschützt werden. Der Staat, insofern ist dies durchaus ein liberales und aufgeklärtes Staatsverständnis, solle maximal die Grundregeln vorgeben, die Nichtbefolgung sanktionieren und Staat und Bürger von außen und innen vor Unbill schützen. Der wesentliche Gesichtspunkt der Theorie von Adam Smith über den Menschen ist, dass Egoismus bzw. Eigennutz und persönliche Gier des Menschen durch Empathie, Streben nach Gerechtigkeit und strenge Gesetzgebung austariert werden müssen zum Gesamtwohl der Menschen insgesamt. Insofern bleibt Smith in der Kontinuität der „Theorie der ethischen Gefühle".

In der Summe lässt sich über das Hauptwerk „Wohlstand der Nationen" sagen: Adam Smith hat einen Klassiker der Nationalökonomie geschrieben, nicht obwohl, sondern gerade weil er das menschliche Verhalten in ökonomischen Situationen akribisch analysiert hat und seine moralphilosophischen Überlegungen zur Realität einfließen ließ. Es ist ein großartiges Gesamtwerk, das vor allem die ungeheure Belesenheit von Adam Smith offenlegt, der jede ökonomische Beschreibung mit umfassenden aktuellen Beispielen belegt und gleichzeitig Parallelen zu anderen Völkern und Nationen zieht. Seine vergleichenden historischen Darstellungen reichen bis in die Antike, in der er sich – auch sprachlich – hervorragend auskannte. Dieses Werk ist auch heute noch für alle diejenigen wegweisend, die sich dem Studium der Ökonomie verschrieben haben, und sollte mindestens einmal im Leben vollständig gelesen werden, gegebenenfalls zur Erleichterung in der deutschen Übersetzung.

Kehren wir nun zum Lebenslauf von Adam Smith zurück, dessen Vita mit der Veröffentlichung seines Hauptwerks noch lange nicht zu Ende erzählt ist. Wiewohl finanziell unabhängig, nahm Smith 1778 das Angebot an, einer von fünf Zollkommissaren in

Edinburgh zu werden. Er bearbeitete dort so unterschiedliche Themen wie u. a. den Plan für den Bau eines Leuchtturms, forcierte rigoros den Einsatz des Militärs gegen Schmuggler, überwachte Gehaltszuweisungen oder den Bau einer Kohlegrube. Smith gelang die Sanierung des Geldwesens in Schottland. Seine schwächliche Konstitution, die ihn schon als Kind kennzeichnete, belastete ihn auch im Alter. Am 17.07.1790, im Alter von 67 Jahren, verstarb er bei klarem Verstand, nachdem er lange unter Magenschmerzen und Verstopfung gelitten hatte. Die mangelnde Nahrungsverwertung war für den geschwächten Körper zu viel gewesen. Die Schubladen seines Schreibtischs waren noch voller Unterlagen, u. a. eine Schrift von Dialogen über natürliche Religion, die er durch seine engsten Freunde nach seinem Tod vernichten ließ.

Gott sei Dank sind neben den beiden Hauptwerken etliche Mitschriften seiner Vorlesungen erhalten geblieben. Der vernichtete Nachlass hätte wohl etwa 16 Manuskriptbände gefüllt, schätzt sein Biograf Gerhard Streminger. Streminger geht sogar so weit zu behaupten: „Wären die 16 Manuskriptbände als Smiths Nachlass veröffentlicht worden, so hielte ihn wohl niemand mehr für nichts anderes als den Begründer der Freihandelsdoktrin. Wahrscheinlich gäbe es dann keinen anderen Philosophen der Neuzeit, der den Ehrentitel „moderner Aristoteles" so sehr verdient hätte wie der Gelehrte aus dem kleinen Ort Kirkcaldy am schottischen Firth of Forth." (Streminger, 2017, S. 219). Aristoteles hatte wie kaum ein anderer Gelehrter des Abendlandes u. a. mit seiner Metaphysik und Physik ein umfangreiches Wissensgebäude errichtet und dadurch die Grundlagen nahezu aller späteren Wissenschaften gelegt und gleichzeitig auch eine zeitlose Terminologie geschaffen (Abschn. 1.2).

So bleibt Adam Smith nicht nur als Begründer der Nationalökonomie in Erinnerung, sondern als ein herausragender Philosoph, der, von der Moralphilosophie kommend, verschiedene Fachrichtungen lehrte und erforschte, dessen Schriften aber leider nicht zu allen Themengebieten überliefert wurden. Adam Smith ist und bleibt ein umfassend gebildeter Gelehrter und Wissenschaftler, der eine große Bewunderung für die *Encyclopédie* hegte. Sein langes Leben als ewiger Junggeselle an der Seite seiner Mutter und seine von Geburt an schwächliche körperliche Konstitution lassen seine Schaffenskraft umso größer leuchten und verdienen unsere Bewunderung. Vielfach wird von ihm das Bild eines „zerstreuten Professors" gezeichnet, der immer in Gedanken war, Selbstgespräche führte und gelegentlich der Welt entrückt erschien. Dies kann allerdings nicht hundertprozentig zutreffen, da Smith in seinem Leben zahlreiche praktische Tätigkeiten versah, u. a. als Prorektor, Zollkommissar, Berater des Finanzministers, und den Blick auf die Realität nie verlor. Vielmehr zeigen seine beiden Kernwerke, dass er mit beiden Beinen im Leben stand und seine theoretischen Überlegungen auf der Grundlage der genauen Beobachtung des Verhaltens seiner Mitmenschen entwickelte. Erst die Spiegelung seiner empirisch gewonnenen Erkenntnisse an Smiths umfangreichen theoretischen Wissen machte diese bahnbrechenden Werke möglich. Nicht umsonst gilt Smith heute als Begründer der modernen Ökonomie: weil er die Praxis mustergültig mit der Theorie verband und weit über die reinen Grenzen seines Faches hinausdachte. Smith komponierte das (philosophische) Wissen seiner Zeit so, dass sie ihm als Erklärungsansatz der Ökonomie seiner Zeit diente. Damit hat er nicht nur den Ökonomen, sondern allen an der Wissenschaft interessierten Menschen einen unschätzbar wertvollen Gefallen getan.

2.2 Die Klassiker

Thomas Robert Malthus (vgl. Steinmann, 1989, S. 156 ff.; Petersdorff, 2015, S. 115 ff.; Zank, 1996a, S. 44 ff.; Hoffmann, 2009, S. 162 ff.) wurde am 13.02.1766 in Guilford in England geboren. Aufgrund einer angeborenen Hasenscharte, die ihn beim Sprechen behinderte, glaubte er seine Berufung als Prediger nicht ausüben zu können. Von zwei Privatlehrern ausgebildet, trat Malthus 1784 in das Jesus College der Universität Cambridge ein, an dem er Mathematik und Theologie studierte. Er erhielt dort einen Preis für herausragende mathematische Fähigkeiten. 1788 zum Priester ordiniert, wurde er nach mehrjähriger Tätigkeit als Fellow am Jesus College 1798 Gemeindepfarrer in Albury (Surrey). Gleich Malthus' erstes Werk über die Prinzipien der Bevölkerungsentwicklung („An Essay on the Principle of Population, as it affects the future of society …") wurde, 1798 anonym publiziert, ein Bestseller. Er wandte sich darin in polemischem Stil der These zu, dass die Menschheit stärker wachse als die Produktion an Lebensmitteln. Streng mathematisch argumentierend, verwies Malthus auf die unterschiedlichen Wachstumsraten von Bevölkerung und Lebensmittelproduktion: Während die Bevölkerung in einer geometrischen Reihe (z. B. 1, 2, 4, 8, 16 etc.) wachse, nehme die Lebensmittelproduktion nur in einer arithmetischen Reihe (z. B. 1, 2, 3, 4 etc.) zu. Diese divergierenden Entwicklungshypothesen führten in der Konsequenz, so Malthus, zwangsläufig zu Hungerkatastrophen, sozialen Unruhen, Verelendung und schließlich zu einem Krieg um Nahrung. Als Antwort empfahl Malthus eine einfache, aber relativ unrealistische Maßnahme: Die Menschen sollten sich in sexueller Enthaltsamkeit üben, spät heiraten und nur eine überschaubare Anzahl an Kindern haben, die sie selbst ernähren

können. Malthus selbst ging mit gutem Beispiel voran und
heiratete erst mit 38 Jahren, als er auf einen Lehrstuhl für
Politische Ökonomie in Haileybury berufen worden war,
und hatte – für diese Zeit eher ungewöhnlich – „nur" drei
Kinder.

Wesentlicher ökonomischer Punkt in Malthus' Überlegungen war, dass das Bevölkerungswachstum per se die
notwendige Triebfeder des wirtschaftlichen Wachstums
war. Denn erstens sorgt eine steigende Anzahl an Kindern
pro Familie für eine Erhöhung der Familienarbeitszeit und
damit des Familieneinkommens – wobei weniger gespart
und mehr investiert wird –, und zweitens muss die alte,
ineffiziente Produktionsmethode der Landwirtschaft zur
Erhöhung der Lebensmittelproduktion einer innovativen
und effizienteren Methode weichen.

Den Kern seiner Wirtschaftstheorie legte Malthus
erst in seinem 1820 erschienenen dritten Hauptwerk zu
den Prinzipien der politischen Ökonomie („Principles of
Political Economy") dar. Sein zweites Werk war eine vollkommen neue und erweiterte Fassung der Bevölkerungsentwicklung, 2. Auflage oder „second essay" genannt,
mit gegenüber der 1. Auflage von 396 auf 610 erhöhter
Seitenzahl und ergänzt um zahlreiche empirische Zahlen,
Daten und Fakten zum Bevölkerungswachstum u. a. aus
Skandinavien, Russland, Frankreich und der Schweiz.

Im Gegensatz zu seinem Freund David Ricardo, der
eher theoretisch-abstrakt arbeitete, war Malthus der
Meinung, dass die mangelnde Nachfrage nach lebensnotwendigen und nicht lebensnotwendigen Gütern
wie z. B. Luxusgütern zum Niedergang der Wirtschaft
führen müsste. Zwar müssten die Arbeiter nahezu ihr
ganzes Einkommen und Vermögen dazu verwenden,
lebensnotwendige Produkte zu erwerben, und damit
die Nachfrage hochhalten. Allerdings gelte dies nicht für
die Luxusgüter, die nur die reichen Grundbesitzer und

Unternehmer nur in begrenztem Maße kauften, und den Rest des Geldes sparten. Damit fehle die notwendige Nachfrage, um die Wirtschaft anzukurbeln und genügend Jobs für die Arbeiter zu schaffen. Folgerichtig schlug Malthus zur Förderung der volkswirtschaftlichen Nachfrage öffentliche Investitionen und Arbeitsmaßnahmen vor, die wir später in der Theorie von Keynes wiederfinden werden.

Malthus setzte sich nicht nur der Kritik aus, mit seiner Theorie der „Überbevölkerung" indirekt dem Sozialdarwinismus gedanklich Vorschub zu leisten. Seine Sicht auf die verheerenden Folgen der Bevölkerungsexplosion ist sehr kontrovers diskutiert worden und hat sich zumindest in weiten Teilen der Welt nicht bewahrheitet (wiewohl man aufgrund der Hungersnöte in einigen Teilen Afrikas auch heute noch über Malthus' These nachdenken kann). Ein wesentlicher Kritikpunkt betraf die Fixierung von Malthus auf die fehlende Nachfrage – John Maynard Keynes, der bedeutendste Ökonom des 20. Jahrhunderts, hat nicht umsonst Malthus als seinen geistigen Vorläufer bezeichnet. Damit stellte Mathus sich nicht nur gegen John Stewart Mill, sondern wie erwähnt auch gegen seinen Freund David Ricardo und gegen Jean-Baptiste Say, der behauptet hatte: „Jedes Angebot schafft sich seine Nachfrage selbst." d.h. die Produktion von Gütern schafft Angebot und damit (Arbeits-)Einkommen, das für eine entsprechende Güternachfrage benötigt wird. Daher wollen wir uns im Folgenden mit Jean-Baptiste Say und, daran anschließend, mit den Ideen David Ricardos auseinandersetzen. Der Vollständigkeit halber sei erwähnt, dass Thomas Robert Malthus im Alter von 68 Jahren an einem Herzleiden verstarb.

Jean-Baptiste Say (vgl. Krelle, 1989, S. 172 ff.; Hoffmann, 1992, 2009, S. 165 ff.; Brost, 1999) wurde 1767 in Lyon als protestantischer Kaufmannssohn geboren.

Sein Vater war Tuchmacher. Nach einer kaufmännischen Ausbildung in London war Say u. a. Herausgeber einer Zeitschrift und publizierte kleinere wissenschaftliche Abhandlungen nicht ökonomischen Inhalts. 1799 war Say kurzfristig im Tribunat unter dem Konsulat Napoleons, schied aber 1804 wegen Differenzen mit Napoleon über den Freihandel wieder aus. Daraufhin ließ Napoleon die 2. Auflage von Say's Hauptwerk „Traité d'economie politique", Abhandlung über die politische Ökonomie, verbieten. Dieses Werk war 1803 erschienen und machte Say auf einen Schlag in Europa berühmt. 1815, nach dem Sturz Napoleons, reiste Say zu Studienzwecken nach England, traf sich u. a. mit David Ricardo und konnte vor Ort das englische Wirtschaftssystem analysieren. Seinen Lebensunterhalt verdiente er weiterhin als Mitunternehmer einer Baumwollspinnerei, hielt am Conservatoire des Arts et Métiers allerdings auch Vorlesungen über industrielle Ökonomie, „Economie industrielle". 1830 wurde er an das Collège de France in Paris berufen. Dort starb er im Jahr 1832 65-jährig.

Seine Kernideen hatte Say nicht nur in „Traité d'economie politique" ausgebreitet, sondern auch in „Catéchisme d'economie politique", Katechismus der politischen Ökonomie – einer Frage-und-Antwort-Schrift – sowie einer Sammlung seiner Vorlesungen und zahlreichen Briefen an Robert Malthus zur politischen Ökonomie, „Lettres à M. Malthus sur différents sujets d'economie politique". Jean-Baptiste Say wurde sehr stark von Adam Smiths „Wealth of Nations" beeinflusst. Doch geht die Einschätzung, Say sei lediglich ein Kommentator Smiths Werkes gewesen, vollkommen fehl. Say, der *die Nutzung der Mathematik in der Ökonomie ablehnte*, da man in der Volkswirtschaft lediglich ein Mehr oder Weniger, aber keine exakten Berechnungen durchführen könne, illustrierte seine Aussagen mit praktischen Beispielen aus der Wirtschaftspolitik.

Kernpunkt von Says Theoriegebäude ist die These, der eigenverantwortlich handelnde Einzelne stehe im Mittelpunkt des ökonomischen Handelns. Den Staat und seine Einwirkungsmöglichkeiten auf die Wirtschaft sah Say skeptisch. Da schimmerte wieder der Kaufmann in Say durch. Gemäß Say gibt es drei Produktionsfaktoren: Arbeit, Kapital und Boden. Der Unternehmer kombiniert die Produktionsfaktoren, neue Produktionsverfahren und Produkte erhöhen die Arbeitsproduktivität. Der Wert, der geschaffen wird, wird nicht anhand der eingesetzten Arbeit bemessen, sondern an dem Nutzen, den er für den Käufer bzw. Kunden stiftet. Der Verkaufspreis des Produkts soll die Kosten der eingesetzten Materialien und der notwendigen Produktionskosten decken und dem Unternehmer einen angemessenen Gewinn erzielen helfen. Say teilte die wissenschaftliche Ökonomie in drei Teile ein. Dieser Einteilung folgt auch die Gliederung der einzelnen Bücher in „Traité d'economie politique": Produktion, Verteilung, Konsum.

Die Produktion gliedert sich in Landwirtschaft, Manufaktur und Handel inklusive Transport und Verkehr. Der technische Fortschritt in der Produktion entsteht eher durch Verbesserung des Wissens um verschiedene Produktionsmethoden – modern würde man vermutlich von „Erfahrungskurveneffekt" sprechen – als durch Arbeitsteilung und Spezialisierung. Außenhandel und Kapitalakkumulation bringen der Nation große Vorteile. Interessant ist an diesem Buch „Traité d'economie politique" vor allem die Theorie der Absatzwege: *Jedes Produktangebot schafft eine Nachfrage bei der Bevölkerung,* indem es bestimmte Bedürfnisse kreiert und den Weg für andere Produkte ähnlicher Art bereitet. Nicht die Nachfrage nach bestimmten Produkten ist das Problem, sondern das fehlende Angebot. (Unweigerlich muss man hier an den Siegeszug der Smartphones im letzten Jahrzehnt denken.) Dies unterstellt allerdings, dass jeder ökonomische Akteur am Wohlergehen des anderen interessiert ist. Letztlich kommt es, folgt man dem Ansatz von Say, weniger auf den Konsum als auf die Produktion der Güter und Dienstleistungen an. Konsequenterweise wird in diesem Theorem das Sozialprodukt weniger durch die gesamtwirtschaftliche Nachfrage als durch die Produktion begrenzt. Ein Ansatz, der in den nächsten Jahrzehnten bzw. im nächsten Jahrhundert von Karl Marx und John Maynard Keynes massiv kritisiert wurde. Ihnen zufolge ist es genau umgekehrt: Die fehlende gesamtwirtschaftliche Nachfrage lässt das Sozialprodukt schrumpfen.

Say reiht sich in die Zahl der Ökonomen ein, die sich wie Adam Smith gegen den Eingriff des Staates in die Produktion aussprechen. Die Geldmenge an sich spielt für Say nur eine untergeordnete Rolle. Geld hat entgegen der merkantilistischen Auffassung keinen großen Einfluss auf die Wirtschaftspolitik eines Staates. Auch sonst plädiert Say eher für einen freien, unbegrenzten Handel. So setzt er sich vehement gegen die napoleonische Kontinentalsperre ein. Er sieht Monopole als wirtschaftliches Übel an und wendet sich strikt gegen jegliche Art von Privilegien, seien es solche von Handwerkszünften oder Handelsgesellschaften. Der Staat solle sich eher auf die Bereitstellung von öffentlichen Gütern wie etwa Parks, Straßen, Sicherheit und Infrastrukturen, die dem Bürger nützlich sind, konzentrieren.

Interessant sind auch die Ausführungen Says über die verschiedenen Einflussfaktoren auf den Gewinn eines Unternehmens, aber auch der Produktionsfaktoren Arbeit, Kapital und Boden. So ist der Arbeitslohn umso höher, je gefährlicher, anstrengender und unangenehmer eine Arbeit ist. Beim Kapital ergibt sich der Gewinn aus den

Zinseinnahmen. Der Zins wiederum ist abhängig von Angebot und Nachfrage. Daher lässt sich bei Kapitalknappheit der relativ höchste Zinsgewinn einstreichen. Das Einkommen aus Grund und Boden ist letztlich eine Frage der Produktivkraft des Bodens, d. h. welche Ausbringungsmenge pro Quadratmeter Saatgut in einem Jahr erzielt wird.

Beim Konsum unterscheidet Say zwischen einem reproduktiven und einem unproduktiven Konsum: Am Beispiel eines Autos wird dies klarer: Ein Automobilproduzent benötigt zur Herstellung eines Autos die Vorleistungen verschiedener Zulieferer wie z. B. Rohkarossen, Getriebe oder Lenksäulen. In der Produktion des Autos werden diese Zulieferbauteile „konsumiert" d. h. verbraucht, um als Endprodukt das fertige Auto entstehen zu lassen. Hierbei handelt es sich laut Say um reproduktiven Konsum, weil für das eigentliche Konsumprodukt Auto Zulieferleistungen und -güter verbraucht werden. Der unproduktive oder Genuss erzeugende Konsum wird von den Käufern des Autos geleistet, die die Leistungen des Autos „verbrauchen", bis es irgendwann einmal außer Dienst gesetzt wird. Ferner unterscheidet Say privaten von öffentlichem Konsum, wobei er den öffentlichen Konsum eher kritisch sieht. Dieser sei nur dann zu billigen, wenn der Nation daraus ein Vorteil entspringe. Den Staat und den in ihm arbeitenden Beamten sieht Say sehr kritisch, insbesondere im Hinblick auf deren Produktivität und Beitrag zur Gesamtheit.

Parallel zu seiner kritischen Sicht der Staatstätigkeit bemängelt Say die Steuerpolitik des Staates: Steuern sollen möglichst niedrig sein, weil damit der Anreiz zu wirtschaften erhöht werde und die Steuereinnahmen anstiegen. Die zunehmende wirtschaftliche Aktivität überkompensiere die Steuersenkungen und führe so netto zu erhöhten Steuereinnahmen. Die Steuererhebungskosten müssten ebenfalls sehr gering sein, damit netto mehr Geld für die Staatsausgaben zur Verfügung stehe. Erbschaftsteuern werden aus der Substanz bezahlt, d. h., da die Erbschaft sich bereits aus versteuertem Einkommen oder Gewinn ergibt, ist eine weitere Steuer darauf wie die Erbschaftssteuer abzulehnen. Die Steuerprogression, d. h. die Erhöhung des Steuersatzes ab bestimmten Einkommensschwellen, sieht Say dagegen als gerecht an. Zu hohe Steuern würgen allerdings eher die Produktion ab und verschlechtern die Wettbewerbsposition eines Landes.

Jean-Baptiste Say war in der Zusammenfassung ein marktbejahender, liberaler Nationalökonom, dessen Ideen von Adam Smith gespeist wurden und der auch Gedankenlieferant für die liberalen Vordenker des 20. Jahrhunderts wurde.

David Ricardo (vgl. Eltis, 1989, S. 188 ff.; Kurz, 1996b, S. 37 ff.; Hoffmann, 2009, S. 159 ff.; Thornton, 2015, S. 41 ff.) wurde 1772 in London als Sohn eines jüdischen Börsenmaklers geboren. Die Familie stammte aus Portugal, zog über Amsterdam nach London, und alle Mitglieder wurden britische Staatsbürger. Bereits als 14-Jähriger wurde Ricardo von seinem Vater, der Ausschussmitglied an der Londoner Börse war, in das Börsengeschäft eingeführt. Zum Eklat mit seiner Familie kam es 1793, als Ricardo eine Christin heiratete, seinem jüdischen Glauben entsagte und daraufhin von seiner Familie finanziell sehr knapp gehalten wurde. Daraufhin startete Ricardo sein eigenes Maklergeschäft auf Basis von Krediten und war bald so erfolgreich, dass er sich mit einem vergleichsweise großen Vermögen aus dem Börsengeschäft zurückziehen konnte. Sein Geld investierte er mehrheitlich in Immobilienbesitz u. a. in Gatcombe Park in der Grafschaft Gloucestershire, die ihn 1818 zum obersten Grafschaftsbeamten ernannte. Ein Jahr später wurde er Abgeordneter des Unterhauses, da er sich in den irischen Wahlbezirk Portarlington „einkaufte": Ricardo lieh dem Grundbesitzer, der den stärksten Einfluss auf die Wahl des regionalen Abgeordneten hatte, eine beträchtliche Geldsumme und konnte so als Kandidat aufgestellt und schließlich gewählt werden. Die Zeit nach seinem Abgang vom Börsenparkett hatte Ricardo genutzt, um sich intensiv mit Mathematik und den Naturwissenschaften zu beschäftigen. Die Lektüre von Adam Smiths Hauptwerk „Wealth of Nations" animierte ihn, sich mit der Ökonomie auseinanderzusetzen. So konnte er im Parlament mit kompetenten wirtschaftlichen Reden und Diskussionen auf sich aufmerksam machen. Politisch setzte er sich u. a. für freie und geheime Wahlen, eine dringend notwendige Strafrechtsreform und – biografisch motiviert – für religiöse Toleranz ein. Der Vater von acht Kindern starb 1823 im Alter von 51 Jahren an einer Mittelohrentzündung.

Ricardo ging es nicht um die Entwicklung einer umfassenden Theorie der Wirtschaft, sondern er konzentrierte sich auf einzelne Kernbereiche. Allerdings wollte er genauer untersuchen, wie in der Wirtschaft Wohlstand geschaffen und verteilt wird. An dem Beispiel einer landwirtschaftlich geprägten Wirtschaft arbeitete er die grundlegenden Mechanismen ökonomischer Tätigkeiten heraus. So stellte Ricardo fest, dass die Bevölkerung ständig wuchs und, damit einhergehend, die Nachfrage nach landwirtschaftlichen Lebensmitteln. Daher mussten die Bauern mehr oder weniger fruchtbares Land bebauen, um die gestiegene Nachfrage zu befriedigen. Nun waren die Bauern, die das Land zumeist nur gepachtet hatten, gezwungen, mehr zu investieren, um den weniger fruchtbaren Boden zu bestellen. Gleichzeitig stiegen auch die Arbeitslöhne, da sie mit den aufgrund der erhöhten Nachfrage ebenfalls gestiegenen Lebensmittelpreisen mithalten mussten. Die Bauern und ihre Familien waren ja auf die Lebensmittel angewiesen, um ihre Arbeitskraft zu erhalten und ein auskömmliches Leben führen zu können. Die Pächter mit der Kapitalkraft erhöhten ihrerseits die Pacht für das fruchtbare Ackerland – auch sie mussten sich gegen die gestiegenen Preise wappnen. Das erhöhte wiederum die Kosten der Bauern als Pächter des Landes, und die Gewinne sanken – nicht zuletzt weil die Arbeitslöhne stiegen.

Daraus leitete Ricardo – im Gegensatz zu Adam Smith – die Gesetzmäßigkeit ab, dass der steigende Wert der Arbeit, sprich die steigenden Arbeitslöhne, zu einer Verringerung des Gewinns führt, d. h. zu einer *sinkenden Profitrate*. (Adam Smith war bekanntlich der gegenteiligen Meinung, dass höhere Löhne zu mehr Gewinn und niedrigeren Mieten führen.) Darüber hinaus stellte Ricardo fest, dass die Güter, die arbeitsintensiv hergestellt werden, durch den Lohnanstieg im Vergleich zu den kapitalintensiv hergestellten Produkten weniger stark nachgefragt werden. Die kapitalintensiv hergestellten Güter werden relativ zu den arbeitsintensiv produzierten Gütern günstiger. Umgekehrt ersetzen Firmen Maschinen durch Menschen, wenn der Arbeitslohn im Vergleich zu den Kapitalkosten sinkt und der Einsatz von Menschen anstelle von Maschinen dadurch attraktiver wird. Dies ist der Kern von Ricardos *Arbeitswerttheorie*.

Ricardo beschäftigte sich auch mit Währungsfragen. So verfolgte er die Entwicklung des Tauschwerts des Pfund Sterling in eine Unze Gold, den Goldstandard. Die Bank von England verpflichtete sich, eine Unze Gold gegen einen klar vorgegebenen Geldbetrag Sterling einzuwechseln. Im Rahmen der napoleonischen Kriegswirren sank der Goldwert des Pfundes, und das britische Preisniveau stieg stark an. Die Bank von England war gezwungen, den Goldstandard mit dem festen Tauschverhältnis Sterling zu Gold zu verlassen. Im Gegensatz zu den nationalökonomischen Kollegen erklärte Ricardo den Anstieg des Preises nicht mit der Nachfrage nach Gütern, sondern mit der Tatsache, dass Großbritannien den Goldstandard mit der festen Währungsrelation verlassen hatte, nun mehr Sterling für eine Unze Gold aufwenden musste und daher die Preise stiegen. Die Preise stiegen auch deshalb, weil die anderen Länder am Goldstandard festhielten und Großbritannien dies entsprechend kompensieren musste. Daher müsse die Bank von England wieder zum Goldstandard zurückkehren. Ricardo schwebte damals schon – aus heutiger Sicht sehr vorausschauend und modern – vor, den Geldumlauf einer Kontrolle durch eine unabhängige Aufsichtsbehörde zu unterstellen. In seiner Schrift „Plan for the Establishment of a Central Bank", 1824 posthum veröffentlicht, nahm er die Rolle der heutigen Zentralbanken und der Europäischen Zentralbank vorweg.

In seinem „Essay on the Influence of a low Price of Corn on the Profits of Stock" kämpfte Ricardo gegen das Korngesetz seiner Zeit an. Aufgrund der Napoleonischen Kriege kam es wegen der gestiegenen Nachfrage und der Knappheit von fruchtbarem Ackerboden zu einem starken Anstieg des Getreidepreises. Gleichzeitig erhöhten die Pächter den Preis für die Vermietung des Ackerbodens durch die Bauern. Einhergehend mit den patriotischen Bestrebungen zum Schutz der heimischen Landwirtschaft forderte das britische Parlament im Jahr 1813 ein Verbot ausländischer Getreideimporte („Corn Law"). Zwei Jahre später, 1815, als wieder Frieden herrschte, sank die Nachfrage nach Korn wieder dramatisch, und die Getreidepreise fielen ins Bodenlose. Gemäß Ricardo war das Korngesetz mit seinen faktischen Handelsbarrieren die Hauptursache für einen hohen Getreidepreis und eine hohe Pacht, die die Bauern zahlen mussten.

Das Fehlen ausländischer Getreideimporte verringerte die am Markt angebotene Getreidemenge und führte dadurch zu einem künstlich hohen Preisniveau. Darüber hinaus wurden Unternehmer mit der Aussicht auf lukrative Gewinne motiviert, in die Landwirtschaft zu investieren. Gewinne, die normalerweise nicht in dem Maße entstünden, wenn die Getreideimporte nicht durch hohe Zölle behindert würden. Dadurch, so Ricardo, würden Geldmittel der Gesellschaft in Bereiche der Wirtschaft umgelenkt, die dort gemäß der regulären Marktgesetzmäßigkeiten nicht hingehörten. Damit würde eine fatale und falsche Umverteilung der Geldströme entgegen dem Marktbedarf vorgenommen. Gleichzeitig schaffe der Staat faktisch ein Getreidemonopol, welches die Preise auch für alle davon betroffenen Produkte in die Höhe treibe, wie z. B. Brot, Bier. Dies erhöhe folglich die Preise für Grundnahrungsmittel der Arbeiter, die wiederum zum Ausgleich höherer Löhne bedürfen und damit die Gewinne der Unternehmer verringern. Daher forderte Ricardo die Zulassung des Getreideimports und den Einsatz des Kapitals in jene Bereiche der Produktion, auf die sich Großbritannien besser verstehe als den Getreideanbau. Mit dieser Forderung leistete Ricardo seinem bekanntesten Theorem, der „Theorie der komparativen Kosten", Vorschub.

Mit der Theorie der komparativen Kosten zeigte Ricardo in hervorragender Weise auf, dass sich der Außenhandel für zwei Länder sogar rechnet, wenn ein Land in der Produktion beider Güter einem anderen Land unterlegen ist. Eigentlich, so würde man gleich einwenden, sollte ein Land, dass in allen Belangen der Produktion beider Güter – Ricardo spricht über Tuch in England und Wein in Portugal – einem anderen Land überlegen ist, beides produzieren. Ricardo hielt aber dagegen, dass es ökonomisch sinnvoller wäre, wenn sich das „überlegenere" Land auf die Produktion desjenigen Gutes konzentrierte, bei dem es dem anderen Land „noch überlegener" ist als bei dem anderen Gut. Als anschauliches modernes Beispiel soll hier die USA mit den Tablet-Computern und Deutschland mit den Autos herhalten. Selbst wenn es so wäre – unterstellen wir das einmal für einen Augenblick –, dass Deutschland sowohl bei der Herstellung von Autos als auch von Tablet-Computern Vorteile hätte, da die Lohn- und Materialkosten in beiden Fällen günstiger wären als in den USA, dann würde sich Deutschland gemäß Ricardos Theorie der komparativen Kosten auf die Herstellung von Autos konzentrieren und Tablet-Computer importieren, da die Gewinnmargen im Automobilgeschäft deutlich höher sind als bei den Tablet-Computern. Da lohnt sich die volle Konzentration auf die gewinnträchtigere Automobilproduktion. Mit dem zusätzlichen Gewinn lassen sich dann die Tablet-Computer-Importe aus den USA mühelos bezahlen. Umgekehrt kann sich die USA auf die Produktion eines Guts konzentrieren und muss nicht in zwei Branchen aktiv sein. In der Quintessenz, so Ricardo, lohnt sich also für beide Länder der Außenhandel.

Ricardo befasste sich zudem mit den Auswirkungen einer Steuersenkung auf das Sparverhalten der Bürger. Normalerweise würde man annehmen, dass die Bürger aufgrund niedrigerer Steuern gespartes Geld zumindest in Teilen für mehr Konsum ausgeben (so zumindest hat es John Maynard Keynes im Rahmen seiner Multiplikatortheorie beschrieben; Abschn. 3.4). Ricardo berücksichtigte aber vorausschauend die Erwartungen seiner Mitbürger bei einer Steuersenkung: Der Staat weist aufgrund der niedrigeren Steuereinnahmen ein niedrigeres Haushaltsvolumen auf. Unterstellt man aber, dass die Staatsausgaben aufgrund der Erwartungen der Bürger und der Gesetze gleich bleiben, erhöht sich das Haushaltsdefizit des Staates.

Da die Bürger aus Ricardos Sicht allerdings davon ausgehen, zu einem späteren Zeitpunkt den gleichen Betrag
gemäß dem Äquivalenzprinzip wie ihre vorherigen Ersparnisse mehr an Steuern zu zahlen, um das Haushaltsdefizit
des Staates ausgleichen zu können, werden sie das Geld
in vollem Umfang sparen und nichts konsumieren. Diese
Kernaussage beschreibt das nach Ricardo benannte „Äqui-
valenztheorem". Die Wahrheit dürfte wohl in der Mitte
liegen: Zumindest ein Teil der Ersparnisse werden dem
Konsum und den Investitionen zugeführt. Wir werden das
im Rahmen der Beschreibung des keynesianischen Multi-
plikatoreffekts an späterer Stelle sehen (Abschn. 3.4).

Wiewohl Ricardo kein geschlossenes Theoriegebäude
hinterlassen hat, können wir für unsere Zwecke zumindest
festhalten, dass er

- den Außenhandel ohne Handelshemmnisse und die
  Konzentration auf die Güter mit komparativen Kosten-
  vorteilen propagierte und damit theoretisch dem internationalen Handel den Weg ebnete,
- erstmalig den Wert der Arbeit analysierte und lohn-
  intensive sowie kapitalintensive Produktion differenzierte,
- das Verhalten der Bürger auf Steuersenkungen
  beobachtete und feststellte, dass anstelle eines Mehr-
  konsums das gewonnene Geld eher gespart wird
  in Erwartung einer künftig höheren Steuer, die das
  Ersparte wieder wegbesteuert,
- bereits frühzeitig die Unabhängigkeit einer Aufsichtsbehörde in Form einer Art Zentralbank in seinen
  Währungsschriften forderte und so Anregungen für die
  Moderne lieferte.

Auch wenn er im Schatten von Adam Smith stand, leistete
Ricardo für die Entwicklung der ökonomischen Ideen
einen großen Beitrag.

Friedrich List (vgl. Häuser, 1989, S. 225 ff.; Daniels, 1996, S. 127 ff.; Braunberger, 2015, S. 23 ff.; Hoffmann, 2009, S. 251 ff.) wurde 1789 als achtes von elf Kindern in Reutlingen geboren. Sein Vater war ein geachtetes Mitglied der bürgerlichen Gesellschaft der Zeit und gehörte dem Stadtrat an. Seine Mutter erzog die Kinder liebevoll und kümmerte sich um den Haushalt, der finanziell vergleichsweise gut ausgestattet war. Nach einer Schreiberlehre wurde er 1814 zum Aktuar ausgebildet. Nebenbei hörte er an der Universität in Tübingen juristische und staatswissenschaftliche Vorlesungen, die ihn in ihren Bann zogen. Dort traf er auf den Universitätskurator von Wangenheim, der Lists Talent erkannte und ihn entsprechend förderte, nachdem er Minister im Kabinett des Königs von Württemberg wurde. Zwei Jahre nach seinem Aktuarexamen wurde List zum Rechnungsrat befördert. Nachdem sein Förderer von Wangenheim vom Innenminister zum Kirchen- und Schulminister wechselte, wurde List zum Professor für Staatswirtschaft ernannt. Zuvor hatte er für seinen Minister ein entsprechendes Gutachten über die Errichtung einer staatswissenschaftlichen Fakultät verfasst.

Zu Beginn seiner Lehrtätigkeit hatte List bei seinen Professorenkollegen einen schweren Stand. Er selbst hatte nie an einer Universität studiert und schon gar nicht das Fach, das er nun in Forschung und Lehre vertreten sollte. Vielmehr hatte er sich sein Wissen durch rege Lektüre von Montesquieu, Smith, Say etc. selbst angeeignet. Diese Vorurteile versuchte er u. a. dadurch zu kompensieren, dass er häufig in dem von ihm selbst herausgegebenen Vierteljahresschrift *Württembergisches Archiv* Artikel publizierte. Bei einem Besuch in Frankfurt wurde List aufgefordert, einen Entwurf für eine Bittschrift an die Bundesversammlung zu verfassen, in der die Abschaffung der Binnenzölle und ein Außenzoll für Deutschland gefordert wurden. Dies wurde ihm dann zu Hause in Württemberg als Einmischung in politische Angelegenheiten des (hessischen) Auslands vorgeworfen. Daraufhin ließ List sich von seiner Professur entbinden und wurde Geschäftsführer des Vereins deutscher Kaufleute und Fabrikanten. Schon damals trieb ihn der Gedanke um, die damals noch existierenden 39 souveränen Staaten in Deutschland zu einem Zollverein zusammenzuführen. Heute würde man vermutlich von einer Handelsunion sprechen. Doch seine Bemühungen waren damals – auch aufgrund mangelhaften politischen Einflusses – nicht von Erfolg gekrönt. Daher beschloss List, das ihm von der Stadt Reutlingen angebotene württembergische Landtagsmandat anzunehmen. Eine von ihm verfasste „Reutlinger Petition", die die Grundrechte des Bürgers und die Selbstverwaltung der Gemeinde stärken sollte, wurde per Flugblatt in aggressiver Art und Weise an die Bürger verteilt, was von der königlichen Regierung als Aufruf zur Anstiftung der Bürger angesehen wurde. List wurde daraufhin zu 10 Monaten Festungshaft verurteilt, was lange an List nagte und ihm künftig ein öffentliches Amt in Deutschland verwehrte.

List setzte sich nach Straßburg ab, ohne seine Strafe angetreten zu haben. Nach Stationen in Paris und der Schweiz kehrte er dann reumütig nach Württemberg zurück und verbüßte 5 Monate Festungshaft. Der Rest wurde ihm mit der Auflage erlassen, Württemberg für immer zu verlassen. Mit seiner Frau und den Kindern emigrierte List in die USA. In Reading, Pennsylvania, ließ er sich schließlich nieder und widmete sich wieder der Publizistik in deutscher Sprache: Er gab die Zeitung *Readinger Adler* heraus, in der er der deutschstämmigen Bevölkerung seine ökonomischen und politischen Ideen nahebringen konnte. Durch seine Reisen in Amerika entwickelte er seine Ideen zu einem Schutzzoll: List sah deutlich, dass die aufstrebende amerikanische Eisen- und Stahlindustrie nur so vor den billigeren Importen aus England geschützt werden konnte.

Da die redaktionelle Tätigkeit für sich und seine Familie nicht genügend Erträge einbrachte, kaufte List mit einem Kompagnon ein großes Stück unerschlossenes Land in der Region Little Schuylkill. Dort entwickelte er die städtische Infrastruktur mit Straßen, Wohnungen, Schulen etc., ließ Eisenbahnschienen legen und gründete eine Eisenbahngesellschaft. Dadurch wurde List zu einem wohlhabenden Unternehmer und schließlich zum US-amerikanischen Staatsbürger. 1832 wurde ihm erst das US-amerikanische Konsulat im Großherzogtum Baden und dann das im Königreich Sachsen angeboten. Mit der damit verbundenen politischen Immunität ausgestattet, siedelte List mit seiner Familie dann nach Karlsruhe bzw. später nach Leipzig um. Mit den Erfahrungen des Eisenbahnbaus in den Vereinigten Staaten ausgestattet, mischte er kräftig in der Diskussion um den Eisenbahnbau in Deutschland mit. So forcierte er den Bau einer Eisenbahnstrecke von Leipzig nach Dresden. Ein Teilstück wurde bereits 1837 erfolgreich umgesetzt. Nachdem er aber in Deutschland mit seinen Ideen zur Förderung eines weiteren Eisenbahnbaus nur mäßig Erfolg hatte – vor allem zahlte sich seine Initiativen für ihn nicht ausreichend finanziell aus –, ging er nach Paris und entwarf für den französischen König Louis Philippe I. ein nationales Eisenbahnsystem inklusive Finanzierungsplan. Durch diese erfolgreiche Konzeption des Eisenbahnbaus in Frankreich wurde List in Deutschland wieder begehrter und kehrte daher nach Thüringen zurück. Doch auch hier zahlte sich sein Engagement nicht weiter aus.

Schon seit Langem hatte List sich mit der Nationalökonomie, wie die Volkswirtschaftslehre damals hieß, auseinandergesetzt. Er nahm sich nun vor, ein mehrbändiges

Werk über Nationalökonomie abzufassen. Daraus wurde allerdings nur ein Band mit dem Titel „Der internationale Handel, die Handelspolitik und der deutsche Zollverein", der 1842 in vier Auflagen erschien. Das Werk machte List mit einem Schlag in Deutschland berühmt. Trotz seiner hohen Reputation als Unternehmer und Wissenschaftler konnte er aufgrund seiner politischen Vergangenheit und Haftstrafe in Württemberg dort beruflich nie wieder Fuß fassen. Gesundheitlich angeschlagen, lehnte er den Posten als Chefredakteur der *Rheinischen Zeitung* in Köln ab. Diese Position übernahm ein aufstrebender Mann aus Trier, Karl Marx (Abschn. 2.3). Stattdessen gründete List seine eigene Zeitung, das *Zollvereinsblatt,* in dem er mehrere hundert Artikel verfasste und mit dem er finanziell über die Runden kam. Sein angesammeltes Vermögen aus den USA war weitgehend aufgebraucht.

In Deutschland war der von List angestrebte Zollverein mittlerweile verwirklicht. In seinen Gesprächen mit dem österreichischen Staatsmann Metternich versuchte er sogar, mit Österreich-Ungarn eine Zollunion voranzutreiben, dem später unter der Vermittlung Englands auch Hannover, Bremen und Hamburg beitreten sollten. Gesundheitlich weiter angeschlagen – List litt unter Depressionen –, machte er sich große Sorgen um seine Zukunft und die seiner Familie. Sein Vermögen war aufgebraucht, das seiner Frau (sie war die Witwe eines vermögenden Bremer Kaufmanns, als er sie heiratete) wollte er nicht restlos aufbrauchen. Er war so verzweifelt, dass er, wie er in seinem Abschiedsbrief an seinen Freund Dr. Kolb schrieb, keinerlei Ausweg aus dieser schwierigen finanziellen Lage sah. Auf der Rückreise von einer Kur in Meran setzte List am 30.11.1846 in Kufstein seinem Leben ein Ende.

Die bekannteste These Lists war die positive Bewertung des eingeschränkten Freihandels: „Freihandel ja, aber …"

lautete eine seiner häufigsten Formulierungen. List setzte sich zeitlebens für die Beseitigung sämtlicher Handelsschranken ein. Dies tat er vor allem vor dem historischen Hintergrund, dass Deutschland zu seinen Lebzeiten aus 39 souveränen Staaten bestand, die alle untereinander Handel trieben. Man kann Friedrich List aus heutiger Perspektive mit gewissen Einschränkungen einen Liberalen nennen: Er setzte sich nicht nur für einen freien Handel ein, sondern auch für die Gewerbefreiheit, einen schlanken Staat und ein einfaches, überschaubares Steuersystem. Der wesentliche Punkt für List war allerdings, dass bei Handel beide Länder ein vergleichbares wirtschaftliches Entwicklungsniveau aufweisen sollten. So befürwortete er zwar den Abbau des Binnenzolls in Deutschland zwischen den einzelnen Staaten, meinte das überwiegend agrarisch geprägte Deutschland aber gegen das im Vergleich dazu hoch industrialisierte England schützen zu müssen. Diese Erfahrungen hatte er bereits in Amerika gemacht, das sich seiner Meinung nach durch Handelsbeschränkungen, Schutzzölle, zumindest temporär vor den Importen Englands schützen müsse.

Der Gedanke des Schutzzolls als Erziehungszolls – erst wenn die zu schützende Wirtschaft in seiner Entwicklung mit dem Handelspartner gleichgezogen oder zumindest aufgeholt hat, können die Handelsschranken langsam wieder abgebaut werden. Dahinter stand auch der politische Gedanke Lists, dass wirtschaftliche Interessen zugleich nationale Interessen darstellen. Lists Ideen sind von Schwellen- oder Entwicklungsländern bis heute immer wieder aufgegriffen worden, um die heimische Wirtschaft zu schützen. Es ist schwierig, die wahre Bedeutung des Ökonomen und Menschen List für die Wissenschaft einzuschätzen. List war, wie aus der umfangreichen biografischen Erzählung ersichtlich wird, mehr Pragmatiker und Politiker, Unternehmer und Journalist als Wissenschaftler, geschweige denn Nationalökonom. Durch seine umfangreichen Publikationen – zumeist Zeitungsartikel, auch in englischer Sprache – beeinflusste er das ökonomische und politische Denken seiner Zeitgenossen in den USA und in Deutschland. Aufgrund seiner Erfahrungen mit dem Aufbau eines Eisenbahnwesens sah List die überragende Bedeutung einer Verkehrsinfrastruktur für das Erblühen der Wirtschaft eines Landes. Dabei übersah er die geopolitischen Vorteile von Handelsnationen nicht, die etwa durch ihre Nähe zu Wasserstraßen, wie z. B. England und Italien, in ihrer wirtschaftlichen Aktivität natürliche Vorteile genossen. Daher sei in Deutschland vor allem der Binnenverkehr durch die Eisenbahn ein wesentliches Element ökonomischer Tätigkeit gewesen.

List kritisierte als Politiker und ehemaliger Staatsbediensteter vor allem die Ansicht Smiths, den er ansonsten sehr schätzte, dass zwischen einzelwirtschaftlichen Interessen von Individuen und ganzen Nationen zu unterscheiden sei. So sei beispielsweise der Freihandel für eine damals so weit entwickelte Volkswirtschaft wie die Englands anders zu beurteilen als die Deutschlands mit ihrer starken agrarischen Prägung und der Zersplitterung in Territorialstaaten oder die der USA, einer jungen, aufstrebenden Industrie, die im Zweifel zu schützen sei. Nationalinteressen eines Landes seien in die wirtschaftliche Gleichung einzubeziehen: Die Nationalökonomie sei nicht nur die Zusammenfassung aller Individuen eines Landes und deren ökonomischer Interessen. Privatökonomie ist nicht gleich Nationalökonomie. Daher hat List in seinem Hauptwerk „Das nationale System der politischen Ökonomie" (vgl. List, 2008) etwa ein Drittel für die Wirtschaftsgeschichte der bedeutendsten Nationen eingeräumt. Er hat darüber hinaus, was gerade für unsere Zeitreise durch die Geschichte der Wirtschaft wichtig ist, eine Stufentheorie der wirtschaftlichen Entwicklung entworfen: Demgemäß entwickelt sich eine Wirtschaft von der Primitivkultur in der Steinzeit (Selbstversorgung) über eine Hirten- und Agrarkultur zu einer Manufaktur und schließlich zu einem Handelsstaat. Auch wenn List kein überragender ökonomischer Theoretiker war, so bleiben seine Gedanken zum Freihandel und Schutzzoll in der internationalen Ökonomenzunft lebendig. Seine Wirkung war dennoch nicht zu unterschätzen, zumal er als Politiker und Unternehmer auch Spuren in seiner zeitweisen Wirkungsstätte USA hinterließ.

John Stuart Mill (vgl. Marchi, 1989, S. 266 ff.; Zank, 1996b, S. 55 ff.; Schipper, 2015, S. 106 ff.; Hoffmann, 2009, S. 244 ff.) wurde 1806 als ältestes von neun Kindern in London in ein intellektuell anregendes Milieu hineingeboren: Sein Vater James Mill war ein Vordenker des Liberalismus, dessen bester Freund hieß David Ricardo. Der Philosoph und Utilitarist Jeremy Bentham war ebenfalls ein Freund der Mills. Alle genannten einte der Glaube an die Freiheit und die freien Märkte. Daraus abgeleitet bestand für sie die Gesellschaft vor allem aus rational handelnden Personen, die ihre persönlichen Interessen verfolgen und für die die moralische Vorstellungen dieser Zeit, vor allem die der Kirche, überaltert sind und in der Gesellschaft keine Rolle mehr spielen sollten.

Der älteste Sohn John Stuart ist geradezu das ideale Studienobjekt, um die Theorien des Vaters in die Realität umzusetzen. Analog den Philosophenkönigen des platonischen Staatsideals, die ihre Mitbürger durch umfassendes philosophisches Wissen und Tugend überragen, wird der junge John Stuart bereits mit 3 Jahren (!) in die altgriechische Sprache eingeführt. Als Siebenjähriger beginnt er mit der Lektüre Platons im Original, mit 10 Jahren beherrscht er das Lateinische auf Universitätsniveau

und mit 13 Jahren wagt er sich an die politische Ökonomie David Ricardos und Adam Smith heran. Mill
liest alle antiken Klassiker von Xenophon über Herodot
und Diogenes Laertios. Im Montpellier studiert Mill
anschließend mit 14 Jahren ein breites Fächerspektrum:
Chemie, Zoologie, Mathematik, Logik und Metaphysik.
Erst danach kommt er mit Gleichaltrigen in Kontakt, als
er in der Nähe von Toulouse Reiten, Schwimmen, Fechten
und Tanzen lernt. Mill begeistert sich schnell für die Ideale
der Französischen Revolution, befürwortet vor allem das
Ende der Ständegesellschaft und begrüßt die Entwicklung
hin zu einer freieren Gesellschaft. Er gründet und beteiligt
sich an der Utilitaristischen Gesellschaft zur Diskussion
ethischer und gesellschaftspolitischer Fragen und der
London Debating Society mit ähnlicher Intention. Mit
gerade einmal 17 Jahren steigt John Stuart Mill bei der
Ostindischen Handelsgesellschaft ein und nimmt aufgrund
seines Einsatzes und seiner herausragenden intellektuellen
Fähigkeiten schnell eine Leitungsfunktion ein.

Vom Bildungsehrgeiz des Vaters zerfressen, erleidet
John Stuart Mill mit Anfang 20 den ersten von mehreren
depressiven Zusammenbrüchen – heute würde man von
„Burn-out" sprechen. Diese Kindheitsjahre waren für Mill
so prägend, dass er beschloss, sich in seinem Forschungs-
interesse u. a. auf das persönliche Glück des Einzelnen
zu konzentrieren. Darüber hinaus interessierten ihn die
ökonomischen und gesellschaftlichen Bedingungen, die
gegeben sein müssen, damit der Einzelne sich in seiner
Persönlichkeit frei entfalten kann. Sein Freiheitsbegriff
war bezeichnend: Die Freiheit des Einzelnen dürfe nur
dann eingeschränkt werden, wenn Schaden von anderen
Menschen abgewendet wird.

Man kann die Kindheit Mills so zusammenfassen,
dass sein Vater ihn zu einer „Denkmaschine" heran-
gezüchtet hat. Rationalität stand im Vordergrund.

Seine intellektuellen Sparringspartner waren die Stoiker und deren konkurrierende Schule der Epikureer, ja sogar die bedürfnislosen Kyniker. In dieser rationalen Schule, gekoppelt mit den utilitaristischen Lehrsätzen Jeremy Benthams – kurz gesagt: maximaler Nutzen bzw. maximales Wohlergehen für die größtmögliche Zahl an Personen – ist intellektuelles Streben und der berufliche Aufstieg stets mit Lustgewinn gekoppelt. Nur unnütze und schädliche Aktivitäten rufen Schmerz und Leiden hervor. Das waren die Kernthesen des von seinem Vater vertretenen Rationalismus. Dass dies nicht stimmen kann, erlebte John Stuart Mill am eigenen Leib durch seine Depression trotz immerwährenden beruflichen und intellektuellen Strebens. Daher war es verständlich, dass Mill sich in seiner Theorieentwicklung auf die freie Entfaltung der Persönlichkcit konzentrierte. So bekämpfte er einen zu starken Einfluss des Staates auf die individuelle Entwicklung wie etwa in einem kollektiven Sozialismus und akzentuierte einen gemäßigten Liberalismus. Konkret war Mill der Meinung, dass der Staat mit seiner ganzen Autorität notwendig sei, um die Gesetze und die Ordnung einzuhalten und den Einzelnen im Staat gegen Unrecht zu schützen. So war nur konsequent, dass er sich zwar für eine soziale Mindestabsicherung der Bürger einsetze, betonte allerdings auch die Selbstverantwortung des Einzelnen in der Gesellschaft, z. B. um den Unterhalt für sich und seiner Familie zu sorgen und nicht allein auf die staatlichen Subventionen zu hoffen.

Neben seinem Vater James, der 1836 verstarb, wodurch Mill in eine weitere depressive Krise geriet, sodass er monatelang nicht arbeiten konnte, hatte sein spätere Frau Harriet den größten Einfluss auf ihn. Wiewohl er in der verheirateten Harriet Taylor bereits früh einen intellektuellen Gegenpart fand, heiratete er sie erst 2 Jahre, nachdem ihr Mann verstorben war, über 20 Jahre nach ihrer ersten Begegnung im Jahr 1830. Harriet war eine sehr engagierte, linksintellektuelle und streitbare Frau, die sich sehr für die Frauenrechte einsetzte. Sie starb 1859 in Frankreich an Tuberkulose. Mill war da bereits seit einigen Monaten mit 52 Jahren als ehemaliger Präsident des Prüfungsbüros der Ostindischen Gesellschaft in Pension gegangen, um sich seinen Studien zu widmen.

1866 zog Mill für die liberale Partei der Whigs in das englische Parlament ein. Er setzte sich im Gedenken an seine Frau u. a. für ein Wahlrecht für Frauen ein, unterstützte Sozialreformen und engagierte sich für eine liberalere Gesellschaft. 1868 wurde er allerdings abgewählt, da man in seinem Wahlkreis mit seiner politischen Arbeit nicht zufrieden war. Fünf Jahre waren ihm nach seinem Ausscheiden aus dem Parlament noch vergönnt, die er im Wesentlichen mit dem Verfassen seiner Autobiografie und der Redaktion der Werke seines Vaters verbrachte. Dann starb er kurz vor seinem 67. Geburtstag an einer Wundrose in Avignon.

Von seiner einengenden Kindheit geprägt, waren Mills ökonomische Ideen von dem Gedanken der Selbstver-wirklichung des Einzelnen geprägt. Er störte sich vor allem daran, dass Reichtum und Lebenschancen in seiner damaligen Lebenswelt extrem ungleich verteilt waren. Im Gegensatz zu seinen intellektuellen Mitstreitern war Mill nicht der Meinung, dass dieses Phänomen durch den Kapitalismus bedingt und damit gottgegeben sei. Ein Zustand, mit dem man sich abfinden müsse. Die Theorien seiner Zeit seien im Gegenteil dazu angelegt, den Menschen als einen egoistischen Gewinnmaximierer und unsozialen Wirtschaftsakteur zu sehen. Zwar verteufelte Mill den Kapitalismus nicht pauschal, er kritisierte aber dessen negative Begleiterscheinungen. Natürlich konnte der Kapitalismus den Wohlstand mehren, wenn auch nur für kurze Zeit. Langfristig würde sich diese Entwicklung in ihr Gegenteil verkehren: Das ungebrochene Bevölkerungswachstum, der steigende Wettbewerb der Arbeiter um die begehrten Arbeitsplätze und der Unternehmer um den größten Gewinn würde das allgemeine Lohnniveau auf ein überlebensnotwendiges Minimum senken und die Unternehmensprofite schrumpfen lassen. Mill war der Meinung, dass sich langfristig das Angebot am Arbeitsmarkt so erhöht, dass das allgemeine Lohnniveau sinkt und nicht für alle genügend Arbeitsplätze übrig bleiben. Damit geht es aber den Arbeitern schlechter, die gleichzeitig weniger konsumieren und damit weniger nachfragen. Die Unternehmensgewinne sinken.

Daher empfahl Mill, das kapitalistische System nicht abzuschaffen, sondern entsprechend regulierend einzugreifen. So forderte er u. a., Erbschaften stärker zu besteuern, weil sie nicht von den Erben erarbeitet worden seien und daher kein Anrecht auf das volle Erbe bestehe. Gleiches gelte für Rohstoffe wie z. B. Öl, das auf einem Grundstück gefunden wird. Auch dafür ist der Eigentümer nicht verantwortlich und sein Gewinn muss daher überproportional besteuert werden, um die Allgemeinheit stärker am Nutzen der Rohstoffe zu beteiligen. Da der Wohlstand einer Gesellschaft begrenzt sei, müsse der Staat aktiv in die Geburtenplanung eingreifen und die Bevölkerungsentwicklung begrenzen. So verteile sich dann der Wohlstand auf weniger Köpfe und reiche für alle. Arbeiter sollten zudem stärker an den Gewinnen der Unternehmen beteiligt werden. Während viele dieser Punkte – mit Ausnahme der Geburtenkontrolle – auch heute noch von jedem sozial(demokratisch) denkenden Menschen unterschrieben werden könnte, dachte Mill in der Bildung eher aristokratisch: Bildung, vor allem die klassische, die er in sehr jungen Jahren selbst ausführlich „genossen" hatte, war für ihn ein entscheidender Faktor in der Gesellschaft. Mill ging sogar so weit zu fordern, dass die Gebildeten und Vermögenden (die geistige und finanzielle Elite) zusätzliche Stimmen bei Wahlen erhalten sollten.

Mills Staatsverständnis unterschied sich von der vorherrschenden Laisser-faire-Haltung seiner Zeit: Der Staat solle nicht nur für die Rahmenbedingungen verantwortlich sein, also durch ein differenziertes Rechtssystem, Sicherheits- und Verteidigungsinstitutionen wie Polizei und Militär, die Währung etc., sondern sich auch für seine Bürger verantwortlich zeigen. Im Staat sah Mill vor allem einen Wettbewerbshüter, der Monopole in der Gas- und Wasserversorgung oder beim Eisenbahnbau verhindern soll und Arme mit Pflege und finanziellen Subventionen unterstützt. Während eine umfassende Bildung Ziel der persönlichen Entwicklung jedes einzelnen Staatsbürgers sein sollte, sollte sich der Staat aber tunlichst aus der inhaltlichen Gestaltung der Bildung, z. B. über Lehrpläne, heraushalten. Wie bereits erwähnt, plädierte Mill allerdings auch für ein Mehrklassenwahlrecht auf Basis der Bildung: Je höher die Bildung, desto mehr Stimmen sollte der Bürger haben, bzw. sollte er einer anderen Wahlklasse zugeordnet werden. Und nur Personen mit größtmöglicher Bildung sollten als politische Mandatsträger wählbar sein. Hier wird Mills elitäres und von der Lektüre von Platons „Philosophenkönigen" beeinflusstes Bildungsverständnis deutlich.

Wichtig war Mill vor allem der Freiheitsbegriff. Grundrechte wie das auf freie Meinungsäußerung und die Presse- und Versammlungsfreiheit waren für Mill das größte Gut im Staat, das es unter allen Umständen zu schützen galt. Jeder einzelne Bürger sei selbst Herr über seinen Körper und Geist und dürfe zu nichts gezwungen werden. Wesentliche Voraussetzung sei dafür die Freiheit des Denkens und Fühlens und der Gesinnung sowie die freie

Wahl der Lebensgestaltung inklusive der Ausbildung. Der einzige legitime Eingriff des Staates sei nur zur Abwehr von Schäden oder Gefahren für den Staat oder die Bürger insgesamt. Dies gilt allerdings nur für mündige, d. h. geistig gesunde, erwachsene Menschen.

In seinem (politisch-)ökonomischen Hauptwerk „Principles of Political Economy" (Grundsätze der politischen Ökonomie) definierte Mill die für ihn wichtigsten Ziele der Ökonomie: Die Freiheit des Einzelnen und ein „gutes Auskommen" für alle (Mill, 2004). Man könnte, um mit den moderneren Worten von Ludwig Erhard zu sprechen, auch von „Wohlstand für alle" sprechen. Wobei in diesem Sinne Mill den größtmögliche Wohlstand mit dem größtmöglichen Glück gleichsetzte. Er plädierte für eine optimale Bevölkerungszahl, sah die Elite der Müßiggänger mit überragender Bildung als die moralische Leitinstanz der Gesellschaft. Mills Ziel seiner Idealgesellschaft war eine Gesellschaft mit sozial abgesicherten Bürgern – heute spricht mal über Mindestlohn und/oder Mindestrente. Dieses Ziel versuchte Mill u. a. mit einer teilweisen Umverteilung des Grundbesitzes zu erreichen: Es sei nicht im Sinne eines Wohlstands für alle, wenn das Grundeigentum in den Händen einiger weniger Großgrundbesitzer liegt. Der Staat müsse folglich zu Beginn eine Umverteilung vornehmen. Dabei könne der Staat den Grundbesitz zu fairen Preisen aufkaufen und entsprechend subventioniert wieder verkaufen. Wie bereits erwähnt, empfahl Mill, Erbschaften höher zu besteuern und die Arbeiter am Unternehmensgewinn stärker zu beteiligen.

Viele dieser Positionen sind heute wieder aktuell, so z. B. das hehre Ziel, Wohlstand für alle zu erreichen, keinen Bürger darben zu lassen und zu große Vermögen im Sinne der Allgemeinheit zu verteilen. Zugegebenermaßen ist dies in der Reinform nicht durchsetzbar und gewünscht.

Mill gibt allerdings Anregungen, wie eine Gesellschaft aus ökonomischer Sicht auszusehen hat, in der alle Menschen mehr oder minder glücklich zusammenleben. Mill hat auch die Rolle des Staates für die Wirtschaft vor dem Hintergrund des ausgeprägten Freiheitsgedankens des Einzelnen klar beschrieben. Er hat zwar keine wesentlichen neuen ökonomischen Ideen und Konzepte entwickelt. Doch hat Mill bereits damals im England des 19. Jahrhunderts den Finger in die Wunde gelegt. So sah er das kapitalistische System seiner Zeit durchaus kritisch, wollte es aber nicht gleich abschaffen, sondern bestmöglich reformieren.

Mills Ideal war eine Gesellschaft, in der „keiner arm ist, niemand reicher zu sein wünscht und niemand Grund zur Furcht hat, dass er durch die Anstrengungen anderer, die sich selbst vorwärtsdrängen, zurückgestoßen werde." Das wirtschaftliche Streben nach (permanentem) Wachstum sah Mill schon damals kritisch. Sein hehrer Anspruch an die Gesellschaft war, der Mensch solle dieser Sucht nach grenzenlosem Wachstum entsagen. Dann sei der höchstmögliche gesellschaftliche und kulturelle Fortschritt erreicht. Außerdem seien industrielle Verbesserungen im Sinne von Produktivitätssteigerungen in der Verkürzung der Arbeitszeit bei gleichem Wohlstand für alle sinnvoller einsetzbar als in einem noch größeren Gewinn des Unternehmers. Man mag diese Positionen als sehr idealistisch und dem menschlichen Wesen widerstrebend ansehen. Allerdings wird man es nie erreichen, dass alle Menschen mit dem Erreichten zufrieden sind, eine Reduzierung Ihres Gewinns bzw. Vermögens akzeptieren und dafür weniger arbeiten. In nicht zu wenigen Fällen ist dies allerdings tatsächlich der Fall, Stichwort „Work-Life-Balance". Mill hat damit erstaunlich moderne Ansätze in die ökonomische Diskussion eingebracht.

2.3 Karl Marx

Karl Marx (vgl. Ott, 1989, S. 7 ff., Oertzen, 1991, S. 139 ff.; Starbatty, 1989, S. 211 ff.; Thornton, 2015, S. 63 ff.; Kurz, 2015, S. 78 ff.; Herrmann, 2016, S. 75 ff.; Hoffmann, 2009, S. 219 ff.) hatte ein derart bewegtes Leben, dass es wohl Stoff für weitere spannende Verfilmungen bietet (vgl. u. a. den Film von Raoul Peck über den jungen Marx aus dem Jahr 2017). Er wurde 1818 als drittes von neun Kindern in Trier geboren. Sein Vater Heinrich war Rechtsanwalt und entstammte einer Trierer Rabbinerfamilie. Seine Mutter Henriette war Tochter des Textilhändlers und Juden Isaak Heyman Pressburg. Als Jude aufgewachsen, konvertierte Vater Heinrich später zum Protestantismus (nicht etwa zum Mehrheitsglauben des Katholizismus), da er zur damaligen Zeit in Preußen seinem Amt als Anwalt sonst nicht mehr hätte nachgehen können. Seit dem Wiener Kongress 1815 war das Rheinland an Preußen abgetreten worden, wo es Juden verboten war, im Staatsdienst zu arbeiten. Den ursprünglichen jüdischen Vornamen Heschel tauschte der Vater in Heinrich.

Karl Marx wuchs behütet auf und wurde von seinen Eltern, vor allem von seinem Vater, liebevoll gefördert. Von der Mitgift seiner vergleichsweise vermögenden Mutter Henriette konnte sich die Familie Marx ein Haus nahe der Porta Nigra, des Wahrzeichen Triers, leisten. Der Vater erkannte Karls Talent und Intelligenz früh und schickte ihn wie damals in bürgerlichen Kreisen üblich auf das humanistische Gymnasium in Trier. Während Karls' Noten in Mathematik eher mäßig waren, glänzte der Jugendliche in den altphilologischen Fächern Griechisch und Latein. Zeit seines Lebens war er dem antiken Zitatenschatz treu und versah seine Texte gerne damit.

Im Alter von nur 17 Jahren legte Marx sein Abitur mit Notendurchschnitt 2,4 ab. 1835 wurde er ordentlicher Student der Rechtswissenschaft und der Kameralistik in Bonn. Sein Vater hatte die Karriereplanung seines begabten Sohnes übernommen. Der jugendliche Student soll sich der Landsmannschaft und Studentenverbindung der „Treveraner" angeschlossen haben und an dem einen oder anderen Trinkgelage beteiligt gewesen sein. Doch auch eine romantische Seite von Marx kam in dieser Zeit zum Vorschein: Er schloss sich dem poetischen Verein „Kränzchen" an und schrieb das eine oder andere empfindsame Gedicht. Wiewohl er ordentlich studierte und zahlreiche Kollegien und Seminare besuchte, war er ein Meister des Geldausgebens. Der Vater konnte das Geld gar nicht so schnell überweisen, wie es wieder ausgab. 1836 verlobte sich Marx mit der Schwester seines besten Freundes Edgar, Jenny von Westphalen. Jenny war vier Jahre älter als Marx. Beide hatten sich schon seit frühester Kindheit gekannt und lieben gelernt. Die Familien von Westphalen und Marx kannten und verstanden sich gut. Jennys Vater Ludwig war preußischer Regierungsrat und ein Förderer Karl Marx'. Auf langen Wanderungen mit der Familie erläuterte der sprachgewandte Ludwig von Westphalen – er sprach fließend Englisch (er war halber Schotte), Französisch, Italienisch und Spanisch – den Kindern die intellektuellen Ideen seiner Zeit: von der Französischen Revolution bis zu sozialistischen Ideen.

1836 wechselte Karl Marx auf Drängen seines Vaters an die Friedrich-Wilhelms-Universität (heute: Humboldt-Universität) nach Berlin. Neben seinen obligatorischen juristischen Vorlesungen besuchte Marx philosophische und Geschichtsvorlesungen. Er widmete sich einer intensiven Lektüre verschiedenster Autoren: So arbeitete er in seinem ersten Berliner Studienjahr u. a. Fichte („Pandekten Bücher") durch, aber auch Tacitus („Germania"), Ovid („Tristium"), Lessing („Laokoon"), Winkelmann („Kunstgeschichte") und Luden („Geschichte des [T]Deutschen Volkes"). Daneben beschäftigte er sich mit Kriminalrecht. Schon damals zeigte sich die enorme Wissbegier des jungen, hochbegabten Mannes, der sich nicht nur mit allen möglichen wissenschaftlichen Themen beschäftigte, sondern auch versuchte, diese mit- und weiterzudenken.

Besonders beeinflusst und beeindruckt war Marx von Hegel. Georg Wilhelm Friedrich Hegel war der beherrschende deutsche Philosoph seiner Zeit und gilt als wichtigster Vertreter des deutschen Idealismus. In dieser Phase der intensiven, geradezu „besessenen" Lektüre verschlang Marx alle Bücher Hegels. Zwar lebte Hegel zum Zeitpunkt der marxschen Lektüre nicht mehr – er war 1831 an Cholera verstorben – seine Schüler und seine Ideen wirkten aber nach wie vor in Deutschland. Hegel hinterließ zwei gegensätzliche Denkschulen: die konservativen oder „Rechtshegelianer" (auch Althegelianer genannt) und die „Linkshegelianer" (auch als Junghegelianer bezeichnet). Während die Rechtshegelianer staatsbejahend auftraten und die Freiheit der konstitutionellen Monarchie priesen, waren die Linkshegelianer, unter ihnen der junge Marx, radikaler. Beide Denkschulen griffen die „dialektische Methode" Hegels auf. Diese sah einen Dreiklang aus *These, Antithese und Synthese* vor. Jedes Argument, jeder These, lasse sich, vereinfacht gesagt, eine Gegenthese zuordnen, die dann wieder in einer Synthese aufgehoben wird.

So sahen die Rechtshegelianer den preußischen Staat als mit einer gelungenen Verfassung versehen, entstanden in einem dialektischen Prozess: ein Staat mit einer effizienten Bürokratie, aus der These: Bürokratie ist ein Gewinn, Antithese: Bürokratie ist wegen der „Selbstentfremdung" ein Übel, Synthese: eine effiziente Bürokratie, gute, leistungsstarke Universitäten mit kompetenten und namhaften Professoren, eine funktionierende Wirtschaft dank der Industrialisierung und ein damit einhergehender hoher Beschäftigungsgrad. Die Linkshegelianer setzten dagegen auf eine dialektische Weiterentwicklung der Gesellschaft Preußens, um dem Übel der Armut, der staatlichen Zensur und den zahlreichen, vor allem religiösen Diskriminierungen zu begegnen. Der Kreis der Linkshegelianer traf sich regelmäßig im „Doctorclub" und debattierte heftig in den Kneipen Berlins. Marx war mit gerade einmal 20 Jahren einer ihrer Wortführer.

Am 10.05.1838 starb Karl Marx' Vater Heinrich im Alter von 61 Jahren an Tuberkulose. Ebenso erging es vier Geschwistern von Karl, die alle ihren 25. Geburtstag nicht mehr erlebten. Karl Marx hing sehr an seinem Vater. Sein plötzlicher Tod hat ihn schwer getroffen, zumal seine relativ großzügigen Geldzahlungen nun von der Mutter auf ein Minimum begrenzt wurden. Mutter Henriette war im Gegensatz zu Heinrich nicht vom Treiben ihres studierenden Sohnes überzeugt und musste das Geld für die restliche Familie zusammenhalten. Überhaupt war das Verhältnis von Karl Marx zu seiner Mutter getrübt – neben dem gekürzten Geld – kritisierte er die fehlende Unterstützung seines intellektuellen Treibens durch seine Mutter. Marx ließ sich daraufhin eine Vorauszahlung auf sein späteres Erbe geben.

Am 15.04.1841 wurde Marx im Alter von knapp 23 von der Universität Jena „in absentia" mit seiner Dissertation „Differenz der demokritischen und epikureischen Naturphilosophie" zum Doktor der Philosophie promoviert. Hier schlug Marx' Liebe zur Antike und zur Philosophie durch. Die Arbeit zum Unterschied des Denkens der beiden griechischen Philosophen Demokrit und Epikur, die sich beide mit der Welt der Atome beschäftigten, war solide, wurde allerdings weder von der Philosophie noch von der Altertumswissenschaft wirklich zur Kenntnis genommen. Interessant ist der Weg zur Promotion: „In absentia" hieß in Abwesenheit des Kandidaten. Im Gegensatz zu den sonst üblichen Promotionen wurde eine persönliche Verteidigung der Arbeit in einer Disputation in diesem Fall nicht erwartet. Marx musste lediglich seine fertige Arbeit an die Fakultät senden, einen bestimmten Betrag zahlen und erhielt dann postwendend die Doktorurkunde. Zwar war Jena eine altehrwürdige Universität, allerdings waren solche Fern-promotionen aufgrund des chronischen Geldmangels der Zeit nicht außergewöhnlich.

Ursprünglich war Marx' Promotion nur als Durch-gangsstation zur Habilitation gedacht mit dem Ziel, Professor zu werden. Da Marx allerdings als führender Linkshegelianer gegen den preußischen Staat in Erscheinung getreten war, verweigerte man ihm die Aus-sicht, Professor zu werden. So wandte Marx sich dem Journalismus zu und wurde 1842 Mitarbeiter und Redakteur der *Rheinischen Zeitung* für Politik, Handel und Gewerbe. Diese Zeitung, erst am zu Beginn des Jahres 1842 von liberal denkenden Bürgern in Köln gegründet, wurde zum Sprachrohr oppositioneller Strömungen gegen Preußen. Am 15.10.1842 übernahm Marx die (Chef-) Redaktion der Zeitung, die unter ihm einen weiteren, noch radikaleren Schwenk in Richtung Opposition gegenüber dem eher konservativen Preußen machte. Dies konnte nicht lange gut gehen. Die preußische Zensur-behörde schickte einen Zensor zur *Rheinischen Zeitung*, zum Schluss musste jede Ausgabe vom Kölner Regierungs-präsidenten persönlich freigegeben werden. Als Marx und seine Mitarbeiter sich dieser Zensur nicht beugten und sie stattdessen unterliefen – die eher einfachen Zensur-beamten verstanden zum Teil die Brisanz der hoch intellektuellen Texte nicht und ließen die provokanten

Teile zumeist passieren – wurden die Ausgabe der Zeitung am 01.04.1843 untersagt.

1843 heiratete Karl Marx seine langjährige Verlobte Jenny von Westphalen. Von den sieben Kindern des Paares starben vier bereits im Kindesalter. Nur drei Töchter überlebten. Marx und seine Frau zogen im Oktober 1843 nach Paris, wo er gemeinsam mit Arnold Ruge, einem Schriftsteller und Junghegelianer, die *Deutsch-Französischen Jahrbücher* herausgab. Der Schreibstil von Karl Marx hatte sich in den letzten Jahren geändert: Von einem wissenschaftlichen, an Hegel angelehnten Duktus kommend, entwickelte er sich immer mehr zu einem politischen Journalisten, der die gesellschaftlichen und ökonomischen Missstände seiner Zeit anprangerte. Die Zusammenarbeit der beiden Herausgeber endete schon bald, da Ruge sich der Philosophie Hegels stärkerverpflichtet fühlte und Marx seinen Weg als politischer Ökonom weitergehen wollte. 1844 entstand Marx' erste Schrift, „Die ökonomisch-philosophischen Manuskripte", die sich vor allem ökonomischen Themen widmete und den Begriff der „entfremdeten Arbeit" aufgriff.

Im Rahmen seiner Tätigkeit als Herausgeber der *Deutsch-Französischen Jahrbücher* hatte Marx **Friedrich Engels**, reicher Sohn eines erfolgreichen Baumwollfabrikanten, kennen und schätzen gelernt. Gemeinsam verfassten sie das Werk „Die heilige Familie" (Untertitel: „Kritik der kritischen Kritik. Gegen Bruno Bauer & Consorten"), in dem sie bereits die Grundzüge ihres späteren Werkes „Das Kommunistische Manifest" legten. Darin kritisierten beide Autoren – etwa 90 % des Textes stammt von Karl Marx – die Junghegelianer, die der Ansicht waren, Geschichte sei lediglich die Weiterentwicklung menschlicher Vernunft, sodass politisches Engagement nicht notwendig sei. Dem stellten Marx und Engels gegenüber, dass Geschichte vor allem ein sozialer

Prozess sei und man sich aktiv in diesen politischen Prozess einbringen müsse.

Als politischer Journalist hatte sich Marx an der Redaktion des in Paris erscheinenden Wochenblatts *Vorwärts!* beteiligt, das vor allem den autoritären und absolutistischen Kurs Preußens scharf kritisierte. Gleichzeitig setzte Marx in seinen Artikeln immer stärkere sozialistische Akzente. Das führte dazu, dass Preußen seine Ausweisung aus Paris durchsetzen konnte und er nach Brüssel umziehen musste. Engels folgte Marx dorthin. Ende 1845 gab Marx seine preußische Staatsbürgerschaft auf und wurde staatenlos, was er bis zu seinem Tod blieb. In Brüssel veröffentlichte Marx die bereits erwähnte Streitschrift gegen Proudhon: „Misère de la philosophie. Réponse à la philosophie de la misère de M. Proudhon" in der er neben den Ideen Proudhons vor allem die kapitalistische Gesellschaft kritisierte. Gleichzeitig veröffentlichte Marx weiterhin Artikel, diesmal in der *Deutsche-Brüsseler-Zeitung.*

Anfang 1846 gründeten Marx und Engels das „Kommunistische Korrespondenz-Komitee". Nachdem sie viele Artikel und Schriften zu sozialistischen und kommunistischen Ideen verfasst hatten, ging es ihnen nun mit dieser Vereinigung darum, die revolutionären Kommunisten und Arbeiter inhaltlich zu einigen und organisatorisch zu einer kommunistischen Partei zusammenzuschließen. 1847 wurde der von Wilhelm Weitling, einem Frühsozialisten und ersten Theoretiker des Kommunismus, gegründete „Bund der Gerechten" von Marx in den „Bund der Kommunisten" umfirmiert. Marx und Engels wurden daraufhin beauftragt, ein Manifest, eine inhaltliche und politische Leitlinie, für die Kommunistische Partei zu verfassen. Dieses als „Kommunistisches Manifest" in die Geschichte eingegangene Werk veröffentlichten sie am 21.02.1848 in London. Die Februarrevolution von 1848 erfasste von Deutschland aus ganz Europa und machte auch vor Brüssel nicht halt. Marx pendelte in den nächsten Monaten zwischen Paris und Köln, da mittlerweile ihm gewogene Regierungen im Amt waren. Nach seinen sozialistischen und kommunistischen Veröffentlichungen in Paris und Köln, wo er für die *Neue Rheinische Zeitung* schrieb, ging Marx mit seiner Familie ab 1849 ins Exil nach London.

In London begann Marx' produktivste Zeit. Finanziell von seinem Freund und intellektuellen Weggefährten Friedrich Engels gefördert, setzte er seine ganze schriftstellerische und journalistische Kraft ein, um den Kommunismus theoretisch und praktisch den Weg zu bereiten. In einer Artikelserie in der *Neuen Rheinischen Zeitung. Politisch-ökonomische Revue* beschrieb er die aus seiner Sicht in Frankreich herrschenden „Klassenkämpfe". Ab 1852 war Marx Londoner und Europakorrespondent der *New York Daily Tribune*. Dies bereitete auch den Ideen von Marx den Weg nach Amerika und sorgte für deren rasche Verbreitung. An seiner Seite unterstützte ihn seit 1850 Wilhelm Pieper, ein deutscher Philologe und journalistischer Mitstreiter für die Revolution, als Privatsekretär und übersetzte Marx' Texte ins Englische. 1859 publizierte Marx zahlreiche Artikel für die Arbeiterzeitung *Das Volk* und wurde Korrespondent der *Wiener Presse*.

In London entstanden Karl Marx' ökonomische Hauptwerke, von denen später ausführlich die Rede sein wird. 1859 erschien „Zur Kritik der politischen Ökonomie". Dieses Werk beinhaltete schon die systematischen Grundlagen seiner ökonomischen und gesellschaftlichen Ideen, die er dann im ersten Band seines 1867 veröffentlichten grundlegenden Werks „Das Kapital" noch viel detaillierter ausführte.

Aber Marx war nicht nur Theoretiker. Er wollte seine Vorstellungen des Kommunismus auch praktisch umsetzen. So war er von 1864 bis 1872 federführend an der Gründung der „internationalen Arbeiter-Assoziation", kurz „Erste Internationale" genannt, beteiligt. Wie beim Kommunistischen Bund formulierte Marx auch hier das theoretische Programm und die Statuten. Gleichzeitig trieb Marx die Gründung einer revolutionär ausgerichteten, sozialistischen Partei in den einzelnen deutschen Staaten voran. Marx war damit sowohl in Europa als auch in Nordamerika nicht nur durch seine Schriften und Artikel, sondern auch durch seine politisch-praktischen Aktivitäten in aller Munde.

Private Schicksalsschläge und Krankheiten warfen Marx immer wieder in seinem produktiven Schaffen zurück. So starb seine Frau Jenny Ende 1881, Anfang 1883 seine geliebte Tochter Jenny. Er selbst hatte immer wieder mit Krankheiten zu kämpfen und starb am 14.03.1883 mit knapp 65 Jahren in London. Marx wurde auf dem Londoner Highgate Cemetery beigesetzt. Marx hatte sich zeitlebens für die Verbesserung der gesellschaftlichen Verhältnisse eingesetzt. Vor allem die elende Lage der Arbeiter hatte er im Blick und war überzeugt, dass sich soziale Missstände durch eine andere ökonomische und gesellschaftliche Form verbessern oder aufheben lassen. Anfänglich als begeisterter Philosoph und Linkshegelianer gestartet, war er im Laufe der Zeit immer mehr zu einem Kritiker der herrschenden Verhältnisse geworden. In seiner ihm eigenen analytischen, aber gleichzeitig sarkastischen, zum Teil verletzenden Sprache legte er die unwirtlichen Verhältnisse seiner Zeit offen. Marx trat in regen Diskurs mit Gleichgesinnten in der westlichen Welt und versuchte auch, seine theoretischen Ideen in die Praxis umzusetzen. Seine Ideen fielen angesichts der wirtschaftlichen und gesellschaftlichen Verhältnisse seiner Zeit auf fruchtbaren Boden – von den konservativen Kräften vor allem in seiner Heimat Preußen wurde er dagegen heftig bekämpft. Es lohnt sich, bevor wir uns intensiv mit seinem ökonomischen Hauptwerk „Das Kapital" beschäftigen, Grundzüge seiner allgemeinen politischen und gesellschaftlichen Theorie zu betrachten.

Marx' Theoriegebäude

Marx rückte den Menschen in den Fokus seiner Analyse. Dieser ist der Träger der Geschichte. Er handelt bewusst und planmäßig gemäß seinen Ideen. So ist für Marx die Befriedigung der physischen und finanziellen Bedürfnisse wie etwa nach Nahrung, Kleidung, Unterkunft und materieller Sicherheit abgeleitet aus dem Willen des Menschen zu überleben und zu einem guten Leben. Ökonomische Prozesse beginnen also im Kopf. Ohne eine materielle und physische Grundversorgung des Menschen sind Dinge wie die Politik, Religion und Wissenschaft nicht denkbar. Daher spielt die Ökonomie für den Menschen eine entscheidende Rolle.

Am Beginn jeder Zivilisation stand für Marx die Arbeitsteilung. Jede Gruppe eines Volkes oder einer Zivilisation konzentrierte sich auf die Dinge, die sie am besten konnte: Handwerker auf das Handwerk, Künstler auf die Kunst, Beamten auf die Verwaltung usw. Diese produktionsfernen Gruppen müssen von den Bauern und Hirten mit ernährt werden. Um alle diese verschiedenen Gruppen, Marx nennt sie *Klassen*, ernähren zu können, müssen Massen an landwirtschaftlich und im Handwerk tätigen Menschen hart arbeiten – in der Antike wurden dazu zusätzlich Sklaven eingesetzt. Die anderen Gruppen, wie die Adligen bis hin zu den Fürsten, die Priester, die Bürokraten, sind Nutznießer der Produktion der hart Arbeitenden. Damit werden, so Marx, die unter zum Teil unmenschlichen Arbeitsbedingungen

Beschäftigten in Landwirtschaft und Handwerk „wirtschaftlich ausgebeutet" und gleichzeitig „politisch unterdrückt". Zugespitzt formulierten Marx und Engels im „Kommunistischen Manifest": „Die Geschichte aller bisherigen Gesellschaft ist die Geschichte von Klassenkämpfen" (Marx & Engels, 1983, S. 23).

Um dem zu entgehen, forderte Marx gemeinsam mit seinem Mitstreiter Engels die „Klassenlose Gesellschaft". Anstelle einer klaren Festlegung auf Berufe und Tätigkeiten, die unweigerlich mit einer Klasse verbunden sind, soll sich künftig jeder Mensch aussuchen können, womit er sich beschäftigt. Anstelle immer nur zu fischen oder zu philosophieren oder Viehzucht zu betreiben, soll ein Mensch nach seinen Fähigkeiten alles zugleich machen, da er nicht mehr auf eine Tätigkeit gemäß seiner Klasse festgelegt ist. Den Weg zur „klassenlosen Gesellschaft" deutet Marx nur an: über Bildung und Selbstverwirklichung für alle, genossenschaftliche Organisation und Planung der Arbeit, Jobrotation und vor allem Abschaffung der sozialen und politischen Privilegien der herrschenden Klassen und Schichten in der kapitalistischen Gesellschaftsordnung. Die revolutionäre Umwälzung dieser Gesellschaftsordnung ist Ziel der von Marx geforderten sozialen Revolution.

Privateigentum an Produktionsmitteln der reichen Fabrikbesitzer und Kapitalisten soll abgeschafft werden. Es sei sowieso nur in den Händen ganz weniger, die zusehen, wie sich die Masse unter elenden Arbeitsbedingungen abarbeitet, ohne Aussicht auf Wohlstand, geschweige denn Reichtum. Während der bürgerliche Fabrikbesitzer im Geld schwimmt und sich seiner Muße widmen kann, werden die Arbeiter, die *Proletarier*, immer mehr von ihrer eigentlichen körperlichen Arbeit entfremdet. So schreiben Marx und Engels in ihrem „Manifest der Kommunistischen Partei":

„Die Arbeit der Proletarier hat durch die Ausdehnung der Maschinerie und die Teilung der Arbeit allen selbstständigen Charakter und damit allen Reiz für den Arbeiter verloren. Er wird ein bloßes Zubehör der Maschine, von dem nur der einfachste, eintönigste, am leichtesten erlernbare Handgriff verlangt wird. Die Kosten, die der Arbeiter verursacht, beschränken sich daher fast nur auf die Lebensmittel, die er zu seinem Unterhalt und zur Fortpflanzung seiner Rasse bedarf. Der Preis einer Ware, also auch der Arbeit, ist aber gleich ihren Produktionskosten. In demselben Maße, in dem die Widerwärtigkeit der Arbeit wächst, nimmt daher der Lohn ab. Noch mehr, in demselben Maße, wie Maschinerie und Teilung der Arbeit zunehmen, in demselben Maße nimmt auch die Masse der Arbeit zu, sei es durch Vermehrung der Arbeitsstunden, sei es durch Vermehrung der in der Zeit geforderten Arbeit, beschleunigter Lauf der Maschinen usw." (Marx & Engels, 1983, S. 31).

Marx ging es bei seiner sozialen Revolution nicht um einen gewaltsamen Umsturz der politischen Ordnung durch Aufruhr und Bürgerkrieg. Vielmehr sah er die Umwälzung als einen langen, historischen Prozess, der sowohl revolutionär als auch evolutionär vonstattengehen könne. Vor allem ging es ihm um eine friedliche Entwicklung. Das hinderte Marx und Engels nicht daran, in dem gemeinsamen „Manifest der Kommunistischen Partei" sehr zugespitzt zu formulieren. Vor allem die letzten drei Sätze des Manifests wurden zu einem der bekanntesten Zitate ihres Schaffens:

„Mit einem Wort, die Kommunisten unterstützen überall jede revolutionäre Bewegung gegen die bestehenden gesellschaftlichen und politischen Zustände. In allen diesen Bewegungen heben sie die Eigentumsfrage, welche mehr oder minder entwickelte Form sie auch angenommen haben möge, als die Grundfrage der Bewegung hervor. Die Kommunisten arbeiten endlich überall an der Verbindung und Verständigung der demokratischen Parteien aller Länder. Die Kommunisten verschmähen es, ihre Absichten und Absichten zu verheimlichen. Sie erklären es offen, dass ihre Zwecke nur erreicht werden können durch den gewaltsamen Umsturz aller bisherigen Gesellschaftsordnungen. Mögen die herrschenden Klassen vor einer Kommunistischen Revolution zittern. Die Proletarier haben nichts in ihr zu verlieren als ihre Ketten. Sie haben eine Welt zu gewinnen. Proletarier aller Welt, vereinigt euch!" (Marx & Engels, 1983, S. 60).

Marx war im Grunde seines Herzens ein interdisziplinärer Denker: Er kam von der Philosophie, vor allem Hegels, dessen dialektische Methode er übernahm. Seine Gedanken kreisten sehr stark um die gesellschaftlichen Verhältnisse seiner Zeit, die nicht nur von der Politik, sondern vor allem von den ökonomischen Entwicklungen („dem Kapitalismus") der Zeit geprägt waren. Marx baute auf den Gedankengebäuden seiner intellektuellen Mitstreiter oder Vorgänger auf und entwickelte seine Ideen zu einem in sich geschlossenen System weiter. Für ihn war der Staat mit seinen Ausprägungen und Strukturen wie etwa die Justiz der „Überbau" zu der „Basis", bestehend aus den ökonomischen Verhältnissen. Marx sah die Ökonomie als unverzichtbaren Bestandteil der gesellschaftlichen Verhältnisse an und widmete sich ihr entsprechend intensiv in seinem Hauptwerk „Das Kapital" (vgl. Marx, 2009). Der „Kapitalismus" war für Marx ausschlaggebend für die Spaltung der Gesellschaft in das arbeitende, besitzlose *Proletariat* (vgl. Marx, 2009, S.759) und die vermögende *Bourgeoisie (vgl. Marx, 2009, S.750),* die Boden, Maschinen und Fabriken besitzt. Kapitalisten und Bourgeoisie leben von der *„Ausbeutung" der Arbeiter (vgl.*

Marx, 2009, *S.210 ff.),* die ihre Arbeitskraft als Ware verkaufen. Eine dritte Klasse, das Kleinbürgertum, würde
zunehmend in Richtung Proletariat gedrückt. Die untere
Schicht der Proletarier, wie etwa Bettler und Obdachlose,
nennt Marx auch *„Lumpenproletariat" (vgl. Marx & Engels,*
1983, *S.35).* Vor dem Gesetz seien zwar alle Menschen
formal gleich, in Wirklichkeit sei der Arbeitnehmer vom
Kapitalisten abhängig, sozial unterprivilegiert und lebe in
ungleichen Verhältnissen, die durch die staatliche Rechtsordnung nur noch manifestiert würden.

Der vom Arbeitnehmer produzierte *„Mehrwert"* der
Arbeit (vgl. Marx, 2009, S.179ff.) – also der Wert, der
vom Arbeiter abzüglich seines Arbeitslohns erarbeitet
wird – wird vom Kapitalisten aufgesaugt und der Arbeiter
„ausgebeutet". Da die einzelnen Kapitalisten mit ihren
Produktionen jeweils in Konkurrenz zueinander stünden,
sei im Laufe der Zeit mit einer sinkenden Profitrate –
heute würde man von sinkendem Gewinn reden – zu
rechnen. Daraufhin würde der kapitalistische Unternehmer seine Ausgaben kürzen und versuchen, den
Lohn zu senken, weniger Arbeiter zu beschäftigen oder
die Produktivität zu erhöhen. Lohnsenkungen waren
schon damals schwer durchsetzbar und hätten damit die
wirtschaftliche Basis der Arbeiter weiter verschlechtert.
Ähnliches würde passieren, wenn die Arbeiter entlassen
würden. Selbst Produktivitätszuwächse waren nur durch
ungleich härtere Arbeit und weniger Pausen möglich
gewesen, da der Maschineneinsatz damals noch begrenzt
war. Der Arbeiter werde seiner Arbeit immer mehr „entfremdet" und „geknechtet". Mit der Arbeit, die er vor
allem zur Ernährung seiner Familie aufnimmt, richtet
sich der Arbeiter Marx zufolge physisch und psychisch
zugrunde. Einen Ausweg aus dieser elenden Situation des
Arbeiters sah Marx nur in der „proletarischen" Revolution.
Marx' zupackenden Pragmatismus erkennt man in einem

seiner bekannteste Aussprüche: „Die Philosophen haben die Welt nur verschieden interpretiert, es kommt darauf an, sie zu verändern." (vgl. Marx, 1845)

Marx' Kritik machte auch vor der Religion nicht Halt. Er war der festen Überzeugung, die Religion sei nur ein Trost für die Menschen, einzig dazu gedacht, das Elend auf Erden mit dem Verweis auf das paradiesische Jenseits erträglicher zu gestalten, Religion sei „Opium des Volkes" (vgl. Marx, 1844, S.378ff.). Der Mensch sei derjenige, der die Religion erschafft und nicht umgekehrt die Religion den Menschen. Die Religion sei „der Seufzer der bedrängten Kreatur, das Gemüt der herzlosen Welt" und nur dazu da, nicht erklärbare Dinge zu mystifizieren. Marx sah die Religion als Teil der gesellschaftlichen Verhältnisse. In seiner Einleitung zur Kritik der hegelschen Rechtsphilosophie schreibt Marx „Die Theorie ist fähig, die Massen zu ergreifen, sobald sie ad hominem [am Menschen; Anm. d. Verfassers] demonstriert, und sie demonstriert ad hominem, sobald sie radikal wird. Radikal sein ist die Sache an der Wurzel fassen. Die Wurzel für den Menschen ist aber der Mensch selbst." (vgl. Marx, 1844, S.378ff.)

Ist vom Marxismus die Rede, wird häufig dessen Geschichtsphilosophie genannt. Marx versucht, die Entwicklungen der Geschichte auf eine Ursache zurückzuführen. Welches sind die wesentlichen Triebkräfte geschichtlicher Entwicklungen oder sogar Veränderungen? Für Marx ist die Antwort eindeutig: Es sind die materiellen Verhältnisse, die bereits angesprochene Spaltung der Gesellschaft in Proletarier und Kapitalisten, salopp formuliert, könnte man auch von „Arm und Reich" oder „oben und unten" sprechen. Triebkräfte der historischen Entwicklung seien nicht philosophische Ideen, sondern die materiellen Bedingungen der Gesellschaft: „Es ist nicht das Bewusstsein des Menschen, das ihr Sein, sondern umgekehrt ihr gesellschaftliches Sein, das ihr Bewusstsein bestimmt", schreibt Marx in seinem Vorwort zur „Kritik der politischen Ökonomie", dem ersten Band von „Das Kapital". Diese Abhängigkeit der historischen Entwicklung von den materiellen Verhältnissen wurde unter dem Begriff „Historischer Materialismus" bekannt. Am Ende der Entwicklung stehen für Marx die Revolution des Proletariats und der Kampf gegen die Bourgeoisie, die „Diktatur des Proletariats" über die Bourgeoisie, „Die Expropriation (Enteignung) der Expropriateure". Dies alles mündet dann in eine klassenlose Gesellschaft.

Es wäre zu einfach, Marx' Theoriegebäude in Bausch und Bogen zu verwerfen und als unrealistisch und von der Geschichte seit 1989 als überholt abzustempeln. Auch hier sei wieder an die geschichtliche Situation der damaligen Zeit erinnert: Revolutionäre Entwicklungen waren an der Tagesordnung. Die Lage der Arbeiter war ungleich dramatischer als heute, und das damalige Wirtschaftssystem wies nicht die sozialen Strukturen der heutigen Wirtschaftsformen in Westeuropa auf. Es würde an dieser Stelle zu weit führen, die umfangreiche Rezeption und Kritik am Theoriegebäude von Marx darzustellen. Für die Zwecke dieses Buches soll diese Skizze der Kernideen von Marx vor allem außerhalb der Ökonomie ausreichen. Viel interessanter ist in diesem Zusammenhang die Analyse der Kernthesen und Ideen von Marx zur Ökonomie, wie er sie in „Das Kapital" geäußert hat. Daher wollen wir uns in den folgenden Seiten mit Marx' ökonomischem Hauptwerk intensiv beschäftigen.

Marx hat an *„Das Kapital – Kritik der politischen Ökonomie"* knapp 20 Jahre lang gearbeitet. Im September 1867 erschien es endlich. Entgegen der herkömmlichen Erwartungen war das Buch kein Bestseller. Vier Jahre dauerte es, bis die Erstauflage von 1000 Exemplaren verkauft war. Mit einer derart geringen Verkaufszahl würde man heute nicht annähernd in den Kreis der Wirtschaftsbuch-Bestsellerliste aufgenommen werden. Dafür war auch Marx' Sprachstil zu anspruchsvoll und zum Teil unverständlich. Noch heute ist das Werk für den Laien ohne einführende Kommentierung nicht oder nur sehr schwer verständlich. Ursprünglich hatte Marx beabsichtigt, sein Hauptwerk in vier Büchern verteilt auf drei Bände zu publizieren. Leider war Marx gesundheitlich zu angeschlagen und erschöpft, sodass „Das Kapital" nur Stückwerk blieb. Es war die große Leistung Friedrich Engels, aus den vielen hinterlassenen Manuskripten und Exzerpten wesentliche Teile der geplanten weiteren Bände posthum zusammenzustellen und zu edieren. Band II des „Kapitals" konnte Engels noch vergleichsweise mühelos aus den Hinterlassenschaften seines Freundes zusammenstellen. Für Band III musste er einige Teile inhaltlich ergänzen und zu einem einheitlichen Ganzen zusammenfügen. Interessant ist, dass der erste Band des Kapitals, den Marx als einzigen vollständig publizierte, 2 Jahre nach den Manuskripten der Bände 2 und 3 entstand.

Das Kapital

Wie Marx in seinem Vorwort zur Erstauflage schreibt, sieht er „Das Kapital" als Fortsetzung seines bereits 8 Jahre zuvor, 1859, erschienenen Werkes „Zur Kritik der politischen Ökonomie". Er verweist bereits in diesem Vorwort auf die Schwierigkeit, vor allem das erste Kapitel mit der Analyse der Ware zu verstehen. Sieht man aber vom ersten Kapitel zur Ware und darin vor allem von Kap. 3 mit der „Wertform" ab, so könne man das Werk „nicht wegen Schwerverständlichkeit anklagen" (Marx, 2009, S. 35). Zwar analysiert Marx vor allem die ökonomischen Verhältnisse in England, die Situation sei allerdings auf Deutschland eins zu eins übertragbar. Im Gegenteil, in Deutschland herrschten sogar noch schlechtere Bedingungen, vor allem für die Arbeiter. Marx schreibt:

> „Was ich in diesem Werk zu erforschen habe, ist die kapitalistische Produktionsweise und die ihr entsprechenden Produktions- und Verkehrsverhältnisse. Ihre klassische Stätte ist bis jetzt England. Dies ist der Grund, warum es zur Hauptillustration meiner theoretischen Entwicklung dient. Sollte jedoch der deutsche Leser pharisäisch die Achseln zucken über die Zustände der englischen Industrie- und Ackerbauarbeiter, oder sich optimistisch dabei beruhigen, dass in Deutschland die Sachen noch lange nicht so schlimm stehen, so muss ich ihm zurufen: De te fabula narratur!, von Dir handelt die Geschichte!" (Marx, 2009, S. 35).

Marx war überzeugt, mit seinem Werk den Nerv der Zeit getroffen zu haben. Seine Analyse sei vor allem international von einem breiten Konsens getragen. Am Ende seines Vorworts zur ersten Auflage schreibt Marx mit fühlbarer Befriedigung:

> „Die auswärtigen Vertreter der englischen Krone sprechen es hier mit dürren Worten aus, dass in Deutschland, Frankreich, kurz, allen Kulturstaaten des europäischen Kontinents, eine Umwandlung der bestehenden Verhältnisse von Kapital und Arbeit ebenso fühlbar und ebenso unvermeidlich ist als in England. Gleichzeitig erklärte jenseits des Atlantischen Ozeans Herr Wade, Vizepräsident der Vereinigten Staaten von Nordamerika, in öffentlichen Meetings: Nach Beseitigung der Sklaverei [es war die Zeit kurz nach dem amerikanischen Bürgerkrieg, bei dem die Nordstaaten im Kampf um die Abschaffung der Sklaverei siegreich waren, Anm. d. Verfassers] trete die Umwandlung der Kapital- und Grundeigentumsverhältnisse auf die Tagesordnung!" (Marx, 2009, S. 37).

Marx gliedert „Das Kapital" im ersten Band, den er „Der Produktionsprozess des Kapitals" nennt, in sieben Abschnitte mit insgesamt 25 Kapiteln. Der erste Abschnitt beschäftigt sich mit „Ware und Geld" und der zweite mit der „Verwandlung von Geld in Kapital". Die Abschnitte drei, vier und fünf konzentrieren sich auf die marxsche „Mehrwertlehre" in den Ausprägungen „absoluter" und „relativer" Mehrwert. Der sechste Abschnitt widmet sich den theoretischen Überlegungen zum „Arbeitslohn", und der siebte ist schließlich dem „Akkumulationsprozess des Kapitals" vorbehalten.

Wir wollen uns im Folgenden auf den ersten Band des Kapitals konzentrieren, den Marx noch vor seinem Tod herausgebracht hat und der die wesentlichen Aussagen zu seinem ökonomisch-gesellschaftlichen Theoriegebäude enthält. Band 2 und 3 wurde posthum unter dem Titel „Der Zirkulationsprozess des Kapitals" veröffentlicht, Band 3 ebenfalls posthum unter dem Titel „Der Gesamtprozess der kapitalistischen Produktion". Band 2 behandelt vor allem, wie der „Mehrwert" im Austausch in der Ökonomie realisiert wird. In Band 3 beschreibt Marx u. a., wie der Mehrwert sich in Profit umwandelt, er erläutert das Gesetz des tendenziellen Falls der Profitrate und skizziert die Erträge (Revenues) und ihre Quellen.

Für Marx besteht die „kapitalistische Produktionsweise" vor allem aus einer Ansammlung von Waren, heute würde man vermutlich von Gütern sprechen. Folglich beginnt er seine Analyse mit der Ware an sich. Marx unterscheidet bei einer Ware ihren Gebrauchswert, der die Nützlichkeit des Dings angibt, und den Tauschwert. „Ein Gebrauchswert oder Gut hat also nur einen Wert, weil abstrakt menschliche Arbeit in ihm vergegenständlicht oder materialisiert ist." (Marx, 2009, S. 52). Waren sind aber nicht nur Gebrauchsgegenstände, sondern auch „Wertträger". Wie ist aber der Tauschwert zu errechnen?

Er ergibt sich durch das relative „Wertverhältnis zweier Waren". Quelle des Wertes einer Ware ist vor allem die in sie investierte Arbeit. Je mehr Arbeit gemessen in Stunden und Tagen in die Ware investiert wird, desto höher ist der Wert der Ware. Bei dieser Aussage ist zu bedenken, dass Marx die Produktionsverhältnisse seiner Zeit mit ihrem hohen Anteil an manuellen Tätigkeiten im Rahmen einer massenhaften Fabrikproduktion vor Augen hatte. Marx wusste, dass sich der Tauschwert streng genommen nicht vom Gebrauchswert einer Ware trennen lässt. „Die Ware ist Gebrauchswert oder Gebrauchsgegenstand und Wert." (Marx, 2009, S. 73). Geld dient als „Äquivalent" zu den Waren d. h. bemisst die Ware in Geldeinheiten und erfüllt so eine „gesellschaftliche Funktion". Geld ist damit nicht nur der Zweck der Produktion, sondern für Marx auch die Verkörperung des Reichtums einer „kapitalistischen" Gesellschaft.

Marx fragt sich: „Woher entspringt also der rätselhafte Charakter des Arbeitsprodukts, sobald es Warenform annimmt?" (Marx, 2009, S. 84). Für ihn ist die Antwort klar: Die Waren spiegeln die gesellschaftlichen Produktionsverhältnisse, innerhalb derer sie Waren. Waren versinnbildlichen die in ihnen investierte Arbeit im Rahmen der jeweiligen Produktionsbedingungen. Oder um es mit den Worten von Karl Marx zu formulieren: „Dieser Fetischcharakter der Warenwelt entspringt [...] aus dem eigentümlichen gesellschaftlichen Charakter der Arbeit, welche Waren produziert." (Marx, 2009, S. 85). Marx bedient sich dabei bewusst eines religiösen Vokabulars. Ein „Fetisch" ist normalerweise ein Gegenstand, dem man übernatürliche Eigenschaften zuweist.

Der Wert der Waren wird in Geldeinheiten bemessen. Dabei ist Geld gleichzeitig der Gradmesser der in der Ware beinhalteten Arbeitsmenge. Voraussetzung für den Austauschprozess von Waren ist, dass diese in Geld bewertet werden, die Eigentümer der Waren den Austauschprozess wollen und die rechtlichen Verhältnisse z. B. im Sinne der Rechtssicherheit den Warenaustausch unterstützen. Das Geld wird aber zunehmend zu einem Ziel des Menschen an sich: Dadurch, dass ich mir mit Geld Waren kaufen kann, die wiederum die gesellschaftlichen Produktionsverhältnisse darstellen, wird Geld selbst zur „Magie", zur magischen Zauberformel für den Zugang zur Warenwelt und ein „Fetisch" an sich, ein „Geldfetisch". Marx schreibt: „Das Rätsel des Geldfetischs ist daher nur das sichtbar gewordene, die Augen blendende Rätsel des Warenfetischs." (Marx, 2009, S. 103).

Marx beschreibt in seinem dritten Kapitel die Funktion des Geldes: „Die erste Funktion des Goldes [Marx setzt Gold mit Geld gleich; Anm. d. Verfassers] besteht darin, der Warenwelt das Material ihres Wertausdrucks zu liefern oder die Warenwerte als gleichnamige Größen, qualitativ gleiche und quantitativ vergleichbare, darzustellen. So funktioniert es als allgemeines Maß der Werte …" (Marx, 2009, S. 103). Außerdem dient Geld als „Maßstab der Preise", durch den die Preise bzw. Werte der Waren untereinander vergleichbar werden. Geld macht erst den Austausch von Waren aller Art möglich. Erst der Tausch „Ware gegen Geld gegen Ware (W-G-W)" (Marx, 2009, S. 113) ermöglicht den Handel. Marx spricht in diesem Zusammenhang von „Metamorphosen", Verwandlungen: Die erste geschieht beim Tausch von Ware in Geld, z. B. beim Verkauf eines Autos oder einer Immobilie. Die zweite, die „Schlussmetamorphose", ereignet sich beim Kauf Ware gegen Geld. (Aus Sicht des Verkäufers ist es natürlich die „erste Metamorphose", der Verkauf Geld gegen Ware.) Voraussetzung des Tauschs bzw. Kaufs und Verkaufs sind die Bedürfnisse des Käufers und dessen Zahlungsbereitschaft im Sinne des ausreichend vorhandenen Geldes.

Geld wird in diesem Sinne zu einem „Zirkulations-
mittel", weil es „der verselbstständigte Wert der Waren
ist." (Marx, 2009, S. 123). Geld wird schließlich zum
Endzweck des Wirtschaftens. Wer das Geld nur als Mittel
für seine Konsumausgaben verwendet, ist arm. Dagegen
gilt der als reich, der Geld als Privatbesitz anhäufen kann
und nicht sogleich ausgeben muss. Geld wird damit zu
einem „Schatz" und der Verkäufer zu einem „Schatzbildner": „Ware wird verkauft, nicht um Ware zu kaufen,
sondern um Warenform durch Geldform zu ersetzen. Aus
bloßer Vermittlung des Stoffwechsels wird dieser Form-
wechsel zum Selbstzweck. Die entäußerte Gestalt der Ware
wird verhindert, als ihre absolut veräußerliche Gestalt
oder nur verschwindende Geldform zu funktionieren.
Das Geld versteinert damit zum Schatz, und der Waren-
verkäufer wird zum Schatzbildner." (Marx, 2009, S. 135).
Dem Verkäufer geht es dann nur noch um das Geld
und seine maximale Anhäufung. „Der Trieb der Schatz-
bildung ist von Natur maßlos." (Marx, 2009, S. 138).
Habgier und Geiz sind so vorprogrammiert. Marx ver-
steigt sich sogar zu drastischen Aussagen zu menschlichem
moralischem Verhalten: „Der Schatzbildner opfert daher
dem Goldfetisch seine Fleischeslust. Er macht Ernst mit
dem Evangelium der Entsagung." (Marx, 2009, S. 138).
Geld ist nicht nur Zahlungsmittel und schafft Gläubiger
und Schuldner, sondern existiert auch im Welthandel. Da
sich Geld jederzeit in Gold oder Silber eintauschen lässt,
ist Geld weltweit als Zahlungsmittel einsetzbar. Gleichzeitig steht es für die „gesellschaftliche Verkörperung des
Reichtums". (Marx, 2009, S. 146).

Wie wird nun Geld in Kapital verwandelt? Marx
gibt die Antwort darauf in seinem zweiten Abschnitt,
beginnend mit dem vierten Kapitel. Marx gibt eine
interessante Antwort: Neben der normalen Form der
Warenzirkulation nach dem Schema Ware (W) gegen

Geld (G) und dann wieder Geld (G) gegen Ware (G) – ich verkaufe also mein altes Auto, erhalte dafür Geld und kaufe mir damit ein neues Auto, und lege vermutlich von meinem Ersparten etwas dazu – gibt es noch eine andere Form der Warenzirkulation. Ich kann nämlich auch mit Geld eine Ware kaufen und dann wieder in Geld zurückverwandeln, d. h. es wird gekauft, um anschließend wieder zu verkaufen. Damit verfolge ich einzig und allein den Zweck, Geld gegen Geld zu tauschen. Verkaufe ich die vorher gekaufte Ware zu einem höheren Preis, erziele ich einen Überschuss, den Marx „Mehrwert" nennt. Diesen Mehrwert in dem Prozess Geld gegen Ware gegen Geld (G-W-G) nennt Marx „Kapital". Marx arbeitet hier mit einer Gleichung, die die Wertveränderung des Geldes andeuten soll: G′. In seinen Worten erfolgt die Verwandlung in Kapital wie folgt: „Die vollständige Form dieses Prozesses ist daher G-W-G′, wo G′ = G + d(elta) G, d. h. gleich der ursprünglich vorgeschossenen Geldsumme plus einem Zuwachs. Diesen Zuwachs oder den Überschuss über den ursprünglichen Wert nenne ich – *Mehrwert*. Der ursprünglich vorgeschossene Wert erhält sich daher nicht nur in der Zirkulation, sondern in ihr verändert er seine Wertgröße, setzt einen Mehrwert zu oder verwertet sich. Und diese Bewegung verwandelt ihn in Kapital." (Marx, 2009, S. 153).

Weiter schreibt Marx: „Die Zirkulation des Geldes als Kapital ist dagegen Selbstzweck, denn die Verwertung des Werts existiert nur innerhalb dieser stets erneuerten Bewegung. Die Bewegung des Kapitals ist daher maßlos." (Marx, 2009, S. 154). Marx kritisiert darin die unnatürliche Fixierung auf die Anhäufung des Kapitals um seiner selbst willen, nicht zur Befriedigung des Konsums, sondern zur Steigerung des Geldbesitzes. Dadurch werden Habgier und Geiz forciert, was nichts mit dem ursprünglichen Tauschhandel der Ökonomie zu tun hat. Marx verweist in seiner Fußnote auf die Differenzierung von Ökonomie und Chrematistik durch Aristoteles: Während die Ökonomie den Warenhandel im Fokus für ein maßvolles und gelungenes Leben hat, hat die Chrematistik die grenzenlose Bereicherung zum Ziel, die Aristoteles als unsittlich ablehnt. Marx sieht in der Maßlosigkeit der Kapitalanhäufung eine Fehlentwicklung, deren Träger der „Kapitalist" ist: „Als bewusster Träger dieser Bewegung (s. o.) wird der Geldbesitzer Kapitalist. (…) Dieser absolute Bereicherungstrieb, diese leidenschaftliche Jagd auf den Tauschwert ist dem Kapitalisten mit dem Schatzbildner gemein, aber während der Schatzbildner nur der verrückte Kapitalist ist, ist der Kapitalist der rationelle Schatzbildner. Die rastlose Vermehrung des Tauschwerts, die der Schatzbildner anstrebt, indem er das Geld vor der Zirkulation zu retten sucht, erreicht der klügere Kapitalist, indem er es stets von neuem der Zirkulation preisgibt." (Marx, 2009, S. 155 f.).

Die Vergrößerung des Werts des Kapitals entsteht durch die permanente, „rastlose" Verwertung der Waren, die jeweils die in ihr eingesetzte Arbeitskraft repräsentieren. Unter Arbeitskraft oder Arbeitsvermögen versteht Marx die körperlichen und geistigen Fähigkeiten des arbeitenden Menschen, die er einsetzt, um die Ware zu produzieren. (Marx, 2009, S. 169). Die Arbeitskraft des einzelnen Menschen soll allerdings nur für eine bestimmte Zeit verkauft werden, „denn sonst verkauft er sie in Bausch und Bogen, ein für alle Mal, so verkauft er sich selbst, verwandelt sich aus einem Freien in einen Sklaven, aus einem Warenbesitzer in eine Ware." (Marx, 2009, S. 169). Der Arbeiter stellt also seine Arbeitskraft als Ware zur Verfügung, er verkauft sie. Seine physisch und psychisch eingesetzte, verbrauchte Arbeitskraft muss der Arbeiter wiederherstellen und muss daher für sich und seine Familie für die notwendigen Dinge des täglichen

Bedarfs sorgen wie Lebensmittel, Kleidung, Unterkunft etc. Denn nur durch die Versorgung seiner Familie wird auch in Zukunft die Verfügbarkeit der Arbeitskräfte über die Generationen sichergestellt.

Dadurch, dass der Arbeiter dem Arbeitgeber seine Arbeitskraft zu Beginn des Monats zur Verfügung stellt, aber erst am Ende des Monats bezahlt wird, „kreditiert" der Arbeiter den Arbeitgeber. Bereits am Ende des zweiten Abschnitts macht Marx deutlich, dass die Machtverteilung zwischen Arbeiter und Arbeitgeber äußerst ungleich ist: „Der ehemalige Geldbesitzer schreitet voran als Kapitalist, der Arbeitskraftbesitzer folgt ihm nach als sein Arbeiter; der eine bedeutungsvoll schmunzelnd und geschäftseifrig, der andere scheu, widerstrebsam, wie jemand, der seine eigene Haut zu Markt getragen und nichts anderes zu erwarten hat als die – Gerberei." (Marx, 2009, S. 178). Darauf wird Marx noch in den folgenden Abschnitten zurückkommen.

Im dritten Abschnitt seines Werkes „Das Kapital" beschreibt Marx die Produktion des „absoluten Mehrwerts" im Vergleich zum „relativen Mehrwert", den er im vierten Abschnitt ausführlich behandelt. Marx sah in der Arbeit eine Ware und damit einen Gebrauchswert. Der Verkäufer seiner Arbeitskraft ist der Arbeiter, der Käufer dieser Arbeitskraft ist der Kapitalist, sprich: der Unternehmer. Der Arbeiter erarbeitet einen Wert, der seinem Arbeitsentgelt entspricht und darüber hinaus. Zieht man von der vom Arbeiter geleisteten Arbeit und dem damit geschaffenen Wert z. B. an einer Produktentstehung das Arbeitsentgelt ab, so bleibt für den Kapitalisten der (absolute) Mehrwert der Arbeit übrig. Nehmen wir beispielsweise an, dass der Arbeiter in 8 Stunden einen Schuh herstellt, der am Ende für 50 € am Markt verkauft wird und der Arbeiter selbst dafür 30 € Lohn erhält, dann hat der Arbeiter einen absoluten Mehrwert von 20 €

geschaffen, d. h. 50 €–30 €; der Einfachheit halber sind die Materialkosten als Inputfaktoren des Schuhs nicht einberechnet worden. Gelingt es dem Arbeiter, den Schuh bereits in 7 Stunden zu produzieren, kann er bereits mit einem zweiten Schuh anfangen und so an einem Arbeitstag mehr Wert schaffen. Diesen relativen Mehrwert erreicht der Arbeiter durch seine Erfahrung bzw. seine höhere Produktivität. Marx sah den Arbeitsprozess als „Stoffwechsel zwischen Mensch und Natur": „Die Arbeit ist zunächst ein Prozess zwischen Mensch und Natur, ein Prozess, worin er seinen Stoffwechsel mit der Natur durch seine eigne Tat vermittelt, regelt und kontrolliert." (Marx, 2009, S. 179).

Gleichzeitig ist der Arbeitsprozess des Arbeiters aus Sicht des Kapitalisten und Unternehmers der „Konsumptionsprozess der Arbeitskraft": Dadurch, dass der kapitalistische Unternehmer die Arbeitskraft des Arbeiters für die Produktion seiner Waren einsetzt, wird er, der Kapitalist, zum Konsumenten der Arbeitskraft des Arbeiters. Allerdings gelten für den „Konsumptionsprozess" gemäß Marx klare Regeln: „Der Arbeiter arbeitet unter der Kontrolle des Kapitalisten, dem seine Arbeit gehört. Der Kapitalist passt auf, dass die Arbeit ordentlich vonstattengeht und die Produktionsmittel zweckmäßig verwandt werden, also kein Rohmaterial vergeudet und das Arbeitsinstrument geschont d. h. nur so weit zerstört wird, als sein Gebrauch in der Arbeit benötigt wird. Zweitens aber: Das Produkt ist Eigentum des Kapitalisten, nicht des unmittelbaren Produzenten, des Arbeiters. Der Kapitalist zahlt z. B. den Tageswert der Arbeitskraft." (Marx, 2009, S. 187).

Der Unternehmer hat die Möglichkeit, den Arbeitstag nach Gutdünken zu verlängern, und somit existiert „keine Grenze der Mehrarbeit" (dritter Abschnitt, 8. Kapitel).

Im vierten Abschnitt (10. Kapitel) definiert Marx den
Begriff des „relativen Mehrwerts". Für ihn ist der Mehrwert dann relativ, wenn er sich zwar nicht absolut verändert – der Arbeitstag des Arbeiters bleibt gleich – aber
„… ein Teil der Arbeitszeit, die der Arbeiter bisher in der
Tat für sich selbst verbraucht, verwandelt sich in Arbeitszeit für den Kapitalisten." (Marx, 2009, S. 301). Der
Mehrwert entsteht also nur dadurch, dass der Arbeiter
nicht in seine Tasche, sondern „relativ mehr" in die
Tasche des Unternehmens wirtschaftet. Im 12. Kapitel des
vierten Abschnitts analysiert Marx die Arbeitsteilung und
deren Produktivitätssteigerung. Diese ist allerdings durch
eine monotone und abstumpfende Tätigkeit erkauft. Im
fünften Abschnitt präzisiert Marx noch einmal seine Sicht
auf den absoluten und relativen Mehrwert: Der Arbeiter
ist und bleibt der produktive Erzeuger des Mehrwerts, er
„malocht", hat aber nichts davon.

Im sechsten Abschnitt skizziert Marx den Arbeitslohn
in Form des Stück- und des Zeitlohns: In beiden Fällen
eignet sich der Unternehmer auch die unbezahlte Mehrarbeit des Arbeiters an, schöpft also praktisch Arbeitszeit und Mehrwert ab. Der Dumme ist immer nur der
Arbeiter. Im siebenten und letzten Abschnitt von Band
1 vertieft Marx den Akkumulationsprozess des Kapitals.
Ursprünglich haben die Bauern und einfachen Hand-
werksbetriebe die lebensnotwendigen Güter produziert.
Im kapitalistischen System werden die vielen Produzenten
durch wenige „Usurpatoren", d. h. kapitalistischer Unternehmer, verdrängt. Produktionsmittel und Produzent
sind voneinander losgelöst. Der Arbeiter „produziert" den
Mehrwert, der Unternehmer gibt nur das „Kapital". Es
entstehen zwei verschiedene Klassen, Arbeiterklasse und
„Kapitalistenklasse". Dem Landvolk wird der Boden ent-
eignet, es wird „expropriiert". Das Kapital wird immer
mehr in den Händen einzelner Unternehmer konzentriert

und zentralisiert. Gemäß Marx kommt es dann aber immer wieder zu Krisen, Profite sinken, Arbeiter müssen entlassen werden. Es entsteht eine „industrielle Reservearmee". Marx schaute vor allem nach England und sah die „schlecht bezahlte" britische Arbeiterklasse, zur nächsten Arbeit wandernde Bergarbeiter und ein entstehendes Ackerbauproletariat.

Die Krisen des kapitalistischen Wirtschaftssystems führen dann gemäß Marx – und hier irrt er als Prophet – zum Zusammenbruch des Kapitalismus. Arbeiter und das Volk insgesamt schließen sich zusammen und halten gemeinsam das Eigentum an den Produktionsmitteln und dem Boden. Damit wird der Kapitalismus in einer kommunistischen Synthese abgelöst. Im 25. Kapitel des siebten Abschnitts, dem Schlusskapitel des 1. Bandes, weist Marx noch einmal auf die wirtschaftliche Lage in den britischen Kolonien hin: Dort findet er das gleiche Muster der Wirtschaft wie im Mutterland vor. Die Kapitalisten, die Unternehmer akkumulieren ihr Kapital, locken billige Arbeitskräfte und Lohnempfänger ins Land ,und das kapitalistische Spiel geht auch in den Kolonien munter weiter. In den beiden Schlusssätzen des Kapitels bringt Marx sein Anliegen auf den Punkt:

„Jedoch beschäftigt uns hier nicht der Zustand der Kolonien. Was uns allein interessiert, ist das in der neuen Welt von der politischen Ökonomie der alten Welt entdeckte und laut verkündete Geheimnis: Kapitalistische Produktions- und Akkumulationsweise, also auch kapitalistisches Privateigentum, bedingen die Vernichtung des auf eigener Arbeit beruhenden Privateigentums, d. h. die Enteignung des Arbeiters." (Marx, 2009, S. 717).

Die ökonomischen Theorien und Gedanken von Karl Marx füllen ganze Bibliotheken. Im Fokus unserer Betrachtung bleibt Band 1 des Kapitals, den er noch zu Lebzeiten fertiggestellt und veröffentlicht hat. Die Bände

2 und 3 sind posthum von seinem Kollegen und Freund Friedrich Engels und von Marx' Frau Jenny zusammengestellt worden und enthalten thematisch zusammengestellte Artikel und Manuskripte: Band 2 vertieft vor allem den Kreislauf des produktiven und des Warenkapitals, den Umschlag des Kapitals und die Zirkulation des gesellschaftlichen Kapitals. Marx war der Auffassung, dass jedes Kapital des Individuums nur ein Bruchteil des gesamten gesellschaftlichen Kapitals darstellt. Jeder Unternehmer steht sinnbildlich nur für einen Bruchteil der sogenannten „Kapitalistenklasse". In Band 3 behandelt Marx die Umwandlung des Mehrwerts in Profit und erklärt das Phänomen der fallenden Profitrate. Marx fokussiert in diesem Zusammenhang auf ein Unternehmen mit einem Produktionsbetrieb. Wird die Produktion mit einem immer höheren Anteil von Maschinen bedient, dann nimmt der Anteil der menschlichen Arbeitskraft darin ab. Folglich wird die Produktion aufgrund der höheren Kosten für die Maschinen teurer. Der von den Arbeitern produzierte „Mehrwert" sinkt in Relation, die Profitrate sinkt. Marx räumt ein, dass sich der „Mehrwert" in dem „Zirkulationsprozess" auf dem Markt nicht realisieren lässt, da alle Unternehmer ihren Gewinn maximieren wollen und sich gegenseitig Konkurrenz machen. Das lässt Preise und Erträge sinken. Schließlich teilt Marx den Profit in einem Zinsanteil und einen Unternehmergewinn auf, wie er auch die Umwandlung von Überschussgewinn in Grundrente des Bodens behandelt.

Was bleibt abschließend von den Ideen und Theorien des Ökonomen Karl Marx gültig? Seine Wirkung als Philosoph, Soziologe und Ökonom kann kaum überschätzt werden. Anlässlich seines 200. Geburtstages im Jahr 2018 sind eine Vielzahl an Biografien und Artikel erschienen, die Marx' Leben und Werk ausführlich würdigen. In diesem Buch interessiert er uns vor allem als Ökonom. Marx folgte in seinen theoretischen Überlegungen der hegelschen Dialektik von These, Antithese und Synthese. Weniger vornehm ausgedrückt, war er in Bezug auf die Wirtschaft der Meinung, dass jedes Wirtschafts- oder Gesellschaftssystem einem stetigen Wandel unterworfen ist. Ein gesetztes System, Thesis (abgeleitet von altgriechisch *tithemi* = setzen), wird in einem dynamischen Prozess durch innere Widersprüche und Fehlentwicklungen mit einer anderen Systemalternative, d. h. der Antithese oder Gegenthese (altgriechisch *anti* = gegen), konfrontiert und schließlich durch eine Synthese (altgriechisch *syn* = mit, zusammen) als „Mischform" abgelöst, die jeweils Elemente des alten und des neuen Systems umfasst.

Marx war der Auffassung, das Einkommen zwischen den Arbeitern und Eigentümern sei ungleich verteilt, wenn man sich die jeweilige Einzelleistung ansieht. So produzieren die Arbeiter und das Sachkapital die Wertschöpfung und in der Summe das Sozialprodukt. Doch davon hat der Arbeitnehmer wenig: Während die eigentlichen Erbringer der Leistung, die Arbeiter, buchstäblich leer ausgehen und nur gerade das erhalten, was sie zum (Über-)Leben benötigen, erhält der Unternehmer und Eigentümer den Rest. Dabei stellt er, so Marx, nur sein Kapital zur Verfügung und trägt so das unternehmerische Risiko. Der entstandene „Mehrwert" wird vom „Kapitalisten" abgeschöpft, der Arbeiter „ausgebeutet". Er existiert am Rande des Existenzminimums und muss zusehen, wie der Unternehmer auf seine Kosten immer reicher wird und sein „Kapital akkumuliert", d. h. anhäuft. Der Strukturwandel der Wirtschaft zwingt die Unternehmer, zu rationalisieren und Arbeitsplätze abzubauen. Das so entstehende Heer an Arbeitslosen, die „industrielle Reservearmee", kämpft um jede frei werdende

Stelle und lässt das Lohnniveau nicht oder nur unmerk-
lich steigen. Jeder, der eine Arbeit hat, ist froh darum und
wird nicht auch noch einen höheren Lohn aushandeln.
Zurzeit von Karl Marx waren Gewerkschaften und Streiks
verboten.

Der zunehmende Wettbewerbsdruck führt zu einem
„tendenziellen Fall der Profitrate", die Krisen des
kapitalistischen Systems verschärfen sich, und die Zahl
der Arbeitslosen erhöht sich, so Marx' Prognose (Antithese). Marx schlussfolgerte, das System des Kapitalismus müsse unweigerlich zusammenbrechen, da es diese
Ungleichheiten der Einkommensverteilung und die Fehlentwicklungen nicht überleben könne. Am Ende stünde
eine gesellschaftliche wie ökonomische Revolution, die der
Gleichheit, dem Kommunismus, wieder höhere Bedeutung
einräumt (Synthese). Doch mit diesen Prognosen lag Marx
größtenteils daneben: Die Arbeiter und Angestellten haben
sich nach langen Kämpfen und politischen Auseinander-
setzungen zu Gewerkschaften zusammengeschlossen,
die auch heute noch ein großes und bedeutendes Gegen-
gewicht gegen die Unternehmer bilden. Die Arbeitslöhne werden heute stärker an Produktivitätsfortschritte,
Unternehmensgewinne und die Inflationsrate angepasst.
Nicht alle Unternehmen sind heute im Industrie- und
Produktionssektor tätig. Dienstleistungsunternehmen
und kleine, mittelständische Betriebe kennen „Entfremdung" von der Arbeit und „Ausbeutung" viel
weniger. Größtenteils sind sie Teil des unternehmerischen
Ganzen und fühlen sich auch so – man denke vor allem
an die wie Pilze aus dem Boden schießenden Start-ups
mit vielen hoch motivierten, jungen Leuten, die sich als
Unternehmer im Unternehmen verstehen. Schließlich
hat der moderne Staat mit seinen Regeln, Gesetzen und
Maßnahmen dazu beigetragen, dass es keine Kinderarbeit
mehr gibt, die Gesundheitsschutzverordnungen umfassend

eingeführt und der arbeitenden Bevölkerung weitreichende Sozialleistungen im Falle von Krankheit, Alter und Pflegebedürftigkeit zukommen.

Dennoch muss man im Herbst 2019, einräumen, dass sich die ungleiche Einkommensverteilung zwischen den wenigen, die schon viel haben, und dem großen Rest sich bis heute fortgesetzt und weiter verschärft hat. Noch nie war der materielle Unterschied zwischen dem einen Prozent der Reichsten in Deutschland, aber auch in anderen Industrieländern, und den restlichen 99 Prozent der Bevölkerung größer als heute. Kein Wunder, dass gerade heute das „kapitalistische System" und der Kapitalismus wieder in der Kritik stehen und über Alternativen nachgedacht wird. Dies wird sicher ganz im Sinne von Karl Marx gewesen sein, der die Abkehr vom Kapitalismus und eine neue Wirtschaftsform mit mehr Gleichheit gefordert hat. Dass die praktische Umsetzung der Planwirtschaft in den Ländern des Ostblocks und der DDR gescheitert ist, darf man dem Wirtschaftstheoretiker und Philosophen Marx nicht vorwerfen. Seine Theorien und Gedanken zur Ökonomie sind nach wie vor aktuell und gehören als fester Bestandteil zum Kanon der großen Ökonomen.

Literatur

Bofinger, P. (2015). Adam Smith. Der Segen des Egoismus. In L. Nienhaus (Hrsg.), *Die Weltverbesserer – 66 große Denker, die unser Leben verändern* (S. 31–34). Carl Hanser.

Braunberger, G. (2015). Friedrich List. Der Feuerkopf der Globalisierung. In L. Nienhaus (Hrsg.), *Die Weltverbesserer – 66 große Denker, die unser Leben verändern* (S. 23–26). Carl Hanser.

Brost, M. (1999). Immer alles im Lot. Jean-Baptiste Say: Traité d'Économie Politique. *Die Zeit* online vom 27.05.1999.

https://www.zeit.de/1999/22/199922.biblio-serie_3_s.xml. Zugegriffen: 14. Okt. 2019.

Daniels, A. (1996). Zölle fürs Vaterland. In N. Piper (Hrsg.), *Die großen Ökonomen. Leben und Werk der wirtschaftswissenschaftlichen Vordenker* (2. Aufl., S. 127–132). Schäffer-Poeschel.

Eltis, W. (1989). David Ricardo. In J. Starbatty (Hrsg.), *Klassiker des ökonomischen Denkens* (2 Bände, S. 188–207). C. H. Beck.

Häuser, K. (1989). Friedrich List. In J. Starbatty (Hrsg.), *Klassiker des ökonomischen Denkens* (2 Bände, S. 225–244). C. H. Beck.

Herrmann, U. (2016). *Kein Kapitalismus ist auch keine Lösung. Die Krise der heutigen Ökonomie oder was wir von Smith, Marx und Keynes lernen können* (3. Aufl.). Westend.

Hoffmann, J. (1992). Alles pendelt sich ein. *Die Zeit* online Nr. 49/1992 vom 27.11.1992. https://www.zeit.de/1992/49/alles-pendelt-sich-ein. Zugegriffen: 14. März 2019.

Hoffmann, T. S. (2009). *Wirtschaftsphilosophie – Ansätze und Perspektiven von der Antike bis heute*. Marix.

Krelle, W. (1989). Jean-Baptiste Say. In J. Starbatty (Hrsg.), *Klassiker des ökonomischen Denkens* (2 Bände, S. 172–187). C. H. Beck.

Kurz, H. D. (1996a). Das System der natürlichen Freiheit. In N. Piper (Hrsg.), *Die großen Ökonomen. Leben und Werk der wirtschaftswissenschaftlichen Vordenker* (2. Aufl., S. 29–36). Schäffer-Poeschel.

Kurz, H. D. (1996b). Geiz der Natur. In N. Piper (Hrsg.), *Die großen Ökonomen. Leben und Werk der wirtschaftswissenschaftlichen Vordenker* (2. Aufl., S. 37–43). Schäffer-Poeschel.

Kurz, H. D. (2015). Karl Marx. Die Entzauberung des Kapitalismus. In L. Nienhaus (Hrsg.), *Die Weltverbesserer – 66 große Denker, die unser Leben verändern* (S. 78–81). Carl Hanser.

List, F. (2008). *Friedrich List – das nationale System der politischen Ökonomie, Monographien der List Gesellschaft e.V.*, Bd 25. In (Hrsg) Eugen Wendler. Nomos.

de Marchi, M. (1989). John Stuart Mill. In J. Starbatty (Hrsg.), *Klassiker des ökonomischen Denkens* (2 Bände, S. 266–290). C. H. Beck.

Marx, K. (1844). Zur Kritik der Hegelschen Rechtsphilosophie. Einleitung. MEW Bd.1, S.378ff., zitiert nach Dokument Universität Giessen. www.staff.uni-giessen.de. Zugegriffen: 13. Okt. 2019.

Marx, K. (1845). Thesen über Feuerbach, 11. These, Brüssel, zitiert nach Wikisource. de.m.wikisource.org. Zugegriffen: 13. Okt. 2019.

Marx, K. (2009). *Das Kapital – Kritik der politischen Ökonomie* (Ungekürzte Ausgabe nach der zweiten Auflage von 1872 mit einem Geleitwort von Karl Korsch aus dem Jahre 1932, unveränderter Nachdruck). Anaconda.

Marx, K., & Engels, F. (1983). *Manifest der Kommunistischen Partei*. Nachdruck Reclam.

Mill, J. S. (2004). *Principles of political economy* (Great mind series). Prometheus Books.

von Oertzen, P. (1991). Karl Marx. In W. Euchner (Hrsg.), *Klassiker des Sozialismus* (Bd. 1, S. 139–156). C. H. Beck.

Ott, A. E. (1989). Karl Marx. In J. Starbatty (Hrsg.), *Klassiker des ökonomischen Denkens* (Bd. 2, S. 7–35). C. H. Beck.

von Petersdorff, W. (2015). Thomas Malthus. Der traurige Pastor. In L. Nienhaus (Hrsg.), *Die Weltverbesserer – 66 große Denker, die unser Leben verändern* (S. 115–118). Carl Hanser.

Recktenwald, H. C. (1989). Adam Smith. In J. Starbatty (Hrsg.), *Klassiker des ökonomischen Denkens* (2 Bände, S. 134–155). C. H. Beck.

Schipper, L. (2015). John Stuart Mill. Das Glück im Kapitalismus. In L. Nienhaus (Hrsg.), *Die Weltverbesserer – 66 große Denker, die unser Leben verändern* (S. 106–109). Carl Hanser.

Smith, A. (2009). *Wohlstand der Nationen* (Nach der Übersetzung von Max Stirner, herausgegeben von Heinrich Schmidt). Anaconda.

Smith, A. (2010). *Theorie der ethischen Gefühle* (Philosophische Bibliothek Felix Meiner Band 605, übersetzt von Eckstein, W. und herausgegeben von Brandt, H.D.). Felix Meiner.

Starbatty, J. (Hrsg.). (1989). *Klassiker des ökonomischen Denkens* (2 Bände). C. H. Beck.

Steinmann, G. (1989). Thomas Robert Malthus. In J. Starbatty (Hrsg.), *Klassiker des ökonomischen Denkens* (2 Bände, S. 156–171). C. H. Beck.

Streminger, G. (2017). *Adam Smith. Wohlstand und Moral – Eine Biographie*. C. H. Beck.

Thornton, P. (2015). *Die großen Ökonomen. 10 Vordenker deren Werk unser Leben verändert hat*. Börsenbuch.

Zank, W. (1996a). Lob der Enthaltsamkeit. In N. Piper (Hrsg.), *Die großen Ökonomen. Leben und Werk der wirtschaftswissenschaftlichen Vordenker* (2. Aufl., S. 44–49). Schäffer-Poeschel.

Zank, W. (1996b). Freiheit und Sozialismus. In N. Piper (Hrsg.), *Die großen Ökonomen. Leben und Werk der wirtschaftswissenschaftlichen Vordenker* (2. Aufl., S. 55 56). Schäffer-Poeschel.

3

Neoklassik und jüngere Vergangenheit

3.1 Die Neoklassiker

Die Neoklassik ist nicht einfach eine Weiterentwicklung der Klassik als „Neu-Klassik", sondern entstand in dem Bemühen und Ringen einzelner Ökonomen um eine Neugestaltung ihres Faches. Im Mittelpunkt dieser Weiterentwicklung der ökonomischen Disziplin standen mehrerer Vertreter aus unterschiedlichen Ländern und mit diversen intellektuellen Hintergründen: der aus Liverpool stammende Logiker und Ökonom William Stanley Jevons, der österreichische promovierte Jurist und Journalist Carl Menger, der erst später in Volkswirtschaftslehre habilitiert wurde, der Franzose Léon Walras, studierter Naturwissenschaftler und Romanautor, der studierte Mathematiker Alfred Marshall aus London und der italienische Ingenieur Vilfredo Pareto. Sie alle einte der Versuch, die Ökonomie in ihren Prinzipien und Methoden auf eine neue Basis zu stellen. So kritisierte Jevons die Methodengleichheit der

© Springer Fachmedien Wiesbaden GmbH, ein Teil von Springer Nature 2022
D. Pietsch, *Eine Reise durch die Ökonomie*,
https://doi.org/10.1007/978-3-658-38095-3_3

unterschiedlichen wissenschaftlichen Disziplinen. Seiner Meinung nach müssten die einzelnen Wissenschaften versuchen, ihre eigenen Prinzipien und Methoden zu entwickeln. Gleiches gelte für die Ökonomie. So formulierte Jevons das Kernproblem der Ökonomie als Optimierungsproblem: Welche Art des Arbeitseinsatzes maximiert bei gegebenen Werten für Bevölkerung, Produktionskräfte und Bodenverhältnisse den Nutzen eines Produkts? Alfred Marshall orientierte sich als Mathematiker eher an den exakten Wissenschaften, Mathematik, Physik und den Naturwissenschaften. Wirtschaftliche Sachverhalte müssten seiner Meinung nach gemäß einer rational-analytischen Forschungsmethode angegangen werden. Allerdings warnte er die Ökonomenzunft vor einem zu intensiven Gebrauch der Mathematik. Sie lenke zu stark von den eigentlichen ökonomischen Problemen ab, ihr Erkenntnisgewinn sei sehr begrenzt und verleite eher zu eleganter mathematischer Spielerei als zu ernsthafter ökonomischer Analyse.

Die ökonomische Realität wurde von den Neoklassikern (vgl. Teil I, Abschn. 3.1) sehr idealtypisch beschrieben: Es wird ein Markt mit vielen Nachfragern und Anbietern angenommen, ein sogenannter atomistischer Markt. Die Anbieter von Produkten und Dienstleistungen reagieren auf den Preis und passen ihre angebotenen Produktmengen an: Je höher der Preis, desto mehr wird angeboten. Weiterhin wird – unrealistischerweise – angenommen, dass die Produkte alle vergleichbar, d. h. homogen, sind und vollkommene Transparenz bezüglich der angebotenen Güter besteht. Ferner wird unterstellt, dass es keine Markteintrittsbarrieren gibt und jeder neue Anbieter freien Marktzutritt hat. Preise spiegeln die Knappheitsverhältnisse eines Gutes wider: je knapper ein Gut, desto höher sein Preis. Alle Wirtschaftsteilnehmer als Konsumenten oder

Anbieter verfügen über vollständige Informationen. Die Knappheit der einzelnen Produkte ist jedermann bekannt und bewusst. Das Menschenbild des Homo oeconomicus zieht in den ökonomischen Modellalltag ein. Emotional-psychische Elemente des Menschseins werden ausgeblendet, individuelle Unterschiede der Aufnahme und Bewertung von Marktinformationen existieren nicht. Alle Menschen sind gleich, vollkommen rational und jederzeit zu 100 % über das Marktgeschehen informiert. Wir kommen am Ende des vorliegenden Buches noch einmal zu einer ausführlichen Kritik dieser Annahme der Neoklassiker zurück.

Dem rationalen, von der Mathematik und den exakten Naturwissenschaften geprägten neuen Prinzip der Ökonomie entsprechend existiere Unternehmen nicht als Wertegemeinschaften mit Unternehmenskultur und eigener Geschichte sowie Menschen an ihrer Spitze, die verschiedene Produkte und Dienstleistungen anbieten, sondern als reine Produktionsfunktion. Die Beziehungen zwischen den einzelnen Mitarbeiter und Gruppen eines Unternehmens, die menschliche, sozialwissenschaftliche Seite des Unternehmens interessiert die Neoklassiker aus Vereinfachungsgründen nicht. Dieses Problem der Vernachlässigung der menschlichen Perspektiven und wie eine Alternative dazu aussehen kann, habe ich ausführlich in meinem „Buch Grenzen des ökonomischen Denkens" erläutert (Pietsch, 2017, S. 101 ff.).

Die Produktionsfunktion gibt an, wie viele Produkte sich bei gegebener Produktionstechnologie mit welchem Arbeitseinsatz fertigen lassen. So kann man sich beispielsweise überlegen, wie viele Autos sich in einem Werk bei entsprechend moderner Produktionstechnologie mit welcher Belegschaft produzieren lassen. Die Qualität, sprich: die Kompetenz der Belegschaft, spielt dabei u. a. ebenso wenig eine Rolle wie die Beziehungen der

Mitarbeiter untereinander. Die Methoden- und Führungs-
fähigkeiten der Mitarbeiter und des Managements werden
genauso wenig betrachtet wie die psychosozialen Rahmenbedingungen der Produktion, z. B. die Motivation der
Arbeiter, ihr Ehrgeiz, die Teamarbeit, das soziale Miteinander im Sinne des generellen Arbeitsklimas.

Angebot und Nachfrage werden im neoklassischen
Modell in kürzester Zeit ins Gleichgewicht gebracht.
Räumliche Unterschiede und individuelle Vorlieben für
Produkte und Marken spielen ebenso wenig eine Rolle wie
der kulturelle Kontext. Das Unternehmen konzentriert
sich ausschließlich auf die Produktionsfunktion und vernachlässigt staatliche Aktivitäten oder Rahmenvorgaben
der Regierung. Im besten Fall kann man sagen, dass das
neoklassische Wirtschaftsmodell ein theoretisches Idealbild
der Wirtschaft beschreibt, dem im Modell mathematisch
am besten beizukommen ist. Der Nutzen für den Nachfrager wird in den Mittelpunkt gerückt. Vor allem wird
die Frage gestellt, welchen Nutzen eine zusätzliche Einheit eines Gutes im Vergleich zu den zusätzlichen Kosten
bringt. Wenn man sich auf dem Münchner Oktoberfest eine zweite Maß Bier gönnt, kann man sicher von
einem höheren Zusatznutzen ausgehen als beim Kauf
des sechsten Bieres. Diese Grenzbetrachtung der Nutzen
und Kosten der zusätzlichen Einheit eines Gutes hielt
als mathematisches Marginalprinzip ebenfalls Einzug in
die Neoklassik. Nimmt man dieses Modell als Ausgangspunkt, kann man schrittweise die idealen und größtenteils
unrealistischen Einzelannahmen des Modells wieder aufheben und den dadurch entstehenden Effekt beschreiben.

Wie konnte es zu dieser wissenschaftlichen Entwicklung
kommen? Von der Basis der Klassiker Adam Smith, des
Moralphilosophen und seiner Mitstreiter, hin zu einem
mathematisch-naturwissenschaftlich geprägten Modell
voller realitätsfremder Annahmen, die noch heute großen

Einfluss auf die ökonomische Theorie ausüben? Dazu schauen wir uns nun die Lebensläufe, die intellektuelle Entwicklung und die Kernideen der Hauptvertreter der Neoklassik an:

Wenn es so jemanden wie den Gründer einer neuen ökonomischen Schule gibt, dann ist es **Alfred Marshall** (vgl. Rieter, 1989, S. 135 ff.; Oltmanns, 1996a, S. 75 ff.). Seine ökonomischen Ansätze und Methoden, die in gewisser Weise am Gedankengebäude Jevons anknüpfen, sind heute noch wirkmächtig und legten den Grundstein für das neoklassische Denken in der Ökonomie. Alfred Marshall wurde 1842 als Sohn eines Kassenbeamten der Bank von England in London geboren. Sein strenger Vater bereitete dem kleinen Alfred keine glückliche Kindheit. Von dem Gedanken beherrscht, sein Sohn müsse Priester werden, musste Marshall auch außerhalb der Schule die für die Theologie wichtigen Fächer Latein, Griechisch und Hebräisch pauken. Marshall hingegen beschäftigte sich lieber mit dem Schachspiel und seinem Lieblingsfach, der Mathematik. 1861 begann er mit 19 Jahren gegen den Willen seines Vaters am St. John's College in Cambridge Mathematik zu studieren. Sein Onkel unterstützte ihn dazu finanziell. Vier Jahre später, 1865, schloss Marshall das Mathematikstudium mit Bestnoten ab und erhielt ein Stipendium und ergänzteseine Einkünfte mit Mathematiknachhilfestunden. So blieb ihm Genug Geld, um sich seinen Studien zu widmen.

Wie bei vielen Ökonomen und Wissenschaftlern seiner Zeit beschäftigte sich auch Marshall mit einer unterschiedlichen Disziplinen. 1867 stieß Marshall zum Diskussionszirkel „Cambridges Grote Club" und diskutierte mit Philosophen, Ökonomen und politisch Interessierten u. a. die soziale Lage in England. Vor allem die Ursachen der Armut interessierten ihn. Er studierte die Werke der Klassiker wie Adam Smith und David Ricardo und beschäftigte sich intensiv mit Phänomenen der Wirtschaft. 1868 übernahm Marshall eine Lehrtätigkeit im Studienfach *Moral Science* und dozierte über Logik, Ethik und politische Ökonomie. Er verstand sich nie als reiner Theoretiker, wiewohl er die klassische ökonomische Lehre gerne in mathematische Formeln zu kleiden versuchte. Da schien der Mathematiker in ihm durch. Marshall besuchte die industriellen Zentren seiner Zeit und versuchte, durch praktische Beobachtung und Analyse die wirtschaftlichen Themen, die Handelsaktivitäten seiner Zeit zu verstehen. Zu dieser Zeit entstand das Grundgerüst seines Hauptwerkes „Principles of Economics" (Prinzipien der Ökonomie), das er erst 20 Jahre später veröffentlichte.

Das neue Element in seiner Analyse war vor allem die Methodik: Marshall verwendete als einer der Ersten die noch heute eingesetzten Angebots- und Nachfragekurven, um den Güterpreis zu ermitteln und die Gleichgewichtsmenge zu bestimmen, und zwar dort, wo sich Angebots- und Nachfragekurve schneiden. In Cambridge gab Marshall spezielle ökonomische Kurse für Frauen. Dort lernte er auch seine spätere Frau kennen, die eine seiner ersten Studentinnen war. Gemäß den zölibatären Vorschriften für Gelehrte in Oxford und Cambridge jener Zeit musste Marshall sein Stipendium beenden, nachdem er 3 Jahre später heiratete. Daher übernahm Marshall am neu gegründeten College in Bristol eine Professur und wurde dort gleichzeitig Rektor („Principal"). 1883 übernahm er interimsweise eine Dozentur für politische Ökonomie an der Universität Oxford, bis er schließlich 1885 einen Lehrstuhl für politische Ökonomie an seiner Heimatuniversität Cambridge erhielt. (Damals wurden die zölibatären Bestimmungen für Gelehrte gelockert.) Diesen Lehrstuhl behielt er bis zu seiner Emeritierung 1908. Dort versuchte er als Erstes, die Ökonomie als eigenständige Wissenschaft zu etablieren und von der bis dahin zugehörenden Moral-Science-Fakultät zu lösen. Adam Smith als Begründer der Ökonomie und Moralphilosoph wirkt hier eindeutig nach.

Den Hauptgrund zur Beschäftigung mit wirtschaftlichen Fragen sah Marshall in der Analyse der Armut und den ökonomischen Möglichkeiten zu deren Beseitigung. Ihn interessierte vor allem, wie es möglich sei, ein menschenwürdiges Leben ohne Armut zu führen, ohne die harten Arbeitsverhältnisse der damaligen Zeit aushalten zu müssen. Marshall war der Auffassung, es gäbe keine originäre ökonomische Forschungsmethode. In einer praxisnahen Wissenschaft wie der Ökonomie sei jede Methode erlaubt, die es ermögliche, die realen Gegebenheiten des Wirtschaftslebens theoretisch einzufangen und zu analysieren. In seinem Bestseller „Principles of Economics", der heute noch gelesen wird, schimmert der neue Begriff für die Ökonomie im Englischen durch: anstatt „Political Economy", also politische Ökonomie, nannte Marshall sein Hauptwerk „Principles of Economics", in Anlehnung an die Naturwissenschaften wie „physics" und „mathematics". Er gründete 1890 mit Fachkollegen eine Royal Economic Society, eine Vereinigung von Ökonomen mit einem entsprechenden Fachorgan, dem *Economic Journal*. Schließlich reformierte Marshall die ökonomische Lehre und etablierte sie als gleichberechtigte Wissenschaft an der Universität Cambridge: Es entstand die Cambridge School of Economics. Marshall war zu seiner Zeit ein sehr bekannter Wissenschaftler, dessen Rat auch in höchsten politischen und gesellschaftlichen Kreisen sehr gefragt war. Er starb knapp 82-jährig in Cambridge.

Marshall hat mit seinen weiterentwickelten Angebots- und Nachfragediagrammen die ökonomische Theorie beeinflusst. Zur Konzentration auf einige wenige Elemente der Wirtschaft führte er die Partialanalyse (lat.

pars = der Teil) ein und hielt bei der Betrachtung die übrigen, nicht betrachteten Elemente gleich. Dies nannte er lateinisch *ceteris paribus*, etwa: alles Übrige gleich bleibend. Als Mathematiker führte Marshall verschiedene mathematische Methoden in die Ökonomie ein, um die Aussagen nachvollziehbar abzusichern. So entwickelte und verfeinerte er die sogenannte Elastizitätsanalyse, ein Verfahren zur Berechnung von Auswirkungen einzelner Parameter auf das Gesamtergebnis. Mit der Elastizitätsanalyse konnte er z. B. ermitteln, wie sich die Nachfrage verändert, wenn sich der Preis marginal, d. h. geringfügig, beispielsweise um 1 %, verändert. Ferner untersuchte Marshall, unter welchen Bedingungen ein Marktgleichgewicht entsteht, bei dem Angebot und Nachfrage sich die Waage halten. Die Angebotsseite wurde bei ihm durch eine repräsentative Firma und deren Produktionsfunktion bestimmt, die mit gegebenen Inputfaktoren einen bestimmten Output realisiert. Der Nachfrager war für Marshall der vom Homo oeconomicus allseits bekannte, gut informierte Konsument, der seine Bedürfnisse mit den Gütern, die ihm den maximalen Nutzen stiften, befriedigen möchte. Wobei der Nutzen jeder weiteren Einheit eines Gutes mit steigender Menge gemäß dem Marginalprinzip abnimmt. Man denke wieder an die sechste Maß Bier auf dem Oktoberfest im Vergleich zur zweiten.

Marshall musste zu Lebzeiten für seine Theorie starke Kritik einstecken. Gerade an der starken Mathematisierung und der mangelnden Berücksichtigung eines realistischen Menschenbildes in der Ökonomie erhitzten sich die Gemüter der Fachleute. Hatte Marshall den Menschen mit seinen ethischen und sozialen Implikationen verdrängt zugunsten eines Theoriekonstrukts mit algebraischen Formeln und starren Grafiken, dem ein vollkommen unrealistisches

Menschenbild zugrunde lag? Diese Einschätzung tut Marshall Unrecht. Marshall hatte schon zu Beginn seiner wissenschaftlichen Laufbahn immer darauf Wert gelegt, die wirtschaftliche Praxis genau zu studieren und sich von ihr Anregungen für weitere Forschungen zu holen. Der Leser erinnere sich an die Frage nach der Beseitigung der Armut. Ebenfalls weist Marshalls Beschäftigung mit der Philosophie und moralisch-ethischen Fragen in eine andere Richtung als die des menschenvergessenen Ökonomietheoretikers.

Im Gegenteil, Marshall war davon überzeugt, dass ein Unternehmertum, das sich nur auf die gnadenlose Reise nach dem Gewinn aufmacht, ohne das Gemeinwohl zu berücksichtigen, definitiv in die falsche Richtung geht. Er unterstützte den Gedanken des freien Unternehmertums, liebäugelte sogar mit der Umverteilung des Reichtums auf die Armen, zumindest in Teilen, und war so vom Gedankengut der Sozialisten seiner Zeit nicht weit entfernt. Marshall war mitnichten ein Verfechter des reinen Konstrukts des Homo oeconomicus. Zugleich war ihm bewusst, dass das mathematische Marginalprinzip nicht universell einsetzbar ist. Ihm war schon klar, dass das wirtschaftliche Verhalten sich aus einer Vielzahl verschiedener Motive speist, die moralischer, sozialer, psychologischer und technologischer Natur sind. Marshall sah den Ökonomen auch als Lehrer und Erzieher des Menschen hin zu einem effizienteren Produzenten und einem weiseren Verbraucher – für ihn war Ökonomie auch ein pädagogisches Element.

Dennoch war Marshall klar, dass die Etablierung der Ökonomie als eigenständige Wissenschaft nach eigenen Methoden und Prinzipien verlangte, die er nach dem Vorbild der exakten Naturwissenschaften modellierte. Dennoch ließ er die Tür offen für neue Ansätze. Marshall war überzeugt, dass jede Zeit und jedes Land vor dem

Hintergrund der aktuellen ökonomischen Situation eigenen Prinzipien, Methoden und Lehrsätze erfordert. Er warnte seine Forschungskollegen sogar davor, die Mathematik als Passepartout zu sehen, als probates Mittel, um alle ökonomischen Probleme scheinbar exakt mathematisch lösen und abhandeln zu können. Eine zu starke Mathematisierung realer sozialer und ökonomischer Probleme lenke zu stark ab von den eigentlichen Verhältnissen. Dies sagte er, wiewohl er ein leidenschaftlicher Mathematiker war! Es könne auch die Wissenschaft der Biologie mit ihrer Analogie als sozialer Organismus der Ökonomie eine Reihe von Erkenntnissen liefern. Die Fokussierung einzig auf die Mathematik als Hilfswissenschaft der Wirtschaftswissenschaft greife dabei zu kurz. So helfe die Evolutionsforschung mit ihren Gesetzen der Mutation (Veränderung) und der Selektion einzelner Spezies auch den Wirtschaftsmodellen als Analogie für Aufstieg und Untergang einzelner Nationalökonomien. Allein dieses Beispiel beweise, dass nicht nur die Mathematik, sondern auch andere Wissenschaften, in diesem Fall die Biologie, einen Beitrag zur Wirtschaftswissenschaft leisten könnten.

Als Quintessenz des Wirkens Marshalls kann festgehalten werden, dass sein Beitrag zur Etablierung der Ökonomie als eigenständige Wissenschaft unbestritten ist. Seine „Principles of Economics" hat viele Studentengenerationen bis zum heutigen Tag beeinflusst. Marshall prägte die grafische Darstellung der Angebots- und Nachfragediagramme, der Konsumenten- und der Produzentenrente. Die Konsumentenrente ist der in Form einer Fläche angezeigte Teil des Preises, den der Konsument zu zahlen bereit ist, aber aufgrund des realen Gleichgewichtspreises nicht zahlen muss, die Produzentenrente hingegen die Fläche, die sich ergibt als Differenz aus dem realen Gleichgewichtspreis und dem Preis, den der Produzent erzielen muss, um rentabel produzieren zu können. Obwohl Marshall die Ökonomie beobachtete und realisierte, dass eine Vielzahl sozialer und menschlicher Faktoren die wirtschaftlichen Aktivitäten beeinflussen, schuf er mit seinen mathematischen Konzepten und Prinzipien eine weit verbreitete formalisierte ökonomische Welt. Elastizitäten, Grenznutzenbetrachtung, d. h. Marginalprinzip, Homo oeconomicus, Partialanalyse mit der Ausblendung störender Einflüsse, also ceteris paribus, sind die Stichworte, die den Weg in eine stärker formalisierte ökonomische Theoriewelt ebneten, die noch heute ihre Spuren hinterlässt. Dies ist allerdings weder der ausgeprägte Wunsch Marshalls gewesen noch sein einziges Vermächtnis. Dennoch war er ein bedeutender Mitbegründer der Neoklassik und wies den Weg in die Moderne.

Léon Walras (vgl. Oltmanns, 1996b, S. 63 ff.; Felderer, 1989, S. 59 ff.) wurde 1834 in Frankreich als Sohn eines Lehrers, später Professor der Philosophie in Évreux in der Normandie, geboren. Seine Kindheit und Jugend verbrachte er in Paris. Am „Concours", der Aufnahmeprüfung der renommierten École polytechnique in Paris, scheiterte er zweimal aufgrund nicht ausreichender Mathematikkenntnisse und begann 1854 ein ingenieurwissenschaftliches Studium an der École des Mines in Paris. Walras war allerdings nur mäßig an seinem Studium interessiert und schrieb lieber Romane. Sein bekanntester war der 1858 veröffentlichte Roman „Francis", der autobiografische Züge aufwies und sein Studentenleben in Paris schilderte. Darüber hinaus beschäftigte er sich mit Literatur generell, Philosophie, Kunst, Geschichte, Wirtschaftspolitik und Sozialwissenschaft allgemein. Heute würde man von Studium generale sprechen, also der Beschäftigung mit den geistigen Themen der Zeit.

Nach dem Abschluss seines Studiums verdiente er seinen Lebensunterhalt mit verschiedenen Tätigkeiten, die mit seinem originären Ingenieursstudium wenig zu tun hatten. So war Walras Angestellter der Eisenbahngesellschaft Chemins de Fer Du Nord – sein Vater kannte den Sohn von Jean-Baptiste Say, der dort Eisenbahndirektor war – und einer Wechselbank. Seine Leidenschaft galt allerdings der Ökonomie. Walras' Vater hatte bereits einige Werke zur Ökonomie und Sozialwissenschaft verfasst, die der Sohn weiterentwickeln sollte und wollte. Mit einem 1860 erschienenen Aufsatz, in dem er sich mit den Leitgedanken des Werkes von Proudhon auseinandersetzte, der sozialen Frage, nahm Walras an einem Wettbewerb im Rahmen eines internationalen Steuerkongresses in Lausanne teil. Er belegte zwar nur den vierten Platz, hinterließ allerdings bei der Jury aus namhaften Ökonomen einen nachhaltigen Eindruck. Sein sehnlichster Wunsch, einen Lehrstuhl für Ökonomie an einer französischen Universität zu erhalten, wurde ihm nicht erfüllt. Die bestehenden Lehrstühle waren mit Vertretern der gängigen Lehre besetzt. Seine neuen, auf der mathematischen Ökonomie beruhenden Ideen wurden damals abgelehnt. Die Lehrstuhlvergabe erfolgte intern unter den herkömmlichen Fachvertretern.

1870 dann überraschend die Wende in Walras' Leben: Er wurde eingeladen, an der Ausschreibung für den Lehrstuhl für politische Ökonomie in Lausanne teilzunehmen. Man hatte sich noch gut an seinen beeindruckenden Beitrag zur internationalen Steuerkonferenz 10 Jahre zuvor erinnert. Walras setzte sich im Rennen um den vakanten Lehrstuhl durch und erhielt die Stelle in der Schweiz. Es wurde seine wissenschaftlich produktivste Zeit. Er kam in Kontakt mit den großen Ökonomen seiner Zeit, etwa William Stanley Jevons, Alfred Marshall, Carl Menger, Vilfredo Pareto und Antoine-Augustin Cournot.

Da seine Frau schwer erkrankte und er sie finanziell stark unterstützen musste, gab Walras außerdem Nachhilfe und schrieb unter dem Pseudonym Paul Artikel in der *Gazette de Lausanne*. Diese Mehrfachbelastung durch die Arbeit führte bei Walras zu gesundheitlichen Problemen. Seine erste Frau starb, von der Mitgift seiner zweiten Frau und seinem eigenen Erbe konnte er es sich leisten, als Honorarprofessor zu wirken und hauptsächlich publizistisch tätig zu sein. Vorlesungen hielt er nicht mehr. Seinen Lehrstuhl übernahm Vilfredo Pareto. 1910 starb Walras in Clarens, dem heutigen Montreux.

Walras' bahnbrechende Leistung im Bereich der Ökonomie bestand in der Erarbeitung eines *allgemeinen Gleichgewichtsmodells der Volkswirtschaft*. Mit dem Modell einer vollständigen Konkurrenz versuchte Walras für alle ökonomischen Variablen, also Preise und Mengen aller Produkte und Produktionsfaktoren, ein Gleichgewicht zu ermitteln. Welche Mengen eines Gutes werden also zu welchen Preisen von den Verbrauchern nachgefragt, die das System zu einem Gleichgewicht führen? Walras war davon überzeugt, ein Preis könne nur kurzfristig von seinem Gleichgewichtspreis abweichen. Vielmehr schwanke der reale Preis permanent um den Gleichgewichtspreis herum, „er oszilliere". Walras unterschied vier verschiedene Märkte: Gütermärkte, Kapitalmärkte, Geldmärkte und Märkte für Produktionsfaktoren. Auf jedem dieser Märkte stelle sich ein Gleichgewichtspreis ein.

Walras legte auch den Grundstein für wesentliche ökonomische Begriffe, die heute allgemein gebräuchlich sind. So beschrieb er die Preise als Funktion der Nachfrage und des Angebots, der Knappheit, „rareté". Er definierte das Marktgleichgewicht auf Basis der Angebots- und Nachfragefunktion – eine mathematische Konstruktion, bei der

sich der Gleichgewichtspreis dort ergibt, wo Angebots-
und Nachfragefunktion gleich sind – und erläuterte
Nutzenfunktionen, das Nutzenmaximum und die Grenznutzenbetrachtung. Die Grenznutzenbetrachtung war
neben der Gleichgewichtstheorie das Kernelement der
Forschungen Walras'. Der Wert eines Gutes war für ihn
abhängig vom Nutzen, den es stiftet. Am wertvollsten sind
immer die ersten Teile eines Gutes wie etwa ein Bissen von
einem Käse oder der erste Schluck Wein. Alle weiteren
Schlucke haben nur noch einen abnehmenden Nutzen,
bis man schließlich des Weines überdrüssig wird. Dabei
stritt er sich mit den anderen Ökonomen seiner Zeit wie
Jevons und Menger, die zur selben Zeit die Grenznutzenbetrachtung vornahmen, um die Urheberschaft.

Viel wesentlicher war aber die Entwicklung seines
Modells des Gleichgewichts der von ihm unterschiedenen
vier Märkte, das Walras in seinem Hauptwerk „Elements
d'économie politique pure ou Théorie de la richesse
sociale", Elemente der reinen politischen Ökonomie oder
Theorie des sozialen Reichtums, darstellte. In einem auf-
wendigen mathematischen Verfahren versuchte Walras
zu beweisen, dass es mindestens *eine* mathematische
Lösung gibt, bei der sich alle Märkte im Gleichgewicht
befinden. Nachweisen konnte er dies nicht. Das gelang
erst 1936 dem US-Ökonomen Abraham Wald. Da sich
die mathematische Argumentation mit Vektoren etc. der
breiten Masse nicht gut vermitteln ließ, erfand Walras
eine nahezu geniale Metapher für die Preisbildung im
Gleichgewicht: den Auktionator. Dieser sammelt zunächst
Ankaufs- und Verkaufsorders zu einem willkürlich
definierten Preis. Übersteigt die Nachfrage das Angebot,
dann ergibt sich eine Überschussnachfrage, und der
Auktionator hebt den Preis in der nächsten Runde an. Ist
die Nachfrage bei dem höheren Preis dann geringer als das
Angebot, handelt es sich also um ein Überschussangebot,

senkt der Auktionator den Preis sukzessive. Schließlich wird ein Gleichgewichtspreis erreicht, bei dem die Nachfrage durch das Angebot vollständig befriedigt wird und nichts übrig bleibt. Dies passiert schrittweise auf allen vier Märkten. Diese schrittweise Annäherung an den Gleichgewichtspreis nannte Walras *tâtonnement*, Französisch für „Herantasten".

Viele von Walras' Zeitgenossen sahen dieses allgemeine Marktgleichgewicht auf Konkurrenzmärkten als klares Zeichen dafür, dass der Staat lediglich für die Rahmenbedingungen sorgen, also für offene Märkte, Wettbewerb, und die Konkurrenz der Anbieter untereinander sicherstellen sollte, sich aber ansonsten aus der Wirtschaft heraushalten sollte. Dies ist allerdings nur die halbe Wahrheit. Walras war durchaus davon überzeugt, dass das Ergebnis des freien Spiels der ökonomischen Kräfte mit den Armen der Bevölkerung geteilt werden sollte. Im Gegenteil verfügte er über eine klare gesellschaftliche und ökonomische Vision: Steuern sollten im Idealfall komplett abgeschafft werden. Die Menschen lebten von ihren Talenten und Fähigkeiten. Grund und Boden gehörten dem Staat, der sich durch Miet- und Pachtzinsen finanziert. Der Staat sorgt für die Sicherheit und die notwendige Infrastruktur wie etwa Schulen und Universitäten.

Vielen Zeitgenossen war die Theorie von Walras zu mathematisch und lieferte keine wesentlichen neuen Erkenntnisse. Nicht umsonst beklagte Walras in einem Brief an einen Freund, dass es lange dauert, bis sich komplexe und weitsichtige ökonomische Theorien durchsetzen. Ohne Zweifel hat Walras nicht nur die Grenznutzenanalyse vorangetrieben, sondern durch seine allgemeine Gleichgewichtstheorie auf den vier von ihm differenzierten Märkten auch viel zur Theoriebildung in der Ökonomie beigetragen, und er gilt nicht umsonst als einer der Mitbegründer der Neoklassik. Des Weiteren war Walras Begründer der „Lausanner Schule", einer der Grenznutzenschulen. Vilfredo Pareto folgte ihm auf seinen Lehrstuhl für Wirtschaftswissenschaften an der Universität Lausanne.

Vilfredo Pareto (vgl. Eisermann, 1989, S. 158 ff.; Graß, 1996, S. 69 ff.; Wagener, 2009, S. 26 ff.) wurde 1848 als Wilfried Fritz Pareto in Paris geboren. Die Gründe für die deutschen Vornamen Paretos sind nicht vollständig bekannt. Die Vermutung liegt nahe, dass er diese in Anspielung an die zeitgleich stattfindende Deutsche Revolution erhielt, mit der seine Eltern sympathisierten. Sein Vater entstammte einer adligen Genueser Kaufmannsfamilie, seine Mutter war Französin. 1858 zog die Familie zurück nach Oberitalien – der Großvater hatte aus politischen Gründen aus Italien fliehen müssen und war im Exil in Paris gelandet. Pareto studierte an der „Politecnico" in Turin Ingenieurwissenschaften, das er 1870 mit nur 21 Jahren abschloss. Nahezu 20 Jahre arbeitete Pareto als Ingenieur, zunächst für eine Eisenbahngesellschaft, später für ein Eisenhüttenwerk. Als leitender Angestellter wurde er nahezu täglich mit den gesellschaftlichen, ökonomischen und politischen Fragen seiner Zeit konfrontiert. Zusätzlich las er viele fachwissenschaftliche Werke zu diesen Themenbereichen.

Nach dem Tod seines Vaters 1874 siedelte Pareto nach Florenz über und wurde dort über den Bürgermeister mit der ökonomischen Akademie in Florenz bekannt. Diese nahm ihn, 26-jährig, als Nichtfachmann in ihre Reihen auf. Zwischen 1877 und 1887 hielt er dort vier ökonomische Vorträge, die auf das Publikum einen nachhaltigen Eindruck hinterließen. Paretos Interesse an der Ökonomie wuchs immer stärker. Er rang in den folgenden Jahren immer wieder darum, ob er sich nicht ganz der Wissenschaft verschreiben sollte. Die praktische

Tätigkeit als Ingenieur und Manager – wie man heute sagen würde – behagte ihm immer weniger. Nach seiner Heirat mit einer Russin 1890 veröffentlichte er eine Reihe wirtschaftswissenschaftlicher Artikel in der renommierten Zeitschrift *Giornale degli Economisti*, der Zeitschrift der Ökonomen in Italien. Einen Artikel des damals berühmtesten italienischen Ökonomen, Maffeo Pantaleoni, kommentierte er derart fachmännisch, dass eine intensive freundschaftliche Beziehung zwischen beiden Männern entstand. Panteoni war es dann auch, der mit seinem Einfluss Pareto 1893 zur Nachfolge auf den Lehrstuhl Walras' in Lausanne verhalf. Pareto war damals fast 45 Jahre alt und hatte sein ganzes Berufsleben in der Praxis verbracht. Seine Vorlesungen waren gleich sehr gut besucht, seine Lehre wurde schnell wahrgenommen. Seine Vorlesungen und weitere Gedanken legte Pareto in seinen zweibändigen „Cours d'économie politique", Kurs zur politischen Ökonomie, nieder. Pareto war erfolgreich: Seine Vorlesungen ohne ausführliche Mathematik stießen auf große Resonanz. Die zweibändige Einführung zur politischen Ökonomie war glänzend geschrieben und ein Verkaufserfolg. Dies führte zu Eifersüchteleien mit seinem Vorgänger Walras, mit dem Pareto engen Kontakt pflegte. Beide entfremden sich voneinander. Es kommt zum Bruch.

Pareto erbte 1898 von seinen Eltern ein großes Vermögen, das ihn unabhängig von weiteren Einnahmequellen machte. Er ließ sich von seinen Lehrverpflichtungen entbinden und widmete sich intensiver Forschung. Pareto war bereits zu Beginn seiner Forschungen immer ein Grenzgänger zwischen Ökonomie und Soziologie gewesen. Zwar verfasste er noch zwei ökonomische Bücher auf Italienisch: „Manuale di economia politica", französisch: „Manuel d'économie politique" (Handbuch der politischen Ökonomie). Aber bereits diese enthielten soziologische Elemente, wie umgekehrt das 1916 erschienene soziologische Hauptwerk „Trattato di sociologia generale" (Traktat über die allgemeine Soziologie) auch seine ökonomischen Theorien und Erkenntnisse beinhaltete. Für Pareto war die Verbindung beider Disziplinen essenziell: Ohne die intelligente Kombination dieser beiden Schlüsselwissenschaften, Ökonomie und Soziologie, sei eine realitätsnahe Erklärung der ökonomischen Sachverhalte unmöglich.

Um das Jahr 1901 zog Pareto an den Genfer See nach Céligny, wo er eine stattliche Villa bewohnte. Seine Frau hatte ihn zuvor verlassen. An deren Stelle trat eine gut 30 Jahre jüngere Französin, Jeanne Regis, mit der Pareto eine Tochter hatte und die er kurz vor seinem Tod 1923 heiratete. Im Jahr darauf erschien sein zweibändiges Werk über die sozialistischen Theorien, „Les systèmes socialistes". Obwohl er dem Drängen seines Freundes Panteoni nicht nachgab, an einen Lehrstuhl für Nationalökonomie zurückzukehren, veröffentlichte Pareto weiterhin auch Artikel zu ökonomischen Fragen. Pareto war der Meinung, nicht alle ökonomischen Probleme ließen sich allein volkswirtschaftlich lösen. Zusätzlich sei eine soziologische Analyse dringend notwendig. Fortan widmete er sich diesem Thema bis zu seinem Tod, der durch ein Herzleiden begünstigt wurde.

Das Werk und die wissenschaftlichen Forschungen Paretos lassen sich in ökonomische und soziologische Themengebiete gliedern analog der Phasen seines Lebens. Für Pareto gehören beide wissenschaftlichen Bereiche zusammen: Zwar wurde er vor allem für sein nach ihm benanntes „Pareto-Optimum" – alle Handlungen erhöhen die Wohlfahrt unter der Bedingung, dass mindestens ein Individuum bessergestellt, aber niemand schlechter gestellt wird – bekannt, sein Hauptwerk ist allerdings unbestritten „Trattato di Sociologia Generale", das sich mit der allgemeinen Theorie der Soziologie beschäftigt und an dem er 20 Jahre gearbeitet hatte. Pareto war der festen Überzeugung, wissenschaftlicher Fortschritt lasse sich nur durch Beobachtung und Erfahrung gewinnen. So gilt auch in den Sozialwissenschaften der Grundsatz, dass von beobachteten Tatsachen in der Realität auf Gesetzmäßigkeiten zu schließen ist. Dabei werden Hypothesen zu bestimmten Sachverhalten aufgestellt, die im Folgenden zu prüfen und zu verifizieren oder zu falsifizieren sind.

Der Mensch versucht für sich und seine Familie Wohlfahrt in materieller, geistiger und moralischer Hinsicht zu erreichen. Dabei unterscheidet Pareto die objektive Wohlfahrt in Form des Nutzens und die subjektive Wohlfahrt, die er „Ophelimität" nennt (altgr. *ophélimos* = nützlich). Als Beispiel nennt Pareto das Rauchen einer Zigarette. Subjektiv erhöht das Rauchen die Wohlfahrt und das Wohlbefinden des Rauchers, objektiv schadet es ihm allerdings, da es seinen Gesundheitszustand verschlechtert. In der Ökonomie handelt der Mensch logisch-rational, d. h., er optimiert die Zweck-Mittel-Beziehung bei Entscheidungssituationen und konzentriert sich auf seinen subjektiven Nutzen. Damit hat Pareto den Homo oeconomicus in die ökonomische Wissenschaft eingeführt. Allerdings ist es mitnichten so, dass Pareto die Abstraktion und die Irrealität dieser Heuristik nicht gesehen hat: Selbstverständlich wusste er, dass der Mensch auch zu nicht logischem Handeln fähig ist, etwa wenn dieser altruistisch, d. h. mitmenschlich und kooperativ, statt eigennützig handelt. Ihm war nur wichtig, dass die Wissenschaft auf der Basis eines rationalen Ideals bestimmte Vorgänge in der Realität erklärt, dann schrittweise die Analysen auf die nicht logische Verhaltensweise des Menschen ausdehnt und die Theorie entsprechend anpasst. Weil er auch Soziologe war, konnte Pareto die unterschiedlichen Facetten menschlichen Verhaltens differenzierter einschätzen.

Mithilfe der volkswirtschaftlichen Faktoren Arbeit, Kapital und Boden lassen sich unter Nutzung bestimmter Technologien Güter produzieren. Diese werden aber nur dann vom Verbraucher erworben, wenn sie bestimmte Bedürfnisse befriedigen und einen subjektiven Nutzen stiften. Anstelle der Indifferenzkurven, die vor ihm der Ökonom Edgworth entwickelt hatte – Indifferenz-kurven zeigen, welche Güterkombinationen in Quali-tät und Menge aus Sicht des einzelnen Verbrauchers den gleichen Nutzen stiften, d. h. bei denen der Konsument gleichgültig oder indifferent ist, welche von beiden Güter-bündeln er präferiert – beschrieb Pareto individuell gleich-wertige Wahlakte. Jeder Mensch könne normalerweise angeben, ob er das Güterbündel A dem Güterbündel B vorzieht bzw. welche Güterbündel aus seiner Sicht gleichwertig sind. Pareto war allerdings der Meinung, der Nutzen sei nicht zahlenmäßig, d. h. kardinal, exakt messbar und könne daher auch nicht verglichen werden, z. B. in Form einer Nutzenfunktion. Ebenso gäbe es keinen abnehmenden Grenznutzen der Nutzenfunktion, demzufolge das sechste Bier weniger nützlich ist als das zweite. Generell war für Pareto die mathematische Ana-lyse der Ökonomie, vor allem die von Alfred Marshall propagierte Partialanalyse, ein Horror, da sich mit der Mathematik die Ökonomie nicht adäquat darstellen lasse.

Im Gegensatz zu Walras definierte Pareto das volks-wirtschaftliche Gleichgewicht als einen Zustand, bei dem alle Individuen bei einem bestimmten Preissystem einer Gemeinschaft konsistent sind, d. h., das vorherrschende Preissystem spiegelt die unterschiedlichen Vorlieben und Geschmäcker der Individuen einer Gemeinschaft wider. In einem solchen Gleichgewicht ist ein maximaler subjektiver Nutzen gegeben, und es ist nicht möglich, den Nutzen einzelner Mitglieder zu erhöhen, ohne gleichzeitig einem Teil der Mitglieder zu schaden (Pareto-Effizienz). Hier ist gut zu erkennen, dass Pareto mithilfe dieser Definition des volkswirtschaftlichen Gleichgewichts die individuellen Nutzenvorstellungen der Menschen als unterschiedlich wahrnahm und entsprechend nicht addierte.

Pareto war vor allem ein Freund der statistischen Analyse empirischer, d. h. in der Realität vorkommender, Phänomene. So konnte er anhand der Vermögens- und Einkommensverteilung der Menschen seiner Zeit nachweisen, dass zumeist der statistische Zusammenhang von 80:20 gilt: 80 % eines Ereignisses werden von 20 % der beteiligten Faktoren verursacht. Konkret bedeutet das, dass sich z. B. 80 % des Vermögens eines Volkes auf nur 20 % der Bevölkerung vereinigen – gegenwärtig sind es in Deutschland sogar nur 15 %, die 80 % des gesamten Vermögens besitzen. Ähnliches gilt für die Einkommensverteilung. Diese 80-zu-20-Regel wurde als sogenannte Pareto-Verteilung in die Literatur aufgenommen. Pareto nur als Ökonomen wahrzunehmen greift sicherlich zu kurz.

In seinem „Trattato di Sociologia Generale" entwickelt Pareto eine Theorie der Elite. Er unterteilt die Gesellschaft generell in die Oberschicht oder Elite, die vor allem aus den besten Rechtsanwälten, Ärzten, Musikern, Literaten, Reichsten etc. besteht. Es gibt die herrschende, d. h. regierende, Elite mit politischen Ämtern und die Nicht-Herrschenden, etwa die besten Ärzte. Ferner differenziert Pareto die nominell zugehörigen, d. h. ererbten etwa durch Reichtum und Adel, und die Eliten von Menschen, die aus eigener Kraft, d. h. dem individuellen Verdienst nach, dazugehören. Neben dieser heterogenen Elite gibt es als Kontrapunkt die Unterschicht, also der Rest der Gesellschaft, der nicht zur Elite zählt. Pareto war der Meinung, dass die Eliten dynamisch und nicht von

Dauer sind. Die jeweils herrschende Klasse wird immer wieder durch andere, nachwachsende Eliten abgelöst, die entweder selbst aus der Elite stammen oder sich durch eigenen Verdienst aus der Unterschicht hocharbeiten. Diese „Zirkulation" der Eliten – die einen steigen ab, die anderen auf – sei ein gesellschaftliches Gesetz, das es auf allen politischen und ökonomischen Ebenen gibt.

Es ist hier nicht der Ort, die ökonomische und vor allem die soziologische Theorie Vilfredo Paretos in aller Ausführlichkeit zu würdigen. Die wissenschaftliche Rezeption von Paretos Werk war relativ verhalten. Das hat sicherlich mit seinem etwas umständlichen, langatmigen Schreibstil zu tun, der nicht immer einer logischen Struktur folgt. Zudem sind die großen Werke Paretos wie die „Cours" und das „Manuale" nicht ins Deutsche übersetzt worden und wurden daher im deutschsprachigen Raum nicht oder nur wenig wahrgenommen. Eine englische Übersetzung des „Trattato" erschien 1935 unter dem Titel „Mind and Society", Geist und Gesellschaft. Das „Manuale" erschien erst 1971 in englischer Übersetzung. In England herrschte vor allem die mathematisch durchorganisierte Lehre Alfred Marshalls vor, vor allem in der Mikroökonomie. Paretos Einfluss blieb daher nicht nur wegen der fehlenden Übersetzung lange auf Frankreich und Italien beschränkt.

Dies ist leider auch heute noch größtenteils der Fall, sieht man von der eingängigen *80-zu-20-Regel* oder dem *Pareto-Optimum* ab. Erst 2007 hat der Nobelpreisträger George Akerlof versucht, einzelne, realistischere Verhaltensannahmen Paretos, die sogenannten nicht logischen Handlungsmotive, in seine Forschungen zu integrieren. Obwohl Pareto mit seinen rational-analytischen Verhaltensannahmen den Idealtypus des Homo oeconomicus in der Wirtschaftswissenschaft etablierte, glaubte er selbst nicht daran, dass der Mensch so irreal handelt. Dafür war er zu sehr Soziologe und Analytiker der menschlichen Gesellschaft und des Individuums.

Der letzte darzustellende Neoklassiker, Carl Menger, gehörte ebenso der Österreichischen Schule an. Daher soll er, der Systematik folgend, nun in Abschn. 3.2 beschrieben werden, wiewohl er zugleich thematisch noch zu den Neoklassikern gezählt wird.

3.2   Die Österreichische Schule

Die Österreichische Schule, auch *Wiener Schule* der Nationalökonomie genannt, ist im Wesentlichen durch deren Gründer Carl Menger und dessen zahlreiche Schüler geprägt worden. Menger war an etwa 20 Habilitationen beteiligt, grundlegenden wissenschaftlichen Arbeiten von Wissenschaftlern, die zur Venia Legendi, also zur Lehre an Universitäten berechtigt. Der Grund der Benennung der Schule ist leicht zu erahnen, forschten sie doch fast alle in Wien und Umgebung und waren von einer eigenen Sicht auf die Ökonomie durchdrungen. Die Forscher der Österreichischen Schule setzten sich vor allem von der in Berlin vorherrschenden „Historischen Schule" ab. Sie bestritten vehement, dass ökonomische Phänomene alle von der jeweils vorherrschenden Kultur und geschichtlichen Gegebenheiten abhängig sind, wie die Vertreter der Historischen Schule in Berlin postulierten.

Die Vertreter der Historischen Schule forderten eine ökonomische Forschung auf der Grundlage möglichst breiter empirischer Daten. So befasste sich *Gustav von Schmoller*, einer der führenden Vertreter vor allem der jüngeren Schule, akribisch mit der mittelalterlichen Stadtwirtschaft, den Zünften, dem Merkantilismus und der preußischen Verwaltung. Historische Detailstudien zur wirtschaftlichen Entwicklung sollten Aufschluss geben über ökonomische Gesetzmäßigkeiten. Im Gegensatz zur englischen Klassik und zur Österreichischen Schule standen bei den Vertretern der Historischen Schule nicht das Individuum und seine Bedürfnisse im Mittelpunkt der ökonomischen Überlegungen, sondern die Gemeinschaft mit ihren Werten, Kulturausprägungen und Traditionen. Gerade die historischen Erfahrungen eines Volkes seien es, die die wirtschaftlichen Handlungen prägen. Vor allem Gustav von Schmoller setzte dem Eigennutz der Klassiker als Haupttriebfeder des Individuums die individuelle Ethik entgegen: Armut, Arbeitslosigkeit und deren Bekämpfung müssten im Mittelpunkt des ethisch begründeten ökonomischen Handelns stehen. Der Staat müsse im Zweifel die unbeabsichtigten negativen Wirkungen des Marktes sozial abfedern und entsprechend in die Freiheit des Marktgeschehens eingreifen. Dieser Gedanke der sozialen Alimentierung des Marktes wurde im 20. Jahrhundert bei der Konzeption der Sozialen Marktwirtschaft wieder aufgegriffen. Wir werden auf das Thema bei der Behandlung der Ordoliberalen Schule zurückkommen (Abschn. 3.6).

Wien war in der zweiten Hälfte des 19. Jahrhunderts das wirtschaftliche Zentrum des Handels mit dem Orient, und gleichzeitig stand es im Mittelpunkt der Modernisierung und Industrialisierung Ost- und Zentraleuropas. Unternehmer, Wissenschaftler und Künstler trafen sich in den Salons der mit knapp 2 Mio. Menschen größten deutschsprachigen Stadt, damals eine der größten Städte der Welt. Bei diesen Treffen diskutierten sie über alle drängenden Fragen der Ökonomie: Wie entsteht der Wert in der Ökonomie, bzw. welchen Wert hat ein Gut? Was ist die Bedeutung des Zinses? Wie stark darf der Staat in die Wirtschaft eingreifen? Nehmen wir ein Beispiel: Sie gehen in einen Supermarkt und wollen eine Flasche

Wasser kaufen. Was würden Sie maximal dafür zahlen? Vermutlich nicht mehr als vielleicht 2 € für 1 Liter Wasser. Nehmen wir an, Sie gehen in Südspanien im Frühsommer die Strandpromenade entlang und schwitzen. Erst nach etwa 5 Kilometern sehen Sie einen Kiosk, der Getränke anbietet. Der nächste Kiosk oder Supermarkt ist nicht in Sicht. Was wären Sie dieses Mal bereit zu zahlen, wenn Sie sehr durstig sind? Vermutlich wären Sie auch bereit, 5 € zu zahlen, bevor Sie sich durstig bis zum nächsten Lokal oder Supermarkt quälen. Schließlich überlegen Sie sich, was Sie bereit wären, für diese Flasche Wasser auszugeben, wenn Sie halb verdurstet in einer Wüste wären. Vermutlich alles Geld, was Sie bei sich tragen. Dieses Beispiel hat viel mit der Österreichischen Schule zu tun. Deren Vertreter waren der Meinung, es gebe keinen objektiven, eindeutig messbaren Wert für ein Gut oder Produkt, sondern nur einen subjektiven. Dieser sei vom einzelnen Menschen abhängig, von seiner allgemeinen und spezifischen Bedürfnisstruktur. In unserem Beispiel ist der Wert der Flasche Wasser sicherlich davon abhängig, wie durstig und leidensfähig Sie sind oder sein wollen etc.

Der Zins ist aus Sicht der Österreichischen Schule ebenfalls eine relative, subjektive Größe: Da er der Preis dafür ist, dass der Verleihende seinen Konsum verschiebt – mit dem Geld hätte er sich etwas kaufen können –, ist die Frage, wie wichtig der einzelne Verleihende den verschobenen Konsum nimmt. Ist der entgangene Konsum schmerzhaft, wird der Zins für das entliehene Geld eher höher angesetzt – und umgekehrt. Weil die Werte eines Gutes, aber auch der Zins subjektiv unterschiedlich ausfallen, kann es keiner noch so kompetenten staatlichen Stelle gelingen, den Wert eines Gutes und den Zins festzulegen. Dafür fehlen schlicht die Informationen. Der Staat ist mit dieser Aufgabe überfordert.

Hier schimmern zwei Kerngedanken der Vertreter der Österreichischen Schule durch:

1. Der Mensch steht mit seinen individuellen Vorlieben und Einschätzungen im Mittelpunkt der Ökonomie als Teil der Sozialwissenschaften und nicht der Naturwissenschaft mit ihrer Mathematikgläubigkeit. Der Preis steht als Ausdruck subjektiver Wertschätzung durch den einzelnen Menschen zu bestimmten Gelegenheiten – man denke etwa an die unterschiedlichen Preise an Tankstellen für Benzin je nach Tageszeit und Dringlichkeit des Tankens.
2. Der Staat soll sich aus dem Marktgeschehen so weit wie möglich heraushalten und nur die Rahmenbedingungen setzen. Denn nicht staatliche Institutionen oder Politiker definieren die optimale Güterversorgung, sondern der Preis als Signal für die Wertschätzung des Bürgers und der freie Markt, der möglichst ungestört agieren soll.

Begründet wurde die Österreichische Schule von **Carl Menger**, dessen Vita und Ideen wir zunächst skizzieren werden. Carl Menger (vgl. Streissler, 1989, S. 119 ff.; Horn, 2015a, S. 199 ff.; Leube, 1996, S. 91 ff.), eigentlich: Carl Menger, Edler von Wolfensgrün – den Adelstitel legte er später ab –, wurde 1840 in Neu-Sandez in Galizien geboren. Der Vater war Jurist, starb aber früh, als Menger 8 Jahre alt war, und hinterließ seine Frau und sechs Kinder. Durch ein kleines ererbtes Vermögen konnte die Mutter ihre Söhne studieren lassen. Carl Menger studierte Rechts- und Staatswissenschaften in Wien und Prag. Er war zunächst journalistisch tätig und schrieb für die amtliche *Lemberger Zeitung*, war Mitherausgeber des *Neuen Wiener Tageblattes* und ab 1871 Redaktionssekretär der *Wiener Zeitung*. Zuvor hatte er an der Universität

Krakau promoviert. 1872 habilitierte er sich bei dem deutschen Staatsrechtslehrer und Ökonomen Lorenz von Stein mit einer Arbeit zu den Grundsätzen der Volkswirtschaftslehre. Zunächst 1873 zum außerordentlichen Professor an der Universität Wien ernannt, wurde Menger 1878 an einen neuen Lehrstuhl für Politische Ökonomie berufen. Kurzzeitig war er auch als Ministerialsekretär im Ministerratspräsidium tätig.

Gleich mit seinem ersten Werk nach der Habilitation zu den Untersuchungen über die Methode der Sozialwissenschaften und der politischen Ökonomie (vgl. Menger, 2005) insbesondere löste Menger den Methodenstreit mit der damals vorherrschenden Berliner *Historischen Schule* um Gustav von Schmoller aus. 1876 bis 1878 war Menger schließlich auf Betreiben des Erziehers Privatlehrer für Ökonomie des 18-jährigen Rudolf, Kronprinz von Österreich und Ungarn. Danach lehrte Menger wieder in Wien und widmete sich dem intensiven Studium der Sozialwissenschaften. 1903 ließ er sich wegen seines angegriffenen Gesundheitszustands mit 63 Jahren emeritieren und konnte sich noch bis zu seinem Tod 1921 mit seinen Forschungen beschäftigen. Er hinterließ eine Frau, einen Sohn, der später ein berühmter Mathematiker wurde, und eine Privatbibliothek mit 25.000 Büchern.

Die wesentliche neue Erkenntnis Carl Mengers, die ihn nicht nur zum Begründer der Österreichischen Schule, sondern auch zum Repräsentanten der Neoklassik machte, war die Weiterentwicklung der Grenznutzenbetrachtung (Abschn. 3.1). Generell war Menger der Meinung, dass ein Gut nicht anhand der Produktions- oder Arbeitskosten zu bewerten ist, sondern einzig subjektiv aus Sicht des einzelnen Menschen. Der Wert des Gutes für den Menschen ergibt sich aus dem subjektiv empfunden Nutzen für das Individuum. Allerdings ist hiermit nicht der durchschnittliche Nutzen gemeint, sondern der Nutzen der letzten Einheit, der sogenannte Grenznutzen. Wir wollen uns das an einem Beispiel ansehen: Wasser ist in unseren Breitengraden ein wertvolles, aber doch zu günstigen Preisen zugängliches Gut. Der Preis des Wassers variiert nicht nur nach der jeweiligen Situation (z. B. in der Wüste oder im Supermarkt; siehe weiter oben), sondern auch von der Menge. Bei einem Becken mit 1000 Litern Wasser ist ein zusätzlicher Liter Wasser sicher kaum etwas wert. Beim Oktoberfest in den hitzigen Festzelten ist 1 Liter Bier, eine Maß, im Vergleich zu den vorherigen 2 Litern Bier sicher subjektiv mehr wert. Der Preis eines Gutes ist also davon abhängig, was der subjektiv empfundene Wert der letzten zusätzlichen Einheit ausmacht. Bei einem Wasserbehälter mit 1 Liter Fassungsvermögen macht der zweite Liter einen deutlicheren Unterschied als bei einem Behälter mit 1000 Litern.

Der subjektive Aspekt des Preises hat grundlegende Bedeutung für die ökonomische Theorie. Da der Preis eines Gutes individuell variiert, kann keine staatliche Behörde den Preis dieses Gutes festsetzen. Der Mensch irrt bei der Vorhersage der Zukunft – Prognosen sind sehr fehleranfällig. Daher kann auch der Staat nicht aktiv in die Wirtschaftspolitik eingreifen, denn die Konsequenzen für die Zukunft sind nicht absehbar. Staatseingriffe hemmen die Privatinitiative, eine staatliche Versorgung mit Gütern muss zwingend scheitern, da es keine allgemein gültige Nutzenfunktion gibt. Der Staat muss den Rahmen setzen, nach innen und außen absichern, Handelsverträge schließen oder Naturkatastrophen bekämpfen. Er sollte sich um die Armen und Schwachen kümmern, die notwendige Infrastruktur schaffen wie etwa Straßenbau, Bau von Eisenbahnen, Schulen, Parks etc. Menger und seine Schüler wurden mit ihrem Gedankengut die Wegbereiter des US-amerikanischen Liberalismus, die den Staat möglichst weit aus dem Marktgeschehen heraushalten wollten.

Joseph Alois Schumpeter (vgl. März, 1989, S. 251 ff.; Böhm, 2009a, S. 137 ff.; Piper, 1996, S. 97 ff.; Braunberger, 2015a, S. 249 ff.) darf in keiner Darstellung der ökonomischen Ideen fehlen. Über kaum einen Ökonomen gibt es so viele Anekdoten und Zitate wie über ihn. So kennt fast jeder (ehemalige) Ökonomiestudent die Begriffe „Pionierunternehmer" oder „Pioniergewinn" (durch den kurzfristigen Aufbau von Monopolen im Rahmen von Innovationen). Viele sprechen in Zusammenhang mit Schumpeter auch von dem von ihm geprägten Begriff der „schöpferischen Zerstörung" des Pionierunternehmers, der alte angestammte Unternehmen herausfordert. Man fühlt sich in die heutige Zeit versetzt mit all den Start-ups und Neugründungen von Unternehmen verschiedenster Art, die vieles anders angehen als herkömmliche Unternehmen, doch Schumpeter forschte bereits zu Beginn des 20. Jahrhunderts.

Joseph Alois Schumpeter wurde 1883 in Triesch in Mähren, dem heutigen Tschechien, als einziges Kind des Tuchfabrikanten Alois Schumpeter geboren. Der Vater starb, als der Sohn 4 Jahre alt war. Die Mutter zog mit Joseph Alois erst nach Graz, später nach Wien und heiratete 1893 Sigismund von Kéler, einen Feldmarschall der kaiserlichen und königlichen Armee. Dieser prägte die Erziehung seines Stiefsohnes maßgeblich. Nach dessen Abitur mit Auszeichnung am renommierten Theresianum in Wien 1901 wollte Joseph Alois Schumpeter Ökonomie studieren, was damals nur im Rahmen eines juristischen Studiums möglich war. Er studierte u. a. bei Böhm-Bawerk, Ludwig von Mises und Emil Lederer, einem profunden Kenner der marxschen Theorie, die Schumpeter sehr beeindruckte. 1906 wurde Schumpeter zum Doktor der Rechte promoviert.

Danach verbrachte er zu Studienzwecken eine kurze Zeit am Seminar von Gustav von Schmoller in Berlin und ein Jahr in England, vor allem in London. Er besuchte u. a. Alfred Marshall in Cambridge und Francis Edgeworth in Oxford und war Forschungsstudent an der London School of Economics. Schumpeter lernte so die wesentlichen ökonomischen Schulen seiner Zeit kennen. In London traf er seine spätere Frau. Da das Geld zur Neige ging, arbeitete Schumpeter als Beauftragter für wirtschaftliche Angelegenheiten in der Kanzlei eines italienischen Anwalts in Kairo. Dort verwaltete er u. a. das Vermögen einer ägyptischen Prinzessin und sanierte eine Zuckerraffinerie. Gleichzeitig arbeitete Schumpeter an seiner Habilitationsschrift mit dem Titel „Das Wesen und der Hauptinhalt der theoretischen Nationalökonomie". 1909 wurde er Privatdozent, ein Jahr später außerordentlicher Professor für politische Ökonomie an der Universität von Czernowitz, Hauptstadt der Region Bukowina, damals der östlichste Zipfel des Habsburgerreiches, heute in der Westukraine gelegen. 1911 wurde Schumpeter mit nur 28 Jahren Ordinarius für politische Ökonomie an der Universität Graz. 1913 ging Schumpeter für ein Forschungsjahr an die Columbia University in New York, wo er so bedeutende Ökonomen wie Irving Fisher traf und von ihnen lernte.

Schumpeter war auch politisch aktiv. Noch während des Ersten Weltkrieges 1916 setzte er sich dafür ein, diesen Krieg zu beenden. 1919 wurde er Mitglied der Sozialisierungskommission, die klären sollte, ob die deutsche Kohleindustrie sozialisiert werden soll, was Schumpeter befürwortete. Im März 1919 wurde er für 7 Monate Staatssekretär im Finanzministerium. Das Amt gab er schließlich aufgrund von unüberbrückbaren Differenzen mit seinen sozialdemokratischen Ministerkollegen auf. 1921 wurde Schumpeter Präsident der M.

L. Biedermann & Co. Bankaktiengesellschaft, einer sehr alten österreichischen Privatbank. Doch es lief schlecht: Die Bank ging 1924 in Konkurs, Schumpeter haftete als Gesellschafter mit seinem persönlichen Vermögen und zahlt jahrelang die Schulden ab. 1925 übernahm er einen Lehrstuhl für wirtschaftliche Staatswissenschaft an der Universität Bonn. Im gleichen Jahr heiratete Schumpeter ein zweites Mal – seine Ehe mit seiner ersten Frau Gladys war relativ früh gescheitert. Doch Mutter und Kind starben bei der Geburt. Im gleichen Jahr starb auch seine eigene Mutter. Diese Schicksalsschläge trafen Schumpeter hart. Er stürzte sich in die wissenschaftliche Arbeit.

Nachdem er bereits zum Studienjahr 1927/28 zwei Semester und 1930 nochmals eines als Gastprofessor am Department of Economics an der Harvard University verbracht hatte, siedelte er ab 1932 ganz in die USA über. Zuvor hatte er zahlreiche Vorträge in Japan gehalten, die eine sehr positive Resonanz hatten. Schumpeter nahm schließlich einen Ruf an die Harvard University an und sollte mit seiner wissenschaftlichen Reputation einen renommierten ökonomischen Fachbereich aufbauen. Das gelang ihm auch. Zu seinen Schülern gehörten niemand Geringeres als u. a. Paul A. Samuelson, James Tobin, Richard Musgrave, Wassily Leontief. Schumpeter bekleidete zahlreiche Ehrenämter wie Präsident der Econometric Society, die sich mit statistischen Verfahren in der Ökonomie beschäftigte und dort zu neuen Erkenntnissen kam. Er wurde sogar zum Präsidenten der American Economic Association gewählt, der wichtigsten Vereinigung US-amerikanischer Ökonomen – als erster nicht in den USA geborener Ökonom. Schließlich wurde er Präsident der International Economic Association. 1937 schließlich heiratete Schumpeter ein drittes Mal: die Ökonomin Elizabeth Firuski. Die Wirtschaftshistorikerin sorgte dafür, dass Schumpeters hinterlassene

Aufzeichnungen zum Thema „History of Economic Analysis", Geschichte der ökonomischen Analyse, posthum erscheinen konnte. Schumpeter starb 1950 an einer Gehirnblutung in seinem Sommerhaus in Connecticut.

Das Werk Schumpeters lässt sich in eine europäische und eine amerikanische Periode unterteilen. In seiner Habilitationsschrift „Das Wesen und der Hauptinhalt der theoretischen Nationalökonomie", mit der er sich rasch einen Namen in Deutschland machte, plädierte Schumpeter für eine an die Naturwissenschaft angelehnte, mathematisch orientierte Ökonomie. Nur mathematische Formeln und Gleichungen erlaubten es, ökonomische Gesetzmäßigkeiten zu identifizieren und zu beschreiben. In ökonomischen Modellen seien zur Vereinfachung Annahmen zu treffen, die zwar in dieser Form in der Realität nicht vorkommen – wie etwa der rational agierende Homo oeconomicus –, aber ein Bild der wirtschaftlichen Entwicklung nachzeichnen lassen. Psychologische und soziologische Annahmen hätten darin keinen Platz.

In seiner Theorie der wirtschaftlichen Entwicklung beginnt Schumpeter die Analyse der Wirtschaft mit einem statischen Modell. Der Einfachheit halber lässt er zunächst Unternehmer und deren Gewinne weg und betrachtet nur Löhne und Grundrenten. Veränderungen im Sinne einer dynamischen Wirtschaftsentwicklung werden vor allem durch den schöpferischen Unternehmer erzeugt. Ein Unternehmer ist man gemäß Schumpeter aufgrund seiner Persönlichkeit: ein Mensch mit bestimmten Fähigkeiten wie Initiative, Ideen, Voraussicht, Durchhaltevermögen und Durchsetzungskraft. Der Unternehmer ist Träger des Veränderungsmechanismus. Nicht der Eigennutz treibt ihn, sondern die „Freude am Gestalten". Der erfinderische Unternehmer entwickelt und treibt Innovationen voran und erwirbt so kurzfristig eine Monopolstellung – man kann sich so die Stellung der Firma Apple zu Beginn des iPhone-Booms vorstellen. Dies passiert solange, bis die Wettbewerber durch Imitation des Produkts – hier etwa der Smartphones generell – diese Monopolstellung auflösen.

Der Unternehmer wird durch diesen kurzfristigen „Pioniergewinn" zur permanenten Innovation angetrieben. Diese „schöpferische Zerstörung" des bisherigen Geschäftsmodells der Unternehmen – heute würde man im Zeitalter der Digitalisierung von „Disruption" sprechen – einer Branche durch den Unternehmer führt zu einer Weiterentwicklung der gesamten Branche und ist Triebfeder der wirtschaftlichen Dynamik. Wichtig ist Schumpeter dabei die Rolle der Banken: Um seine Projekte und neuen Geschäftsideen auf den Weg zu bringen, ist der Unternehmer auf Kapital angewiesen. Die Banken bieten den Unternehmern das benötigte Kapital und werden somit zu ihren größten Unterstützern. Heute wäre auch sogenanntes Wagniskapital oder „venture capital" von externen Kapitalgebern möglich.

Schumpeters wohl wichtigstes Werk, das in 20 Sprachen übersetzt worden ist und zu den Klassikern der politischen Ökonomie gehört, ist das bereits in den USA erschienene „Capitalism, Socialism and Democracy" (Kapitalismus, Sozialismus und Demokratie). Darin befasste er sich mit dem Wesen des Kapitalismus, dessen Erfolgen und vor allem dessen Zukunft. Schumpeter geht von der Selbstzerstörung des Kapitalismus aus – allerdings nicht, wie Marx vorhersagte, durch eine gewaltsame Revolution, sondern durch die Struktur und das Wesen des Kapitalismus selbst. Im Kapitalismus gibt es Unternehmer, die mit ihren Innovationen und dem Anreiz zur Veränderung ihren Gewinn maximieren, die Konjunktur ankurbeln und den Lebensstandard der Bevölkerung heben. Der Kapitalismus schafft zunächst allgemeinen

Wohlstand und macht dadurch einen sozialen Wohlfahrtsstaat möglich. Auch die Konzentration auf wenige
Großunternehmen, die die Innovationen und den
technischen Fortschritt vorantreiben, war in der Summe
förderlich für den Kapitalismus. Sie erreichen Produkt-
und Prozessinnovationen, erschließen neue Absatz- und
Beschaffungsmärkte und verbessern ständig die Qualität
ihrer Produkte.

Allerdings wurde der klassische Eigentümer-Unternehmer immer mehr durch angestellte Manager ersetzt,
die – so die Ansicht Schumpeters – nicht die gleiche
moralische Verpflichtung zur Gewinnmaximierung und
zur Erhaltung der Arbeitsplätze hätten wie der Eigentümer. Die Verpflichtung zur Vorsorge für die ihm
anvertrauten Mitarbeiter ist dem Manager nicht mehr
so bedeutsam wie dem Eigentümer-Unternehmer. Die
Identifikation mit dem eigenen Unternehmer sei bei
Unternehmern höher als bei angestellten Managern, die
im Zweifel zu einem anderen Unternehmen wechseln
können. Für den Unternehmer sei „sein" Unternehmen
sein Lebenswerk, das es unter allen Umständen zu
beschützen und zu bewahren gelte. Dies sei ein Grund für
den sukzessiven Niedergang des Kapitalismus.

Ein weiterer Grund käme hinzu: das Aufkommen
der Klasse der Intellektuellen. Ja, Sie haben richtig
gelesen. Schumpeter war der Meinung, dass immer mehr
Menschen eine höhere Bildung genießen, Unternehmen
aber nicht über eine im gleichen Maße steigende Zahl an
akademisch gebildeten Führungskräften benötigen. Daher
würden viele hochgebildete Intellektuelle arbeitslos werden
und bleiben. Sie wären in hohem Maße unzufrieden
und organisierten Proteste gegen das herrschende
System des Kapitalismus, das viele Verlierer produziert.
Würden gleichzeitig die Wachstumsraten der Wirtschaft stagnieren und die Arbeitslosigkeit immer stärker

ansteigen, dann würde die allgemeine Unzufriedenheit in Unmut der Bevölkerung umschlagen. Spätestens dann sah Schumpeter den Übergang von einer kapitalistischen in eine sozialistische Wirtschaftsordnung gegeben: Der Eigentümer-Unternehmer verschwindet zugunsten von Großunternehmen mit angestellten Managern, und der Rückhalt des kapitalistischen Wirtschaftssystems in der Bevölkerung schrumpft. In einer sozialistischen Wirtschaftsordnung ist die Kontrolle über Produktion und Produktionsmittel Sache einer zentralen Behörde. Dieser Übergang zu einem demokratischen Sozialismus erfolgt schleichend und wird durch demokratische Wahlen legitimiert.

Joseph Alois Schumpeter hat Tendenzen des Kapitalismus beschrieben, die gerade aus heutiger Sicht zum Nachdenken anregen. Auch wenn der Niedergang des Kapitalismus in der von ihm beschriebenen Form so nicht eintreten wird und die Zeiten einer zentralen Planungsbehörde mit hoher Wahrscheinlichkeit vorbei sind, sind einige Punkte aus heutiger Sicht noch aktuell. So wird immer wieder zu Recht kritisiert, der Kapitalismus, die Globalisierung produziere immer Gewinner und Verlierer, auch wenn der gesamte gesellschaftliche Wohlstand in den Ländern des marktwirtschaftlichen Systems deutlich angestiegen ist. Gerade heute wird verstärkt über die zunehmende ökonomische Ungleichheit in der Bevölkerung diskutiert, sei sie auf Einkommen oder Vermögen bezogen. Der Kapitalismus in Reinform scheint aus Sicht seiner Kritiker deutlich mehr Verlierer als Gewinner zu produzieren.

Schumpeters Verdienst ist es, den Blick auf die Bedeutung und die Rolle des Unternehmers in der Ökonomie geschärft zu haben. Zugleich hat er eine große Zahl einflussreicher Schüler hinterlassen, die an seine Ideen anknüpften. Schumpeter hinterließ viele umfangreiche

Werke u.a. zur ökonomischen Ideengeschichte, die „History of Economic Analysis", die die Geschichte des Faches sehr gut abbildet. Nicht zuletzt hatte Schumpeter durch seine Kontakte mit den renommiertesten Ökonomen seiner Zeit eine sehr profunde Übersicht der drängendsten Themen der ökonomischen Theorie und über den aktuellen Stand der Forschung und konnte seine Ideen im Wettbewerb mit den besten seiner Zunft ausarbeiten. Insofern vollbrachte auch er durch seine eigene Forschung eine „schöpferische Zerstörung" alter Theoriegebäude.

Von **Friedrich August von Hayek** stammt das Zitat „Wer nur ein Ökonom ist, kann kein guter Ökonom sein". Entsprechend vielschichtig ist sein wissenschaftliches Werk. Es strahlt in die verschiedensten wissenschaftlichen Disziplinen aus: Psychologie, Philosophie, Evolutionstheorie, sogar Wissenschaftstheorie und vor allem allgemeine Sozialwissenschaft. Hayek gilt als einer der wichtigsten Denker des Liberalismus und entwickelte die Ideen der Österreichischen Schule, vor allem die liberalen Ideen von Mises, weiter. Hayek (vgl. Böhm, 1996, S. 105 ff.; Böhm, 2009b, S. 228 ff.; Horn, 2015b, S. 57 ff.; Thornton, 2015, S. 137 ff.) wurde 1899 als Sohn des Mediziners August von Hayek in Wien geboren und wuchs in einer begüterten Familie auf. Er war schon von Kindesbeinen an breit wissenschaftlich interessiert. Der Philosoph Ludwig Wittgenstein gehörte zu seinem entfernten Verwandtenkreis. So beschäftigte sich der kleine Friedrich u. a. mit Mineralogie, Botanik, Insektenkunde und Evolutionstheorie. Nach einem kurzen Militärdienst 1917 studierte Hayek ab 1918 Rechtswissenschaft an der Universität, besuchte aber auch Kurse in Volkswirtschaftslehre und Psychologie. Seine Dissertation verfasste er 1923 allerdings über die theoretische Psychologie. Der besseren

Berufsaussichten wegen konzentrierte Hayek sich später auf die Ökonomie.

Anfänglich war Hayek sehr stark von den sozialistischen Ideen begeistert. Wie viele Kriegsheimkehrer mit ihm war er auf der Suche nach einer „besseren" Welt. Die schien ihm eher im Sozialismus erreichbar zu sein als in einem kapitalistischen Wirtschaftssystem. Erst die Lektüre des Werkes „Gemeinwirtschaft" seines akademischen Lehrers und Mentors Ludwig von Mises brachte ihn von den idealisierenden Vorstellungen des Sozialismus ab. Hayek galt in Mises' Privatseminaren als dessen Musterschüler. 1927 gründete und leitete er gemeinsam mit von Mises das „Österreichische Institut für Konjunkturforschung". Anfang 1931 erhielt Hayek im Anschluss an eine Gastvorlesung an der London School of Economics einen Lehrstuhl. Dort traf er auf Ludwig Wittgenstein und Karl Popper, zwei der einflussreichsten Philosophen des 20. Jahrhunderts.

Hayek blieb bis 1950 in London und half während der NS-Herrschaft einigen Wissenschaftskollegen dabei, aus Nazideutschland zu emigrieren. In diese Zeit, 1944, fiel auch die Veröffentlichung seines meistbeachteten Werkes, „The road to serfdom" (Der Weg in die Knechtschaft). Ab 1950 lehrte er an der University of Chicago. 1962 übernahm Hayek eine Professur an der Universität Freiburg i. B. und wurde Vorstandsmitglied des Walter Eucken Instituts – über die „Freiburger Schule" wird in Abschn. 3.6 ausführlich die Rede sein. Er lehrte dort bis 1969, wurde Honorarprofessor an der Universität Salzburg, von der er 1977 wieder nach Freiburg zurückkehrte, wo er bis zu seinem Tod im Jahr 1992 blieb. 1974 erhielt Hayek zusammen mit Gunnar Myrdal den von der Schwedischen Reichsbank gestifteten Alfred-Nobel-Gedächtnispreis für Wirtschaftswissenschaften.

In der ersten Phase seines theoretischen Arbeitens beschäftigt sich Hayek vor allem mit der Konjunkturtheorie. Konjunkturschwankungen gehen auf die Unterschiede zwischen dem „natürlichen" oder Gleichgewichtszinssatz, bei dem die geplante Ersparnis gleich der geplanten Investition ist, und dem sich am Geldmarkt bildenden Geldzinssatz, dem Marktzins, zurück. Sinkt der Marktzins unter den Gleichgewichtszinssatz, fragen Staat, Unternehmen und Haushalte mehr Geld nach. Die zusätzliche Geldmenge führt zu Konjunkturschwankungen, wenn die aufgenommenen Kredite vor allem in nicht konsumnahe Bereiche wie etwa die Industriegüterindustrie investiert werden. Denn in diesem Fall werden die Investitionen nicht zeitnah gewinnwirksam, sondern erst über einen längeren Zeitraum, etwa durch verbesserte Produktionsbedingungen, effizientere Produktion und somit durch die gesteigerte Profitabilität der Unternehmen. Die Haushalte sparen, da die Konsumgüterproduktion verringert wird und das Angebot an Konsumgütern zurückgeht. Dadurch steigt aber der Preis für Konsumgüter. Die Nachfrage nach Geld nimmt ebenfalls zu, und der Zins steigt wieder an. Dadurch wird allerdings die Konjunktur abgewürgt, da die Unternehmen nun mehr für ihre Kredite ausgeben müssen. Dies kann nur durch eine weitere Kreditexpansion der Banken reguliert werden. Die Grenze des Booms wird durch die Kreditvergabe der Banken reguliert. Ist diese Grenze einmal erreicht und die Investitionsprojekte stoppen, kommt es zum Crash.

Damit stellte sich Hayek gegen John Maynard Keynes – wir gehen auf den wohl bedeutendsten Ökonomen des 20. Jahrhunderts in Abschn. 3.4 ausführlich ein –, der behauptet hatte, die Weltwirtschaftskrise war eine Folge zu geringer Nachfrage. Keynes war zu dem Schluss gekommen, die gesamtwirtschaftliche Nachfrage sei in Krisenzeiten durch den Staat anzukurbeln, und folglich seien staatliche Interventionen im freien Markt notwendig. Hayek war genau gegenteiliger Meinung: Seiner Meinung nach waren gerade die staatlichen Eingriffe in das freie Spiel der Marktkräfte die Ursache für die Wirtschaftskrise. Vor allem den von Keynes postulierten Zusammenhang zwischen der Gesamtnachfrage nach Gütern und Leistungen und der Gesamtbeschäftigung – je höher die Nachfrage, desto höher die Gesamtbeschäftigung – hielt Hayek für „eine Anmaßung an Wissen". Hayek hielt nichts von einer staatlichen Feinsteuerung der Konsum- und Investitionsausgaben der Unternehmen und des Staates. Ferner unterschieden beide Ökonomen die Fristigkeit der Analyse: Kurzfristig werde durch ein Mehr an Kapital die Investition angeregt. Langfristig würde das Kapital aber vernichtet, da es in konsumferne Industrien eingesetzt und den Gewinn der Unternehmen nicht direkt steigern würde.

In einem Punkt sind die beiden großen Ökonomen des 20. Jahrhunderts sich aber einig: Ein Ökonom kann nur dann eine wesentliche Rolle in der Gesellschaft spielen, wenn er interdisziplinär denkt und arbeitet. Wie schon in seiner Kindheit ist Hayek lebenslang an verschiedenen wissenschaftlichen Disziplinen interessiert und hat kein Verständnis dafür, wenn ein Ökonom sich nur auf seine Spezialkenntnisse zurückzieht. Menschliches Verhalten ist nur durch Integration sozialwissenschaftlicher und psychologischer Erkenntnisse zu erfassen. Wenn es sein muss, greift der Ökonom auf Erkenntnisse der Evolutionsbiologie oder der Philosophie zurück. Im Vordergrund stehe immer der Erkenntnisgewinn und nicht das sklavische Festhalten an wissenschaftlichen Fachgrenzen.

Seinen größten „wissenschaftlichen Kampf" bestritt Hayek jedoch gegen den Sozialismus. In seinem 1944 erschienen Werk „The road to serfdom" (Hayek, 2007) kritisierte er die nationalsozialistische Wirtschaftsordnung in Deutschland und die faschistische in Italien als Weiterentwicklungen des Sozialismus: Sozialismus, Planwirtschaft und kollektivistische Wirtschaftssysteme laufen konträr zu den Freiheitsrechten des Menschen und den Prinzipien der Rechtsstaatlichkeit. Hayek war ein Verfechter der Marktwirtschaft ohne Staatseingriffe. Es ist daher auch nicht verwunderlich, dass Hayek Ende der 1970er-Jahre die britische Premierministerin Margaret Thatcher auf ihrem Weg weg vom Wohlfahrtsstaat keynesianischer Prägung beim neoliberalen Umbau von Staat und Wirtschaft beriet. Hayek befürwortete den freien Wettbewerb und das Spiel der Marktkräfte; der Staat setze nur die Rahmenbedingungen: „The liberal argument is in favor of making the best possible use of the forces of competition as a means of coordinating human efforts, not an argument for leaving things just as they are. It is based on the conviction that, where effective competition can be created, it is a better way of guiding individual efforts than any other." (Hayek, 2007, S. 85 f.). In den folgenden Kapiteln von „The road to serfdom" setzt sich Hayek mit der scheinbaren „Unvermeidbarkeit der Planung" auseinander, die aus seiner Sicht so nicht existiert. Planung der Wirtschaft sei mit einer freien Demokratie unvereinbar. Im Gegenteil seien Planwirtschaft und totale Herrschaft kongruent, da die Planwirtschaft die Herrschaft über den Verbrauch und den Verbraucher einschließe. Eingriffe des Staates vor allem im Sinne hoher Steuern und Sozialausgaben seien mit einer wachstumsorientierten Wirtschaftsentwicklung unvereinbar. Kein Wunder, dass Hayek die Soziale Marktwirtschaft in Deutschland ablehnte, die er nur „adjektivlos" gelten lassen wollte. In seiner Schlussfolgerung am Ende des Buches ermahnte er seine Zeitgenossen eindringlich, eine Gesellschaft der freien Menschen zu erhalten: „If in the first attempt to create a world of free men we have failed, we must try again. The guiding principle that a policy of freedom for the individual is the only truly progressive policy remains as true today as it was in the nineteenth century." (Hayek, 2007, S. 238). Wenn wir in einem ersten Versuch, eine Welt der freien Menschen zu schaffen, gefehlt haben, müssen wir es erneut versuchen. Das zentrale Leitmotiv, dass die Politik der individuellen Freiheit die einzige fortschrittliche Politik ist, bleibt heute genauso wahr wie es im neunzehnten Jahrhundert gewesen ist (Übersetzung durch den Autor).

Obwohl Hayek Staatseingriffe vollständig ablehnte, räumte er dem Staat doch die klare Aufgabe ein, den Rahmen für die Wirtschaft zu setzen. So sei der Staat für die Rechtsordnung und deren Einhaltung verantwortlich, so z. B. für die Vertragsfreiheit, die Sicherung des Eigentums, die Bereitstellung der öffentlichen Güter wie Parks, Schulen, Theater etc., die äußere und innere Sicherheit durch Polizei, Militär etc. Außerdem steht ihm das Recht zur Erhebung von Steuern zu. Dem Gegensatz von Markt- und Planwirtschaft setzte Hayek zwei Arten gesellschaftlicher Ordnung gegenüber: die gewachsene, spontane Ordnung „Kosmos", die durch die Verhaltensweisen ihrer Mitglieder nach klaren Regeln zustande kommt, und die „gemachte" Ordnung „Taxis", in der Anordnungen die Mitglieder der Gesellschaft steuern.

3.3   Thorstein Veblen

Thorstein Veblen, der letzte hier beschriebene Vertreter der Österreichischen Schule, war der Meinung, der Ökonom möge stärker interdisziplinär arbeiten. Dies hat Veblen in besonderem Maße getan.

Angebot und Nachfrage bestimmen den Preis. So die allgemeingültige ökonomische Regel. Je höher die Nachfrage und je knapper das Gut, desto höher steigt der Preis. Je mehr allerdings der Preis steigt, desto geringer wird die Nachfrage. Es gibt aber Ausnahmen von dieser ökonomischen Gesetzmäßigkeit: Bei einzelnen Gütern bzw. Produkten steigt nämlich die Nachfrage mit ansteigendem Preis. Das sind die sogenannten Luxusgüter. Güter, die für Normalsterbliche unerschwinglich sind, werden gerade deswegen von vielen Reichen – oder Leuten, die sich dafür halten – geschätzt. Das Verhältnis „steigende Nachfrage bei steigendem Preis" wird „Veblen-Effekt" oder „Snobeffekt" genannt und mathematisch als positive Preiselastizität der Nachfrage bezeichnet. Entdeckt hat dies ein Ökonom, der auch bei Fachleuten kaum bekannt ist: Thorstein Bunde Veblen, eher ein Außenseiter in der ökonomischen Zunft und dennoch ein Wissenschaftler, den man sich merken sollte. Wiewohl kein reiner Ökonom, hat er die Gesellschaft seiner Zeit und ihr Verhalten sehr scharfsinnig porträtiert und Erkenntnisse gewonnen, die noch heute Gültigkeit besitzen:

Thorstein Bunde Veblen (vgl. Schipper, 2015, S. 176 ff.; Frenkel, 1996, S. 218 ff.) wurde 1857 als Sohn norwegischer Einwanderer auf einer Farm in Wisconsin geboren. Veblen hatte elf Geschwister und lernte Englisch erst in der Schule. Er besuchte das Carleton College in Northfield, Minnesota. Nach seinem Bachelor-Abschluss 1880 war er kurzzeitig als Lehrer in Madison, Wisconsin, tätig, bis er ein Jahr später das Studium der Philosophie und der Ökonomie an der renommierten Johns Hopkins University in Baltimore, Maryland, aufnahm. Dort genoss er die Vorlesungen so bekannter Wissenschaftler und Persönlichkeiten wie des Philosophen Charles Sanders Peirce, des Begründers des philosophischen Pragmatismus, und des Ökonomen John Bates Clark, eines Vertreter der

Neoklassik und der angloamerikanischen Grenznutzen-
schule. 1882 wechselte Veblen an die berühmte Yale
Universität in New Haven, Connecticut, an der er 1884
den Doctor of Philosophy erwirbt. Das Thema seiner
Dissertation, die er bei dem Moralphilosophen Noah
Porter schrieb, lautete „Ethical Grounds of a Doctrine
of Retribution" (Ethische Grundlagen einer Lehre der
Umverteilung).

Eigentlich hatte Veblen nun eine hervorragende Aus-
gangsbasis für eine akademische Karriere gehabt: einen
Top-Abschluss an einer Top-Universität. Dennoch fand er
keine adäquate wissenschaftliche Stelle. Häufig wurde dies
u. a. mit Vorurteilen ihm gegenüber, dem norwegischen
Einwanderer, in Verbindung gebracht. Dies hinterließ
zeitlebens Spuren in seinem Leben und ließ ihn eine eher
gesellschaftskritische Haltung einnehmen. Veblen blieb
7 (!) Jahre arbeitslos und hielt sich mit Tätigkeiten auf
der Farm seiner Eltern und seiner Schwiegereltern – er
heiratete 1888 – über Wasser. Er übersetzte isländische
Sagen ins amerikanische Englisch und arbeitete zeitweilig als Tutor. Ab 1891 setzte er seine akademische
Karriere an der Cornell University als Postdocstipendiat
fort und lehrte ein Jahr später politische Ökonomie als
Assistent, „Fellow", von J. Laurence Laughlin an der neu
gegründeten Universität von Chicago.

10 Jahre lang, von 1895 bis 1905, war Veblen
Herausgeber des neu gegründeten *Journals of Political
Economy.* In diese Zeit fielen seine bekanntesten und
wirkmächtigsten Veröffentlichungen „Why is Economics
not an Evolutionary Science?" (Warum ist die Ökonomie
keine evolutionäre Wissenschaft?) und „The Theory of the
Leisure Class" („Die Theorie der feinen Leute"; „leisure"
heißt wörtlich übersetzt „Müßiggang"). Im Jahr 1900
wurde er „Assistant Professor", der professorale Einstieg
an der University of Chicago, und zwischen dem Ende

des Jahres 1906 und 1909 lehrte er bereits als „Associate Professor" Ökonomie an der Stanford University, Kalifornien. Von 1911 bis 1918 unterrichtete Veblen schließlich als „Lecturer" (Dozent) auf der Basis jeweils einjähriger Zeitverträge an der University of Missouri in Columbia. Ab 1918 wirkte er als Dozent an der von ihm mitgegründeten „New School for Social Research" in New York. Seine größte öffentliche Wirksamkeit erlebte Veblen in den Jahren 1918 und 1919 als Herausgeber des in New York erscheinenden Literaturmagazins *The Dial*.

Veblen war in seinem Privatleben eher unstet: Immer wieder gab es Gerüchte über außereheliche Beziehungen. Die kosteten ihn seine Stellung in Chicago. 1909 trennte er sich von seiner ersten Frau. 1914, nach der Scheidung, heiratete er abermals. Doch seine zweite Frau starb bereits 1920. Veblen waren noch 9 wissenschaftlich produktive Jahre vergönnt. Er lebte in seinen letzten Lebensjahren zurückgezogen in einer Holzhütte, wo er 1929 an Herzversagen starb.

Das bekannteste Werk Veblens „The Theory of the Leisure Class" (Die Theorie der feinen Leute) ist weniger eine ökonomische Schrift, sondern eher eine soziologische Gesellschaftssatire. Im Mittelpunkt von Veblens Theorie der feinen Leute steht die Oberschicht, die für die anderen Schichten stilbildend ist: Die „Reichen und Schönen" kaufen und konsumieren Produkte nur, weil sie genau wissen, dass sich die ärmeren Schichten sich diese niemals leisten können. Eigentum an solchen Luxusgütern bedeuten nicht nur Macht und Sozialprestige, sondern demonstriert die eindeutige Überlegenheit dieser privilegierten Leute über ihre Mitmenschen. Der tatsächliche Wert der Produkte spielt für die Reichen keine Rolle, solange sie sich dadurch von den anderen Leuten abheben können. Jeder Leser mag sich eine Reihe von Luxuslabeln vorstellen, die der äußerst wohlhabenden Schicht vorbehalten sind und gerne demonstrativ gekauft und offensiv vorgezeigt werden. Der Preis spielt keine Rolle, auch wenn Warenwert und Qualität in den meisten Fällen nicht mit dem Kaufwert übereinstimmen.

Veblen begründet das Verhalten der Menschen damit, dass es im Amerika um die Jahrhundertwende keine ständische Differenzierung mehr gab. Sozialer Status sei nicht mehr anhand von Adelstiteln oder alten Schlössern zu erkennen. Lediglich Besitz und der Kauf bestimmter Produkte differenziere die reiche Oberschicht vom Rest der Bevölkerung. Luxusgüter werden zu einem sozialen Distinktionsmerkmal. Daher werden diese demonstrativ erworben und überall vorgezeigt. Gleichzeitig zeigen die Angehörigen der oberen Schicht ihre finanzielle Unabhängigkeit durch demonstrativen Müßiggang. Müßiggang ist dabei nicht als Nichtstun, als Muße im klassischen Sinne zu verstehen, er ist der Versuch, sich mit Themen zu beschäftigen, die möglichst weit entfernt sind von produktiver Arbeit, etwa das Auffrischen oder Lernen alter Sprachen wie Latein und Altgriechisch im Sinne einer humanistischen Bildung. Bildung wird generell zur Abgrenzung verwendet ebenso wie kulturelle Aktivitäten wie der Theater- und Opernbesuch, das Malen von Bildern oder das Erlernen und Trainieren ausgefeilter Manieren. Da diese Form der sozialen Differenzierung immer mehr an Gewicht verliert, sieht Veblen im demonstrativen Konsum von Luxusgütern aller Art eine hervorragende Gelegenheit für Menschen, sich abzuheben. Dies betrifft den eigenen Konsum und den ihrer Familien und Freunde. Verschwendung als Voraussetzung für Anerkennung und Sozialprestige.

An dieser Stelle entwickelt sich Veblen von seinem verehrten akademischen Lehrer John Bates Clark weg, der analog zu den Neoklassikern immer noch den rationalen Homo oeconomicus im Kopf hat, der seinen

Nutzen maximiert und alle entscheidungsrelevanten Informationen im Kopf parat hat. Veblen erkennt messerscharf, dass dem überhaupt nicht so ist. Der Mensch, vor allem die Angehörigen der Oberschicht und alle, die ihnen nacheifern, ist für ihn ein eitler, von seiner sozialen Umgebung bestimmter Akteur. Soziale Erwartungen seiner Umgebung, seiner „Schicht", definieren sein Konsumverhalten und seine Lebensweise. Jeder noch so unsinnigen Modeentwicklung wird gefolgt, so sie denn zu sozialer Differenzierung verhilft. Nicht der Einzelne fällt seine Konsumentscheidungen, sondern die Masse der relevanten Personen um ihn herum. Das gilt nicht nur für den Konsumenten, sondern auch für die Unternehmer. Zwar sei der einzelne Arbeiter und Angestellte an einer nützlichen, ehrlichen Arbeit interessiert. Doch die vielen „Industriekapitäne" und „Finanzmagnaten" seiner Zeit nutzten mit ihrem „räuberischen, aggressiven Kapitalismus" diese Arbeitsweise aus, um einen maximalen Vorteil für sich herauszuholen und dabei von den anderen Menschen und Schichten zu differenzieren.

Allerdings war Veblen auch kein Verteidiger der Arbeiterklasse. Er hatte weder ausgesprochenes Mitleid mit ihnen, noch sah er in ihnen ein revolutionäres Potenzial, wie es noch Marx gesehen hatte. Veblen machte sich aber über die Natur seiner Mitmenschen keine Illusionen: Er glaubte nicht, dass sich das Verhalten der Oberschicht hinsichtlich des Konsums und Müßiggangs in absehbarer Zeit ändern wird. Im Gegenteil würden die anderen Schichten weiter versuchen, dieses Verhalten und den Konsum zu imitieren, um sich ähnlich ihren Vorbildern von der Masse abzuheben. Große Hoffnung setzte Veblen in die Ingenieure und Erfinder, dass sie den technischen Fortschritt vorantreiben und sich die Menschen wieder stärker mit den rationalen Prinzipien der Welt beschäftigen. Die Technik als rationaler Teil der

Natur. Für ihn war das Verhalten der Mehrzahl der „feinen Leute" zutiefst irrational. Ein Aspekt, den spätestens die Verhaltensökonomen um Kahneman, Thaler und andere wieder aufgriffen. In der Summe handelt es sich bei „The Theory of the Leisure Class" um Veblens Abrechnung mit den Eitelkeiten und Irrationalitäten der Gesellschaft seiner Zeit.

Veblen wurde von verschiedenen intellektuellen Ideen und Denkschulen beeinflusst. So glaubte er ähnlich wie die Historische Schule, dass ökonomische Aktivitäten nicht vom Einzelnen allein und isoliert ausgehen, sondern dass nur ein ganzheitlicher Ansatz weiterhilft. Er war der Meinung, dass sich menschliches Verhalten im Laufe der Geschichte geändert hat und vor allem die Gesellschaft als Ganzes ebenfalls in wirtschaftlichen Zusammenhängen zu betrachten ist. Wie Veblen in seinem Hauptwerk gezeigt hat, ist die Hauptantriebsfeder zu einem demonstrativen Konsum die jeweils relevante Schicht, aber auch die Gesellschaft generell und ihre jeweiligen Modetrends. Der Mensch ist immer eingebettet in ein soziales Netzwerk, das ihn stark beeinflusst und zu irrationalem Verhalten treibt.

Darüber hinaus war Veblen ein Anhänger von Charles Darwin und dessen Evolutionstheorie. Darwin erklärte die Entstehung der Arten durch eine Abfolge von Veränderungen der Umweltbedingungen und des Überlebens der bestangepassten Lebewesen: Nur jene Lebewesen, die sich mit ihren Fähigkeiten und Eigenschaften am besten an die sich ändernden Bedingungen der Umwelt anpassen, können überleben, d. h., sie „werden selektiert". Ähnlich sah Veblen es auch in der Ökonomie: Ständig werden neue Wirtschaftssysteme und Optionen entwickelt, und nur die Bestangepassten überleben. Der Rest wird negativ selektiert. Im Gegensatz zur neoklassischen Ökonomie mit ihrem ständigen Gleichgewicht der Märkte gab es für Veblen in den Märkten permanente Veränderungen in Form von Variationen und Mutationen, die zu neuen Systemen und Übergängen zu einer neuen ökonomischen Welt führten. Das statische Modell des permanenten Gleichgewichts führte aus seiner Sicht nicht weiter. Damit war Veblen ein Mitbegründer der „evolutorischen Ökonomik".

Als Schüler von Charles Sanders Peirce war Veblen wie die US-amerikanischen Pragmatisten der Meinung, dass nicht Gott das Universum lenkt und die Welt kontrolliert, sondern der Mensch mit seinem freien Willen. Menschen handeln und verändern Dinge, auch in der Ökonomie. Mit Marx teilte Veblen den Gedanken der kleinen, „parasitären" Schicht, in deren Händen die Produktionsmittel liegen und die die Tendenz zur Ausbeutung ihrer Arbeiter hegen. Er war der Meinung, dass die Technologie zu einer Veränderung der Gesellschaft und von deren Rahmenbedingungen führt. Ähnliche Ideen und Gedanken hört man heute wieder zum Thema Digitalisierung. Wir werden in einem späteren Kapitel auf diesen Gedanken zurückkommen. Allerdings glaubte Veblen im Gegensatz zu Marx nicht daran, dass sich das „Proletariat" gegen die Obrigkeit bzw. Oberschicht auflehnen und eine Revolution entfachen würde (Abschn. 2.3). Stattdessen imitieren die unteren Schichten, vor allem die mit gesellschaftlichem Ehrgeiz, das Verhalten der oberen, um sich ebenfalls von der Masse abheben zu können.

Mit seinem umfangreichen Werk, das wir hier nur in Ausschnitten behandeln können, legte Veblen die Grundlagen der sogenannten „Institutionenökonomie". Einfach ausgedrückt, werden Märkte als Resultat des komplexen Zusammenwirkens einer Reihe von Institutionen gesehen: Individuen, Unternehmen, Staaten, Gesellschaft, soziale Normen, Einstellungen etc. Hier zeigt sich wieder die Arbeit Veblens an den wissenschaftlichen Grenzen zwischen Ökonomie und Soziologie. Seiner Meinung nach ist es nicht möglich, ökonomische von sozialen und kulturellen Phänomenen zu trennen. Wie Veblen eindrücklich in seinem Hauptwerk gezeigt hat, sind die ökonomischen Verhaltensweisen nicht isoliert von sozialen Normen und Institutionen, aber auch von kulturellen Komponenten zu sehen. Nur über die Erforschung des Zusammenspiels aller für den Menschen relevanten „Institutionen" wird es möglich, eine ökonomische Entwicklung genau analysieren und vorhersagen. Veblen hat den Menschen mit seinem realen ökonomischen Verhalten wieder stärker in den Mittelpunkt der Forschung gerückt und dafür die Grenzen der Ökonomie überwunden. Wenngleich er nicht zu den größten Ökonomen zählt, ist vor allem sein Hauptwerk „Die Theorie der feinen Leute" heute noch lesenswert, und unter leichtem Schmunzeln sind Ähnlichkeiten zum ökonomischen Treiben der Leute von heute – vor allem was ihr demonstratives Konsumverhalten anbelangt – klar erkennbar.

3.4 John Maynard Keynes

Es ist nicht zu hoch gegriffen, John Maynard Keynes als den bedeutendsten und wirkmächtigsten Ökonomen des 20. Jahrhunderts zu bezeichnen. Der nach ihm benannte „Keynesianismus" entwickelte sich vor allem in den Jahrzehnten nach dem Zweiten Weltkrieg zur bedeutendsten ökonomischen Lehre und wurde zum wirtschaftspolitischen Wegweiser vieler Regierungen. An den Universitäten wurden seine Theorien intensiv gelehrt – der Autor hat dies Mitte der 1980er-Jahre an der Universität Mannheim selbst erlebt. Keynes' Lehre und seine Wirtschaftsphilosophie gingen um die Welt und prägten ganze Generationen von Ökonomen. Forscher, die seinen theoretischen Weg weiterzeichneten und entwickelten, füllten die Hörsäle der ganzen Welt und gaben die Ideen dieses genialen Forschers weiter.

Dabei hatte John Maynard Keynes ein breites Interesse an den intellektuellen Themen seiner Zeit: Er interessierte sich für Philosophie, Geschichte, Mathematik und Ökonomie, sammelte vor allem alte Bücher und Bilder. So entstand eine äußerst eindrucksvolle Sammlung der Werke europäischer, vor allem englischer Philosophen wie David Hume, John Locke, George Berkeley, aber auch deutscher klassischer Autoren wie Immanuel Kant, Georg Wilhelm Friedrich Hegel und Gottfried Wilhelm Leibniz. Keynes erwarb Bilder und Zeichnungen so berühmter Künstler wie Eugène Delacroix, Paul Cézanne und weiteren. Er war Mitglied in einem elitären Debattierclub von Cambridge, bei den „Cambridge Apostles" sowie im künstlerischen Kreis der „Bloomsbury Group", der sich mit avant-gardistischer Kunst beschäftigte. Hier diskutierte er u. a. mit so berühmten Schriftstellerinnen wie Virginia Woolf (damals Stephen) und Katherine Mansfield, aber auch zeitgenössischen Philosophen wie Bertrand Russell und Ludwig Wittgenstein. Keynes war darüber hinaus ein stark frequentierter Ratgeber von Politikern und Managern, saß im Aufsichtsrat einer Versicherungsgesellschaft, war ein einflussreicher Publizist und hinterließ an die tausend Presseartikel. Sein Nachlass umfasste etwa hundert umfangreiche Bücher, wiewohl er keine 63 Jahre alt wurde.

John Maynard Keynes (vgl. Scherf, 1989, S. 273 ff.; Hoffmann, 2009, S. 271 ff.; Thornton, 2015, S. 107 ff.; Caspari, 2009, S. 161 ff.; von Weizsäcker, 2015; Herrmann, 2016, S. 153 ff.; Zank, 1996, S. 157 ff.) wurde 1883 als ältestes von drei Kindern von John Neville Keynes, einem Professor für politische Ökonomie, und seiner Frau Florence Ada in Cambridge geboren.

Die Urahnen der altenglischen Familie Keynes lassen sich bis ins 11. Jahrhundert, der Zeit von Wilhelm I. („Wilhelm der Eroberer"), zurückverfolgen. Keynes' Vater entstammte einer Arztfamilie und hatte sich durch sein Studium am Pembroke College in Cambridge zum „Fellow" und „Lecturer", d. h. zum Mitglied der Forschergemeinde, sowie Dozenten an der Universität Cambridge hochgearbeitet. Später wurde er dann „Registrary" der Universität, was im heutigen deutschen Hochschulsystem dem des Universitätskanzlers und Verwaltungschefs entspricht. Keynes' Mutter war die Tochter eines Baptistenpriesters und eine der ersten Studentinnen im Cambridge. Später wurde sie Bürgermeisterin von Cambridge. Keynes' Mutter war im christlichen Milieu großgeworden und gab ihre sozialen Einstellungen und Überzeugungen an ihre Kinder weiter. Es war ein intellektueller und privilegierter Haushalt, in dem John Maynard Keynes aufwuchs. Sein jüngerer Bruder wurde später ein bekannter Chirurg. Maynards Schwester Margret heiratete den späteren Medizin-Nobelpreisträger A. V. Hill.

Dem elitären Milieu und Ehrgeiz seines Elternhauses entsprechend ging der kleine John Maynard auf *die* klassische Eliteschule Englands, das renommierte Eton College. In diese Schule gingen bereits mehrere Vertreter des englischen Königshauses und zahlreiche englische Premierminister. Nach seinem hervorragenden Abschluss studierte Keynes Mathematik, Geschichte und Philosophie am King's College der Universität von Cambridge. Ökonomie studierte er nur, sofern sie eine Verbindung zur Mathematik hatte. Nach seinem Bachelorexamen bereitete er sich auf das Examen für den „Civil Service" vor, um als Beamter in den Staatsdienst eintreten zu können. Zur Vorbereitung auf dieses Examen, das im Wesentlichen das Allgemeinwissen prüft und viele Fächer umfasste, wie Geschichte, Politik, aber auch Mathematik und Ökonomie, studierte er auch bei Alfred Marshall und las dessen Hauptwerk „Principles of Economics" (Abschn. 3.1). Dieses Buch und die zum Teil privaten Vorlesungen bei Marshall veranlassten Keynes dazu, sich intensiver mit Ökonomie zu beschäftigen. Nach erfolgreich bestandener Prüfung zum Eintritt in den öffentlichen Dienst trat Keynes dann in das „India Office" in London ein. Das Ergebnis der Prüfungen erzürnte Keynes, hatte er doch gerade in seinen Paradedisziplinen Mathematik und Ökonomie schlecht abgeschnitten. Zudem konnte er als Zweiter in der Rangliste nach Noten nicht seine Wunschstelle im „Treasury" („Schatzamt"), dem britischen Finanz und Wirtschaftsministerium, antreten.

Die Stelle im India Office langweilte den hochbegabten Keynes sehr schnell. So musste er u. a. den Kauf von zehn Zuchtbullen veranlassen und deren Verbringung nach Bombay sicherstellen. Einen intellektuellen Ausgleich schuf sich Keynes, indem er an seiner Doktorarbeit über die Wahrscheinlichkeitstheorie, „A Treatise on Probability", zu schreiben begann. Diese Arbeit wurde von den führenden Logikern und Mathematikern seiner Zeit wie Bertrand Russell und Alfred North Whitehead in höchsten Tönen gelobt. Keynes gelang es in seiner Dissertation, die logischen Grundlagen der Wahrscheinlichkeit in systematischer Form darzulegen. Dennoch misslang es ihm, ein Stipendium am King's College in Cambridge zu erhalten. Trotzdem quittierte er 1908 nach nur 2 Jahren den Dienst am India Office und begann ein Privatstudium in Cambridge. Alfred Marshall vermittelte Keynes Anfang 1909 einen unbezahlten Lehrauftrag zum Thema Geld, Kredit und Preise am King's College in Cambridge. Zwei Monate später wurde er zum „Fellow", d. h. zum Lehrbeauftragten, ernannt. Schon zu Beginn seiner Dozententätigkeit sah

Keynes die von seinem neoklassischen Lehrer Marshall vermittelte stark mathematisierte ökonomische Theorie äußerst skeptisch. Seinen Lebensunterhalt finanzierte Keynes vor allem durch seine Lehrtätigkeit, durch Artikel in der renommierten Zeitschrift *Economist* und mithilfe seines Vater. Er war sogar kurzzeitig für die Liberale Partei politisch aktiv – zuvor war er bereits stellvertretender Präsident des Liberalen Clubs der Universität Cambridge gewesen – wurde durch seine ersten Begegnungen mit aktiven Politikern aber schnell enttäuscht und zog sich wieder zurück.

1911 wurde Keynes Herausgeber des sehr renommierten *Economic Journals*. 1912 wurde er in den Verwaltungsrat der Universität Cambridge berufen. Ein Jahr später wurde er gebeten, bei der „Royal Commission" mitzuwirken, bei der es u. a. um die Gründung einer Zentralbank ging. 1915 übernahm Keynes eine Stelle in der Finanzabteilung des Schatzamtes in London, zu deren Leiter und Vordenker er sich hocharbeitete. So war er dann am Ende des Ersten Weltkriegs Mitglied der britischen Delegation bei den Friedensverhandlungen in Versailles. Keynes war entsetzt von der Höhe und der Dimension der Reparationszahlungen, die die Alliierten den unterlegenen Deutschen auferlegen wollten. Seiner Meinung nach waren diese finanziellen Forderungen darauf ausgelegt, Deutschland auf Jahrzehnte wirtschaftlich zu schwächen und zu destabilisieren. Gleichzeitig würden die internationalen Wirtschaftsbeziehungen unter der lang anhaltenden Schwäche Deutschlands leiden, und die deutsche Bevölkerung würde demoralisiert werden. Konsequenterweise verließ Keynes die Verhandlungen noch vor der endgültigen Unterzeichnung des Versailler Vertrags und quittierte seinen Dienst beim Schatzamt. Seinem Ärger machte er sich durch sein Buch „The Economic Consequences of the Peace" (Die wirtschaftlichen Folgen des Krieges) Luft. Dieses Buch, 1919 in England und in den USA erschienen, machte ihn schlagartig in der ganzen Welt bekannt.

Von 1920 bis zu seinem frühen Tod 1946 lehrte Keynes am King's College der Universität Cambridge. Später wurde er dort ebenso wie sein Vater Kanzler und war damit als Chef der Verwaltung u. a. für die Finanzen zuständig. Es gelang ihm während seiner Amtszeit, das Stiftungsvermögen des College durch geschickte Spekulation am Devisenmarkt zu vervielfachen. Sein Privatvermögen konnte Keynes durch Devisenspekulationen und gezielte Investitionen nach anfänglichen Rückschlägen auf etwa 60.000 Pfund – heutiger Wert etwa 3 Mio. Euro – erhöhen.

In den 1920er-Jahren schloss sich eine rege Publikationstätigkeit an. So überarbeitete Keynes seine Doktorarbeit „A Treatise on Probability" und veröffentlichte sie 1921. Ab 1922 schrieb er regelmäßig im *Manchester Guardian* über wirtschaftspolitische Fragen. Gleichzeitig publizierte er in der liberalen Wochenzeitung *Nation*. Seine bis dahin gesammelten geldpolitischen Überlegungen fasste er in der 1923 erschienenen Schrift „Tract on Monetary Reform" zusammen. Dem schloss sich 1927 bis 1930 das zweibändige Werk „A Treatise on Money" an.

Keynes war zeitlebens politischer und wirtschaftlicher Berater, dessen Meinung in der Regierung und der Öffentlichkeit Gehör fand. Ende 1924 hatte Keynes in seinen Vorlesungen seine Wirtschaftsphilosophie ausgebreitet: In seiner Vorlesung „End of Laissez-Faire" hatte er ausführlich über das Marktversagen vor allem in der Weltwirtschaftskrise Ende der 1920er-Jahre referiert. Bereits damals forderte er einen starken Staat, der in das Wirtschaftsgeschehen eingreifen müsse. 1936 erschien sein Hauptwerk „The General Theory of Employment, Interest and Money" (Allgemeine Theorie der Beschäftigung, des Zinses und des Geldes), das die damalige Wirtschaftswissenschaft revolutionierte und vor allem die makroökonomische Theorie bis heute nachhaltig geprägt hat.

1937 erlitt Keynes einen ersten Herzinfarkt und musste sein enormes Arbeitspensum einschränken. Nach seiner Erholung wurde er 1940 Wirtschaftsberater der Regierung und nahm 1944 als britischer Chefunterhändler an den Verhandlungen für ein festes Wechselkurssystem anlässlich der Konferenz in Bretton Woods (New Hampshire, USA) teil. Er war zudem beteiligt an den Vorbereitungen zur Gründung des Internationalen Währungsfonds (IWF) und der Weltbank. Diese Verhandlungen zermürbten ihn zunehmend, zumal die USA aus ihrer federführenden Stellung im neuen Währungsfonds keinen Hehl machten. 1941 wurde er Direktor der Bank of England und aufgrund seiner zahlreichen Verdienste um sein Land zum Baron, „Baron Keynes of Tilton in the County of Sussex", geadelt und erhielt traditionsgemäß einen Sitz im House of Lords, dem Oberhaus des britischen Parlaments. 1946 starb Keynes in Tilton East Sussex nach einem weiteren Herzinfarkt mit nur 62 Jahren an Herzversagen. Seine 1925 geschlossene Ehe mit der Balletttänzerin Lydia Lopokova, damals ein gesellschaftliches Ereignis, blieb kinderlos.

John Maynard Keynes hat ein umfangreiches Werk hinterlassen. Schon die inhaltliche Darstellung seiner bekanntesten Werke würde den Umfang dieses Werkes sprengen und den Blick von den wesentlichen Inhalten seines Hauptwerks „Allgemeine Theorie der Beschäftigung, des Zinses und des Geldes" abschweifen lassen. Viele Ökonomen, vor allem diejenigen, die seine Ideen weiterentwickelten, ließen sich hauptsächlich von seinem Opus magnum inspirieren. Dennoch sei an dieser Stelle ein kurzer Exkurs zu seinen anderen

Werken gestattet, die für sein gesamtes Denken sehr auf-
schlussreich sind. Bereits in seiner Dissertation „A Treatise
on Probability" verfolgte der junge Keynes das sehr
ambitionierte Ziel, die logischen Grundlagen der Statistik
darzulegen und die Statistik auf neue Füße zu stellen.
Sein Ansatz war nicht weniger als der Versuch, die Wahrscheinlichkeitstheorie zu revolutionieren. Er setzte sich
dazu mit der etablierten Theorie der Wahrscheinlichkeit
auseinander. So behandelte Keynes u. a. die Bernoulli-
Theoreme und das statistische „Gesetz der großen
Zahlen". Obwohl seine Doktorarbeit einem Statistiker
seinerzeit keine wesentlich neuen Erkenntnisse vermitteln
konnte, zeigte sie doch deutlich sein Interesse und seine
Fähigkeit, die mathematisch-statistischen Kenntnisse mit
philosophischen Überlegungen zu kombinieren.

In Keynes' Werk über die ökonomischen Konsequenzen
des Versailler Friedensvertrags, das ihn weltberühmt
machte, beschrieb er seine Gründe, die ihn bewogen,
die Konferenz als britischer Chefunterhändler zu verlassen. Bereits 1919 erkannte er hellsichtig, dass die ökonomischen Friedensbedingungen in Form der viel zu
hohen Reparationszahlungen Deutschland überfordern
würden und eine wirtschaftliche Erholung gar nicht erst
zuließen. Er charakterisierte den Versailler Frieden als ein
Friedensdiktat, das aus seiner Sicht einzig darauf abzielte,
den ehemaligen Kriegsgegner dauerhaft zu schwächen.
Keynes beschrieb in einem kurzen wirtschaftshistorischen
Exkurs den Aufstieg der deutschen Wirtschaft vor allem
auf Basis der hohen Investitionen der Unternehmer. Im
Versailler Friedensabkommen, durch das Deutschland
seine Kolonien abtreten musste und 10 % seines Wirtschaftsgebiets verlor, wurden auch Reparationszahlungen
in Höhe von 132 Mrd. Goldmark angeordnet – das entsprach damals etwa dem Dreifachen des deutschen Bruttosozialprodukts vor dem Krieg. Keynes beschrieb in seinem

Werk auch sehr anschaulich und psychologisch nachvollziehbar die einzelnen handelnden Staatsmänner jener Zeit, die er während der Verhandlungen erlebt hatte. Er wies immer wieder darauf hin, dass eine wirtschaftliche Demontage und übermäßige Verschuldung Deutschlands die gesamte europäische Wirtschaft in Mitleidenschaft ziehen würde. Dazu waren die Wirtschaften schon damals zu stark ineinander verflochten.

In seinem Buch über die Theorie des Geldes, „A Treatise on Money", legte Keynes die monetären Grundlagen seines Hauptwerkes. Darin definierte er das Geld, „Die Natur des Geldes", und teilte es ein in Bargeld und Bankengeld, analysierte es detailliert und beschrieb die verschiedenen Formen des Geldes. Im zweiten Buch analysierte Keynes den „Wert des Geldes", den für ihn hauptsächlich die Kaufkraft des Geldes gemessen am Konsum und der finanzielle Ertrag des Geldes als „Arbeitskraft" ausmacht. Vor allem in seinem dritten Buch legte er die begrifflichen Grundlagen für sein Hauptwerk der Allgemeinen Theorie wie etwa Einkommen, Gewinne, Ersparnisse, Investitionen, aber auch das Verhältnis zwischen Preisniveau und Geldmenge. Keynes setzte sich mit den Bedingungen des wirtschaftlichen Gleichgewichts auseinander und bestimmte ausführlich die Gründe, warum das Preisniveau einer Dynamik unterworfen ist. Die Ursachen der Schwankungen um das Gleichgewicht, sofern sie monetär oder durch Investitionen bedingt sind, interessierten ihn. Schließlich nahm Keynes sich die nationale und internationale Währungspolitik und dabei in erster Linie den Einfluss staatlicher Banken vor. Dabei blickte er nicht nur nach England, sondern auch über den Atlantik in die USA und betrachtete die Wirkweise der Federal Reserve Bank. Die wesentlichen Ergebnisse dieses Buches flossen in sein Hauptwerk ein und sollen nun ausführlich betrachtet werden.

Jean-Baptiste Say hatte behauptet, jedes Angebot schaffe sich seine Nachfrage (Abschn. 2.2) . Gemäß dieser These müsste auch das marktwirtschaftliche System mit seinen flexiblen Preisen und Löhnen automatisch wieder zu einem Gleichgewicht finden, in dem Vollbeschäftigung herrscht. Für Keynes galt diese Gesetzmäßigkeit nicht: Er war der festen Überzeugung, dass es auch ein Gleichgewicht bei Arbeitslosigkeit geben könne. Die fehlende gesamtwirtschaftliche Nachfrage müsse der Staat durch eine aktive Konjunkturpolitik schaffen. Keynes stellt bereits in seinem Vorwort zur englischen Ausgabe klar: „Dieses Buch richtet sich in erster Linie an Wirtschaftswissenschaftler." (Keynes, 2017, S. 9). Keynes versuchte in diesem Buch, seine Ideen und seine Theorie derjenigen der klassischen Ökonomie gegenüberzustellen.

Ihm, dem Praktiker, ging es im Wesentlichen um die Beschreibung der Realität, die aus seiner Sicht in der klassischen Ökonomie nicht gegeben ist: „Ich vertrete im Folgenden die These, dass die Postulate der klassischen Theorie lediglich in einem Spezialfall Gültigkeit besitzen und nicht im Regelfall, denn die von dieser Theorie unterstellte Situation ist nur ein Grenzfall aller möglichen Gleichgewichtslagen. Überdies entsprechen die Eigenschaften des Sonderfalls, von dem die klassische Theorie ausgeht, ganz und gar nicht denen der Volkswirtschaft, in der wir in Wirklichkeit leben. Infolgedessen sind ihre Lehren irreführend und, wenn wir sie auf die realen Erfahrungen anzuwenden versuchen, von verheerender Wirkung." (Keynes, 2017, S. 19). Das ist mal eine Kampfansage an die klassische ökonomische Theorie ganz zu Beginn seines Hauptwerkes!

In der klassischen Ökonomie ist eine „unfreiwillige Arbeitslosigkeit" nicht vorgesehen. Es kann nur eine kurzfristige, friktionelle oder eine freiwillige Arbeitslosigkeit geben. Keynes sieht dagegen durchaus eine unfreiwillige, ungewollte Arbeitslosigkeit entstanden. Er definiert: „Menschen sind unfreiwillig arbeitslos, wenn bei einer kleinen Preiserhöhung von Lohngütern relativ zum Nominallohn sowohl das Angebot an Arbeitskraft zu diesem Nominallohn als auch die zu diesem Lohn bestehende Gesamtnachfrage danach größer ist als die tatsächliche Beschäftigungsmenge." (Keynes, 2017, S. 28). Das bedeutet, dass es mitnichten zu einer Gleichgewichtssituation am Arbeitsmarkt kommt, wenn die Nominallöhne zu hoch sind und die Arbeitgeber nicht so viele Jobs anbieten wie von Arbeitnehmern gesucht werden. Die fehlende „effektive Nachfrage" ist für Keynes der Kern der allgemeinen Theorie der Beschäftigung. Die Nachfrage setzt sich vor allem aus dem Konsum der Bevölkerung – und die wiederum aus der „Konsumneigung" – und dem Investitionsvolumen der Unternehmen und des Staates zusammen. Konkret bedeutet das, dass die Menschen durch ihre täglichen Einkäufe die Wirtschaft stimulieren und Arbeitsplätze schaffen, indem die Unternehmen auf Basis dieser Produktverkäufe an die Konsumenten mit Investitionen reagieren.

Keynes erkannte sehr klar die Bedeutung von Erwartungen für die Produktion und damit für die Beschäftigung von Arbeitnehmern. Unternehmen investieren, produzieren täglich auf der Basis ihres vermuteten Absatzes bei einem bestimmten Preis. Wenn ich weiß, dass ich an einem Tag eine bestimmte Anzahl an Gütern verkaufen kann, dann werde ich entsprechend viele produzieren. Dabei bestimmt die betriebswirtschaftliche Realität in Form der Verkaufserlöse meine langfristigen Erwartungen: „Das Angebot von Arbeitsplätzen durch die Unternehmen hängt jedenfalls von diesen verschiedenen Erwartungen ab. Die *tatsächlich erzielten* [Hervorhebungen im Original] Ergebnisse der Produktion und des Verkaufs der Produkte wirkt sich nur insofern auf die Beschäftigung aus, als sie die künftigen Erwartungen beeinflussen." (Keynes, 2017, S. 53). Wenn das Geschäft boomt und ich kein Ende des Booms erkennen kann, werde ich als Unternehmer eher bereit sein, zusätzliche Stellen zu schaffen, um der gestiegenen Nachfrage begegnen zu können. Die Nachfrage sieht Keynes als Summe aller Konsumausgaben C eines Landes und der Summe aller Investitionen I. Der Konsum ist vor allem vom verfügbaren Einkommen eines Haushalts abhängig, d. h. vom Nettoeinkommen. Keynes ist sich allerdings der Tatsache bewusst, dass das Nettoeinkommen nur eine von vielen Faktoren ist, die die Konsumentscheidungen beeinflussen, wie etwa die individuelle Präferenz und der spezifische Bedarf z. B. nach Sportartikeln.

Wesentlich ist für Keynes die Tatsache, dass in der Summe die Ersparnisse gleich der Summe der Investitionen der Unternehmer sind: $S = I$. Das lässt sich relativ einfach zeigen: Das Einkommen eines Landes oder Haushalts ist gleich dem Wert aller produzierten Güter eines Landes oder Haushalts. Das Einkommen ist aber auch gleich der Summe aller Investitionen und des Konsums der Bevölkerung. Wenn die Ersparnisse sich durch das Nettoeinkommen minus Konsum ergeben und die Investitionen ebenfalls gleich Einkommen minus Konsum sind, dann müssen auch die gesamten Ersparnisse einer Volkswirtschaft und die gesamten Investitionen gleich sein. Wenn ich von allen Gütern, die eine Volkswirtschaft in einem Jahr hervorbringt, diejenigen abziehe, die konsumiert, d. h. verkauft wurden, dann bleiben die Investitionen übrig. Wenn ich vom gesamten Einkommen aller Haushalte den Konsum abziehe, dann bleiben alle Ersparnisse übrig. Und die entsprechen dann den Investitionen eines Landes. Oder anders ausgedrückt: „Die Konsum- und Investitionsentscheidungen zusammengenommen determinieren die Einkommen." (Keynes, 2017, S. 66).

Wesentlich für die Investitionen der Unternehmer und, davon abgeleitet, das notwendige Beschäftigungsvolumen sind die künftigen Gewinne. „Heute glaube ich demgegenüber, dass der Unternehmer das Beschäftigungsvolumen [...] festlegt mit der Absicht, seine gegenwärtigen und seine für die Zukunft erwarteten Gewinne zu maximieren. [...] Das für einen maximalen Gewinn vorteilhafteste Beschäftigungsvolumen dagegen hängt von der aggregierten Nachfragefunktion ab ...“ (Keynes, 2017, S. 77). Die Vergabe eines zusätzlichen Kredits an einen Unternehmer kann diesen dazu ermuntern, zusätzliche Investitionen vorzunehmen und dadurch Arbeitsplätze zu schaffen. Neben den Investitionen der Unternehmer ist der Konsum der Gesamtbevölkerung wesentlich für die Gesamtnachfrage und damit für Einkommen und Beschäftigungsvolumen. Wovon aber hängt nun der Konsum ab? Keynes nimmt dazu klar Stellung: „Offensichtlich hängt die Summe, die die Bevölkerung für ihren Konsum ausgibt, zum Teil von 1. der Summe ihres Einkommens ab, 2. von anderen objektiven Begleitumständen und 3. von den subjektiven Bedürfnissen und den psychologischen Neigungen und Gewohnheiten der Individuen sowie den Grundsätzen, nach denen das Einkommen zwischen diesen aufgeteilt wird.“ (Keynes, 2017, S. 88).

Interessant ist hierbei, dass Keynes genauso wie beim Konstrukt der Erwartungen vor allem auf die menschliche Psyche eingeht. Der individuelle Konsum ist nicht nur eine Frage des Nettoeinkommens, sondern auch eine Frage „subjektiver Bedürfnisse“: Welche Hobbies habe ich? Wohin fahre ich in Urlaub? Welche Mode mag ich? Welche Güter des täglichen Bedarfs sind mir wichtig? Welche Marken? Aber auch: Welchen Teil meines Einkommens will ich konsumieren, welchen Teil sparen und vieles mehr. Dies alles sind individuelle, zutiefst subjektive Konsumwünsche. Und das hat Keynes glasklar erkannt, nur: „Aber im Allgemeinen können wir im Folgenden die subjektiven Faktoren als gegeben ansehen." (Keynes, 2017, S. 88). Indem er die subjektiven Konsumwünsche konstant hält – was nicht unrealistisch ist, wenn man sich die individuellen Konsumpräferenzen überlegt, die sich nicht schnell wesentlich ändern, kann sich Keynes auf die objektiven Faktoren konzentrieren, die die „Konsumneigung" bestimmen. Die „Konsumneigung" definiert Keynes als das funktionale Verhältnis zwischen Einkommens- und Konsumniveau. Sie steigt, wenn der Reallohn steigt, das Nettoeinkommen zunimmt und die Vermögenswerte sich unerwartet verändern wie z. B. durch einen Lottogewinn. Der Zinssatz spielt eine ebenso große Rolle. Wie gerade in der aktuellen Wirtschaftssituation mit extrem niedrigen Zinsen auffällt, konsumieren die Menschen bei niedrigen Zinsen mehr, da eine Alternativanlage auf der Bank wenig einbrächte. Umgekehrt gilt gemäß Keynes: „Jede Anhebung des Zinssatzes würde somit den Konsum spürbar verringern." (Keynes, 2017, S. 90). Die Sparer bringen ihr Geld bei steigenden Zinsen eher zur Bank, um für die Zukunft vorzusorgen, als in der Gegenwart zu konsumieren.

Schließlich beeinflussen zwei weitere Aspekte die Konsumneigung der Bevölkerung: steuerpolitische Änderungen etwa der Einkommens- oder Kapitalertragsteuer. Heute würde man sicher auch mögliche Erhöhungen der Erbschaftssteuer oder die Einführung der Vermögenssteuer in Deutschland dazuzählen. Letztlich spielen auch wieder die Erwartungen der Bürger hinsichtlich ihres zukünftigen Einkommens eine große Rolle. Bin ich zuversichtlich, kurz- oder langfristig ein deutlich höheres Einkommen zu erzielen, werde ich im Zweifel bereits in der Gegenwart mehr konsumieren. Wenn ich dagegen unsichere Jobaussichten habe, da es meiner Firma nicht so gut geht, dann werde ich im Zweifel eher für die Zukunft und die kommenden unsichereren Zeiten sparen. Klar ist aber auch, dass „bei zunehmendem Realeinkommen ein *größerer Anteil* [Hervorhebungen im Original] des Einkommens gespart wird." (Keynes, 2017, S. 93). Das wird man sich schnell verdeutlichen können: Ein Durchschnittsverdiener muss einen höheren Teil seines Einkommens für die Dinge des täglichen Bedarfs wie Lebensmittel, Bekleidung, Miete etc. ausgeben als ein Millionär oder Topverdiener, der neben dem Kauf von Luxusprodukten einen deutlich höheren Anteil seines Einkommens zurücklegen kann. Eine sehr gute Schilderung der ökonomischen Realität, wenn auch vieles davon heute selbstverständlich ist.

Obwohl Keynes die subjektiven Faktoren der Konsumneigung in seiner Analyse konstant hält, nimmt er sich die einzelnen bestimmenden Motive der fehlenden Konsumneigung, d. h. des individuellen Sparens, vor (Keynes, 2017, S. 101): Da ist einerseits der Aufbau von Rücklagen, um unvorhergesehen Risiken begegnen zu können. Andererseits treffen die Menschen Vorsorge für ihr Alter, für die Ausbildung ihrer Kinder oder den finanziellen Unterhalt naher Angehöriger und Verwandter. Manch einer hält sich bei gegenwärtigen Konsumwünschen zurück und profitiert lieber von Zinsen und Kapitalerträgen, um in der Zukunft entsprechend mehr ausgeben zu können. Andere wiederum sparen, um sich im Alter einen höheren Lebensstandard zu gönnen oder das Gefühl der finanziellen Unabhängigkeit zu genießen. Schließlich – die Menschen sind in ihrem Verhalten alle unterschiedlich – halten sie Geld für kurzfristige Spekulationen oder Investitionen, z. B. für ein Auto als Schnäppchen oder Aktien mit kurzfristigem Wertsteigerungspotenzial, oder möchten möglichst viel Geld vererben oder im Gegenteil aus Geiz das Geld zu Hause horten. Keynes hat dabei, wie wir sehen, den Menschen mit ihrem zum Teil irrationalen Verhalten genau auf die Finger gesehen und die Hauptmotive des Sparens analysiert.

Gleiches gilt auch für Unternehmer oder kommunale Behörden (Keynes, 2017, S. 102). So behalten Unternehmen einen Teil ihres Gewinns ein, um in der Zukunft zu investieren oder ihr Eigenkapital aufzustocken. Unternehmen erhalten dadurch gleichzeitig ihre *Liquidität* für zum Teil ungeplante kurzfristige Ausgaben. Dabei herrschen die kaufmännischen Motive der Vorsicht und der Verbesserung der Einkommen vor. Keynes ist sich gleichzeitig der Tatsache bewusst, dass die Motive der Konsumneigung, d. h. die Antwort auf die Frage, inwieweit ich mein Einkommen ausgeben oder sparen möchte, von verschiedenen Faktoren abhängen: „Die Stärke all dieser Beweggründe schwankt stark je nach Art der Institutionen und Organisationen der betrachteten Volkswirtschaft, nach Gewohnheiten, die durch die ethnische Zugehörigkeit, Erziehung, Religion und geltende Moralvorstellungen geprägt werden, nach jetzigen Hoffnungen und früheren Erfahrungen, nach Umfang und technischem Stand des Sachkapitals sowie nach der bestehenden Vermögensverteilung und dem erreichten Lebensstandard." (Keynes, 2017, S. 103). Keynes hat dabei sehr deutlich die psychologischen und kulturellen Einflussfaktoren ökonomischer Aktivitäten gesehen und herausgearbeitet. Ihm war bewusst, dass der Homo oeconomicus mit seinem rationalen, konstanten Verhalten über alle Menschen und Kulturen nicht existiert. Allerdings hat er in seiner Analyse diese Faktoren als gegeben und konstant vorausgesetzt: „Das heißt, wir setzen die wesentlichen Bedingungen subjektiver Motive für Sparen bzw. Konsumieren als gegeben voraus." (Keynes, 2017, S. 103). Kurzfristig resultieren die Gründe des Sparens Keynes zufolge nicht aus Veränderungen der

Konsumneigung, sondern aus einer Veränderung der Einkommenshöhe.

Keynes führt weitere Begriffe ein, die für seine ökonomische Analyse entscheidend sind. So definiert er die *marginale Konsumneigung* – mathematisch gesehen eine Differenzialrechnung – als den Betrag, um den der Konsum steigt, wenn das Einkommen um eine Geldeinheit steigt. Erhalte ich also 1 Euro mehr Nettogehalt, gibt die marginale Konsumneigung an, welchen Anteil dieses zusätzlichen Geldes ich konsumiere. Der Rest wird gespart, wobei die Summe der Ersparnisse gleich der Summe der Investitionen ist. Dabei gilt, dass bei wachsendem Einkommen ein immer geringerer Anteil davon für den Konsum ausgegeben wird. Irgendwann habe ich alles, was ich brauche, und kann den Rest auf die Bank bringen oder anderweitig anlegen.

Ferner definiert Keynes den *Investitionsmultiplikator:* Der Investitionsmultiplikator bedeutet, dass das gesamte Einkommen eines Staates oder Haushalts um ein Vielfaches des Investitionszuwachses ansteigt. Dies ist leicht ersichtlich: Gibt der Staat 100 Mio. mehr an Investitionen für Verkehrsinfrastruktur, Bau von Schulen oder Theatern etc. aus, dann werden zusätzliche Arbeitsplätze geschaffen. Die Nachfrage der Baufirmen und der am Bau der Schulen beteiligten Unternehmen, aber auch die Nachfrage nach Lehrern erhöht sich. Es werden mehr Arbeiter bzw. Lehrer eingestellt, die ihrerseits mehr konsumieren. Dadurch erhöht sich auch der Gewinn anderer Unternehmen, deren Produkte jetzt mehr nachgefragt werden, sodass sie mehr Mitarbeiter beschäftigen können. Diese konsumieren wieder mehr etc. Ein solcher Kreislauf spielt ein Vielfaches der ursprünglich ausgegebenen 100 Mio. wieder ein: die erhöhten Konsumausgaben, die erhöhten Gewinne, die erhöhten Investitionen der Unternehmen mit gestiegenem Gewinn etc. Die 100 Mio. haben also das Einkommen durch diesen Kreislauf „multipliziert".

Während Keynes den Begriff der Grenzleistungsfähigkeit des Kapitals ganz als studierter Mathematiker mathematisch als Grenzprodukt von Ertrag und Kosten einer Kapitalanlage definierte – das heißt nichts anderes als: Wie ist das Verhältnis zwischen einer zusätzlichen Einheit meines eingesetzten Kapitals und den damit verbundenen Kosten – beschäftigt er sich in Kap. 12 seiner Allgemeinen Theorie" intensiv mit der langfristigen Erwartungshaltung. Keynes nimmt sich also wieder ein psychologisches Kernthema vor, welches das ökonomische Verhalten der Menschen, in diesem Fall vor allem der Unternehmer, aber auch der Konsumenten, bei Investitionen bestimmt. Vielfach setzt er seine Analyse vor allem in Formeln und mathematischen Berechnungen um. Dabei wird leicht vergessen, dass es Keynes vor allem um eine zutiefst menschliche Eigenheit geht. „Die langfristige Erwartungshaltung, auf die wir unsere Entscheidungen stützen, beruht somit nicht nur auf der wahrscheinlichsten Prognose, die wir machen können, sondern auch auf dem *Vertrauen*, [Hervorhebung im Original] das wir in sie haben – darauf, wie hoch wir die Wahrscheinlichkeit einschätzen, dass unsere bestmögliche Prognose sich als ganz falsch erweist. […] Der sogenannte *Stand des Vertrauens* [‚state of confidence', Hervorhebung im Original] ist ein Faktor, dem Geschäftsleute stets höchste und eifrigste Beachtung schenken. Wirtschaftswissenschaftler indes haben ihn nicht sorgfältig analysiert und begnügen sich in der Regel damit, ihn kursorisch abzuhandeln." (Keynes, 2017, S. 131).

Keynes kritisierte damit seine eigene Zunft deutlich, weil sie diese psychologischen Einflussfaktoren einer Investition in die Zukunft mehrheitlich negiert, und erläuterte die Auswirkungen der langfristigen

Erwartungen: Einerseits wüssten die Investoren zumeist kaum etwas Zuverlässiges über die Ertragswirkung ihrer Investition, vor allem, wenn sie Jahre in der Zukunft liegt. Andererseits seien vor allem bei Aktienanlegern die durchschnittlichen Erwartungen der Aktienanleger – ausgedrückt in den Aktienkursen – viel bedeutender als die tatsächlichen Erwartungen der Unternehmer (Keynes, 2017, S. 133). Keynes ging sogar so weit zu behaupten, dass der künftige Ertrag für den Aktienkurs nur eine untergeordnete Rolle spielt: „Tatsächlich gehen alle möglichen Erwägungen in die Börsennotierung ein, die mit dem künftigen Ertrag gar nichts zu tun haben." (Keynes, 2017, S. 134). Professionelle Anleger und Spekulanten konzentrieren sich bei ihren Überlegungen vor allem auf psychologische Erwägungen: Anstelle sich mit der trivialen Erkenntnis einer langfristigen Ertragsprognose zu beschäftigen, versuchen sie vielmehr Änderungen der Aktienkursbewertung schneller vorauszusehen als die breite Masse. Man meint den Psychologen Gasset y Bon („Die Psychologie der Massen") zu hören, wenn man bei Keynes liest: „Ihnen [gemeint sind die professionellen Anleger; Anm. d. Verfassers] ist nicht wichtig, welchen Wert eine Investition wirklich für einen langfristig orientierten Anleger hat, sondern wie der Markt sie unter dem Einfluss der Massenpsychologie in drei Monaten oder einem Jahr bewertet." (Keynes, 2017, S. 136).

Viel wichtiger als die reale Marktsituation ist nach Keynes die Vorhersage, „welches die durchschnittliche Meinung über die voraussichtliche durchschnittliche Meinung ist." (Keynes, 2017, S. 137). Nicht die realen volks- und betriebswirtschaftlichen Kennziffern sind daher entscheidend, sondern wie der Durchschnitt der Bevölkerung über die ökonomischen Sachverhalte urteilt. Dieses Urteil wird zumeist auch durch individuelle Umgebung, also Freunde, Familie, Bekannte und Kollegen, aber auch medial beeinflusst. Am Ende von Kap. 12 rechnet Keynes mit der Mathematisierung in der Ökonomie zugunsten der menschlichen und psychologischen Faktoren ab, die aus seiner Sicht das ökonomische Verhalten der Menschen maßgeblich bestimmen. So beruhe ein großer Teil der menschlichen Aktivitäten eher auf spontanem Optimismus als auf der Grundlage mathematischer Erwartungen (Keynes, 2017, S. 141). Drastisch formuliert Keynes schließlich: „Um die Erfolgsaussichten einer Investition einschätzen zu können, müssen wir darum auch das Nervenkostüm und die Hysterie, ja sogar die Verdauung und die Wetterfühligkeit derjenigen berücksichtigen, deren spontane Aktivitäten diese Aussichten weitgehend determinieren." (Keynes, 2017, S. 142). Natürlich hat Keynes hier mit Absicht in seinem sprachlichen Bild überzogen. Ihm geht es aber vor allem darum darzustellen, dass die Ökonomie nicht nur von mathematischen Gleichungen und Erwartungen geprägt ist, sondern durchaus die menschliche Psychologie, „Launen, Gefühle oder Zufälle" (Keynes, 2017, S. 142) für die unternehmerischen Investitionen verantwortlich sein können.

In Kap. 13 und 14 seiner „Allgemeinen Theorie" behandelt Keynes die allgemeine Theorie des Zinssatzes. Dabei spielt für ihn vor allem die individuelle Liquiditätspräferenz eine große Rolle, d. h. die Frage, wie viel Geld bzw. Teile meines Einkommens ich für den gegenwärtigen Konsum vorhalten will – so wie Geld in der Schublade – und wie viel ich für den zukünftigen Konsum zurücklegen kann. Der Zins ist dabei die „Belohnung für den Verzicht auf Liquidität in einer bestimmten Zeitspanne" (Keynes, 2017, S. 145). Die Liquiditätspräferenz ergibt sich vor allem aus den Motiven Transaktion (ich möchte kurzfristig etwas kaufen), Vorsicht (man weiß ja nie) und Spekulation (z. B. ein Aktienkauf). Eine Erhöhung der Geldmenge geht dabei mit einem sinkenden Zinssatz einher: Geld bringt weniger Ertrag auf der Bank, es wird mehr Geld gehalten. Je niedriger allerdings der Zinssatz, desto weniger müssen Unternehmen und staatliche Institutionen für Kredite bezahlen und umso stärker werden Investitionen angeregt.

Im Folgenden geht Keynes noch detaillierter auf die Gründe der Liquiditätsanreize ein, d. h. auf die Frage, warum ich als Einzelner Bargeld oder Geld zur schnellen Verfügung halten möchte. Haushalte halten vor allem Bargeld, um den Zeitraum zwischen dem Erhalt des Einkommens und der Ausgabe des Geldes zu überbrücken. Das ist das Einkommensmotiv. Unternehmer und Händler handeln analog, indem sie Geld halten, um die Zeitspanne zwischen dem Erhalt der Verkaufserlöse und dem Kauf von Waren zu kompensieren (Geschäftsmotiv). Auch hier gilt für Unternehmer wie Privatpersonen das Motiv der Vorsicht, also Geld zu halten für kurzfristige, zum Teil unvorhergesehene Ausgaben. Schließlich bleibt als viertes Motiv der Liquiditätspräferenz noch das Spekulationsmotiv, d. h. Geld zur kurzfristigen Spekulation zur Verfügung zu haben. Dazu bemerkt Keynes: „… für jede Art von Umständen und Erwartungen gibt es dazu einen passenden Zinssatz" (Keynes, 2017, S. 170). Denn der Zinssatz sei ein in höchstem Maß psychologisches Phänomen (Keynes, 2017, S. 173). Schließlich sei der langfristige Zinssatz nicht nur von der aktuellen Politik der Zentralbank abhängig, sondern auch von den „Erwartungen der Marktteilnehmer über deren künftige Geldpolitik" (Keynes, 2017, S. 173).

Wie man hier deutlich sehen kann, hat Keynes die realen Verhältnisse auf dem Geldmarkt als Kombination aus ökonomischen und psychologischen Faktoren richtig eingeschätzt. Die Realität wird durch die Berücksichtigung menschlicher Eigenarten, einzeln, aber auch als Gesamtheit, besser eingefangen als eine rein mathematisch-logische Analyse. In Kap. 21 seines Werkes macht er noch einmal sehr deutlich, wie er den Einsatz der Mathematik in der Ökonomie sieht (wiewohl er selbst studierter Mathematiker war!): „Bei einem allzu großen Teil der zeitgenössischen ‚mathematischen' [Anführungszeichen im Original] Volkswirtschaftslehre handelt es sich lediglich um Erfindungen, die so ungenau sind wie die Prämissen, auf denen sie beruhen, durch die die Autoren die Komplexität und die Interdependenzen der realen Welt in einem Wust von anmaßenden und nutzlosen Formeln aus den Augen verlieren." (Keynes, 2017, S. 248). Schließlich, so konstatiert Keynes am Ende von Kap. 15, halten die Menschen je nach Stand ihrer Erwartungen über die zukünftige ökonomische Entwicklung mehr oder weniger Bargeld aus den oben genannten Motiven. In Kap. 16 und 17 vertieft Keynes schließlich seine Ansichten über das Wesen des Kapitals und die wichtigen Eigenschaften des Zinses und des Geldes.

Viel wesentlicher für das Verständnis von Keynes Hauptwerk ist Kap. 18, in dem er nichts Geringeres als eine Neuformulierung der allgemeinen Theorie der Beschäftigung versucht. Zunächst unterstellt Keynes in seinem Erklärungsmodell einige gegebene Faktoren, die sich zumindest in Kürze nicht ändern werden. Dazu zählt er die verfügbare Arbeitsmenge, die Qualifikation der Arbeitnehmer, die vorhandene Technik, den Wettbewerb, Verbrauchergewohnheiten und -vorlieben, die gesellschaftlichen Strukturen eines Landes etc. Als unabhängige Variablen, d. h. Einflussgrößen, die gezielt verändert werden, um die Auswirkungen auf die Messgrößen, die abhängige Variablen, zu messen, wählt Keynes die Konsumneigung, die Grenzleistungsfähigkeit des Kapitals und den Zinssatz, ferner die Liquiditätspräferenz, die

Geldmenge und die Lohneinheit als Ergebnis von Lohn-abschlüssen. Als abhängige Variable wählt Keynes das Beschäftigungsvolumen und das Nationaleinkommen oder Sozialprodukt. Einfach ausgedrückt, will Keynes durch dieses Modell ermitteln, welchen Einfluss Konsum-neigung, Zinssatz, Geldmenge etc. auf Beschäftigung und Sozialprodukt haben.

Folgende Erkenntnisse leitete Keynes aus seinem Modell ab: „… die physischen Angebotsbedingungen in der Kapitalgüterbranche, der Stand des Vertrauens in Hin-blick auf den künftigen Ertrag, die psychologische Ein-stellung zu Liquidität und die Geldmenge (vorzugsweise in Lohneinheiten gemessen) determinieren zusammen-genommen das Volumen der Neuinvestitionen." (Keynes, 2017, S. 207). Im Klartext bedeutet das, dass unternehmerische Investitionen von verschiedenen Faktoren abhängen: aus einer Kombination aus realen ökonomischen Kennziffern wie Zins, Geldmenge, Lohnabschlüssen und psychologischen Faktoren wie Liquiditätspräferenz und langfristige Erwartungen zur Höhe des Ertrags. Dabei gilt, dass eine Erhöhung des Einkommens der privaten Haushalte je nach Konsum-neigung den Konsum erhöht, allerdings weniger stark, als das Einkommen steigt. Je höher mein Einkommen ist, desto geringer wird mein Konsumanteil. Für Investitionen gilt ein negativer Zusammenhang mit dem Zins: Je niedriger der Zins, desto höher sind die Investitionen und umgekehrt. Durch den vorhin erwähnten Investitions-multiplikator steigt das Einkommen stärker als die Investitionsleistung.

In den folgenden Kapiteln, die sich vor allem an Fach-kollegen richten, geht Keynes noch einmal auf Nominal-löhne, Preise und das System des Merkantilismus ein. Besonders wichtig für das Verständnis seines Hauptwerkes ist das abschließende Kap. 24, in dem er vor allem auf sozialphilosophische Fragestellungen eingeht. So bemerkt Keynes mit erstaunlicher Klarsicht, was in der heutigen ökonomischen Situation wieder brandaktuell geworden ist: „Die auffälligsten Fehler unserer Volkswirtschaft sind ihre Unfähigkeit, für Vollbeschäftigung zu sorgen, und ihre willkürliche und ungerechte Verteilung von Vermögen und Einkommen." (Keynes, 2017, S. 308). Dies schrieb Keynes 1936! Während in Deutschland die Arbeitslosigkeit aktuell im Jahr 2019 ein Minimum erreicht hat, haben Länder wie Spanien und Italien eine dramatisch hohe Jugendarbeitslosigkeit; aber auch unter den Erwachsenen ist die Lage dort alles andere als rosig. Einkommen und Vermögen sind in Deutschland und vielen Industriestaaten, allen voran in den USA, so ungleich verteilt wie noch nie. Ein Ende ist nicht in Sicht.

Für Keynes kommt zur Beseitigung von Missständen wie Arbeitslosigkeit und für die Erhöhung des Nationaleinkommens nur ein Eingriff des Staates infrage. Zwar mag es vereinzelt Kooperationen zwischen staatlichen Stellen und dem Privatsektor geben, aber er konstatiert: „Der Staat muss lenkend auf die Konsumneigung einwirken, teils durch sein Steuersystem, teils durch die Festlegung des Zinssatzes und vielleicht noch auf andere Weise." (Keynes, 2017, S. 312). Darüber hinaus muss der Staat eine „einigermaßen umfassende Investitionslenkung" vornehmen, „als einziges Mittel zur Erreichung annähernder Vollbeschäftigung" (Keynes, 2017, S. 312). Dies seien die einzigen beiden Bereiche, in denen sich der Staat stärker als bisher in die Wirtschaft einmischen dürfe: um die Konsumneigung zu steigern und Investitionen anzuregen. Allerdings gewinnt der Staat in den Vorstellungen von Keynes ein deutlich stärkeres Gewicht in ökonomischen Fragen. Wir werden im folgenden Kapitel sehen, dass diese Philosophie absolut konträr zur Philosophie eines Liberalen wie Milton Friedman verläuft (Abschn. 3.5).

Im Schlussabsatz seines Hauptwerkes hebt Keynes noch einmal warnend den Zeigefinger: Viele Zeitgenossen, vor allem Beamte und Politiker, aber auch weitere Meinungsführer lassen sich Keynes zufolge nach ihrer Studienzeit und als Berufsanfänger im Alter von 25 bis 30 Jahren kaum noch von neuen Ideen beeinflussen. Aber, so bemerkt Keynes hellsichtig, „… die Gefahr von Veränderungen geht früher oder später von den Ideen aus und nicht von den mächtigen Interessengruppen, sei es zum Guten und zum Schlechten" (Keynes, 2017, S. 316). Gute Ideen setzen sich also durch, wie man weltweit bei Keynes gesehen hat. Veränderungen entstehen gemäß Keynes also eher durch die Umsetzung von neuen Ideen und nicht durch das Handeln von mächtigen Interessengruppen.

Keynes Wirkung auf seine Zeitgenossen und die ökonomische Theorie ist nicht hoch genug zu bewerten. Seine scharfe Analyse der aktuellen Situation aus ökonomischer, aber auch psychologischer Sicht gepaart mit seiner Erklärung der ersten Weltwirtschaftskrise machten ihn zum wirkmächtigsten Ökonomen und Theoretiker seiner Zeit. Er hat die Unzumutbarkeit der ökonomischen Vertragsbedingungen von Versailles herausgearbeitet und eine neue Theorie zur Vollbeschäftigung entwickelt. Basierend auf realistischen Annahmen zum ökonomischen Verhalten des Menschen, individuell wie kollektiv, wie etwa im Hinblick auf Erwartungen, Liquiditätspräferenz oder Konsumneigung, leitete Keynes eine Wende der wirtschaftspolitischen Vorstellungen ein: Das Angebot schafft sich nicht die Nachfrage und erzeugt damit ein Gleichgewicht, wie Jean-Baptiste Say behauptet hatte. Vielmehr ist es so, dass es gemäß Keynes ein Gleichgewicht bei Arbeitslosigkeit geben kann und somit nicht automatisch ein Gleichgewicht von Angebot und Nachfrage geschaffen wird, wie die Weltwirtschaftskrise gezeigt hat.

Einen Ausweg sieht Keynes in Eingriffen des Staates, der seine eigenen Investitionen durch Kreditaufnahme ankurbelt, die Konsumneigung beeinflusst, über den Multiplikatoreffekt die effektive Nachfrage stärkt und damit die Beschäftigung wieder erhöht. Diese Idee der staatlichen Stärkung der Gesamtnachfrage haben viele Länder nach dem Zweiten Weltkrieg übernommen. In Deutschland erfolgte dies durch die Globalsteuerung. Über die Kritik seines Ansatzes – staatliche Nachfrage ließ sich in Zeiten des Sparens („Austerität") nur schwer zurückfahren – entstand schließlich um Milton Friedman und Friedrich August von Hayek (Abschn. 3.2), die die Staatseingriffe sehr skeptisch sahen und rundweg ablehnten, eine neue, liberale Philosophie. Dennoch beeinflusste Keynes viele Generationen von Ökonomen. Sein Gedankengut wurde vor allem in der weltweiten Finanzkrise 2008 wieder aktuell, als Banken wie Lehman Brothers pleitegingen und teilweise auf Kosten der Steuerzahler gerettet werden mussten, um Arbeitsplätze zu erhalten. Damals hat der damalige US-Präsident Barack Obama ganz im keynesianischen Sinn ein groß angelegtes, staatlich finanziertes Investitionsprogramm aufgelegt, das schließlich erfolgreich war und die Wirtschaft wieder stabilisierte.

Keynes hatte eine Vielzahl von Anhängern und hat, ohne es explizit zu wollen, eine eigene Schule des „Keynesianismus" gegründet. Bereits 1930 hatte sich ein Kreis von Schülern rund um Keynes und seine Ideen gebildet, der „Cambridge Circus". Zu ihnen gehörten so renommierte Ökonomen wie Richard Kahn, Joan Robinson, Piero Sraffa oder James Meade. Auch in den USA bildete sich ein einflussreiches Netzwerk aus, das die Ideen von Keynes weitergab und einzelne Aspekte weiterentwickelte. Einer der wirkmächtigsten „Keynesianer" war Paul A. Samuelson. Sein Lehrbuch „Economics" ist das meistverkaufte Ökonomielehrbuch aller Zeiten. Generationen von Ökonomiestudenten auf der ganzen Welt wurden von ihm unterrichtet bzw. lasen sein Lehrbuch, so auch der Verfasser dieses Buches. James Tobin, Träger des Alfred-Nobel-Gedächtnispreises für Wirtschaftswissenschaften sowie Erfinder und Namensgeber der „Tobin-Steuer", oder Robert Solow folgten Keynes' Ideen. Seit den 1980er-Jahren spinnen so prominente Ökonomen und Alfred-Nobel-Gedächtnispreisträger wie Joseph Stiglitz, George Akerlof und Michael Spence die Ideen von Keynes weiter, bis heute. (Von Joseph Stiglitz wird in Abschn. 4.1 die Rede sein.) Die ökonomische Theorie des 20. Jahrhunderts ist ohne die Arbeiten von John Maynard Keynes nicht zu denken. Allerdings gilt das auch für seinen wichtigsten intellektuellen Gegner und Herausforderer: Milton Friedman.

3.5 Milton Friedman

Es ist sicherlich nicht zu vermessen, wenn man behauptet, dass Milton Friedman neben John Maynard Keynes der bedeutendste Ökonom des 20. Jahrhunderts gewesen ist. Gleichzeitig war er der wichtigste akademische Widersacher von Keynes: Sah Keynes das ökonomische Heil eines Landes in staatlichen Investitionsprogrammen, war Friedman ein konsequenter Liberaler, der staatliche Eingriffe in jeglicher Form ablehnte. Beide begründeten wirkmächtige ökonomische Traditionen der „Keynesianer" versus der „Chicago Boys", wie Friedman und seine Anhänger bzw. Nachfolger aufgrund ihres Wirkens an der Universität Chicago genannt wurden. Kaum eine gedankliche, philosophische und wissenschaftliche Auseinandersetzung hat die Ökonomietheorie der letzten Jahrzehnte so geprägt wie die dieser beiden Vordenker. Noch heute kann man die Unterschiede der wissenschaftlichen Auffassungen der beiden Forscher und das damit jeweils verbundene Instrumentarium der einzelnen wissenschaftlichen Schulen erkennen, auch wenn sie inzwischen weiterentwickelt und an die aktuelle Zeit angepasst wurden.

Milton Friedman (vgl. Spahn, 2009, S. 282 ff.; Schwarz, 2015, S. 209 ff.; Heuser, 1996, S. 274 ff.; Thornton, 2015, S. 165 ff.; Hoffmann, 2009, S. 279 ff.) wurde 1912 als viertes Kind einer ungarnstämmigen, jüdischen Einwandererfamilie in Brooklyn, New York, geboren. Aufgewachsen ist der kleine Milton in Rahwah, New Jersey, in der Nähe New Yorks. Als Friedman 15 Jahre alt war, starb sein Vater, der ein kleines Einzelhandelsgeschäft führte. Nur mithilfe eines Stipendiums gelang es dem hochbegabten Jungen, bereits mit 16 – Friedman hatte eine Klasse übersprungen – an der nahe gelegenen Rutgers-Universität in New Jersey Mathematik und Ökonomie zu studieren. Bereits mit knapp 20 schließt er sein Studium mit dem Bachelor of Arts ab und führt sein Studium nun, konzentriert auf Ökonomie, an der Universität von Chicago weiter. 1933 erwirbt er dort den Master of Arts. Friedman veröffentlichte danach zahlreiche Artikel, die auch schon in sehr renommierten Zeitschriften wie etwa dem *Quarterly Journal of Economics* der Harvard-Universität aufgenommen wurden. Dadurch wurde er früh in der Welt der Ökonomen bekannt und erhielt ein großzügiges Stipendium der angesehenen Columbia-Universität in New York, um seine Doktorarbeit zu verfassen. In dieser Dissertation beschäftigte er sich mit der wirtschaftlichen Situation der Angehörigen freier Berufe wie etwa der Ärzte, Rechtsanwälte etc.

1938 heiratete Friedman Rose Director, ebenfalls Ökonomin, mit der er später sogar gemeinsam publizierte, u. a. ihre Autobiografie „Two Lucky People", und die seine wichtigste intellektuelle und menschliche Begleiterin wurde. Beide hatten einen Sohn und eine Tochter, die beide nicht Ökonomen wurden. Ihr Sohn David wurde ein bekannter Staatsrechtler. Nachdem er seine Doktorarbeit abgeschlossen hatte, arbeitete Friedman von 1941 bis 1943 für die Steuerforschungsabteilung des National Bureau of Economic Research, das dem US-Finanzministerium angegliedert war. Danach arbeitete er u. a. an der Einführung des automatischen Lohnsteuerabzugs, um sicherzustellen, dass die Unternehmen ihre Steuerbeträge automatisch an das Finanzministerium abführen. Im Nachhinein erkannte Friedman das als „Fehler", da er half, dem Staat eine Maschine zur Verfügung zu stellen, mit deren Hilfe der Staatsapparat noch stärker aufgebläht und die wirtschaftliche und individuelle Freiheit zerstört wurde. 1946 wurde Friedman Professor an der Universität Chicago, an der er 30 Jahre lang lehrte. Er begründete dort die „Chicagoer Schule".

Friedman war Gründungsmitglied der von Hayek (Abschn. 3.2) gegründeten Mont Pelerin Society, einer Gesellschaft, in der sich 1947 führende liberale Intellektuelle aus der ganzen Welt, vor allem aber aus den USA, zusammenschlossen. Er beschäftigte sich in seiner Zeit als Wissenschaftler vor allem mit der Lehre John Maynard Keynes', die zu diesem Zeitpunkt und vor allem in den 1950er-Jahren weltweit sehr populär war. Friedman war der Meinung, dass der Staat nicht durch erhöhte Ausgaben die Konjunktur ankurbeln sollte, sondern durch eine Ausweitung der Geldmenge. Doch dazu gleich mehr. Friedman nahm sich in seiner Kritik vor allem die Konsumfunktion von Keynes als Funktion des Einkommens vor. 1957 erschien sein Werk „A Theory of the Consumption Function", eine Theorie der Konsumfunktion. In den 1970er-Jahren entwickelte Friedman dann seine angebotsorientierte Wirtschaftstheorie („supply side economics"), die er der Theorie von Keynes mit ihrem starken Nachfragefokus entgegensetzte.

Wesentlich für Friedmans Theoriebildung wurde sein 1963 mit der Ökonomin Anna Schwartz verfasstes Hauptwerk über die Geschichte der Geldpolitik in den USA, „A Monetary History of the United States, 1867–1960". In dieser empirischen Langzeitbetrachtung von nahezu einhundert Jahren untersuchten beide Ökonomen die Auswirkungen der Geldmengenveränderungen auf die Konjunkturzyklen. Sie kamen zu dem Ergebnis, dass bei der Konjunkturentwicklung der Geldmengenentwicklung die entscheidende Rolle zukam. Dies traf auch auf die Entstehung der Weltwirtschaftskrise 1929 zu und lag nicht an der fehlenden staatlichen Nachfrage, wie Keynes argumentiert hatte. Ebenfalls 1963 erschien das populärwissenschaftliche Werk „Kapitalismus und Freiheit" (Capitalism and Freedom), in dem Friedman seine Philosophie und ökonomischen Kerngedanken einer breiteren Öffentlichkeit bekannt machte und verständlich darlegte. Zu seiner Bekanntheit trugen auch Fernsehsendungen mit dem Titel „Free to Choose" (frei auswählen können) bei, die er mit seiner Frau Rose gestaltete und in denen beide wirtschaftliche Sachverhalte vergleichsweise einfach vermittelten. Gleichzeitig war Friedman lange Jahre Kolumnist des auch international bekannten Magazins *Newsweek*.

Ferner war er Mitglied in vielen hochrangigen Vereinigungen nationaler und internationaler Ökonomen und Wissenschaftler wie etwa der American Academy of Arts and Sciences oder der National Academy of Sciences. 1967 war Friedman Präsident der wichtigsten Ökonomenvereinigung in den USA, der American Economic Association. Friedman beriet die US-Regierung und sorgte u. a. für die Einführung von flexiblen Wechselkursen, nachdem das Bretton-Woods-System mit festen Wechselkursen 1971 zusammenbrach.

Er war auch federführend bei der Senkung diverser Steuern und bereitete so das intellektuelle Klima vor, das dann in den 1980er-Jahren zum neoliberalen Wirtschaftsprogramm des damaligen US-Präsidenten Reagan führte. Nach seiner Emeritierung 1977 war Friedman bis zu seinem Tod im Alter von 94 Jahren an der Hoover Institution an der Stanford University tätig. Bezeichnenderweise erhielt Friedman, der sein Leben lang für die individuelle und wirtschaftliche Freiheit gekämpft hatte, 1988 von Ronald Reagan die Presidential Medal of Freedom, die bedeutendste zivile Auszeichnung der USA. Friedman mischte sich zeitlebens in die aktuelle ökonomische Debatte ein. Auch zum Euro hatte er eine klare Meinung, wenngleich keine gute – Friedman prognostizierte, dass die erste Rezession den Euro auseinanderbrechen lassen würde. 2006 starb er nach einem langen Forscherleben an Herzversagen.

Bereits in seiner Dissertation im Jahr 1941 mit dem Titel „Income from Independent Professional Practice", in der er die Einkommenserzielung freier Berufe skizzierte, erregte Friedman die Aufmerksamkeit der Fachleute. Er vertrat in diesem Werk die These, dass eine staatliche Regulierung der Zulassung zu den freien Berufen, also Ärzten, Rechtsanwälten etc. durch die Reduzierung des Angebots die Preise dieser Dienstleistungen erhöhen würde. Dies würde wiederum die Auswahl für den „Verbraucher" verringern und so zu einem deutlich schlechteren Angebot an diesen Diensten führen. Gleichzeitig minderte sich die Wohlfahrt für den einzelnen Bürger. Ferner würde der Wettbewerb unter den Vertretern der freien Berufe eingeschränkt, was wiederum zu einem höheren Einkommen der Ärzte führte. Dies könne aber nicht im Sinne der Gesellschaft und der Konsumenten sein. Dass diese Thesen vor allem unter den Lobbyisten der freien Berufe keine Begeisterungsstürme entfachten, kann man sich lebhaft vorstellen.

Einflussreiche Kreise in der Universität konnten das Erscheinen der Dissertation zwar letztlich nicht verhindern, doch deutlich verzögern. So erschien die Doktorarbeit Friedmans erst 1946, nach dem Ende des Zweiten Weltkriegs. Friedman hatte auch bei dem liberalen Ökonomen und Sozialphilosophen Frank Knight gelernt, der als eigentlicher Begründer der Chicagoer Schule gilt. Knight hatte u. a. die Lehren Carl Mengers im englischsprachigen Sprachraum bekannt gemacht und die Wirtschaftsgeschichte des großen deutschen Soziologen und Ökonomen (Abschn. 3.2) ins Englische übersetzt. Die liberalen moralphilosophischen Lehren und Schriften Mengers waren für Friedman prägend.

1953 erschien Friedmans Artikel „The Methodology of Positive Economics", hier zitiert aus den „Essays in Positive Economics", erschienen bei Chicago University Press (Friedman, 1953). In diesem bis heute am häufigsten zitierten Artikel zur Methodik der Sozialwissenschaften plädierte Friedman dafür, die auf der Empirie basierenden Forschungsmethoden der Naturwissenschaften auch auf die Sozialwissenschaften anzuwenden. Der aus Österreich stammende und an der London School of Economics lehrende Philosoph Karl Raimund Popper hatte sich in seinem Werk „Logik der Forschung" für diesen Weg stark gemacht. Die positive Ökonomie sei, so Friedman in seinem Artikel, unabhängig von einer spezifischen ethischen Position oder normativen, d. h. wertenden, Urteilen des Forschers. Sie stellt dar, „was ist", und nicht, „was sein soll". Die Ergebnisse der Forschung müssen sich an der Realität messen lassen. Die Ökonomie hat mit Menschen zu tun. Auch Forscher sind Menschen, die ihre eigenen Meinungen und Einstellungen zu bestimmten Themen mitbringen und die eine Objektivität der Forschung erschweren.

Friedman erläutert dies in seinem Artikel anhand des Beispiels Mindestlohn, „minimum wage". Während das Ziel, dass alle einen „auskömmlichen Lohn", „living wage", haben, noch vergleichsweise unumstritten ist, gehen die Meinungen der Forscher zu den Wirkungen des Mindestlohns deutlich auseinander: Befürworter des Mindestlohns prognostizieren eine generelle Erhöhung der unteren Einkommen und damit verbunden eine Reduzierung der Armut. Dabei gehen sie allerdings von gleich bleibenden Beschäftigungszahlen aus. Die Gegner, darunter Friedman, argumentieren mit einer steigenden Arbeitslosigkeit, da Arbeitsplätze für den Unternehmer teurer werden. Ein Effekt, der die positiven Wirkungen des Mindestlohns überkompensiere und so die Armut verschärfe. Ähnliche Bewertungsunterschiede wird es zwischen den Forschern auch zur Rolle der Gewerkschaften, der Preis- und Lohnkontrollen oder der Zölle geben, jeweils positiv oder negativ. Positive Ökonomie arbeitet mit einer hypothesengestützten Theorie, die bestimmte ökonomische Phänomene erklärt und die nach dem Falsifikationsprinzip Karl Raimund Poppers empirisch widerlegt werden kann. Eine Theorie gilt nur so lange als gültig, solang sie nicht widerlegt bzw. nachweislich durch eine bessere ersetzt worden ist. Experimente, die die Realität einfangen und diese Hypothesen testen, sind daher zwingend zur Theoriebildung notwendig. Handlungsbedarf sieht Friedman in der Schlussbemerkung („conclusion") seines Artikels vor allem in der Geldtheorie („The weakest and least satisfactory part of the current economic theory seems to me to be in the field of monetary dynamics …", (Friedman, 1953, S. 26). Im letzten Absatz seines bahnbrechenden Artikels weist Friedman noch einmal darauf hin, dass existierende Hypothesen getestet und neue entwickelt werden müssen

(Friedman, 1953, S. 27). Praktische Beispiele gehen vor reiner Theorie.

Ferner war Friedman der Meinung, dass Ökonomen mit der Beschreibung der bestmöglichen Handlungsalternative in konkreten wirtschaftlichen Situationen, z. B. bei Krisen, die gesellschaftliche Wohlfahrt im Auge haben müssen. Die Entscheidung über die bestmögliche wirtschaftspolitische Aktivität muss deren prognostizierte Konsequenzen abschätzen. Jede Prognose wiederum steht fest auf den Schultern einer positiven ökonomischen Analyse, d. h. einer an der Realität getesteten Hypothese. Mathematische Theorien in der Ökonomie, die keinen Beitrag zur empirischen Prüfung der Hypothesen leisten, lehnte Friedman vehement als „selbstreferenziell" ab. Sie drehten sich nur um ihr eigenes System und leisteten keinen wissenschaftlichen Fortschritt. Seine Forscherkollegen am Massachusetts Institute of Technology, die sich der Ökonomie rein mathematisch näherten, kritisierte Friedman entsprechend deutlich. Dort verkomme die Ökonomie zu einer reinen Teildisziplin der Mathematik und sei nichts anderes als eine „intellektuelle Spielerei". Allerdings war er sich auch der Grenzen seiner eigenen Methode bewusst: Hypothesen lassen sich nicht zu einhundert Prozent bestätigen. Man könne sie – so hatte auch Popper gelehrt – bestenfalls ablehnen oder eben nicht.

In seinem 1957 erschienen Werk „Theory of the Consumption Function" geht Friedman auf die Theorie des größten Ökonomen seiner Zeit, John Maynard Keynes, ein. Wie wir im Abschn. 3.4 gesehen haben, sah Keynes den Konsum der privaten Haushalte als eine vom Gesamteinkommen abhängige, aber konstante Größe. Einfach gesagt: Je mehr ich verdiene, desto mehr kann und werde ich für meinen Konsum ausgeben. Allerdings steigt der Konsum nur unterproportional: Je mehr ich verdiene, desto mehr kann ich prozentual von meinem Einkommen sparen – abgesehen davon, dass ich sukzessive mehr Luxusgüter konsumiere. Keynes hatte dabei makroökonomisch argumentiert, d. h. er hatte alle Haushalte in seiner Betrachtung zusammengefasst und ging davon aus, dass eine Erhöhung des Haushaltseinkommens im Schnitt über die gesamte Bevölkerung eine Erhöhung der Gesamtnachfrage mit sich bringe und so die Konjunktur anrege. Friedman sah dagegen den einzelnen Haushalt im Vordergrund seiner Überlegungen: Nicht das momentane Einkommen bestimme den individuellen Konsum, sondern die Erwartungen des Haushalts bezüglich seines gesamten Lebenseinkommens („permanent income hypothesis"). Dabei unterteilte Friedman das Einkommen in einen permanenten Teil und einen transitorischen – bei Gehältern könnte man an Fixum und variable Gehaltsbestandteile denken. Bin ich also ein Topverdiener und hege die sichere Erwartung, auch in den nächsten Jahren sehr gut zu verdienen, und verfüge ich bereits jetzt über ein hohes Vermögen und z. B. hohe Bildung, dann werde ich mich bei kurzfristigen Gehaltseinbrüchen oder Sonderausgaben nicht von meinem üblichen Konsumniveau abbringen lassen. Die teuren Urlaube sind dann immer noch möglich, auch wenn etwa hohe Steuernachzahlungen drohen oder die Boni in einem Jahr niedriger ausfallen.

Friedman hatte erkannt, dass die Sparrate, d. h. der nicht für den Konsum ausgegebene Teil des Einkommens, in den USA in der Zeit vor allem nach dem Zweiten Weltkrieg konstant geblieben war, obwohl die Einkommen der Haushalte im Durchschnitt deutlich gestiegen waren. Seine Überlegungen untermauerte er mit umfangreichen statistischen Daten zur Einkommensentwicklung, ganz so wie er es in seiner methodologischen Abhandlung zur positiven Ökonomie gefordert hatte. Übernimmt man aber Friedmans Idee des Einkommens über die Lebenszeit, dann werden die gleich bleibenden Sparraten erklärbar. Geht der Haushalt von gleich bleibendem Einkommen aus, dann wird er seine Konsumausgaben nicht oder nur unwesentlich steigern. Dies gelte allerdings laut Friedman nur, wenn die Individuen ihr Vermögen tatsächlich frei nutzen können, um zu konsumieren oder Güter und Dienstleistungen frei am Markt zu verkaufen. Gemäß Keynes würden bei zeitweiliger Arbeitslosigkeit oder niedriger Beschäftigung die Konsumausgaben zurückgehen.

Mit der These des permanenten Einkommens brachte Friedman die keynesianische Theorie ins Wanken. Während gemäß Keynes bei steigendem Einkommen nur unterproportional mehr ausgegeben werde und so die Sparrate steige, ginge die Gesamtnachfrage der Haushalte sukzessive zurück, und die Konjunktur werde geschwächt. Gemäß Friedman ist das nicht der Fall, weil der Haushalt kurzfristige Einkommenssteigerungen immer im Gesamtzusammenhang seines Lebenseinkommens bewertet. Die Sparquote bleibt in diesem Fall stabil. Das hat politische Konsequenzen. Keynes hatte gefordert, die durch fehlenden Konsum entstehende Nachfragelücke durch staatliche Investitionen zu kompensieren – man denke etwa an den Bau von Parks oder Schulen und Wohnungen, die zusätzliche Arbeitsplätze in der Bauwirtschaft schaffen und bei den neu eingestellten Arbeitnehmern für einen höheren Konsum sorgen. Friedman dagegen erklärte solche staatlichen Investitionen als nutzlos: Die Menschen würden in einer Rezessionsphase zwar kurzfristig weniger verdienen. Sie glauben aber an ihr Lebenseinkommen und werden den Konsum nicht wesentlich zurückfahren. Staatliche Investitionen zur Stützung der Konjunktur mit ihren positiven Rückwirkungen auf Konsum, Arbeitsplätze oder

Einkommen würden nicht wirken. Zusätzliche Einkommen würden gespart werden – da der Konsum konstant bleibt –, und die beabsichtigte Nachfrageerhöhung würde verpuffen. Einzig der Staat würde seine Schulden erhöhen, da die Investitionen kreditfinanziert wären.

1963 verfasste Friedman gemeinsam mit der Ökonomin Anna Schwartz ein großes Werk zur Geschichte des Geldes in den USA mit dem Titel „A Monetary History of the United States, 1867–1960". Den Auftrag zu der ihm zugrunde liegenden Untersuchung hatte das National Bureau of Economic Research gegeben. Ziel der Analyse sollte es sein, die Auswirkung des Geldes und der Geldpolitik auf die wirtschaftliche Entwicklung der USA zu untersuchen. In der sich über 7 Jahre hinziehenden detaillierten statistischen Analyse zur Entwicklung der Geldmenge kamen Friedman und Schwartz zu einer überraschenden Erkenntnis: Eine veränderte Geldmenge hatte große Auswirkungen auf Konjunktur und Inflation in den USA. Während Keynes klar davon ausging, dass die Geldmengenentwicklung keine große Rolle für die Konjunktur spielt, „money doesn't matter", bewiesen Friedman und Schwartz anhand der statistischen Daten das genaue Gegenteil. Eine stark steigende Geldmenge führte in der Vergangenheit zu einer deutlichen Konjunkturbelebung, aber auch zu steigender Inflation. Umgekehrt ging eine stark gesunkene Geldmenge mit einer kräftigen Konjunkturschwächung und sinkender Inflation einher.

Friedman und Schwartz erklärten die Weltwirtschaftskrise in den 1930er-Jahren vor allem mit Fehlern in der Geldpolitik durch die Federal Reserve, die Zentralbank der USA. Die Geldmenge ging vor allem in den Krisenjahren 1929 bis 1933 um mehr als ein Drittel zurück. Dadurch waren die Geschäftsbanken nicht mehr in der Lage, neue Kredite auszugeben, bestehende vorzeitig auslaufen zu lassen und generell die Kreditmenge zu kürzen.

Die Unternehmen konnten so weniger investieren, die Privatkunden weniger konsumieren. In diesem Fall, so argumentierten Friedman und Schwartz, hätte die Federal Reserve Bank den Geschäftsbanken frisches Geld zur Verfügung stellen müssen. Nachdem die Geldmenge 1933 wieder deutlich anstieg, erholten sich die Geschäftsbanken und die Konjunktur wieder. In den Krisenjahren 1937/38 verdoppelte die Federal Reserve Bank den Mindestreservesatz für die Geschäftsbanken, d. h. die prozentuale Menge an Geld, die die Geschäftsbanken zwingend bei der Zentralbank halten müssen. Dadurch wurde die Geldmenge wieder reduziert und die Konjunktur abgewürgt. Den Grund für die Krise sahen die beiden Autoren vor allem im Versagen der Federal Reserve Bank, einer staatlichen Institution, die durch ihr Eingreifen zur falschen Zeit mit den falschen Mitteln die freie Marktwirtschaft empfindlich gestört hatte. Als Rezept empfahl Friedman ein jährliches prozentuales Wachstum der Geldmenge, ausgerichtet am Wachstum des Produktionspotenzials. Die Europäische Zentralbank (EZB) beobachtet noch heute die Geldmengenentwicklung, um solche negativen Entwicklungen auf die Konjunktur, wie sie Friedman und Schwartz beschrieben, zu verhindern.

Seine Analysen zur monetären Situation der USA in den vergangenen hundert Jahren führten Friedman zu dem Schluss, dass Keynes mit seiner Vernachlässigung der Geldpolitik und insbesondere der Geldmenge absolut falsch gelegen hatte. Staatliche Investitionen, wie Keynes sie vorgeschlagen hatte, waren nicht nur sinnlos, sondern sogar kontraproduktiv: Das für die staatlichen Investitionen notwendige zusätzliche Geld müsse entweder von den privaten Haushalten in Form von höheren Steuern kommen oder den Kapitalmärkten aufgenommen werden. Im Falle von höheren Steuern würde dies den Konsum auf lange Frist eindämmen und die Konjunktur abwürgen. Höhere Staatsschulden lassen die Zinsen steigen und verringern die Investitionen der Unternehmer. Alternativ solle der Staat bzw. die Federal Reserve Bank die Geldmenge ausweiten. Denn das Sozialprodukt eines Landes sei monetär gesehen nichts anderes als die Geldmenge multipliziert mit der Umlaufgeschwindigkeit, d. h. der Häufigkeit, mit der das umlaufende Geld verwendet wird. Da die Umlaufgeschwindigkeit aber über die Jahre relativ konstant bleibe – das Verhalten der Wirtschaftsakteure sei kurzfristig stabil – bewirke eine steigende Geldmenge ein steigendes Sozialprodukt.

Friedman richtete sich auch gegen die neu entdeckten und in der Philips-Kurve veranschaulichten vermuteten Zusammenhänge zwischen Inflation und Arbeitslosigkeit: Je höher die Arbeitslosigkeit, desto niedriger die Inflation, und umgekehrt. Also könne man durch Inkaufnahme einer höheren Inflation die Arbeitslosigkeit reduzieren. Bekannt wurde in diesem Zusammenhang in den 1970er-Jahren der Spruch des ehemaligen Bundeskanzlers Helmut Schmidt: „Lieber 5 % Inflation als 5 % Arbeitslosigkeit". Friedman hielt dagegen, dass die Arbeitslosigkeit zum einen strukturell bedingt ist – die gesuchte Qualifikation passe nicht zur angebotenen, die Mobilität der Arbeitnehmer sei nicht grenzenlos, Arbeitnehmer seien kurzfristig auf Arbeitsplatzsuche etc. – und zum anderen konjunkturell. Zieht man die strukturell bedingte Arbeitslosigkeit ab, dann herrscht maximale Beschäftigung. Diese führt zu steigenden Löhnen und Preisen. Gleichzeitig setzen die Arbeitnehmer über die Gewerkschaften höhere Löhne durch, da sie die höhere Inflation ausgleichen wollen. Dadurch steigen die Reallöhne und damit die Arbeitslosigkeit. Die Arbeitslosigkeit bleibt allerdings langfristig auf Höhe der „natürlichen Rate".

Die von Keynes geforderten staatlichen Konjunkturprogramme – etwa 2008 vom damaligen US-Präsidenten

Barack Obama in der Finanzmarktkrise massiv betrieben – lehnte Friedman vehement ab. Nicht die private Marktwirtschaft sorge für Instabilitäten der Konjunktur, sondern Staat oder Zentralbank mit ihren Eingriffen. Stattdessen solle die Geldmenge gleichmäßig, gebunden an bestimmten Produktivitätskennziffern, wachsen, um sowohl den privaten Haushalten als auch den Unternehmen eine stabile Planungsgrundlage zu geben und kurzfristige Spekulationen und damit einhergehende Verhaltensänderungen zu unterbinden.

In den folgenden Jahrzehnten wird Friedman immer wieder seine Thesen zur Freiheit des Einzelnen und zur Marktwirtschaft formulieren und einer möglichst breiten Öffentlichkeit näherbringen: Friedman war überzeugt, dass die freie Marktwirtschaft das wesentliche Mittel zur Erzielung individueller Freiheit darstellt. Ihm zufolge ist die freie Marktwirtschaft, frei von staatlichen Eingriffen, die effizienteste Wirtschaftsform. Sie repräsentiert die ihm wichtigen Werte Wahlfreiheit, Herausforderung und Risiko. Dem Staat weist Friedman nur wenige Aufgaben zu, wie etwa den Schutz des Privateigentums, die Verteidigung des Landes, den Schutz der Ärmsten vor Hunger und Not.

In seinem 1963 erschienen Werk „Capitalism and Freedom", in deutscher Übersetzung „Kapitalismus und Freiheit" (Friedman, 2016), legt Friedman seine ökonomische Philosophie ausführlich dar. Er ist der festen Überzeugung, dass wirtschaftliche und politische Freiheit zusammengehören: „Ökonomische Einrichtungen spielen eine doppelte Rolle bei der Erreichung der freien Gesellschaft. Auf der einen Seite wird die Freiheit bei wirtschaftlichen Vereinbarungen selbst als eine Komponente der Freiheit verstanden, sodass wirtschaftliche Freiheit bereits ein Ziel für sich darstellt. Zum Zweiten ist die wirtschaftliche Freiheit ein unverzichtbarer Bestandteil bei der

Erreichung politischer Freiheit." (Friedman, 2016, S. 30). Friedman sieht die Freiheit des Individuums als höchstes Gut und als oberste Zielsetzung der Gesellschaft an. Die einzige Form der Wirtschaft, diese Freiheit zu sichern, ist die „freie, auf privatem Unternehmertum basierende Marktwirtschaft" (Friedman, 2016, S. 36).

Friedman vergleicht die Rolle der Regierung eines Staates mit der Rolle des „Spielleiters und Schiedsrichters": Die Regierung stellt die Spielregeln für die Wirtschaft auf und achtet als Schiedsrichter auf deren Einhaltung. Darüber hinaus sichert der Staat das Eigentumsrecht und setzt den rechtlichen Rahmen, in dem sich seine Bürger bewegen. Die Regierung ist ebenfalls für das Geldwesen verantwortlich. Friedman fasst ihre Rolle folgendermaßen zusammen: „Die Organisation des Wirtschaftslebens durch freiwilligen Austausch setzt voraus, dass wir über die Instanz der Regierung die Voraussetzungen für die Aufrechterhaltung von Ruhe und Ordnung geschaffen haben." Da der freie und ungehinderte Wettbewerb ein wesentliches Element der freien Marktwirtschaft darstellt, ist dieser unter allen Umständen aufrechtzuerhalten. Kollektive Absprachen von Unternehmen oder Monopolbildungen, bei denen ein Anbieter den Markt beherrscht, sind zu unterbinden. Der Staat ist gefordert, diese Monopole erst gar nicht zuzulassen. Eingreifen des Staates aus „paternalistischen Gründen", d. h. aus falsch verstandener „väterlicher" – lat. *pater*, Vater – aus Sorge um den Bürger, ist gemäß Friedman nur in Ausnahmefälle erlaubt, etwa um Eigentumsrechte zu sichern. Nicht erlaubt sind u. a. Preissubventionen in der Landwirtschaft, Importsteuern oder Importkontingente, staatliche Produktionsüberwachung, Mietkontrollen – man könnte hier aktuell an die „Mietpreisbremse" denken –, gesetzlich fixierte Mindestlöhne, Kontrolle von Radio und Fernsehen, subventionierte Wohnungsbauprojekte, gebührenpflichtige Straßen und sogar die Wehrpflicht und die Pensions- und Rentenprogramme, die bei einer staatlichen Gesellschaft gekauft werden müssen (vgl. Friedman, 2016, S. 59 f.).

Zur Geldpolitik der Federal Reserve Bank hat Friedman eine klare Meinung: Wie er bereits in seinem Werk über die Geschichte des Geldes in den USA festgestellt hatte, war die abnehmende Geldmenge hauptverantwortlich für die Rezessionen der letzten Jahrzehnte gewesen. Die Verantwortung für die Steuerung der Geldmenge unterliegt aber wenigen Menschen, in diesem Fall nur Männern, bei der Federal Reserve Bank. Dies sei ein klarer Fehler des Systems: „Jedes System, das so viel Macht und so viele Entscheidungen in die Hände weniger Männer legt, dass Fehler – entschuldbar oder nicht – solche weitreichenden Folgen haben können, ist ein schlechtes System." (Friedman, 2016, S. 74). Friedman zitiert den französischen Staatsmann Georges Clemenceau mit den Worten: „Geld ist eine zu ernste Angelegenheit, als dass man es den Herren von der Zentralbank anvertrauen könnte." (Friedman, 2016, S. 74). Anstelle dieser Autoritäten in der Federal Reserve Bank setzt Friedman lieber auf gesetzliche Regeln wie etwa die klare Festlegung der Wachstumsrate der vorhandenen Geldmenge.

Es ist für Friedman offensichtlich, dass die freie Marktwirtschaft auch durch einen freien internationalen Handel am besten gedeihen kann. Daher sollten alle möglichen Arten der Handelsbeschränkungen abgeschafft bzw. reduziert werden. Ausnahmen seien aus politischen wie militärischen Gründen möglich, wie etwa das Verkaufsverbot von strategisch wichtigen Gütern an kommunistische Länder. Interessant ist in diesem Zusammenhang, wie Friedman Handelsbarrieren wie Zölle einschätzt, was in der aktuellen Situation wieder von hoher Bedeutung ist: „Unsere Zölle schaden uns ebenso wie den anderen Ländern. Wir hätten mehr davon, wenn wir ohne Zölle arbeiteten, selbst wenn andere Länder das nicht täten." (Friedman, 2016, S. 96). Dabei setzt er vor allem auf flexible Wechselkurse, da diese „durch private Transaktionen ohne Regierungsinterventionen bestimmt werden" (Friedman, 2016, S. 90).

Die Finanzpolitik des Staates im Sinne von staatlichen Investitionsprogrammen sieht Friedman in der Summe sehr kritisch. Man könne zwar gesetzliche Regeln festlegen wie etwa die Planung von Ausgabenprogrammen auf Basis von gewünschten staatlichen Leistungen seitens des Bürgers. Aber generell gilt für Friedman: „In der Finanz- und der Geldpolitik – alle politischen Erwägungen einmal zur Seite gestellt – wissen wir einfach nicht genug, um gewollte, absichtliche, wohlüberlegte Veränderungen in der Besteuerung oder den Ausgaben als wirksame Stabilisierungsmechanismen benutzen zu können. Wenn wir es dennoch versuchen, können wir fast sicher sein, die Dinge noch schlimmer zu machen." (Friedman, 2016, S. 102). Friedman äußert sich sogar zur Rolle des Staates im Erziehungswesen, das die Kinder zu mündigen Staatsbürgern erziehen soll. Dabei kann die „Erziehungsdienstleistung" auch von privaten, gewinnorientierten Anbietern geleistet werden. Der Staat hätte dabei lediglich die Aufgabe, einen Mindeststandard in Form eines Mindestkatalogs an Lehrstoff zu definieren. Aus dem Angebot staatlicher und freier Schulen könnten sich die Eltern dann für ihre Kinder die bestmögliche heraussuchen. „Eltern, die sich dazu entschließen, ihre Kinder auf private Schulen zu schicken, erhalten dann eine Summe, die etwa den Kosten entspricht, die ein Ausbildungsplatz in einer staatlichen Schule verursacht, unter der Voraussetzung, dass zumindest diese Summe für die Erziehung an einer anerkannten Schule ausgegeben wird." (Friedman, 2016, S. 117). Diese sogenannten „Bildungsgutscheine" sind ein berühmter Punkt von Friedman geworden, der später immer wieder zitiert wurde. Das gleiche Prinzip gelte auch für Universitäten staatliche und privat (hier: Stipendien) oder für die berufliche Bildung.

In den folgenden Kapiteln von „Capitalism and Freedom" geht Friedman u. a. noch einmal ausführlich auf Monopole ein und darauf, wie sie entstehen und wie der Staat sie verhindern solle. Er setzt sich für die freie Berufswahl ein und spricht sich gegen Lizenzen aus, wie er es schon in seiner Dissertation über die Zulassung zu den freien Berufe tat. So greife der Staat über die Zulassung der Mediziner in die freie Berufswahl ein – man könnte sich das Beispiel auch anhand des Numerus clausus für Medizinstudienplätze überlegen – und reduziert das Angebot an kompetenten Ärzten, verringert die Versorgung und verteuert die Behandlungen.

Im zehnten Kapitel setzt Friedman sich mit der Frage der Einkommensverteilung auseinander. Er vergleicht zur Veranschaulichung das Leben mit einer Lotterie, in der jeder Mensch über ein gleiches Anfangskapital verfügt. Dabei haben alle die gleichen Chancen, nur setzt jeder unterschiedliche Beträge. Da alle auf unterschiedliche Zahlen setzen und einen unterschiedlichen Einsatz zahlen, gewinnen sie auch unterschiedlich. Würde man nach dem Spiel die anfängliche Gleichheit wiederherstellen wollen, gliche dies einem Verbot der Teilnahme an der Lotterie. Die Wiederherstellung der Gleichheit wäre dann u. a. durch eine progressive Besteuerung möglich. Aus heutiger Sicht würde man noch ergänzen wollen: Vermögenssteuer, Erbschaftssteuer etc. Dazu stellt Friedman unmissverständlich fest: „Ich bezweifle nicht, dass diese Ansicht ein Stück Wahrheit enthält. Sie kann jedoch schwerlich als Rechtfertigung der gegenwärtigen Besteuerung herangezogen werden, wenn auch nur, weil die Steuern erst erhoben werden, *nachdem* [Hervorhebung im Original] allgemein bekannt ist, wer die Preise in der Lebenslotterie gewonnen hat und wer leer ausging, und weil zumeist diejenigen über die Steuern bestimmen, die meinen, sie wären leer ausgegangen. Aufgrund dieser Überlegungen wäre es vielleicht erwägenswert, eine Generation per Abstimmung die Steuerbestimmungen für die noch ungeborene kommende Generation aufstellen zu lassen." (Friedman, 2016, S. 195).

Das Einkommen solle gemäß Friedman nach Leistungsgesichtspunkten verteilt werden. Dies sei Aufgabe des Marktes. Staatliche Maßnahmen zur Einkommensverteilung sieht Friedman kritisch. So seien die progressive Einkommenssteuer und die Erbschaftssteuer zwar einerseits geeignet, die Gleichheit zu verbessern. Auf der anderen Seite kennen vor allem vermögende Steuerpflichtige genügend „Notausgänge" der Steuervermeidung wie Abschreibungen, steuerliche Absetzbarkeiten, Steuerfreiheiten etc., die sie konsequent nutzten. Je nach Nutzungsgrad der Steuerumgehung zahlten Bürger des gleichen Einkommensniveaus unterschiedliche Steuern, was die Ungleichheit eher erhöht. Stattdessen schlägt Friedman einen „gleich bleibend proportionalen Steuersatz von 23,5 % auf das versteuerte Einkommen vor" (Friedman, 2016, S. 208), was Steuervermeidungen und gar Steuerflucht verhindern helfe und in etwa die gleichen Staatseinnahmen erbringe wie progressive Steuern.

Was Sozial- und Wohlfahrtsmaßnahmen anbelangt, so spricht sich Friedman eher gegen den öffentlichen Wohnungsbau aus. Stattdessen sollten die einkommensschwachen Familien eher eine finanzielle Unterstützung erhalten, wobei sie frei in der Auswahl ihrer Wohnungen sind und nicht alle in der gleichen Gegend wohnen, um so der Gettoisierung der Städte entgegenzuwirken. Den staatlich festgelegten Mindestlohn lehnt Friedman genauso ab wie Agrarsubventionen, da man sonst in das freie Markt-geschehen eingreife und z. B. im Fall der Mindestlöhne die Arbeitsplätze verteuere und so Arbeitsplätze gefährde. Die Bekämpfung der Armut sei aus Sicht von Friedman vor allem durch zwei Maßnahmen zu erreichen: einer-seits durch private Wohltätigkeit in Form von Spenden, Almosen von vermögenden Privatbürgern, andererseits über Negativsteuern, d. h. staatliche Zuwendungen bei Verrechnung des Steuerfreibetrags. Wesentlich dabei ist, dass Friedman ganz im liberalen Sinn vor allem auf die privaten bürgerlichen Initiativen setzt und nicht auf den Staat. Auf den letzten Seiten seines Werkes „Kapitalismus und Freiheit" unterstreicht Friedman noch einmal, worauf es ihm im Wesentlichen ankommt, auf die liberale Philo-sophie: „Das Fundament der liberalen Philosophie ist der Glaube an die Würde des Einzelnen, an seine Freiheit zur Verwirklichung seiner Möglichkeiten in Übereinstimmung mit seinen persönlichen Fähigkeiten mit der einzigen Ein-schränkung, dass er nicht die Freiheit anderer Personen beschränke, das Gleiche zu tun." (Friedman, 2016, S. 232).

Friedman hat sein Leben lang für seine freiheit-liche Auffassung vor allem in ökonomischen Fragen gekämpft. Er nutzte dazu viele Foren, war nicht nur akademisch, sondern auch populärwissenschaftlich im Fernsehen tätig. Er war ein streitbarer Liberaler, der sich mit seinen radikalen Auffassungen nicht nur Freunde machte. Deutlich wurde dies vor allem 1976 bei der Ver-leihung des Alfred-Nobel-Gedächtnispreises für Wirt-schaftswissenschaften, gestiftet von der Schwedischen Reichsbank. Tausende demonstrierten gegen diese Ver-leihung, weil Friedman mit seinen Ideen einflussreiche Schüler („Chicago Boys") ausgebildet hatte, die in den 1970er-Jahren u. a. Chiles Diktator, Augusto Pinochet, in der Wirtschaftspolitik berieten und ihre liberalen

Ideen umsetzen wollten. Wiewohl Friedman nicht mit dem diktatorischen Regime Pinochets liebäugelte, waren die von seinen Schülern vorgeschlagenen liberalen Wirtschaftsreformen ganz in seinem Sinne. Anfang der 1980er-Jahre wurde Friedman dann selbst Wirtschaftsberater von US-Präsident Ronald Reagan und konnte seine liberalen Ideen in die Praxis umsetzen. Unvergessen sind die Diskussionen um niedrigere Steuern, reduzierte Staatsausgaben und einen verstärkten Wettbewerb, einhergehend mit Privatisierungen. Diese Ideen schwappten zeitgleich mit der Regierung Margaret Thatchers über nach Europa und begründeten die neoliberale Wirtschaftsform. Unabhängig davon was man von den Ideen Friedmans halten mag, ist eines sicher: Milton Friedman war einer der einflussreichsten Ökonomen des 20. Jahrhunderts, dessen Ideen die Wirtschaftsaktivitäten mehr geprägt haben als je zuvor. Eine Variante der liberalen Wirtschaftsauffassung vertraten vor allem in Deutschland die sogenannten Ordoliberalen. Ihnen wollen wir uns nun widmen.

3.6 Die Ordoliberalen

Wie wir an den Beispielen der bedeutendsten Ökonomen des 20. Jahrhunderts, John Maynard Keynes und Milton Friedman, gesehen haben, streiten sich die Geister, welchen Einfluss der Staat auf das Wirtschaftsgeschehen nehmen sollte. Einerseits haben wir ausführlich die Sicht von Keynes gehört, der der Meinung war, unfreiwillige Arbeitslosigkeit im Gleichgewicht sei durch gezielte staatliche Investitionen zu reduzieren. Andererseits sah Friedman in Staatseingriffen jeglicher Art ein „Teufelswerk", das um jeden Preis zu verhindern sei. Auch in Deutschland wurde nach dem Zweiten Weltkrieg intensiv über eine neue Wirtschaftsordnung nachgedacht, die aus den Erfahrungen der letzten Jahrzehnte gespeist wurde. Einerseits hatte man mit Adam Smith die klassische liberale Position im Kopf und kannte die negativen Folgen eines zu laxen „Laissez-faire-Liberalismus". Andererseits waren die Auswüchse des Staatsinterventionismus à la Sowjetunion und Nationalsozialismus in der Wirtschaft noch zu prägend, als dass man dieses Modell übernehmen wollte. Einflussreiche Ökonomen der frühen Nachkriegs-zeit wie Walter Eucken, Franz Böhm und Leonhard Miksch, die alle in Freiburg lehrten – daher auch der Begriff „Freiburger Schule" –, ersannen daher einen Mittelweg zwischen diesen beiden extremen Positionen der Wirtschaftsgestaltung, der liberale Positionen mit einem staatlich orientierten Ordnungsrahmen kombinierte. Diese Kombination der Wirtschaftselemente wurde in Anlehnung an die 1950 gegründete Zeitschrift *ORDO – Jahrbuch für die Ordnung von Wirtschaft und Gesellschaft* Ordoliberalismus (lat. ordo, für „Ordnung") genannt.

Kernpunkte dieser neuen wirtschaftlichen Konzeption waren vor allem ein vom Staat zu schaffender Ordnungs-rahmen für eine grundsätzlich marktwirtschaftliche Wirtschaftsordnung. Konkret bedeutete die Idee des Ordoliberalismus (vgl. Braunberger, 2008), dass der Staat die Freiheit des Bürgers auf dem Markt und den öko-nomischen Wettbewerb zu gewährleisten hat. Der Staat sei dabei lediglich für den Rahmen, für die Ordnung der Wirtschaft und die Aufrechterhaltung des Wett-bewerbs verantwortlich. Aus dem Wirtschaftsablauf als solchem habe der Staat sich tunlichst herauszuhalten. So solle ein funktionsfähiges System freier Preise auf einem Markt vorherrschen, der durch vollkommene Konkurrenz gekennzeichnet ist, wo also möglichst viele Anbieter und Nachfragen auftreten, die sich gegenseitig Konkurrenz

machen. Alles, was das freie Spiel der Marktkräfte ein-
schränkt, wie etwa Mono- oder Oligopole, sollte ver-
mieden werden. Im Falle eines Monopols habe der Staat
einzugreifen und die Wettbewerbssituation wiederherzu-
stellen. Es solle ein freier Zugang zu den Märkten möglich
sein, es dominiere das Privateigentum an Produktionsmitteln und die Vertragsfreiheit der handelnden Parteien
untereinander.

Jeder Unternehmer sei für sein Handeln selbst verantwortlich, hafte aber auch im Fall eines Schadens – man
denke in diesem Zusammenhang an die „Sozialisierung
der Schulden" im Rahmen der Bankenrettung. Zudem
solle der Staat sicherstellen, dass der Geldwert stabil bleibt.
Allgemein müsse der Staat in seinem Handeln einschätz-
bar und nachvollziehbar bleiben. Daher sei auch eine
langfristig angelegte, konstante Wirtschaftspolitik Teil des
ordoliberalen Konzepts. Im Laufe der Zeit haben sich die
verschiedenen Vertreter des Ordoliberalismus über die
Weiterentwicklung dieser Kernideen Gedanken gemacht
und diese entsprechend angepasst. Die Entstehung der
die Bundesrepublik der Nachkriegsjahre und bis heute
prägenden Wirtschaftsform der *Sozialen Marktwirtschaft*
war ohne das Theoriegebäude des Ordoliberalismus nicht
möglich. Daher wollen wir in aller Kürze dessen wichtigste
Vertreter und ihre wesentlichen Ideen skizzieren. Wir
beginnen mit einem Mann, der als Begründer der Freiburger Schule und des Ordoliberalismus insgesamt gilt:
Walter Eucken.

Walter Eucken (vgl. Janssen, 2009, S. 187 ff.; Braunberger, 2015b, S. 63 ff.; Oswalt, 1996, S. 195 ff.; Lenel,
1989, S. 292 ff.; Gerken, 2000) wurde 1891 als Sohn
des Philosophen und Literatur-Nobelpreisträgers Rudolf
Eucken und von dessen Frau Irene, einer Malerin, in
Jena geboren. Er studierte in Kiel, Bonn und Jena einen

breiten Fächerkanon, bestehend aus Geschichte, Nationalökonomie, Staats- und Rechtswissenschaft. 1913 schloss
er sein Studium mit einer Doktorarbeit beim Nationalökonomen Hermann Schumacher ab, bei dem er nach
seinem Militärdienst im Ersten Weltkrieg als Assistent an
der Friedrich-Wilhelms-Universität, ab 1949 umbenannt
in Humboldt-Universität, tätig war. Eucken habilitierte
sich 1921 in Berlin, war bis 1925 Privatdozent und
wurde im gleichen Jahr auf einen Lehrstuhl an die Universität in Tübingen und ab 1927 an die Universität Freiburg berufen. Dort war Eucken bis zu seinem Tod im
Jahr 1950 – er starb auf einer Vortragsreise in London
mit nicht einmal 60 Jahren – tätig. Er war Mitbegründer
der Freiburger Schule, die sich Anfang der 1930er-
Jahre formiert hatte. 1933 wurde der Philosoph Martin
Heidegger für kurze Zeit Rektor der Freiburger Universität
und führte dort die nationalsozialistische Universitäts-
verfassung ein. Eucken, mit einer „assimilierten Jüdin"
verheiratet, machte aus seiner Abneigung gegen den
Nationalsozialismus keinen Hehl und bezog offen Stellung
gegen Heidegger und den Nationalsozialismus. Er hielt
sogar eine Vorlesungsreihe, in der er sich für die Freiheit
des Denkens einsetzte.

Im Geheimen traf Eucken sich mit befreundeten
Wissenschaftlern wie u. a. dem Soziologen Alexander
Rüstow oder dem Ökonomen Wilhelm Röpke. Sie diskutierten über den Neuaufbau von Wirtschaft und
Gesellschaft nach dem Krieg und dem erhofften
Zusammenbruch des verhassten Nationalsozialismus.
Eucken wurde mehrfach von der Gestapo verhört. Man
konnte ihm aber keine „verdächtigen Umtriebe" nachweisen, und folglich wurde er nicht inhaftiert. Nach 1945
beriet er die französische und US-amerikanische Militärregierung als Mitglied der wissenschaftlichen Beiräte des
neu geschaffenen Wirtschaftsministeriums in Bonn und

konnte dabei seine Ideen der politischen Praxis nahebringen. Eucken war ein reger Geist, ein angesagter Intellektueller seiner Zeit und hatte intensiven Umgang mit Geistesgrößen seiner Zeit, so u. a. mit Friedrich August Hayek, dem Physiker Werner Heisenberg, dem Maler August Macke, aber auch mit so berühmten Philosophen wie Karl Popper und vor allem mit seinem Freund Edmund Husserl, dem „Vater" der Phänomenologie, einer neuen Denkrichtung innerhalb der Philosophie.

Eucken ging es in seinem wissenschaftlichen Werk – seine bedeutendsten Werke waren die „Grundlagen der Nationalökonomie" und die posthum herausgegebenen „Grundsätze der Wirtschaftspolitik" – vor allem um die Vereinbarkeit marktwirtschaftlicher Elemente mit einer staatlichen Ordnungsfunktion. In einem Grundsatzpapier von 1946 erkannte Eucken bereits klar, dass seiner Meinung nach sowohl die Methoden der nationalsozialistischen Zentralverwaltungswirtschaft als auch die der freien Marktwirtschaft in Reinform gescheitert waren. Ihm schwebte stattdessen eine Wirtschaftsordnung vor, bei der der Staat die Wirtschaftsordnung und die Rahmenbedingungen setzt, sich aber ansonsten aus dem aktuellen Wirtschaftsgeschehen heraushält. Der Staat solle dafür sorgen, dass ein vollständiger Wettbewerb existiert, wirtschaftliche Machtansammlungen erst gar nicht möglich sind und das Spiel aus Angebot und Nachfrage bei freien Preisen ungehindert seinen Lauf nehmen kann. Eucken setzte sich auch für den freien Welthandel ein, der gerade nach dem verheerenden Krieg wieder zu Wohlstand verhelfen, aber auch zur Friedenssicherung beitragen sollte.

Eine Kartellbildung sei ebenso zu verhindern wie der Aufbau von Mono- und Oligopolen. In der Wirtschaftspolitik forderte Eucken eine stärkere Unterstützung von kleineren und mittleren Betrieben. In seinem Bestreben, das Ideal der vollkommenen Konkurrenz zu schaffen, lehnte er selbstverständlich Verstaatlichungen und jegliche Arten der Abschaffung des Privateigentums ab. Ebenso wenig wollte er eine zentrale Steuerung der Wirtschaft zulassen, die seiner Meinung nach schon zuzeiten des Nationalsozialismus gescheitert war. In seiner Vorstellung, die vor allem ethisch geprägt war, verfügt der Mensch über einen freien Willen und kann seinen Ordnungsrahmen, den Staat, aber auch die Wirtschaft nach seinen Vorstellungen frei gestalten. Mit seinem Gedankengut, das er mit anderen befreundeten Wissenschaftlern austauschte, setzte er die intellektuellen Meilensteine für den Weg in die Nachkriegszeit und die neue Wirtschaftsordnung in Deutschland.

Alfred Müller-Armack und Ludwig Erhard

Alfred Müller-Armack ist in der Ökonomenzunft heute bei Weitem nicht so bekannt wie die bisher porträtierten Vordenker der Wirtschaft. Kaum einer weiß, dass dieser vermeintlich unscheinbare Hochschulprofessor Namensgeber der „Sozialen Marktwirtschaft" wurde, die in den Jahren nach dem Krieg Grundlage des beispiellosen ökonomischen Wiederaufstiegs Deutschlands war. Es wird kolportiert, dass Alfred Müller-Armack den Begriff während eines Klosteraufenthalts prägte: ein Mittelding aus der zentralen Verwaltungswirtschaft der Nationalsozialisten und der freien Marktwirtschaft. Er legte großen Wert darauf, das Attribut „sozial" in Verwendung mit der Marktwirtschaft immer mit einem Großbuchstaben zu versehen: die *Soziale Marktwirtschaft*.

Alfred August Arnold Müller, wie er richtig hieß, wurde 1901 in Essen als Sohn eines Betriebsleiters der Firma Krupp geboren (vgl. im Folgenden u. a. Lingen, 2019). Später nahm er den Geburtsnamen seiner Mutter an und veröffentlichte ab 1929 unter dem Doppelnamen

Müller-Armack. Nach dem Abitur studierte Müller-Armack in Gießen, Freiburg, München und Köln Nationalökonomie mit den Schwerpunkten Staatswissenschaften, Wirtschaftsgeschichte und Sozialwissenschaften. Im Eigenstudium befasste er sich ebenso eingehend mit philosophischen und juristischen Fragestellungen. 1923 wurde Müller-Armack mit einer Arbeit über das Krisenproblem in der theoretischen Sozialökonomik in Köln promoviert. Dabei beschäftigte er sich vor allem mit der Entstehung und Überwindung von ökonomischen Krisen und wählte dabei einen interdisziplinären Ansatz aus Soziologie und Ökonomie. 1926 folgte die Habilitation über die ökonomische Theorie der Konjunkturpolitik. Müller-Armack beschäftigte sich intensiv mit den geistigen Strömungen seiner Zeit, vor allem mit den Themen der Soziologie, Theologie, Philosophie und natürlich der Ökonomie. Gerade die sich mit dem Wesen des Menschen beschäftigten Philosophen wie Max Scheler, Helmuth Plessner und Nicolai Hartmann beeinflussten sein Denken ebenso wie Max Weber, Werner Sombart, Ferdinand Tönnies und andere große Soziologen.

Müller-Armack wurde Dozent und ab 1934 mit nur 33 Jahren außerordentlicher Professor, damals der jüngste in Deutschland. 1938 wechselte er an die Universität Münster und erhielt 1940 einen Lehrstuhl für Nationalökonomie und Kultursoziologie mit Schwerpunkt Religionssoziologie. (Max Weber lässt grüßen.) Ab 1950 lehrte und forschte er wieder an der Universität Köln, an der er auch Leiter des Instituts für angewandte Forschung und des Instituts für Wirtschaftspolitik war. Kritisch wird seine Zeit während des Nationalsozialismus diskutiert: Einerseits tritt Müller-Armack bereits 1933 in die NSDAP ein und schreibt ein Buch über „Staatsidee und Wirtschaftsordnung im neuen Reich", das als regimebefürwortend bewertet wurde. Andererseits belegen seriöse

Quellen, dass man an seinem nationalsozialistischen
Engagement zweifelte. Nach dem Ende des Krieges und
des Nationalsozialismus machte Müller-Armack sich
daran, eine neue Wirtschaftsordnung zu konzipieren, die
die Elemente einer freien Marktwirtschaft mit der christlichen Sozialethik verbinden sollte. Ähnlich wie die Freiburger Schule sollte der Staat den Rahmen schaffen und
den Wettbewerb sicherstellen, damit das freie Spiel der
Marktkräfte gewährleistet ist. Nur im Ausnahmefall waren
Staatseingriffe zur Korrektur wirtschaftspolitischer Fehlentwicklungen erlaubt.

Nach dem Zweiten Weltkrieg trat Müller-Armack der
CDU bei. 1947 erschien sein bedeutendstes Werk, das
die theoretischen Grundlagen der Sozialen Marktwirtschaft legen sollte: „Wirtschaftslenkung und Marktwirtschaft". Ludwig Erhard, der Wirtschaftsminister, spätere
Kanzler und „Vater des Wirtschaftswunders" las es mit
Begeisterung. 1948 wurde Müller-Armack in den Wissenschaftlichen Beirat des Vereinigten Wirtschaftsgebiets der
„Westzonen", also der britischen, US-amerikanischen
und französischen Besatzungszone, gewählt. 1952 holt
Wirtschaftsminister Ludwig Erhard Müller-Armack in
sein Ministerium und betraut ihn mit der Leitung der
Abteilung Wirtschaftspolitik. Er wird der wichtigste Mitarbeiter und enger Vertrauter Ludwig Erhards und hat
damit die Gelegenheit, seine theoretischen Ausführungen
in „Wirtschaftslenkung und Marktwirtschaft" in der
ökonomischen Praxis umzusetzen. 1958 wird Müller-
Armack Staatssekretär für Europäische Angelegenheiten
im Wirtschaftsministerium und gleichzeitig Mitglied
des Verwaltungsrates der Europäischen Investitionsbank.
Nach dem Regierungswechsel 1963 verließ er das Amt
des Staatssekretärs und übernahm wieder als Honorarprofessor seine Lehrtätigkeiten an der Universität Köln.
Er übernahm noch zahlreiche Ehrenämter wie u. a. die

Leitung der Konrad-Adenauer-Stiftung und – 2 Monate nach Erhards Tod – auch den Vorsitz der neu gegründeten Ludwig-Erhard-Stiftung. Nach seiner Emeritierung 1970 waren ihm noch 8 produktive Jahre vergönnt. Müller-Armack starb nach kurzer, schwerer Krankheit 1978 in Köln.

Das bedeutendste Werk Müller-Armacks „*Wirtschaftslenkung und Marktwirtschaft*" (Müller-Armack, 1990) soll hier im Zentrum der Überlegungen stehen. Mit ihm hat Müller-Armack die geistigen Grundlagen der Erfolgsformel Soziale Marktwirtschaft gelegt. Ausgangssituation der neu zu konzipierenden Wirtschaftsordnung war die unter den Nationalsozialisten vorherrschende Wirtschaftsform der staatlichen Wirtschaftslenkung. Daher beschrieb Müller-Armack diese Struktur der Wirtschaft in seinen Ausprägungen, Vor- und Nachteilen. Zunächst charakterisierte er die Wirtschaftslenkung der Nationalsozialisten in Deutschland: „An die Stelle der Lenkung des Wirtschaftsablaufs durch den Marktprozess tritt eine zentrale Lenkung, wobei, wie im Falle der deutschen Wirtschaftslenkung, die einzelnen Betriebe in erster Linie private Erwerbsbetriebe sind. Insofern hält die Wirtschaftslenkung eine klare Grenze gegenüber der Vollverstaatlichung der Produktionsmittel ein." (Müller-Armack, 1990, S. 16).

Er konkretisierte die Wirtschaftslenkung: „Die Preise, Löhne, Kurse und Zinssätze unterlagen einer straffen Festlegung, während auf der anderen Seite der Staat zugunsten des allgemeinen Aufwandes Investitionen durch eine expansive Kredit- und Geldpolitik finanziert." (Müller-Armack, 1990, S. 17). Die Wirtschaftslenkung sei gekennzeichnet durch eine „gütermäßige Zuteilung durch Kontingente, Rationierungen, Dringlichkeitsstufen, Investitionsverbote, Emissionssperren und im sozialen Bereich die Zuweisung von Arbeitskräften beziehungsweise die Verhinderung des Arbeitsplatzwechsels" (Müller-Armack, 1990, S. 18). Die zentrale Lenkung von Preisen und Mengen beseitigt die Autonomie des Konsumenten, er kann nicht frei über seine Konsumentscheidungen, Ersparnisse und Kapitalbildung entscheiden. Bedarf und Produktion seien entkoppelt, da die gelenkte Wirtschaft auch mit Preisstopps regiere und die Lenkungsfunktion verloren ginge. Der Unternehmer sei durch die Festlegung des Preises, den Lohnstopp und die Einkauf- und Absatzkontingentierung in seiner unternehmerischen Freiheit beschnitten und könne nicht planen, investieren und Gewinne erzielen, wie er wolle, „… denn es sind dem betrieblichen Gewinnstreben ja gerade jene Handlungsfreiheiten genommen …" (Müller-Armack, 1990 S. 28). Gleichzeitig fehle der Anreiz zur Innovation und zur profitablen Weiterentwicklung des Betriebs. Die Bedürfnisse des Konsumenten schimmerten nicht mehr durch, die Knappheit der wirtschaftlichen Güter wird nicht mehr angezeigt. Der „schöpferische" Unternehmer (sicher im Sinne Schumpeters gemeint; Abschn. 3.2) ist nicht mehr gefordert.

Der Außenhandel wurde ebenfalls staatliche gelenkt bzw. kontrolliert durch Ein- und Ausfuhrbeschränkungen, Außenhandelsmonopole, Kursfixierung und Devisenzwangsbewirtschaftung (Müller-Armack, 1990, S. 42). Auch der technische Fortschritt war aufgrund der mangelnden Gewinnerzielungsmotivation nicht zu erreichen bzw. wurde auf „kriegswichtige" Bereiche begrenzt. Sogar unrentable Produktionen wurden staatlich subventioniert und damit erst möglich gemacht. Müller-Armack resümiert: „Der Anspruch der Wirtschaftslenkung, das schlechthin überlegene Wirtschaftssystem zu sein, kann nach alledem nicht akzeptiert werden." (Müller-Armack, 1990, S. 62). Doch was sollte an die Stelle der staatlichen gelenkten Wirtschaft treten? Er setzte sich für eine „gesteuerte Marktwirtschaft" zwischen den Polen der liberalen Marktwirtschaft einerseits und der Wirtschaftslenkung andererseits ein. Im zweiten Teil seines grundlegenden Werkes beschreibt Müller-Armack ausführlich, wie er sich die gesteuerte Marktwirtschaft, die „Soziale Marktwirtschaft", vorstellt.

Zunächst stellt Müller-Armack die Marktwirtschaft in ihrer Reinform vor. Die Marktwirtschaft sei die „strenge Hinordnung aller Wirtschaftsvorgänge auf den Konsum, der über seine in Preisen ausgedrückte Wertschätzungen der Produktionsbewegung die bestimmenden Signale erteilt" (Müller-Armack, 1990, S. 78). Das heißt nicht nur freie Preisbildung, sondern auch freie Entscheidung über die Produktionsmengen und die Geldversorgung. Der freie Wettbewerb sorge für den Wettstreit der besten Anbieter und verhindere Monopole. Konsumentenwünsche und deren Bedürfnisse werden so besser berücksichtigt. Müller-Armack charakterisiert die liberale Marktwirtschaft: „So begnügte man sich im Wesentlichen damit, für innere Gewerbe- und Verkehrsfreiheit einzutreten und den Staatseinfluss aus dem internationalen Austausch und der Währungspolitik auszuschalten. Freihandel und automatische Goldwährung, Gewerbefreiheit und innere Freiheit der Wirtschaftsgebiete, dazu die Schaffung eines formalrationalen, inhaltlich neutralen Marktrechtes ..." (Müller-Armack, 1990, S. 92). Aber er erkennt klar: „Es war ein folgenschwerer Fehler des wirtschaftlichen Liberalismus, die marktwirtschaftliche Verteilung schon schlechthin als sozial und politisch befriedigend anzusehen." (Müller-Armack, 1990, S. 93). Eine Aussage, die gerade heute in Zeiten der zunehmenden ökonomischen Ungleichheit in der Bevölkerung wieder enorm an Bedeutung gewonnen hat.

Müller-Armack mahnte eindringlich, es sei an der Zeit, eine neue Wirtschaftsordnung zu entwerfen: „Die beiden

Alternativen, zwischen denen die Wirtschaftspolitik sich bisher bewegte, die rein liberale Marktwirtschaft und die Wirtschaftslenkung, sind innerlich verbraucht, und es kann sich für uns nur darum handeln, eine neue dritte Form zu entwickeln, die sich nicht als vage Mischung, als ein Parteikompromiss, sondern als eine aus den vollen Einsichtsmöglichkeiten unserer Gegenwart gewonnen Synthese darstellt." (Müller-Armack, 1990, S. 96). Diese wirtschaftspolitische Synthese solle die Soziale Marktwirtschaft sein. Im Folgenden beschreibt Müller-Armack die wesentlichen Prinzipien der Sozialen Marktwirtschaft, wie sie ihm vorschwebte.

Zunächst sei eine „bewegliche Preis- und Wertrechnung" (Müller-Armack, 1990, S. 99) zu schaffen, d. h. ein freies Preissystem, das die Knappheit der Produkte widerspiegelt und das Angebot auf die Nachfrage ausrichtet. Die Wirtschaftspolitik müsse sich vor allem um aktive Wettbewerbspolitik kümmern, die den Wettbewerb stimuliere, Monopole ausschalte bzw. in der Entstehung verhindere. Der Geldwert solle stabil gehalten werden. Vor allem aber möge die Wirtschaftspolitik einem klaren, strategischen Plan folgen und nicht wie bisher aus erratischen Einzelmaßnahmen bestehen. Eingriffe in die Preispolitik, „staatliche Preisinterventionen", seien in Ausnahmefällen vertretbar „angesichts von Preisschwankungen, denen keine produktionssteuernde Funktion zukommt ..." (Müller-Armack, 1990, S. 109). Man müsse staatlicherseits auch die Kreditexpansion durch Beeinflussung der Zinsbildung begrenzen können (Müller-Armack, 1990, S. 112). Gleichzeitig meinte Müller-Armack, dass „die Zinsbildung nicht einfach als eine sich konkurrenzwirtschaftlich regelnde Automatik angesehen werden darf, sondern staatlicher Regulation bedarf, gerade um die Wettbewerbsstruktur auf den

Gütermärkten aufrechtzuerhalten" (Müller-Armack, 1990, S. 112).

Die Wirtschaftsstruktur könne keine moralische Aufgabe haben in dem Sinne, dass Werte und sittliche Überzeugungen geschaffen werden. Dennoch gilt: „Es geht hier um die Möglichkeit einer Wirtschaftspolitik, die in doppelter Optik sieht, die auf der einen Seite die marktwirtschaftlichen Notwendigkeiten beachtet, es aber auf der anderen am entschiedenen Wollen, die uns vorschwebenden sozialen und kulturellen Ziele zu erreichen, nicht fehlen lässt." (Müller-Armack, 1990, S. 116). In der Sozialpolitik ist Müller-Armack der festen Überzeugung, dass „es ... marktwirtschaftlich durchaus unproblematisch [ist], als sogenannte Ordnungstaxe eine staatliche Mindestlohnhöhe zu normieren, die sich im Wesentlichen in der Höhe des Gleichgewichtslohnes hält, um willkürliche Einzellohnsenkungen zu vermeiden" (Müller-Armack, 1990, S. 119). Wie vorausschauend der Namensgeber der Sozialen Marktwirtschaft gerade aus heutiger Sicht die staatlich definierten Mindestlöhne gedanklich vorwegnahm! Anstelle der Festlegung der Marktpreise plädierte Müller-Armack eher für eine staatliche Umverteilung der Einkommen durch Besteuerung der höheren Einkommen und der staatlichen Gewährung von Kinderbeihilfen, Miet- und Wohnungsbauzuschüssen. Ferner setzte er sich für die Förderung von Handwerk und kleinen und mittelständischen Unternehmern ein.

In der Bauwirtschaft forderte Müller-Armack eine Begrenzung der Mieterhöhung (Müller-Armack, 1990, S. 125), und das bereits 1947! Der Staat solle entweder selbst neue Wohnungen bauen oder verbilligte Kredite an die privaten oder „gemeinnützigen" Bauherren vergeben. So solle der Wohnungsbau angekurbelt und mehr an Angebot für günstige Wohnungen geschaffen werden. Generell sei eine „Rahmenkontrolle" der Wohnungs- und

Bauwirtschaft mit einer marktwirtschaftlichen Ordnung verträglich (Müller-Armack, 1990, S. 127). Da die reine Marktwirtschaft die Existenz der kleineren und mittleren Unternehmen gefährde, vor allem die Existenz der landwirtschaftlichen Betriebe, könne der Staat durchaus eingreifen. Es sei mit der Marktwirtschaft vereinbar, eine „bewusste Beeinflussung der Betriebsformen" (Müller-Armack, 1990, S. 135) vorzunehmen. Der Außenhandel sei im Wesentlichen den Marktkräften überlassen, müsse sich aber am Ziel des Industrialisierungs- und Beschäftigungsgrades messen lassen. Die von Ricardo entwickelte Theorie der komparativen Kostenvorteile beim internationalen Handel sei nach wie vor gültig und schaffe Wohlstand. Man könne höchstens einen Währungsausgleichsfonds einrichten, um die mit dem Warenhandel einhergehende Kapitalfluktuation zu regulieren.

In der Geldpolitik empfiehlt Müller-Armack eine Steuerung durch den Staat im Sinne einer restriktiven Steuerung der Geldausgabe, einhergehend mit einer Währungskorrektur, also Auf- und Abwertungen. Ziel müsse es sein, den Geldwert stabil zu halten. Die Kaufkraft der privaten und der öffentlichen Haushalte sei zu beobachten und im Zweifel „abzuschöpfen", sei es durch „Einzahlung der notalen Kaufkraft auf Konten und deren Sperrung bis zu einer gewissen Quote" oder durch die „Herstellung eines annähernden Ausgleiches der Länder- und Provinzialhaushalte" (beide Zitate aus Müller-Armack, 1990, S. 148). In der Konjunkturpolitik sei die vorrangige Zielsetzung die Schaffung einer annähernden Vollbeschäftigung. Allerdings sei nicht mehr an Maßnahmen der Wirtschaftslenkung aus früheren Zeiten zu denken, in der die Arbeitsbeschaffung in unfreie und unproduktive Beschäftigungsverhältnisse mündete. Ziel sei ein ausgeglichener Staatshaushalt mit keiner dauerhaften Neuverschuldung. Allerdings sei eine staatliche

Konjunkturpolitik vonnöten, denn es gilt: „Ohne eine derartige vorübergehende staatliche Führung der Konjunktur wird möglicherweise in Zukunft kaum auszukommen sein." (Müller-Armack, 1990, S. 153). Eine überaus bemerkenswerte wie hellsichtige Aussage, wenn man sich die heutige ökonomische Situation ansieht. Dennoch sieht Müller-Armack deutlich die Grenzen des staatlichen Engagements in der Kreditexpansion und bei Investitionsprogrammen.

Müller-Armack sah zum „entschlossenen Übergehen zur Marktwirtschaft als unumgängliche Voraussetzung des Wiederaufbaus" (Müller-Armack, 1990, S. 156) keine Alternative. Die klare Entscheidung für eine „volkswirtschaftlich zweckmäßige Organisation" (Müller-Armack, 1990, S. 157) sei zur zentralen Frage der Menschen im Europa der Nachkriegszeit geworden. Müller-Armack hat mit seinem Gedankengut zur Sozialen Marktwirtschaft und seiner praktischen Umsetzung gemeinsam mit Ludwig Erhard den Grundstein des beispiellosen Erfolgs, des „Wirtschaftswunders" der Nachkriegszeit in der Bundesrepublik Deutschland, gelegt. Mit seinem Namen wird die Soziale Marktwirtschaft immer verbunden sein, auch wenn Müller-Armack als Person und seine Leistungen als Ökonom in den Hintergrund treten. Ihm war es immer auch um eine ethische und soziale Gestaltung der Wirtschaftsform gegangen. Entsprechend formuliert er in seinem Schlusssatz den Kern seines Anliegens noch einmal deutlich: „Wir verschreiben uns damit nicht einer fühllosen Organisationsform, sondern können gewiss sein, auf dem Wege dahin unseren sozialen und ethischen Überzeugungen folgen zu können." (Müller-Armack, 1990, S. 157). Allerdings hätte Müller-Armack seine Ideen zur Sozialen Marktwirtschaft nie in die Tat umsetzen können, hätte es nicht einen weiteren Ökonomen und Politiker gegeben: Ludwig Erhard.

Über **Ludwig Erhard**, den „Vater des Wirtschaftswunders" nach dem Zweiten Weltkrieg, wurden zahlreiche
Biografien geschrieben (vgl. u. a. Mierzejewski, 2005),
zahlreiche Preise wurden nach ihm benannt, ebenso eine
Stiftung. Er war 1949, in der entscheidenden Phase zu
Beginn der Bundesrepublik Deutschland, Wirtschaftsminister, 1963 sogar Bundeskanzler. Hier interessieren
uns vor allem seine wirtschaftspolitischen Ideen. Eine
kurze biografische Skizze soll für unsere Zwecke genügen
(vgl. Mierzejewski, 2005 vor allem S. 13 ff.). Ludwig
Erhard wurde 1897 in Fürth geboren. Er sollte in die
Fußstapfen seines Vaters treten und einmal das Geschäft
als Textilwarenhändler übernehmen. Doch eine schwere
Verwundung aus dem Ersten Weltkrieg hinderte ihn am
langen Stehen hinter der Ladentheke. Zunächst studierte
er 1919 bis 1922 an der Handelshochschule Nürnberg mit
dem Abschluss als Diplom-Kaufmann. Danach wechselte
er an die Universität Frankfurt, um ein Studium der
Betriebswirtschaftslehre und der Soziologie aufzunehmen.
1925 folgte die Promotion. Schließlich war Erhard als
Assistent am Institut für Wirtschaftsbeobachtung an der
Handelshochschule Nürnberg tätig, deren stellvertretender
Leiter er später wurde. Die Habilitation mit dem Thema
„Die Überwindung der Wirtschaftskrise durch wirt-
schaftspolitische Beeinflussung" scheiterte jedoch. Zu den
Gründen gab es später unterschiedliche Meinungen. Er
selbst führte sein Scheitern bei der Habilitation auf den
Einfluss der Nationalsozialisten zurück.

Von 1942 bis 1945 leitete Erhard das Institut für
Industrieforschung. Nach dem Krieg begann sein
kometenhafter Aufstieg: Zunächst als Wirtschaftsreferent
seiner Geburtsstadt Fürth tätig, wurde er von der US-
amerikanischen Militärregierung zum Handelsminister
der Bayerischen Staatsregierung ernannt. Bereits 1947
war er Leiter der Expertenkommission „Sonderstelle Geld

und Kredit" bei der Verwaltung der Finanzen der britisch-US-amerikanischen „Bizone" geworden und bereitete die Währungsreform vor. 1948 wurde er Direktor der Verwaltung für Wirtschaft für alle westlichen Besatzungszonen. Seine Praxistätigkeit begleitete er seit 1947 als Honorarprofessor an der Universität München. 1950 erhielt er einen Ruf an die Universität Bonn. 1949 wurde Erhard über die CDU in den ersten Deutschen Bundestag gewählt und gleich im Kabinett von Konrad Adenauer mit dem Amt des ersten Bundeswirtschaftsministers betraut. Er stand der ordoliberalen Position nahe und war von Alfred Müller-Armacks Beschreibung der Sozialen Marktwirtschaft so begeistert, dass er diesen in sein Ministerium holte und die praktische Realisierung des Konzepts vorantrieb. Der freie Wettbewerb war für ihn wie für die meisten Ordoliberalen die Kernzielsetzung in der Wirtschaft, die der Staat sicherstellen sollte.

Seit 1957 bereits Vizekanzler, wurde Erhard nach Adenauers Rücktritt 1963 zum Kanzler der Bundesrepublik Deutschland gewählt. 1966 wurde er von der ersten großen Koalition unter Kanzler Kiesinger abgewählt. Seine drei Regierungsjahre gelten als eher glücklos. Nach seiner Zeit als Kanzler blieb er bis zu seinem Tod 1977 Bundestagsabgeordneter und kümmerte sich um die 1967 nach ihm benannte Stiftung, die sein wissenschaftliches und politisches Erbe weitertragen sollte. Er wurde in Gmund am Tegernsee beerdigt, wo er mit seiner Familie seit 1953 gelebt hatte.

Wiewohl Erhard zu Lebzeiten einige Werke zur Ökonomie veröffentlicht hatte, etwa „Deutschlands Rückkehr zum Weltmarkt" 1953 oder „Deutsche Wirtschaftspolitik" 1962, wurde sein 1957 veröffentlichtes Buch „Wohlstand für alle" zu einem Bestseller. Es wurde nicht nur zur richtigen Zeit in der Hochphase des Wirtschaftswunders veröffentlicht, sondern war zugleich sehr populär und eingängig geschrieben, sodass auch ökonomische Laien sein Werk gut verstehen und nachvollziehen konnten. Für Erhard war der Wettbewerb in der Wirtschaft das entscheidende Ziel, das es aufrechtzuerhalten galt. Wettbewerb sporne die Konkurrenz an, zwinge die Unternehmen zur permanenten Leistungssteigerung und Innovation bei gleichzeitig höherer Produktivität und Qualität. Der Staat müsse allerdings sicherstellen, dass dieser freie Wettbewerb tatsächlich gedeihen kann. Sämtliche Ansätze zur Reduzierung des Wettbewerbs wie etwa Oligopol- oder Monopolbildungen, die die Machtkonzentration der Anbieter mit sich bringen, waren unbedingt zu verhindern. Einhergehend mit dem freien Wettbewerb und einer steigenden Produktivität sollte der Lohn der arbeitenden Bevölkerung mitwachsen.

Es lohnt sich, sich auf den nächsten Seiten eingehender mit Erhards populärsten Werk, „Wohlstand für alle", zu beschäftigen (Erhard, 1964). Für Erhard war wesentlich, dass ein Kartellgesetz quasi als „wirtschaftliches Grundgesetz" existiere, das den freien Wettbewerb ungehindert laufen lasse, um den Wohlstand des Volkes zu mehren. Ziel müsse die Steigerung des volkswirtschaftlichen Ertrags vor der Verteilung in der Bevölkerung haben, damit der zu verteilende Kuchen für alle größer würde (Erhard, 1964, S. 10). Der Staat müsse zwar für die Schwachen einstehen und Sozialleistungen zahlen. Diese seien aber in erster Linie an der Steigerung des Bruttosozialprodukts gekoppelt. Um die Leistungen des Staates an die Bürger zahlen zu können, sei Ausgabendisziplin vonnöten. Ansonsten müssten die Steuern erhöht werden, was die Konjunktur wieder abwürge. Freie Unternehmer müssen freie Konsumenten mit Waren versorgen können, um materiellen Wohlstand und die Versorgung der Bevölkerung zu garantieren. Stabile, freie Preise und eine feste Währung seien die Grundpfeiler für die Ökonomie, die der Staat sicherzustellen hat. Sind die Preise einer hohen Schwankung unterworfen, etwa in Falle einer hohen Inflation und damit Geldentwertung, könnten die Bürger nicht mehr auf den Wert des Geldes vertrauen und ihren Konsum sicherstellen. Ferner führen Währungsschwankungen dazu, dass sich die Preise für importierte Güter ebenfalls erhöhen können, was zu zusätzlicher Unsicherheit führt.

Die von den alliierten Siegermächten festgelegten Preisvorschriften schaffte Erhard so schnell wie möglich wieder ab. Wesentlich war für ihn ebenfalls die Liberalisierung des Außenhandels: „Zwischen Oktober 1949 und Dezember 1950 gelang eine Verdreifachung des Exports." (Erhard, 1964, S. 42). Das war vor allem dem harten internationalen Wettbewerb geschuldet. Deutsche Produkte wurden aufgrund des hohen Nachholbedarfs nicht nur im Inland, sondern auch schnell im Ausland stark nachgefragt. Die neu formierte Soziale Marktwirtschaft war durch zahlreiche Krisen gefordert, u. a. die Korea-Krise Anfang der 1950er-Jahre. Allerdings gelang es Erhard und seiner Mannschaft, die Marktwirtschaft auf Kurs zu halten, wie er schreibt: „Es gelang hier der Dreiklang, der jedem Marktwirtschaftler moderner Prägung Idealbild sein sollte: Bei wachsender Produktion und Produktivität und in diesen Relationen gleichwohl ansteigenden Nominallöhnen kommt die Wohlstandsmehrung dank stabiler oder sogar sinkender Preise allen zugute." (Erhard, 1964, S. 65).

Der enorme Nachholbedarf der Bevölkerung nach den entbehrungsreichen Kriegs- und Nachkriegsjahren wurde durch eine Steigerung der Produktion befriedigt, die wiederum Gehalts- und Lohnerhöhungen für die Angestellten, Arbeiter und Beamten mit sich brachte. Dies erlaubte dann die weitere Anhebung des Konsumniveaus. Der Lebensstandard in Deutschland stieg unaufhörlich

an. 1954 war die Phase der absoluten Hochkonjunktur
erreicht, die Vollbeschäftigung war in greifbarer Nähe.
In dieser Phase drängte Erhard darauf, die sich „über-
hitzende" Konjunktur mit hoher Nachfrage und guter
Perspektive nicht durch dramatisch steigende Preise und
inflationäre Tendenzen zunichte zu machen: „Solcher-
lei Überlegungen [Unterbindung inflationistischer
Tendenzen, Anm. d. Verfassers] veranlassten mich denn
auch, gegen manchen Widerstand und trotz manchen
Kopfschüttelns in jenen turbulenten Monaten *gegen jede
irgend vermeidbare Preiserhöhung* [...] zu Felde zu *ziehen.*"
(Erhard, 1964, S. 92, Hervorhebungen im Original).
Und weiter (Erhard, 1964, S. 97, Hervorhebungen im
Original): „Die Aufrechterhaltung der *Geldwertstabilität* ist
die unabdingbare Voraussetzung für ein gleichgewichtiges
wirtschaftliches Wachstum und für einen echten und
gesicherten sozialen Fortschritt." Planwirtschaft und die
zentrale Lenkung der Wirtschaft lehnte Erhard kategorisch
ab.

Erhard sah sich in erster Linie als Wirtschaftsminister
und nicht den Interessen einzelner Gruppen verpflichtet.
Oberste Maxime war für ihn das Wohl des Volkes. In
seinen eigenen Worten: „Maßstab und *Richter* über Gut
und Böse der *Wirtschaftspolitik* sind nicht Dogmen oder
Gruppenstandpunkte, sondern ist ausschließlich der
Mensch, der *Verbraucher*, das Volk. Eine Wirtschaftspolitik ist nur dann und nur so lange für gut zu erachten,
als sie den Menschen schlechthin zum Nutzen und Segen
gereicht." (Erhard, 1964, S. 133, Hervorhebungen im
Original). Dabei sei unbedingt die Freiheit des Wettbewerbs zu erhalten, Freiheit als „höchster Wert der
Gemeinschaft" (Erhard, 1964, S. 136). Kartelle jeglicher
Art lehnte Erhard strikt ab. Der wirtschaftliche Fortschritt,
das Wirtschaftswachstum solle allein dem Verbraucher
zugute kommen und nicht dem Unternehmer, der seine

wirtschaftliche Macht ausnutzt. Qualität und Preis eines Produkts sollen den Verbraucher zum Kauf anhalten und so die Richtung und Menge der Produktion der Unternehmer beeinflussen. Erhard war ein Verfechter der stetig steigenden Wirtschaftskraft. Nur eine starke Volkswirtschaft kann eine (Um-)Verteilung an alle Bürger vornehmen. Denn sein Diktum lautete: „Diejenigen, die ihre Aufmerksamkeit den Verteilungsproblemen widmen, werden immer wieder zu dem Fehler verleitet, mehr verteilen zu wollen, als die Volkswirtschaft nach Maßgabe der Produktivität herzugeben in der Lage ist." (Erhard, 1964, S. 216).

Erhard wandte sich auch philosophischen und gesellschaftlichen Themen zu. So befasste er sich im 10. Kapitel seines Buches „Wohlstand für alle" mit der Frage, ob Wohlstand zu Materialismus verführe, also zu einem Leben nur im Streben nach materiellen Werten? Dem hielt Erhard entgegen: „… je besser es uns gelingt, den *Wohlstand zu mehren*, umso seltener werden die Menschen in einer nur materiellen Lebensführung und Gesinnung versinken" (Erhard, 1964, S. 222, Hervorhebungen im Original). Gleichzeitig schaut er hellsichtig in die Zukunft und wirft bereits 1957 (!) die Frage nach der „Work-Life-Balance" auf: „Wir werden mit Sicherheit dahin gelangen, dass zu Recht die Frage gestellt wird, ob es noch immer richtig und nützlich ist, mehr Güter, mehr materiellen Wohlstand zu erzeugen, oder ob es nicht sinnvoller ist, unter Verzichtleistung auf diesen „Fortschritt" mehr Freizeit, mehr Besinnung, mehr Muße und mehr Erholung zu gewinnen." (Erhard, 1964, S. 233). Eine weise, gerade für die heutige Zeit sehr aktuelle Feststellung. Ebenso aktuell sind seine Einlassungen zur ökonomischen Theorie: „Das wirtschaftliche Geschehen läuft nicht nach mechanischen Gesetzen ab. Die Wirtschaft hat nicht ein Eigenleben im Sinne eines seelenlosen Automatismus, sondern sie wird

vom Menschen getragen und von Menschen geformt.
[…] Man soll daher die Methode psychologischer Ein-
wirkungen nicht gering schätzen." (Erhard, 1964, S. 236).
Die Ökonomie ist keine Naturwissenschaft, sie hat mit
Menschen zu tun und wird von den Menschen getragen!

Erhard wollte auf der einen Seite auf gar keinen Fall
dem „Nachtwächterstaat" des reinen Liberalismus folgen.
Eingriffe des Staates im wirtschaftspolitischen Sinne im
Rahmen der Kreditgewährung, der Geld- und Fiskal-
politik, der Stabilisierung des Preises und der Aufrechterhaltung des freien Wettbewerbs seien absolut notwendig.
Andererseits wandte er sich entschieden gegen einen
„Versorgungsstaat": „Die soziale Marktwirtschaft kann
nicht gedeihen, wenn die ihr zugrunde liegende geistige
Haltung, also die Bereitschaft, für das eigene Schicksal
Verantwortung zu tragen und aus dem Streben nach
Leistungssteigerung an einem ehrlichen freien Wettbewerb
teilzunehmen, durch vermeintliche soziale Maßnahmen
auf benachbarten Gebieten zum Absterben verurteilt
wird." (Erhard, 1964, S. 245). Der Mensch solle Ver-
antwortung für sich selbst und sein Wohl behalten. Der
Staat unterstütze nur bei Härtefällen und Nöten. Ein
integratives Europa war für Erhard wirtschaftlich ein
Muss, damals noch mit frei konvertierbaren Währungen.
Er geht sogar noch weiter und spannt den Bogen bis zum
Welthandel: „Für mich ist es eine Selbstverständlichkeit,
dass derjenige, der für eine freie Wirtschaftsgesellschaft im
Innern eintritt, auch zu den Vorkämpfern einer weltwirt-
schaftlichen Arbeitsteilung und einer engen zwischenstaat-
lichen Zusammenarbeit gehört." (Erhard, 1964, S. 302).
Zollschranken seien genauso zu beseitigen wie Handelshemmnisse aller Art. Auch diese Weisheit hat aktuell aufgrund der handelsprotektionistischen Maßnahmen eine
hohe Brisanz.

Es ist unbestritten, dass Ludwig Erhard mit seiner Wirtschaftspolitik zum ökonomischen Wohl der noch jungen Bundesrepublik maßgeblich beigetragen hat. Er war damit ein prominenter, wenn nicht sogar der prominenteste Vertreter der ordoliberalen Schule, der die theoretischen Ideen gemeinsam mit seinem Mitarbeiter Alfred Müller-Armack in die Praxis umgesetzt hat. Diese Idee der Sozialen Marktwirtschaft als Synthese zweier Wirtschaftsformen aus zentraler Lenkung und freier Marktwirtschaft hat noch heute Bestand, muss aber an die heutige Zeit neu justiert werden. Wie das geschehen könnte, soll in Abschn. 6.2 über die Zukunft skizziert werden. Doch zunächst wollen wir uns mit der Gegenwart beschäftigen: die Zeit nach der Wirtschaftskrise.

Literatur

Böhm, S. (1996). Die Verfassung der Freiheit. In N. Piper (Hrsg.), *Die großen Ökonomen. Leben und Werk der wirtschaftswissenschaftlichen Vordenker* (2., überarb. Aufl., S. 105–111). Schäffer-Poeschel.

Böhm, S. (2009a). Joseph A. Schumpeter. In H. D. Kurz (Hrsg.), *Klassiker des ökonomischen Denkens* (Bd. 2, S. 137–160). C. H. Beck.

Böhm, S. (2009b). Friedrich August von Hayek. In H. D. Kurz (Hrsg.), *Klassiker des ökonomischen Denkens* (Bd. 2, S. 228–249). C. H. Beck.

Braunberger, G. (2008). Ordoliberalismus. Das verwaiste Erbe der Freiburger Schule. *FAZ* 19.06.2008. https://www.faz.net/aktuell/ordoliberalismus-das-verwaiste-erbe-der-freiburger-schule-1912163-p2.html. Zugegriffen: 20. März 2019.

Braunberger, G. (2015a). Joseph Schumpeter, Vergesst mir die Banken nicht. In L. Nienhaus (Hrsg.), *Die Weltverbesserer – 66 große Denker, die unser Leben verändern* (S. 249–253). Carl Hanser.

Braunberger, G. (2015b). Walter Eucken. Der wahre Neo-liberale. In L. Nienhaus (Hrsg.), *Die Weltverbesserer – 66 große Denker, die unser Leben verändern* (S. 63–67). Carl Hanser.

Caspari, V. (2009). John Maynard Keynes. In H. D. Kurz (Hrsg.), *Klassiker des ökonomischen Denkens* (Bd. 2, S. 161–186). C. H. Beck.

Eisermann, G. (1989). Vilfredo Pareto. In J. Starbatty (Hrsg.), *Klassiker des ökonomischen Denkens* (Bd. 2, S. 158–174). C. H. Beck.

Erhard, L. (1964). *8. Auflage, bearbeitet von Wolfram Langer.* https://www.ludwig-erhard.de/wp-content/uploads/wohlstand_fuer_alle1.pdf. Zugegriffen: 17. Juni 2018.

Felderer, B. (1989). Léon Walras. In J. Starbatty (Hrsg.), *Klassiker des ökonomischen Denkens* (Bd. 2, S. 59–75). C. H. Beck.

Frenkel, R. (1996). Gelächter im Gottesdienst. In N. Piper (Hrsg.), *Die großen Ökonomen. Leben und Werk der wirtschaftswissenschaftlichen Vordenker* (2., überarb. Aufl., S. 218–222). Schäffer-Poeschel.

Friedman, M. (1953). *Essays in positive economics.* Chicago: University of Chicago Press. https://pdfs.semanticscholar.org/4af4/acabcbae145c9d21bca3cfb34fdbb55282a0.pdf. Zugegriffen: 23. Juni 2018.

Friedman, M. (2016). *Kapitalismus und Freiheit* (11. Aufl. mit einem Geleitwort von Horst Siebert). Piper.

Gerken, L. (Hrsg.). (2000). *Walter Eucken und sein Werk. Rückblick auf den Vordenker der Sozialen Marktwirtschaft* (Untersuchungen zur Ordnungstheorie und Ordnungspolitik (Walter Eucken Institut), Bd. 41). Mohr Siebeck.

Graß, R.-D. (1996). Marx der Bourgeoisie. In N. Piper (Hrsg.), *Die großen Ökonomen. Leben und Werk der wirtschaftswissenschaftlichen Vordenker* (2., überarb. Aufl., S. 69–74). Schäffer-Poeschel.

Hayek, F. A. (2007). *The road to serfdom text and documents. Nachdruck der Originalversion von 1944.* The University of Chicago Press.

Herrmann, U. (2016). *Kein Kapitalismus ist auch keine Lösung. Die Krise der heutigen Ökonomie oder was wir von Smith, Marx und Keynes lernen können* (3. Aufl.). Westend.

Heuser, U. J. (1996). Geld, Freiheit, Ideologie. In N. Piper (Hrsg.), *Die großen Ökonomen. Leben und Werk der wirtschaftswissenschaftlichen Vordenker* (2., überarb. Aufl., S. 274–280). Schäffer-Poeschel.

Hoffmann, T. S. (2009). *Wirtschaftsphilosophie – Ansätze und Perspektiven von der Antike bis heute.* Marix.

Horn, K. (2015a). Carl Menger. Die Preise richten sich nicht nach den Kosten. In L. Nienhaus (Hrsg.), *Die Weltverbesserer – 66 große Denker, die unser Leben verändern* (S. 199–202). Carl Hanser.

Horn, K. (2015b). Friedrich August von Hayek. Wider die Anmaßung von Wissen. In L. Nienhaus (Hrsg.), *Die Weltverbesserer – 66 große Denker, die unser Leben verändern* (S. 57–59). Carl Hanser.

Janssen, H. (2009). Walter Eucken. In H. D. Kurz (Hrsg.), *Klassiker des ökonomischen Denkens* (Bd. 2, S. 187–204). C. H. Beck.

Keynes, J. M. (2017). *Allgemeine Theorie der Beschäftigung, des Zinses und des Geldes* (Neuübersetzung von Nicola Liebert). Duncker & Humblot.

Lenel, H. O. (1989). Walter Eucken. In J. Starbatty (Hrsg.), *Klassiker des ökonomischen Denkens* (Bd. 2, S. 292–311). C. H. Beck.

Leube, K. R. (1996). Das Ich und der Wert. In N. Piper (Hrsg.), *Die großen Ökonomen. Leben und Werk der wirtschaftswissenschaftlichen Vordenker* (2., überarb. Aufl., S. 91–96). Schäffer-Poeschel.

Lingen, M. (2019). *Alfred Müller-Armack.* Internetseite der Konrad-Adenauer-Stiftung. https://www.kas.de/web/geschichte-der-cdu/personen/biogramm-detail/-/content/alfred-mueller-armack-v1. Zugegriffen: 20. März 2019.

März, E. (1989). Joseph Alois Schumpeter. In J. Starbatty (Hrsg.), *Klassiker des ökonomischen Denkens* (Bd. 1, S. 251–272). C. H. Beck.

Menger, C. (2005): *Untersuchungen über die Methode der Socialwissenschaften, und der Politischen Oekonomie insbesondere.* Elibron Classics Replica Edition (facsimile Nachdruck der Originalausgabe von 1883 von Duncker & Humblot Leipzig). Adamant Media Corporation.

Mierzejewski, A. C. (2005). *Ludwig Erhard. Der Wegbereiter der Sozialen Marktwirtschaft. Biografie.* Siedler.

Müller-Armack, A. (1990). *Wirtschaftslenkung und Marktwirtschaft* (Sonderausgabe). Kastell.

Oltmanns, T. (1996a). Ökonomie gegen die Armut. In N. Piper (Hrsg.), *Die großen Ökonomen. Leben und Werk der wirtschaftswissenschaftlichen Vordenker* (2., überarb. Aufl., S. 75–81). Schäffer-Poeschel.

Oltmanns, T. (1996b). Die Weisheit des Auktionators. In N. Piper (Hrsg.), *Die großen Ökonomen. Leben und Werk der wirtschaftswissenschaftlichen Vordenker* (2., überarb. Aufl., S. 63–68). Schäffer-Poeschel.

Oswalt, W. (1996). Die Ordnung der Freiheit. In N. Piper (Hrsg.), *Die großen Ökonomen. Leben und Werk der wirtschaftswissenschaftlichen Vordenker* (2., überarb. Aufl., S. 195–207). Schäffer-Poeschel.

Pietsch, D. (2017). *Grenzen des ökonomischen Denkens – Wo bleibt der Mensch in der Wirtschaft?* Eul/Lohmar.

Piper, N. (1996). Der Unternehmer als Pionier. In *Die großen Ökonomen. Leben und Werk der wirtschaftswissenschaftlichen Vordenker* (2., überarb. Aufl., S. 97–104). Schäffer-Poeschel.

Rieter, H. (1989). Alfred Marshall. In J. Starbatty (Hrsg.), *Klassiker des ökonomischen Denkens* (Bd. 2, S. 135–157). C. H. Beck.

Scherf, H. (1989). John Maynard Keynes. In J. Starbatty (Hrsg.), Thomas Morus. *Klassiker des ökonomischen Denkens* (2. Bd., S. 273–291). C. H. Beck.

Schipper, L. (2015). Thorstein Veblen. Spott auf die feinen Leute. In L. Nienhaus (Hrsg.), *Die Weltverbesserer – 66 große Denker, die unser Leben verändern* (S. 176–180). Carl Hanser.

Schwarz, G. (2015). Milton Friedman. Konsequent liberal. In L. Nienhaus (Hrsg.), *Die Weltverbesserer – 66 große Denker, die unser Leben verändern* (S. 209–212). Carl Hanser.

Spahn, H.-P. (2009). Milton Friedman. In H. D. Kurz (Hrsg.), *Klassiker des ökonomischen Denkens* (Bd. 2, S. 282–300). C. H. Beck.

Streissler, E. (1989). Carl Menger. In J. Starbatty (Hrsg.), *Klassiker des ökonomischen Denkens* (Bd. 2, S. 119–134). C. H. Beck.

Thornton, P. (2015). *Die großen Ökonomen. 10 Vordenker deren Werk unser Leben verändert hat.* Börsenbuch.

von Weizsäcker, C. C. (2015). John Maynard Keynes. In L. Nienhaus (Hrsg.), *Die Weltverbesserer – 66 große Denker, die unser Leben verändern* (S. 16–19). Carl Hanser.

Wagener, H.-J. (2009). Vilfredo Pareto. In H. D. Kurz (Hrsg.), *Klassiker des ökonomischen Denkens* (Bd. 2, S. 26–47). C. H. Beck.

Zank, W. (1996). Der Staat als Hebel. In N. Piper (Hrsg.), *Die großen Ökonomen. Leben und Werk der wirtschaftswissenschaftlichen Vordenker* (2., überarb. Aufl., S. 157–162). Schäffer-Poeschel.

4

Gegenwart

Jede Auswahl von Ökonomen und ihren Ideen ist in erster Linie subjektiv. Es hängt davon ab, ob ich mich im nationalen Rahmen bewege und aus deutscher Sicht darauf blicke oder etwa aus der asiatischen oder der amerikanischen Perspektive. In fast jedem Land gibt es herausragende Ökonomen, die einen wesentlichen Einfluss auf die Gestaltung der Wirtschaft und die ökonomischen Ideen generell besitzen. In Deutschland wird dies alljährlich im exzellenten Ökonomenranking der *Frankfurter Allgemeinen Zeitung* (FAZ) festgehalten. Dort wird akribisch notiert, welche Ökonomen in welchen Medien mit wie vielen Zitaten genannt und wie häufig sie in der Politik konsultiert werden. Das bildet die Praxisrelevanz der Ökonomen ab. Zusätzlich werden die Zitate in relevanten Forschungsmedien, den „Top Journals", gezählt und so zu einem Gesamtindex verdichtet. Diejenigen Ökonomen, die an der nationalen Spitze der Tabelle stehen, haben im abgelaufenen Jahr bewiesen, dass

© Springer Fachmedien Wiesbaden GmbH, ein Teil von Springer Nature 2022
D. Pietsch, *Eine Reise durch die Ökonomie,*
https://doi.org/10.1007/978-3-658-38095-3_4

sie sowohl in der Forschung als auch in der Praxis eine herausragende Stellung einnehmen. Allein aufgrund dieser Liste wären hier 100 deutsche oder deutschsprachige Ökonomen und ihre Kernideen zu nennen.

Blickt man über den Atlantik und versucht, die einflussreichsten US-Ökonomen der letzten Jahre und Jahrzehnte zu porträtieren, so kommt man sicher nicht an *Gary Becker* vorbei, der soziale Phänomene wie die Wahl des Ehepartners ökonomisch in einem Kosten-Nutzen-Kalkül einzufangen versuchte. Oder aber an *Paul Krugman,* den großen Makroökonomen und Verfechter des Welthandels, der mit seinem Blog regelmäßig Millionen Leser anzieht. Ferner *Richard Musgrave,* den Finanzwissenschaftler von Weltruf, oder *Robert Shiller,* der mit seinen psychologischen Ideen die Kapitalmärkte und ihre Entwicklungen glänzend skizziert hat („irrationaler Überschwang"). Schließlich *Paul Samuelson, John Nash* oder *John Kenneth Galbraight* mit ihrem Einsatz für die Schwachen und dem Aufbau von Gegenmacht („countervailing power") gegen übermächtigen Konzernen. Wir würden in fast jedem Land fündig, wenn es darum geht, große und herausragende Ökonomen der jüngsten Vergangenheit oder der Gegenwart zu finden.

Mir geht es aber nicht um Vollständigkeit. Ich möchte Ihnen, liebe Leserinnen und Leser, einen Eindruck davon vermitteln, welches die derzeit drängenden Fragen der Ökonomen sind und welche Kernbotschaften diese vermitteln. Dies gilt nicht nur, aber vor allem nach der Zeit der Wirtschaftskrise im Jahr 2008. In Teil II dieses Buches möchte ich dann auf der Basis dieser Themen und Botschaften einen Blick in die Zukunft der ökonomischen Themen werfen und meine kritische Sicht darüberlegen. Die nachfolgend ausgewählten und kurz skizzierten Ökonomen haben sich vor allem mit zwei Problemkomplexen beschäftigt:

1. *Ethische Fragen der Ökonomie* vor allem die *wachsende weltweite Ungleichheit* und die Aufgabe der Ökonomie, vor allem den Menschen zu dienen. Mit diesen Fragen haben sich vor allem der US-amerikanische Ökonom und Globalisierungskritiker *Joseph Stiglitz* und der indische Wirtschaftsphilosoph *Amartya Sen* beschäftigt. Diese zwei Ökonomen möchte ich exemplarisch zu diesen Fragestellungen zu Wort kommen lassen.

2. Die *Kritiker des rationalen Menschenbildes und Verhaltensökonomen,* die beide in den letzten Jahrzehnten versucht haben, die Irrationalität menschlichen Verhaltens näher zu untersuchen und damit die Realität wesentlich besser in der ökonomischen Theorie abzubilden. Als Kernvertreter der Verhaltensökonomie will ich vor allem die Ideen von *Daniel Kahneman* und *Richard Thaler* aufgreifen. Beide US-amerikanische Ökonomen haben ebenfalls den Alfred-Nobel-Gedächtnispreis für Wirtschaftswissenschaften erhalten, Daniel Kahneman 2002 und Richard Thaler 2017.

Wie oben beschrieben, ist mir bewusst, dass ich mit dieser Auswahl an Themen und Forschern weder annähernd die aktuellen Trends in der weltweiten ökonomischen Theorie beschrieben noch einen objektiven Überblick über die unzähligen Forschungsfelder wie Mikro- und Makroökonomie, Finanzwissenschaft, Außenhandel, Wirtschaftspolitik, Wirtschaftsethik etc. gegeben habe. Schaut man sich allein die Liste der Nobelpreisträger der Ökonomie an (vgl. u. a. Karier, 2010), dann findet man *„Keynesianer"* (Paul A. Samuleson, Robert M. Solow, James Tobin, Franco Modigliani, K. Gunnar Myrdal und andere), *Spieltheoretiker* (u. a. John F. Nash, Reinhard Selten), die Mikroökonomen der *Chicago-Schule* (Gary S. Becker, George J. Stigler, Ronald H. Coase und andere). Ferner finden sich *Theoretiker des*

Gleichgewichtsmodells (u. a. Kenneth J. Arrow, Gerard Debreu), *Außenhandelsökonomen* (Bertil G. Ohlin, Paul R. Krugman, Robert A. Mundell und andere) oder auch Forscher, die sich vor allem mit der formelhaften Abbildung der Ökonomie beschäftigten wie Jan Tinbergen, Trygve Haavelmo und James Heckman. Sie hatten ihren Gipfel der Forschung nicht erst nach der Wirtschaftskrise erreicht, setzen aber ihre eigenen, weltweit beachteten Akzente in der Ökonomie. Doch, wie erwähnt, musste ich eine Auswahl an Forschern treffen, die selbstverständlich zutiefst subjektiv ist. Dennoch denke ich, dass die Beschreibung der folgenden Ökonomen und ihrer Ideen einen guten Einblick in die wirtschaftlichen Themen gibt, die sie und uns alle heute beschäftigen. Ich möchte diese Ökonomen und ihre Kernthemen im Folgenden gemäß der oben skizzierten Gruppierung chronologisch beschreiben. Ich beginne zunächst mit den „Ethikern", die vor allem die Ungleichheit und die negativen Auswirkungen der Globalisierung thematisieren.

4.1 Die Ethiker

Der an der Colombia University in Manhattan lehrende US-amerikanische Ökonom **Joseph E. Stiglitz** (vgl. u. a. Plickert, 2008) stammt aus einer jüdischen Familie. Er studierte zunächst Mathematik, dann Ökonomie am Amherst College und promovierte am weltberühmten Massachusetts Institute of Technology (MIT) in Boston. Stiglitz durchlief als Professor viele Stationen an herausragenden Universitäten. So war er zunächst Professor für Ökonomie an der Yale University, dann an der Stanford University, der Oxford University und der Princeton University. Zusätzlich lehrte er an den französischen Elitehochschulen École polytechnique und L'institut d'études politiques de Paris („Sciences Po") in Paris. Ab 1993 beriet er den US-amerikanischen Präsidenten Bill Clinton und wurde 1997 Chefökonom der Weltbank. Stiglitz war und ist in diversen Gremien mit seinem Fachwissen vertreten, u. a. war er Präsident der International Economic Association, der weltweiten Vereinigung der Ökonomen. Darüber hinaus ist er Mitbegründer des im Jahr 2009 gegründeten „Institute for New Economic Thinking", das sich mit neuen Denkansätzen innerhalb der Volkswirtschaftslehre beschäftigt. 2001 erhielt er zusammen mit George Akerlof und Michael Spence den Alfred-Nobel-Gedächtnispreis für Wirtschaftswissenschaften für seine Arbeiten über das Verhältnis von Informationen und Märkten.

Stiglitz forschte in einer Reihe von ökonomischen Gebieten wie etwa dem der Risikovermeidung („risk aversion") im menschlichen Verhalten, die er mathematisch nachwies. Er forschte zur optimalen Versorgung mit öffentlichen Gütern in der Finanzwissenschaft und erklärte in einem nach ihm und seinem Kollegen Shapiro benannten Modell des Effizienzlohns („efficiency wage model"), dass Arbeitslosigkeit auch im Gleichgewicht existieren kann. Beide fanden u. a. heraus, dass Löhne auch in Rezessionen nicht tief genug fallen, um den Firmen den Anreiz zu geben, mehr Personen einzustellen. Den Nobel-Gedächtnispreis erhielt Stiglitz für seine mikroökonomische Theorie, der asymmetrischen Information in den Märkten (vgl. Schmidt, 2001): Am besten wird das am einfachen Beispiel der Versicherungswirtschaft deutlich: Versicherungsunternehmer und Versicherungsnehmer schließen eine Versicherung ab, z. B. eine Kfz-Versicherung. Beide Parteien verfügen dabei über unterschiedliche Informationen zur Schadenswahrscheinlichkeit. Natürlich kann ein Versicherungsunternehmen auf durchschnittliche

Schadensdaten pro Lebensalter, pro Fahrzeugkategorie, nach Zeitraum des Führerscheinbesitzes etc. zurückgreifen und daraus die Versicherungssumme versicherungsmathematisch kalkulieren. Dies schließt allerdings eine Prognose des individuellen Fahrverhaltens aus. Die Prognose kann nur der Versicherungsnehmer beurteilen, da nur er sein Fahrverhalten kennt und in der konkreten Fahrsituation beeinflussen kann. Beide, Versicherungsunternehmen und Versicherungsnehmer verfügen also nicht über die gleiche Information, sondern über „asymmetrische".

Stiglitz wies nun mathematisch nach, dass sich das Versicherungsunternehmen besser stellt, wenn es die Schadenswahrscheinlichkeit des Versicherungsnehmers kennt. Der Versicherungsnehmer muss diese dazu offenlegen und kann so mit einer geringeren Versicherungssumme rechnen, da kein Sicherheitsaufschlag kalkuliert werden muss. Das Offenlegen der Schadenswahrscheinlichkeit ist heute z. B. dadurch möglich, dass der Versicherungsnehmer eigene Daten zum Fahrverhalten preisgibt. Dies kann aktiv erfolgen oder künftig durch Erlaubnis, die Fahrzeugdaten auszuwerten, etwa wie oft im Sportmodus gefahren wurde, mit welcher Geschwindigkeit etc. Ähnliches kann man sich auch für Krankenversicherungen vorstellen, indem es für regelmäßige Gesundheitschecks und das Teilen der Information mit dem Versicherungsunternehmen einen Bonus gibt. Stiglitz nannte dieses Modell, bei dem die uninformierte Marktseite durch derartiges Sondieren den Versuch unternimmt, die Informationsasymmetrie zu beseitigen, „Screening"-Modell.

Einer breiteren Öffentlichkeit ist Stiglitz aber vor allem als Globalisierungskritiker (vgl. Stiglitz, 2002) und als Mahner vor ungleichen Gesellschaften (vgl. Stiglitz, 2015) bekannt geworden. Auch zu verschiedenen anderen aktuellen ökonomischen Themen meldete er sich immer wieder zu Wort. So warnte er vor einem rigiden Sparkurs Spaniens („Antiausteritätspolitik"), kritisierte Rating- agenturen als mitschuldig an der Finanzkrise mit ihrem opportunistischen Ratingverhalten, zunächst zugunsten der Banken und später, in der Krise, gegen sie. Der Euro nütze seines Erachtens vor allem Deutschland mit seinen Exportüberschüssen, während andere Länder nun nicht mehr durch Abwertungen gegensteuern könnten. In der Finanzkrise kritisierte Stiglitz vor allem die Regierung Obama mit ihrer Bankenrettung zulasten des Steuer- zahlers. So würden Gewinne in guten Zeiten bei den Banken privatisiert und in schlechten Zeiten, etwa der Finanzkrise, würden Verluste durch den Staat auf- gefangen und damit „sozialisiert". Stiglitz sprach in diesem Zusammenhang von einem „Sozialismus für Reiche". Die Positionen von Joseph Stiglitz zur Ökonomie folgten immer konsequenterweise dem Blickwinkel der Armen und Ärmeren in der Bevölkerung: Was hat der ärmere Teil der Bevölkerung von der Globalisierung? Was resultiert daraus in Form von ungleichen Gesellschaften etc.?

In seinem Buch „Die Schatten der Globalisierung" (original: „Globalization and Its Discontents", Stiglitz, 2002) sieht er die Globalisierung gemessen am Ziel der Bekämpfung der Armut u. a. in den Entwicklungsländern als eher negativ an. Die Globalisierung nütze im Wesent- lichen den ohnehin schon reichen Industrieländern und nicht den Entwicklungsländern mit einem hohen Anteil an armer Bevölkerung. So seien die Entwicklungsländer in Gremien zu wesentlichen ökonomischen Fragen eher unterrepräsentiert, wie etwa in der Weltbank oder beim Internationalen Währungsfonds (IWF). Nur die USA ver- fügt über ein Vetorecht in diesen Gremien. Die Arbeit der Gremien sei in weiten Teilen intransparent, es fehle ein unabhängiges globales (Schieds-)Gericht. Der IWF folge nur der Ideologie freier Märkte und den Interessen der

Finanzbranche und der multinationalen Unternehmen. Zusätzlich fordert Stiglitz einen neuen globalen Gesellschaftsvertrag, in dem eine faire Handelsordnung herrscht, die allen beteiligten einen fairen Anteil an den Handelsgewinnen zukommen lässt. Prinzipiell hält er den Freihandel mit der Nutzung der komparativen Vorteile, wie Ricardo es gelehrt hatte, für sinnvoll, warnt vor Zöllen und Protektionismus generell. Er kritisiert die aus seiner Sicht neoliberale Doktrin, viele Privatisierungen seien schiefgegangen, etwa bei den mexikanischen Banken.

Einen deutlichen Akzent gegen die wachsende Ungleichheit in der Gesellschaft setzt Stiglitz auch in seinem Buch „Reich und Arm. Die wachsende Ungleichheit in unserer Gesellschaft" (original: „The Great Divide. Unequal societies and what we can do about them", Stiglitz, 2015). Das Buch besteht aus einer Konsolidierung einiger Stiglitz-Artikel neuerer Zeit zum Thema der Ungleichheit. Der Ökonom prangert die wachsende Ungleichheit zwischen dem 1 % des reichsten Teiles der Weltbevölkerung und den restlichen 99 % an. Immer weniger Superreiche besitzen genauso viel Vermögen wie die ärmere Hälfte der Bevölkerung, derzeit etwa 3,8 Mrd. Menschen. Das oberste Prozent der US-Amerikaner verfügt über 40 % des gesamten privaten US-Vermögens und 25 % des jährlichen Gesamteinkommens. 25 Jahre zuvor vereinte das oberste Prozent nur 12 % dieses Einkommens und 33 % des Vermögens auf sich (vgl. Stiglitz, 2015, S. 88).

Die Ursachen der wachsenden Ungleichheit liegen für Stiglitz vor allem in der neoliberalen Wirtschaftspolitik, beginnend mit Präsident George W. Bush. Steuerentlastungen wirkten sich vor allem zugunsten der Reichen aus. Deregulierungen und Privatisierungen halfen vor allem denjenigen, die nicht auf staatliche Hilfe angewiesen sind. Massenarbeitslosigkeit und Lohndumping schwächten die Mittelschicht. Reiche werden

durch niedrige Besteuerung und Sozialisierung der Verluste in der Finanzkrise begünstigt. Vor allem kritisiert
Stiglitz die Theorie, dass das, was Reichen nütze, etwa
niedrigere Steuern, auch den Ärmeren nütze. Reichtum
sei nicht die Voraussetzung für den massenhaften Aufstieg
aus der Armut – im Gegenteil. Die Chancengleichheit
zwischen Arm und Reich sei nicht gegeben: Arme Kinder
erhalten keine gute Bildung etwa an den teuren Privatschulen. Entsprechend erhalten sie keine der begehrten,
gut bezahlten Jobs, wenn sie überhaupt eine Job erhalten.
Arbeitslosigkeit und geringes Einkommen schwächen die
Binnennachfrage. Da dies die große Zahl der Bevölkerung
betrifft, führt es zu einer konjunkturellen Dämpfung.

Mit seiner Kritik an den herrschenden Verhältnissen,
der wachsenden Ungleichheit, vor allem in den USA, aber
auch im Rest der Welt legt Stiglitz die gesamte Autorität seiner Fachkenntnisse und seines Nobelpreises für
die Ärmeren der Gesellschaft in die Waagschale und zielt
damit in die gleiche Richtung wie der Armutsforscher
Atkinson. In eine ähnliche Richtung argumentiert der
zweite „ethische" Ökonom, der in diesem Kontext
erwähnt werden soll: der indische Ökonom und Philosoph
Amartya Sen.

Amartya Kumar Sen (vgl. u. a. Köhler, 2006; Gaertner,
2009, S. 354 ff.; Schipper, 2015, S. 150 ff.) wurde 1933
in Westbengalen, einem indischen Bundesstaat an der
Grenze zu Bangladesch, geboren und wuchs in einem
gebildeten und gut situierten Elternhaus auf. Sein Vater
war Chemieprofessor an der Universität von Dhaka,
einer staatlichen Schule in der Hauptstadt Bangladeschs.
Die Hungersnot und die Erfahrungen extremer Armut
in Bangladesch prägten Sen, wiewohl er selbst davon
verschont blieb. Er studierte Ökonomie am prestige-
trächtigen Presidency College in Kalkutta und wechselte
nach dem Bachelor an die Universität Cambridge. Der

ihm verliehene Adam-Smith-Preis ermöglichte ihm ein 4-jähriges Studium seiner Wahl. Er entschied sich für die Philosophie, weil die seiner Meinung nach nicht von der Ökonomie zu trennen sei. (Wir erinnern uns, dass der Begründer der modernen Ökonomie, Adam Smith, Moralphilosoph war Abschn. 2.1). Ähnlich wie Stiglitz lehrte und forschte Sen an den weltweit renommiertesten Universitäten und Institutionen: am Massachusetts Institute of Technology, in Stanford, Berkeley, Harvard, an der Delhi School of Economics, der London School of Economics und der Oxford University. In Oxford lehrte er neben Wirtschaftswissenschaften auch politische Ökonomie. Sen ist Mitbegründer des World Institute for Development Economics Research der United Nations University (UNU-WIDER) in Helsinki, Finnland, und war 1994 Präsident der American Economic Association, der Vereinigung US-amerikanischer Ökonomen. Von 1988 bis 1998 lehrte Sen an der Harvard University Philosophie und Ökonomie. Zwischen 1998 und 2004 war er Rektor des renommierten Trinity College in Dublin und kehrte anschließend an die Harvard University zurück, an der er heute noch als Emeritus lehrt. 1998 erhielt Sen den Alfred-Nobel-Gedächtnispreis für Wirtschaftswissenschaften für seine Arbeiten zur Wohlfahrtsökonomie, zum Lebensstandard generell und zur Theorie der wirtschaftlichen Entwicklung.

Amartya Sen hat sich zeitlebens den Fragen der sozialen Ungleichheit, der Verteilungsgerechtigkeit und der Bekämpfung von Armut und Unterdrückung gewidmet (vgl. Köhler, 2006). Dabei hat er sich immer zwischen Ökonomie, Philosophie, aber auch den Sozialwissenschaften bewegt. Zur Bekämpfung von Armut und Ungleichheit auf der Welt reicht es seiner Meinung nach nicht aus, sich mit den Grundlagen der Wohlfahrtsökonomik auseinanderzusetzen. Zu einer gerechten

Ökonomie gehört auch eine gerechte Gesellschafts-ordnung mit einer entsprechenden politischen Institution. Dazu müssen sich alle Mitglieder der Gesellschaft in Verantwortung für ihr Schicksal darüber austauschen, wie sie zusammenleben wollen. Dazu braucht jeder Bürger ein Mitspracherecht. Außerdem sei das reine Einkommen für den Menschen nicht das allein selig Machende: Auch mit einem hohen Einkommen und großem Vermögen könne man unglücklich sein, wenn man etwa in einem Land lebt, in dem Unfreiheit und Unterdrückung herrschen. Egoistisches Selbstinteresse, das ökonomische Paradigma schlechthin, sei nicht der alleinige Antrieb der Menschen. Darüber hinaus zählten weitere Werte, die das menschliche Verhalten nachhaltig beeinflussen.

So entwickelte Sen gemeinsam mit dem pakistanischen Ökonomen Mahbub ul Haq und dem britischen Ökonomen Meghnad Desai einen *Human Development Index* (vgl. Klier, 2009), d. h. einen Index der menschlichen Entwicklung, der von den Vereinten Nationen als Wohlstandsindikator eines Landes genutzt wird. Mit diesem Index erscheint seit 1990 jährlich ein Bericht über die menschliche Entwicklung. Dieser berücksichtigt neben dem Bruttosozialprodukt pro Kopf andere Faktoren, die den Lebensstandard definieren. So wird etwa für jedes Land die durchschnittliche Lebenserwartung integriert, ebenso wie ein Bildungsindex, der angibt, wie viele Jahre ein 5-jähriges Kind durchschnittlich die Schule besuchen sein wird. Aus den Dimensionen Lebenserwartungsindex, Bildungsindex und Einkommensindex wird ein geometrisches Mittel gebildet.

Um die individuelle und gesellschaftliche Wohlfahrt darstellen und messen zu können, entwickelte Sen ein eigenes Konzept: Den *Befähigungsansatz* („capability approach") (vgl. Klier, 2009). Wie bereits ausgeführt, hatte Sen erkannt, dass der Wohlstand einer Nation nicht allein durch das Einkommen zu messen ist. Konsequenterweise muss dann die Frage gestellt werden, was ein Mensch für ein glückliches und erfülltes Leben benötigt. Die wesentliche Voraussetzung ist die materielle Grundabsicherung, die ein Leben frei von Hunger, Durst und Kälte ermöglicht. Allerdings sind dies nur elementare Dinge. Doch welche Befähigungen („capabilities") benötigt ein Mensch darüber hinaus, um sich in seinem Leben verwirklichen zu können? Diese Frage betrifft nicht nur das Einkommen oder Vermögen, sondern auch die Gesundheit im Sinne der Lebenserwartung, das Leben im Frieden, die Wahrung der Menschenrechte und ausreichende Bildungsmöglichkeiten für alle Menschen in der Gesellschaft. In Zusammenhang mit den Fragen des Befähigungsansatzes hat Sen u. a. eng mit der Moralphilosophin Martha Nussbaum zusammengearbeitet. Das zeigt wiederum die Nähe Sens zur Philosophie, die er nie von ökonomischen Entwicklungen abkoppelte.

In seinem Buch 1999 erschienenen Werk „Development as Freedom" (deutsch: „Ökonomie für den Menschen", vgl. Sen, 2000) fasst Sen seine Kernthesen zusammen. Es basiert auf sechs Vorlesungen zwischen 1996 und 1997, die Sen als „Presidential Fellow" an der Weltbank in New York gehalten hat. Zwar sei die durchschnittliche Lebenserwartung der Menschen in aller Welt höher als je zuvor. Die demokratische Staatsform sei mittlerweile die dominierende in der Welt. Doch herrschten immer noch Mangel, Armut und Unterdrückung in einzelnen Teilen der Welt vor. Neben der anhaltenden Armut und den Hungersnöten werden fundamentale politische Freiheiten und Grundrechte etwa für Frauen mit Füßen getreten. Die Umwelt sei bedroht wie noch nie, entziehe der Wirtschaft sämtliche Grundlagen und ruiniere die Gesundheit der Menschheit. Die Freiheit des Einzelnen ist Sen zufolge oberstes Gebot und soziale Verpflichtung. Ein Land, die Welt kann sich nur entwickeln, wenn die dort noch herrschende Unfreiheit beseitigt wird. Nur dies gibt den Menschen die Freiheit, am Leben teilhaben zu können und Bildungschancen zu nutzen, die Gesundheit zu fördern und ein gutes Leben zu führen. Freiheit bezieht sich nicht nur auf die politische Freiheit im Sinne einer Freiheit der politischen Teilhabe an Wahlen oder an friedlichen Protesten, sondern auch auf die wichtige Tausch- und Handelsfreiheit.

Sen unterscheidet fünf Typen von Freiheit (vgl. Sen, 2000, S. 71 ff.): politische, ökonomische, soziale Freiheit im Sinne von sozialen Chancen, Garantien für Transparenz und schließlich die soziale Sicherheit. Nur unter diesen Gegebenheiten sei Wohlstand möglich. Allerdings hänge der individuelle Wohlstand nicht nur von der absoluten Höhe des Einkommens oder des Vermögens ab. So hätten Menschen mit Behinderung oder Krankheiten unterschiedliche Bedürfnisse und bedürften zur Aufrechterhaltung eines bestimmten Lebensstandards eines höheren Einkommens als vergleichbare Menschen ohne Behinderung oder gesunde Menschen. Umweltbedingungen zwischen den Ländern variieren und sorgen für höhere Kosten, z. B. für wärmere Kleidung und Heizung oder Klimaanlagen. Ganz zu schweigen vom unterschiedlichen Grad der Umweltverschmutzung. Länder unterschieden sich auch im Ausmaß ihrer sozialen Sicherungssysteme oder der Verbrechens- und Gewaltquote und beeinträchtigen trotz vergleichbaren Einkommens die Lebensqualität. In manchen reicheren Ländern seien die ärmeren Teile der Bevölkerung eher von der Bildung und der aktiven Teilnahme am Gemeinwesen ausgeschlossen als dies in ärmeren Ländern der Fall ist (z. B. im Falle von Privatschulen im Vergleich zu den in der Regel qualitativ schlechteren staatlichen Schulen in den USA). Schließlich sei das Einkommen ebenfalls relativ zu sehen im Vergleich zu der Anzahl der Familienmitglieder, auf das es verteilt werden muss.

Arme Menschen sind nicht nur materiell arm und kämpfen mit den Lebensverhältnissen, sie sind auch buchstäblich „arm an Verwirklichungschancen". Dies gilt vor allem in Bezug auf die Bildung. In Deutschland können wir ein Lied davon singen, wie hoch die Quote der Abiturienten oder Gymnasiasten bei ärmeren Familien ist im Vergleich zu den wohlhabend(er)en. Arbeitslosigkeit führt ebenfalls zu einem Mangel an Verwirklichungschancen. Zwar kann der Markt in freier Spielart über das Wirtschaftswachstum zu einem Wohlstandsgewinn führen. Doch warnt Sen vor einer unkritischen Betrachtung des Marktes: „Wie man es auch dreht und wendet, eine kritische öffentliche Diskussion ist eine unerlässliche Voraussetzung für eine gute Wohlfahrtspolitik, denn auf welche Weise und wie weit Märkte zu nutzen sind, lässt sich nicht auf der Grundlage einer großartigen allgemeinen Formel oder irgendeiner generellen Einstellung entscheiden, die entweder alles dem Markt überlassen oder ihm alles entziehen will." (Sen, 2000, S. 153).

Die Staatsform der Demokratie erscheint Sen als am besten geeignet für die Freiheit des Menschen und das Wirtschaftswachstum. Für ihn ist aber vor allem der Einsatz für die Selbstbestimmung der Frau ein wesentliches Element zur Stärkung des Wohlstands und vor allem der Freiheit. Eine allgemein zugängliche Schulbildung und qualifizierte Berufsausbildung für Frauen ist ein guter Schritt zur Verringerung der Ungleichheiten der Geschlechter in manchen Entwicklungsländern. Sen plädiert für die unbedingte Einhaltung und Stärkung der Menschenrechte und setzt sich für die soziale Gerechtigkeit ein. Werte sind Sen vor allem im kapitalistischen Wirtschaftssystem wichtig: gegenseitiges Vertrauen der

Geschäftspartner, Einhaltung von Verhaltenskodizes und der unterschriebenen Verträge etc. Das gilt auch im Umgang mit der Natur, die zu schonen ist und in den geschäftlichen Handlungen zu berücksichtigen ist.

Sen ist die Definition des rationalen Entscheiders in der Wirtschaft, der nur seinen persönlichen Vorteil sucht, zu eng gefasst. Besser wäre es, die menschlichen Werte Mitgefühl und Pflichtgefühl zu integrieren. So schreibt er in seinem Werk „Ökonomie für den Menschen" (Sen, 2000, S. 321): „Wenn Sie einem Bedürftigen helfen, weil sein Elend Ihnen das Herz beschwert, dann handeln Sie aus Mitgefühl. Wenn sichtbares Elend Sie jedoch nicht besonders unglücklich macht, sondern den Entschluss in Ihnen reifen lässt, ein System zu ändern, das Ihnen ungerecht erscheint – oder allgemeiner gesagt: wenn ihr Entschluss nicht allein darauf zurückgeht, dass der Anblick von Elend Sie bekümmert – dann handeln Sie aus Pflichtgefühl."

Sen ist ein Grenzgänger vor allem zwischen Ökonomie und Philosophie. Mit seinen ethisch abwägenden Positionen zur Moral, zur Bekämpfung der Armut und Hungersnöten legt er den Finger in die Wunde der Neuzeit. Er definiert Arten der Gerechtigkeit, stellt die ökonomische Wohlfahrtsdefinition auf eine breitere Basis und bringt so ein höheres Maß an Menschlichkeit in die ökonomische Diskussion. Das gefällt nicht jedem, bereichert aber die Diskussion und führt hin zu einer wahren „Ökonomie für den Menschen".

4.2 Die Verhaltensökonomen

Daniel Kahneman (vgl. u. a. Heuser, 2012; Thornton, 2015, S. 241 ff.) wurde 1934 als Sohn einer aus Litauen stammenden jüdischen Familie in Tel Aviv geboren.

Kahnemans Familie wanderte von Litauen nach Paris aus und mussten nach der Besetzung Frankreichs durch die Wehrmacht untertauchen. Nach dem Krieg wanderte Kahneman nach Palästina aus und studierte Mathematik und Psychologie an der Hebräischen Universität von Jerusalem. Nach dem Militärdienst wurde er für kurze Zeit als Psychologe der israelischen Armee eingestellt und entwickelte dort Assessmenttests zur Auswahl von Offiziersbewerbern. Danach studierte und promovierte Kahneman in Psychologie an der Universität von Kalifornien. Nach Lehrstationen als Professor für Psychologie an der Hebräischen Universität von Jerusalem, der Universität von British Columbia in Kanada und der Universität of Kalifornien in Berkeley war er seit 1993 Inhaber einer Professur für Psychologie für öffentliche und internationale Angelegenheiten an der Princeton University in New Jersey nahe New York und ist mittlerweile emeritiert. Er erhielt gemeinsam mit Vernon L. Smith, einem Vertreter der experimentellen Ökonomie, 2002 den Alfred-Nobel-Gedächtnispreis für Wirtschaftswissenschaften.

Richard H. Thaler (vgl. u. a. Straubhaar, 2017) wurde 1945 in East Orange im Bundesstaat New Jersey als Sohn einer Lehrerin und späteren Immobilienmaklerin und eines Versicherungsmathematikers geboren. Thaler studierte an der Case Western University (Bachelor) und der University of Rochester (Master) und wurde dort auch promoviert. Nach 4 Jahren als Assistenzprofessor in Rochester wechselte er an die renommierte Cornell University in New York, die zu den acht renommiertesten Universitäten der Welt gehört. Seit 1995 lehrt Thaler an der Universität Chicago. Er war Gastprofessor am Massachusetts Institute of Technology. 2015 war er Präsident der American Economic Association, der

US-amerikanischen Vereinigung der Ökonomen. 2017 erhielt Thaler den Alfred-Nobel-Gedächtnispreis für Wirtschaftswissenschaften.

Kahneman und Thaler, die gemeinsam mit dem früh verstorbenen Psychologen Amos Tversky forschten, kritisierten vor allem die neoklassische Annahme des Homo oeconomicus, des rationalen Entscheiders und Konsumenten, der über vollkommene Informationstransparenz verfügt und zu jedem Zeitpunkt die für ihn effizienteste Wahl zwischen verschiedenen Alternativen treffen kann. Kahneman, Thaler und Tversky fanden durch eine Vielzahl empirischer Studien heraus, was wir alle bereits intuitiv wussten: Der Mensch ist mitnichten ein unfehlbares, rein nach rationalen Kriterien entscheidendes und handelndes Wesen. Im Gegenteil: Wir haben Mitleid mit unseren Artgenossen, spenden und helfen ohne Gegenleistung, reagieren emotional, verfügen über unterschiedliche Charaktere und sind häufig in unserem Verhalten nicht vorhersehbar.

Die drei Verhaltensökonomen fanden durch ihre Experimente heraus, dass z. B. der Mensch in einer Entscheidungssituation mit mangelhaften Informationen auf Daumenregeln vertraut und stellten die „Allgemeine Theorie der Beschäftigung, des Zinses und des Geldes" auf. So greifen Konsumenten verstärkt nach bekannten Marken wie etwa bei Cornflakes, wenn sie aufgrund der Vielzahl von Cornflakesvarianten im Supermarktregal überfordert sind. Die Marke schafft Vertrauen, mit ihr haben sie gute Erfahrungen gemacht, und ihr Preis-Leistungs-Verhältnis ist bekanntermaßen gut. So werden Unsicherheiten in der Entscheidungsfindung überwunden. Die Erkenntnisse von Kahneman et al. lassen sich grob in drei Kategorien unterteilen (vgl. Pietsch, 2017, S. 160 ff.):

1. *Motivationale Effekte,* die sich mit der Motivation der einzelnen Menschen und ihrem ökonomischen Verhalten beschäftigen.
2. *Kognitive Effekte,* die sich mit „Denkfehlern" beschäftigen – Kahneman hat mit seinem Buch „Schnelles Denken, langsames Denken" (vgl. Kahneman, 2012), in dem er die verschiedenen Versionen der Denkfehler für ein breites Publikum aufbereitet, einen internationalen Bestseller verfasst.
3. *Verhaltensbezogene Effekte,* die sich mit irrationalen Verhaltensweisen von Menschen befassen.

Schauen wir uns im Folgenden anhand einzelner konkreter Erkenntnisse die „irrationalen" ökonomischen Verhaltensweisen an.

Motivationale Effekte

Menschen neigen dazu, einen Verlust stärker zu fürchten, als dass die Aussicht auf einen Gewinn sie erfreut *(Verlustaversion).* So konnten die Versuchspersonen in einem Experiment von Kahneman und Tversky sich zwischen einem Gewinn von 100 $ und einem von 200 $ entscheiden, wobei letzterer nur mit einer Wahrscheinlichkeit von 50 % gegeben ist. Obwohl die Wahrscheinlichkeit des Eintreffens bei beiden Fällen gleich ist (100-prozentig 100 € zu gewinnen entspricht statistisch genau der Wahrscheinlichkeit mit 50-prozentiger Wahrscheinlichkeit 200 € zu gewinnen!), entschieden sich fast alle Probanden für die „sichere" Variante mit 100 € Gewinn. Mit einer gewissen Risikobereitschaft hätte man auch das Doppelte, nämlich 200 € gewinnen können. Menschen haben größtenteils Angst, Verluste zu machen und schon sicher Geglaubtes wieder herzugeben.

Einen weiteren Effekt identifizierten Tversky und Kahneman im Hinblick auf den Preis von Gütern. So konnten beide in einem Experiment nachweisen, dass der Preis für einen Gegenstand, in diesem Fall eine Tasse, stark schwankte, je nachdem ob ich Käufer oder Verkäufer dieser Tasse bin. So waren die Käufer lediglich bereit, einen Preis von durchschnittlich 2,87 $ zu zahlen, während die Verkäufer im Schnitt einen Preis von 7,12 $ festsetzten. Die beiden Verhaltensökonomen erklärten sich den unterschiedlichen Preis mit dem unterschiedlichen Wert, den Käufer und Verkäufer dem Gegenstand beimessen. Während der Wert eines Gutes, das man besitzt, einen intuitiv höheren Wert hat, ist der Käufer leidenschaftsloser. Er kennt im Zweifel die Situation, den Gegenstand nicht zu besitzen, während der Verkäufer diese als „Verlust" erlebt.

Kognitive Effekte

Preise folgen normalerweise der Logik von Angebot und Nachfrage. Je höher die Nachfrage und je kleiner das Angebot, desto höher kann der Preis gesetzt werden, und umgekehrt. In einem Experiment konnten Tversky und Kahneman diese Logik jedoch aushebeln. Studenten sollten in einer Liste von Produkten den Preis notieren, den sie maximal zu zahlen bereit waren. Bevor die Studenten aber die Preise notierten, wurden sie nach ihrer in den USA durchaus üblichen Sozialversicherungsnummer befragt. Am Ende des Experiments kamen die beiden Forscher zu einer sehr überraschenden und rational nicht nachzuvollziehenden Erkenntnis: Diejenigen Studenten, die über höhere Sozialversicherungsnummern verfügten, waren tendenziell auch bereit, einen höheren Preis zu zahlen als die anderen Studenten mit der niedrigeren Nummer. Das eine hat doch mit dem anderen nichts zu tun, werden Sie jetzt zu Recht sagen. Aber so war es. Die Erklärung von Tversky und Kahneman lautet: Menschen werden von ihren aktuellen

Umweltinformationen, in diesem Fall die Sozialversicherungsnummer, beeinflusst. Das nennt man in der
Verhaltensökonomie „Ankereffekt".

Sie können selbst einmal im Bekanntenkreis das Experiment machen und über Immobilienpreise in München
sprechen. Mit einer anderen Gruppe sprechen Sie über
Immobilienpreise in einer Kleinstadt in einem dünn
besiedelten Gebiet Deutschlands, etwa in Mecklenburg-Vorpommern. Danach schauen sich beide Gruppen
einige Immobilien an, und Sie lassen sich die maximale
Preisbereitschaft Ihrer Bekannten nennen. Interessant
wird sein, ob die „Münchner" Gruppe zu einer höheren
Preisbereitschaft kommt als die „Mecklenburg-Vor-
pommersche".

Richard Thaler konnte in einem Experiment nachweisen, dass jeder Mensch einen Referenzwert für den
Preis eines bestimmten Produkts im Kopf hat. In diesem
konkreten Experiment ging es um ein Radio mit einem
Kaufpreis von 25 $. Dies war in etwa der Referenz-
wert, den der potenzielle Käufer im Kopf hatte. Nun
bekommt dieser potenzielle Käufer von einem guten
Freund den Rat, ein benachbartes Elektronikhaus auf-
zusuchen, wo das gleiche Radio nur 20 $ kosten soll. Da
er so 5 $ sparen und dem Rat des Freundes folgen kann,
entschließt sich der Mann, das Radio für 20 $ im benach-
barten Radiogeschäft zu erwerben. Die gleiche Situation
überträgt Thaler dann auf den Kauf eines Fernsehers, der
im benachbarten Laden ebenfalls 5 $ weniger kostet als im
hiesigen Fachgeschäft. Der absolute Preis beträgt allerdings
500 $ und der reduzierte Preis 495 $. Im letzten Beispiel
sind die Preise 5000 $ und 4995 $. Spätestens im letzten
Fall wird der Kunde sich überlegen, ob er trotz des Rates
eines Freundes den Umweg zum benachbarten Fachgeschäft in Kauf nimmt, um hier wieder 5 $ zu sparen.
Damit konnte Thaler zeigen, dass nicht der absolute,

sondern der relative Preisabstand zum gefühlten Referenzwert des Kunden entscheidend ist.

Auch Formulierungen sind entscheidend. So wurde in einem Experiment eine drohende asiatische Krankheit beschrieben, die das Leben von 600 Menschen bedroht. Zwei daraufhin aufgesetzte Programme wurden mit ihrer Wirkung beschrieben und sollten von den Versuchsteilnehmern als geeignetste Maßnahme gegen diese tödliche Krankheit ausgewählt werden: Im ersten Programm werden durch die entsprechende Abwehr von Maßnahmen und Medikamente 200 von den 600 Menschen mit Sicherheit gerettet werden. Im zweiten Programm werden mit einer Wahrscheinlichkeit von einem Drittel 600 Menschen gerettet werden, mit einer Wahrscheinlichkeit von zwei Dritteln wird keiner zu retten sein. Zur Info: Die Wahrscheinlichkeit zu sterben ist bei beiden Programmen gleich groß. Wenn 200 Menschen im ersten Programm sicher überleben, ist das eine Quote von einem Drittel. Wenn im zweiten Programm die Wahrscheinlichkeit des Überlebens der 600 Menschen ein Drittel beträgt, heißt das nichts anderes, als dass statistisch gesehen 200 Menschen überleben und 400 sterben werden.

Obwohl also die Wahrscheinlichkeit, zu sterben bzw. zu überleben, in beiden Fällen gleich groß ist, haben sich 72 % der Befragten für das erste Programm entschieden (200 Menschen werden sicher gerettet), während nur 28 % für das zweite Programm votierten. Diese Vorgehensweise der positiven Formulierung und des sanften Stupses (engl. „nudging") für die Bevölkerung machten sich die Verhaltensökonomen um Thaler zunutze, um menschliches ökonomisches Verhalten zu verändern. Man denke etwa an die Organspende: Während in Deutschland (noch) jeder Organspender seine Einwilligung zur Organspende aktiv erteilen muss und dann einen Organspendeausweis erhält, wird in den benachbarten Niederlanden jeder Bürger automatisch zum Organspender erklärt, es sei denn er widerspricht aktiv („Widerspruchslösung", ist in Deutschland ebenfalls in der Diskussion).

Verhaltensbezogene Effekte

Stellen Sie sich folgenden Fall vor: Sie kaufen eine Theaterkarte für 10 $, in heutige Preise und auf Deutschland übertragen sind das vielleicht 50 €. Auf dem Weg zum Theater verlieren Sie die Karte. Würden Sie die verlorene Karte ersetzen und, angenommen, es gibt noch vergleichbare Karten, eine neue Theaterkarte kaufen? Während Sie nachdenken, sei Ihnen verraten, dass die Versuchspersonen in Thalers Experiment diese Frage zu 46 % bejahten und 54 % verneinten. Nehmen wir nun den zweiten Fall: Auf dem Weg ins Theater verlieren Sie nicht die Theaterkarte, sondern 10 $, also in heutigen Preisen und auf Deutschland übertragen ebenfalls 50 €. Sie haben noch keine Eintrittskarte erworben. Würden Sie trotz des verlorenen Geldscheins an der Abendkasse eine Theaterkarte erwerben? Auch hier sei, während Sie nachdenken, wieder verraten, dass im Experiment von Thaler et al. 88 % der Versuchspersonen angaben, den Eintrittspreis dennoch bezahlen zu wollen, während nur 12 % sich dagegen aussprachen.

Wie kommt dieser Unterschied der ökonomischen Handlung zustande? In beiden Fällen wurden 10 $ (oder 50 €) verloren, einmal in Form der Theaterkarte, im anderen Mal in Form des Geldes. Der Unterschied, so die Forscher, ergäbe sich durch die *„mentale Buchung"* des Vorgangs auf unterschiedliche Konten, das sogenannte „mental Accounting". Auch ohne tief greifendes Buchhalterwissen kann man sich erklären: Im ersten Fall verdoppeln sich die Kosten des Theaterbesuchs, da eine Ersatzkarte gekauft werden muss. Die zusätzlichen Kosten werden also dem „Konto" Theaterbesuch zugeordnet.

Im zweiten Fall haben Sie lediglich 10 $ Ihres Vermögens verloren; Sie verbuchen den Verlust mental als Vermögensverlust und nicht auf das „Konto" Theaterbesuch. Daher kaufen Sie anschließend die Karte. Der Unterschied zwischen beiden Vorgängen ist also lediglich die Art und Weise, wie Sie den Vorgang mental verbuchen bzw. bewerten. Solche Verhaltensmuster werden auch in der Finanzwelt, in der „Behavioral Finance" d. h. der verhaltensorientierten Finanzierungslehre, beobachtet. Erwarte ich einen steigenden Wert einer Aktie, z. B. von 50 € auf 55 €, dann werde ich stärker in diese Aktien investieren, um sie später abzüglich Steuern und Transaktionskosten mit Gewinn verkaufen zu können. Bin ich aber nicht der Einzige, der diese Erwartungen bezüglich dieser Aktie hegt, weil sie etwa in diversen Zeitungsartikeln bereits angekündigt wurden, dann wird der Effekt schnell verpuffen, und die Preise der Aktie werden sich in Richtung des allgemeinen Erwartungswertes entwickeln. Börse ist Psychologie und zum Teil irrationales Verhalten.

Anhand dieser ausgewählten Beispiele ist vielleicht klar geworden, worauf die Verhaltensökonomen Kahneman, Tversky und Thaler hinauswollen: Das Verhalten der Mensch ist zum Teil irrational (siehe etwa die Sozialversicherungsnummer als Preisreferenz) und nur teilweise vorhersehbar. Meines Erachtens geht diese Integration der psychologischen Effekte in ökonomische Verhaltensweisen bereits in die richtige Richtung. Der reale Mensch schimmert hier deutlich durch und verkümmert nicht als mathematisch zu optimierendes Wesen. Vielfach wurde an der Verhaltensökonomie kritisiert, dass die Experimente hauptsächlich im Labor entstehen und die Realität nicht angemessen wiedergeben. Gleichzeitig wird ein umfassender Theorieentwurf vermisst. Die Wahrheit liegt vermutlich dazwischen. Klar ist, dass der Mensch mehr ist als ein rationales Wesen, das auf Basis vollständiger

Informationen immer die optimale Entscheidung trifft. Fairerweise muss man sagen, dass dies auch in der neoklassischen Theorie eine Annahme zur Vereinfachung des Modells war, eine Entscheidungsheuristik.

Allerdings legen die Ergebnisse der Experimente der Verhaltensökonomik schrittweise die psychologischen und sozialen Grundlagen des Menschen frei. Dieser interdisziplinäre Ansatz bewirkt also einen großen Erkenntnisgewinn für die Ökonomie. Nicht umsonst haben Kahneman (vgl. Kahneman, 2012) und Thaler (unabhängig voneinander) 2002 und 2017 den Alfred-Nobel-Gedächtnispreis für Wirtschaftswissenschaften erhalten. Der gezeichnete Weg endet hier aber noch nicht, sondern muss in Richtung einer stärkeren Interdisziplinarität weitergeführt werden. Wie wir bereits gesehen haben, weist der Alfred-Nobel-Gedächtnispreisträger des Jahres 2014, Jean Tirole, in seinem neuesten Werk „The Economics of the Common Good" (vgl. Tirole, 2017) den Weg in die richtige Richtung: Der Mensch als eigene Persönlichkeit mit psychologischen Gesetzmäßigkeiten, ausgestattet mit einem fehlbaren Gehirn, umgeben und eingebettet in die Kultur und Tradition seines sozialen Umfeldes, handelt auch ökonomisch alles andere als rational (vgl. Tirole, 2017, S. 122 ff.). Die Verhaltensökonomen haben einen entscheidenden Beitrag dazu geleistet, dies aufzuzeigen.

Was bleibt nach der Lektüre der verschiedenen Autoren und Theorien von der Antike bis zur Neuzeit als Quintessenz des ökonomischen Denkens, und wie muss man sich die Zukunft vorstellen? Antworten dazu versuche ich in den beiden Kapiteln von Teil II dieses Buches zu geben.

Literatur

Gaertner, W. (2009). Amartya Sen. In H. D. Kurz (Hrsg.), *Klassiker des ökonomischen Denkens* (Bd. 2, S. 354–372). Beck.

Heuser, U. J. (2012). Schreck der Ökonomen. *Die Zeit* 16.05.2012. https://www.zeit.de/2012/21/L-P-Kahneman/komplettansicht. Zugegriffen: 20. März 2019

Kahneman, D. (2012). *Schnelles Denken, langsames Denken.* Penguin.

Karier, T. (2010). *Intellectual capital – Forty years of the Nobel Prize in economics.* Cambridge University Press.

Klier, A. (2009). Amartya Kumar Sen & Martha Craven Nussbaum. Jedem nach seinen Befähigungen. https://www.alexander-klier.net/wp-content/uploads/2012/06/Artikel-Bef%C3%A4higungen.pdf. Zugegriffen: 20. März 2019.

Köhler, B. (2006). Serie Ökonomen: Amartya Sen: Das Gewissen der Ökonomie. *Bilanz* 14.03.2006. https://www.bilanz.ch/unternehmen/serie-oekonomen-amartya-sen-das-gewissen-der-oekonomie#. Zugegriffen: 20. März 2019.

Pietsch, D. (2017). *Grenzen des ökonomischen Denkens – Wo bleibt der Mensch in der Wirtschaft?* Eul/Lohmar.

Plickert, P. (2008). Joseph Stiglitz. Kassandra der Finanzkrise. *FAZ* 06.10.2008. https://www.faz.net/aktuell/beruf-chance/mein-weg/joseph-stiglitz-kassandra-der-finanzkrise-17/14311.html?printPagedArticle=true#pageIndex_0. Zugegriffen: 20. März 2019.

Schipper, L. (2015). Amartya Sen. Anwalt der Armen. In L. Nienhaus (Hrsg.), *Die Weltverbesserer – 66 große Denker, die unser Leben verändern* (S. 150–153). Hanser.

Schmidt, R. H. (2001). Nobelpreis. Rütteln an den Grundfesten. *Die Zeit* 18.10.2001. https://www.zeit.de/2001/43/200143_nobelpreis.xml/komplettansicht. Zugegriffen: 20. März 2019.

Sen, A. (2000). *Ökonomie für den Menschen – Wege zu Gerechtigkeit und Solidarität in der Marktwirtschaft.* Hanser (Titel der Originalausgabe (1999) Development as freedom. Oxford University Press).

Stiglitz, J. E. (2002). *Globalization and Its Discontents.* Norton.

Stiglitz, J. E. (2015). *The great divide – Unequal societies and what we can do about them.* Norton.

Straubhaar. (2017) Dieser Nobelpreisträger brach mit allen Heiligtümern. *Die Welt* 10.10.2017. https://www.welt.de/wirtschaft/article169490204/Dieser-Nobelpreistraeger-brach-mit-allen-Heiligtuemern.html. Zugegriffen: 20. März 2019.

Thornton, P. (2015). *Die großen Ökonomen. 10 Vordenker, deren Werk unser Leben verändert hat.* Börsenbuch.

Tirole, J. (2017). *Economics for the common good.* Princeton University Press.

Teil II

Aktuelle und zukünftige Herausforderungen der Wirtschaft

Nachdem wir uns in Teil I dieses Buches mit der Geschichte der ökonomischen Ideen und ihrer wesentlichen Vertreter beschäftigt haben, wollen wir uns – mit diesem Wissen bewaffnet – an die aktuellen und künftigen Themen der Wirtschaft heranwagen. Bevor wir das allerdings tun, möchte ich das folgende Kapitel nutzen, um die Erkenntnisse unserer bisherigen Reise durch die Ökonomie noch einmal zusammenzufassen und das gedankliche Rüstzeug zu ordnen (Kap. II. 5.1). Zudem werden wir Wesen und Logik der ökonomischen Forschung mit ihren Modellen kennenlernen (Kap. II. 5.2) und erfahren, warum diese so wichtig sind, aber auch deren Grenzen sehen. Wir wollen uns zudem ansehen, welchen Beitrag andere Wissenschaften zur ökonomischen Theorie leisten können (Kap. II. 5.3), wie die Sozialwissenschaften, die Psychologie und die Mathematik. Letztere wird in letzter Zeit eher kritisch gesehen, und ich werde aufzuzeigen versuchen, warum das so ist (Kap. II. 5.4). Wie in jeder Wissenschaft stößt man auch in den Wirtschaftswissenschaften an die Grenzen der Theoriebildung (Kap. II. 5.5). Dies geschieht vor allem dort, wo der Mensch und seine Aktivitäten in der Wirtschaftstheorie vergessen wird.

In Kap. 6 von Teil II dieses Buches werden wir uns den drängendsten Fragen der heutigen Wirtschaft widmen und uns fragen, wie sich diese Themen künftig entwickeln werden. Wir beginnen unsere Analyse mit der Frage nach der Gerechtigkeit in der Wirtschaft (Kap. II. 6.1). In den letzten Jahren ist die Wirtschaftsform des Kapitalismus generell, und bei uns in Deutschland speziell die Soziale Marktwirtschaft, in die Kritik geraten (Kap. II. 6.2). Auch das Thema des ethischen Handelns in der Wirtschaft ist immer wichtiger geworden (Kap. II. 6.3). In der täglichen Wirtschaft und ihrem Streben „immer höher, immer weiter, immer schneller" stößt man irgendwann an eine natürliche Grenze (Kap. II. 6.4). Hinzu kommen die Einflüsse der Globalisierung und Digitalisierung (Kap. II. 6.5). Dürre-sommer in Deutschland und in Teilen Europas, Über-fischung und Vermüllung der Weltmeere mit Plastikmüll sowie die Diskussion über CO_2 und NO_x-Werte führen dazu, dass die Ökologie in ihrem Zusammenspiel mit der Wirtschaft einen immer höheren Stellenwert erlangt hat (Kap. II. 6.6). Und wie sieht eigentlich die Arbeitsgesell-schaft von morgen aus (Kap. II. 6.7)? Wie bekommen wir eine Wirtschaft, die mehr Wert für alle und nicht nur einige wenige schafft (Kap. II. 6.8)? Schließlich: Welchen Herausforderungen begegnen wir in einer Ökonomie in unsicheren Zeiten?

5

Die Quintessenz des ökonomischen Denkens

5.1 Wesentliche Ideen der Ökonomie

Die ersten Denker ökonomischer Ideen waren keine Ökonomen, sie waren in erster Linie Philosophen. Wie der altgriechische Name bereits aussagt, waren sie Freunde der Weisheit oder auch der Wissenschaft. Sie beschäftigten sich mit den Kernfragen der Menschheit wie der des Zusammenlebens, der Ethik, mit dem Menschen an sich, der Anthropologie und mit dem Zusammenleben in einem Staat. Darüber hinaus war die sie umgebende Natur für sie von herausragendem Interesse. So beschäftigten sich die „Vorsokratiker" mit der Frage nach dem Urstoff der Welt und dem Urgrund des Seins (vgl. Kirk et al., 2001). Mal wurde Wasser dafür gehalten (Thales von Milet), mal Luft (Anaximenes), wieder andere bemühten ein Unbegrenztes, das sogenannte *apeiron* als Begriff für den Urstoff. Empedokles hielt gleich vier Elemente und deren Vermischung für den Urstoff: Erde, Wasser,

© Springer Fachmedien Wiesbaden GmbH, ein Teil von Springer Nature 2022
D. Pietsch, *Eine Reise durch die Ökonomie*,
https://doi.org/10.1007/978-3-658-38038-3_5

Luft und Feuer. Parmenides schließlich sah im „Sein"
den Urgrund der Welt. Anaxagoras blickte gleich auf das
gesamte Weltall und erkannte eine schöne, zweckmäßige
Ordnung (Kosmos) in ihm. Pythagoras und seine Schüler
faszinierten die in der Welt vorhandenen Zahlen und ihre
Verhältnisse. Diesen Überlegungen entstammt auch der
von allen Schülern zu lernende „Satz des Pythagoras" aus
der Geometrie.

Aus der Zeit davor, aus den Anfängen der Menschheit, der Steinzeit (vgl. Bick, 2012), sind keinerlei ökonomische Überlegungen bekannt. Der tägliche
Überlebenskampf galt der Nahrung und der Selbstversorgung. Zur Zeit der babylonischen und ägyptischen
Hochkulturen drehten sich die ökonomischen Kern-
überlegungen vor allem um die Frage, wie die landwirtschaftliche Produktion gesteigert werden kann,
z. B. durch eine effizientere Wasserregulierung und die
Art des Anbaus. Dadurch konnte die Ernährung einer
wachsenden Bevölkerung sichergestellt werden. In Vordergrund standen zudem Überlegungen zur Verteilung der
Nahrung. Je stärker arbeitsteilig die Produktion wurde
und je weiter die zu tauschenden Waren voneinander entfernt lagen, desto stärker wurde Fernhandel entlang der
Flussläufe und Meere betrieben. Der Tausch Ware gegen
Ware wurde sukzessive durch Einführung der Geldwirtschaft (vgl. Vaupel & Kaul, 2016) und das Aufkommen
des Bankenwesens mit der Kreditvergabe ersetzt. Zu
diesen Themen gibt es aber bis heute keine oder keine
nennenswerten Aufzeichnungen ökonomischer Ideen
oder Gesetzmäßigkeiten. Erst die klassischen griechischen
Philosophen wie der herausragende Platon und sein
Schüler Aristoteles, der Lehrer Alexanders des Großen,
begannen sich im Rahmen ihres philosophischen Gesamt-
systems mit Fragen der Ökonomie zu beschäftigen.

In Platons philosophischen Hauptwerk, „Politeia"
(vgl. Hülser, 1991, Band V), der Staat, finden wir erste
Ansätze einer Wirtschaftstheorie. Dort beschreibt Platon
den Menschen in der Polis als Wirtschaftssubjekt mit
lebensnotwenigen Bedürfnissen nach Nahrung, Kleidung
und Unterkunft. Um diese notwendigen Güter zu
erhalten, muss der Mensch arbeiten, bringt dabei aber
unterschiedliche Begabungen mit ein. Die Arbeitsteilung
generell und die Spezialisierung auf bestimmte Tätigkeiten
und Berufe führen dazu, dass die Produktivität steigt. Der
Tausch der einzelnen Waren solle gerecht erfolgen und
im Rahmen einer kooperativ angelegten Arbeitsgesell-
schaft. In Platons idealer Welt ist die Zusammenarbeit in
der Wirtschaftswelt harmonisch sowie ohne Konkurrenz
und Konflikt. Allerdings war Platon nicht weltfremd
und hat schon damals klar erkannt, dass dies bestenfalls
eine trügerische Idylle darstellt. Ihm bereiteten die Gier
seiner Zeitgenossen nach immer mehr Reichtum, die
„Pleonexie", große Sorgen. Dem stellt Platon eine Herrschaft der Philosophen, der weisen Männer, entgegen,
die sich um den Staat und die Bekämpfung der Gier
kümmern. Platon ging es dabei mehr um die ethische
Dimension des wirtschaftlichen Handelns: die Gier des
Menschen nach Reichtum als egoistische Verhaltensweise,
die sich dem Gemeinwohl und dem Staat entzieht. Der
Einzelne und die Familie werden wichtiger als der Staat,
den wir alle darstellen. Als konkrete Maßnahme gegen
Egoismus schlägt Platon die Abschaffung des Privateigentums vor allem für die Führungsschicht des Staates vor.
Die Elite des Staates soll sich nicht um ihr eigenes Ver-
mögen kümmern, sondern um die Geschicke des Staates.
Die moralische Integrität des Herrschers steht hierbei im
Vordergrund. Anstelle eines hohen Vermögens soll der
Staatsmann eher nach der Tugend der Lebensklugheit
streben. Materielle Dinge werden dabei zur Nebensache.

Aristoteles, der Schüler Platons und einer der bedeutendsten Philosophen des Abendlandes, hat der Ökonomie ihren Namen gegeben. Von „oikos" (Haus) und „nomos" (Gesetz) abgeleitet, könnte man Ökonomie sinngemäß mit „Hauswirtschaftslehre" übersetzen. So entwickelt Aristoteles in seinen drei Büchern über die „Oikonomia" (vgl. Brodersen, 2006) seine Ideen zur Herrschaft im Haus, zum Verhältnis zwischen Mann und Frau, Vater und Kindern und Herrn und Sklaven. Er befasst sich im zweiten Buch mit der Finanzgeschichte griechischer und persischer Staaten inklusive der Frage, wie Staatseinkünfte zu mehren sind, und im dritten Buch mit den Gesetzen des Mannes und der Ehe. Die Ökonomie sieht Aristoteles vor allem als Hausverwaltungskunst: Sie sorgt für die materielle Basis der Familie und ihrer Mitglieder und sichert so das gute Leben. Privateigentum und das Streben nach Reichtum sieht Aristoteles positiv, da sie eine effiziente Haus- und Staatsverwaltung sicherstellt. Er betrachtet die Ökonomie also pragmatisch als Technik zur Sicherung eines guten Lebens. Wie bei seinem Lehrer Platon steht bei ihm die ethische Dimension der wirtschaftlichen Tätigkeiten im Vordergrund: Die Gewinnmaximierung als reine Anhäufung von Vermögen über das notwendige Maß hinaus lehnt Aristoteles als unsittlich ab. Ebenso beschreibt er in seinem Werk „Nikomachische Ethik" (vgl. Aristoteles, 2007), dass der durch die Arbeitsteilung hervorgerufene Tausch von Waren „gerecht" abzulaufen habe. Die hier gemeinte Art der Gerechtigkeit ist die der Gegenseitigkeit: Ein Tausch muss immer einen gleichwertigen Tausch von Waren gegen Waren oder von Waren gegen Geld beinhalten.

Im Mittelalter greift der Philosoph Thomas von Aquin wesentliche Gedanken von Aristoteles auf und entwickelt sie weiter. Keine Überraschung ist die Tatsache, dass in der Zeit der intensiven Religiosität vor allem im Rahmen des Christentums die ethische Dimension wirtschaftlichen Handelns noch weiter im Vordergrund steht, als das schon bei Platon und Aristoteles der Fall war. In seinem Hauptwerk „Summa Theologiae", (Die Summe der Theologie; vgl. Aquin, 1985), fordert Thomas, dass beim Handel von Gütern beide Parteien jeweils den gleichen Nutzen haben sollen. Dazu gehört u. a., dass sämtliche Informationen zur Preisbildung offengelegt werden sollen. So soll der Verkäufer von Weizen dem Käufer Informationen darüber geben, wie ertragreich die Ernte in der Summe war, um das Angebot und damit eine Knappheit der Ware abschätzen zu können. Der Preis soll gerecht sein, „iustum pretium", eine Forderung, die schon bei Aristoteles zu lesen ist. Thomas trat streng bibeltreu für ein generelles Zinsverbot ein und brandmarkte jegliche Zinsnahme beim Verleihen von Geld als Wucher. Viele Gelehrte dieser Zeit konzentrierten sich mit ihren philosophischen Abhandlungen auf ethische Themen, vor allem darauf, wie sich die Erkenntnisse der abendländischen Philosophie mit dem christlichen Glauben in Übereinstimmung bringen lassen. Daher standen die Themen der Gerechtigkeit des Tausches, aber auch des Wirtschaftens generell stärker im Vordergrund der Überlegungen.

Dies änderte sind erst zu Beginn der Neuzeit. Im 18. Jahrhundert, vor allem ab der zweiten Hälfte, nahm die Bevölkerung vor allem in Europa wieder zu, nachdem sie im 17. Jahrhundert vor allem als Ergebnis von großen und lang andauernden Kriegen, vor allem des Dreißigjährigen Krieges, stark zurückgegangen war. Die Bevölkerung wurde größtenteils immer noch von der Landwirtschaft ernährt. Folgerichtig kreisten Überlegungen der wirtschaftlichen Denker jener Zeit vor allem um die Gesetzmäßigkeiten der Landwirtschaft. Dazu entwickelte der Franzose François Quesnay das erste Gesamtmodell einer Ökonomie. Quesnay war einer der Hauptvertreter der „Physiokraten" – Physiokratie bedeutet die Herrschaft der Natur –, deren Kernidee war, dass die Wirtschaft nach dem Vorbild der Naturprozesse funktioniere (vgl. im Folgenden Zank, 1993). Belässt man die Wirtschaft dieser natürlichen Ordnung, „laisser faire", so führen alle Kräfte zu einem Gleichgewicht, das den bestmöglichen Zustand der Wirtschaft markiert. Staatseingriffe werden kategorisch abgelehnt. Diese vehemente Ablehnung von staatlicher Korrektur der Wirtschaft ist eine Antwort auf das System des Merkantilismus, was vor allem in Frankreich seinen Anfang nahm. Ziel des Merkantilismus war die Stärkung der Macht eines Staates durch Anhäufung von möglichst großem Reichtum. Dies sollte mit einer staatlichen Förderung des Handels erreicht werden, der möglichst viel Geld in die Staatskassen spülen und einen geringen Abfluss sicherstellen sollte. Je mehr Geld oder Gold in den Staatskassen, desto besser. Auch Schutzzöllen wurden eingesetzt, wenn es galt, die heimische Wirtschaft zu unterstützen. Dagegen forderten die Physiokraten, dass nicht die Außenhandelsbilanz für den Wohlstand eines Volkes sorgen solle, sondern die landwirtschaftliche Produktion. Daher müsse der Staat nicht den Handel, sondern, wenn überhaupt, die Agrarproduktion forcieren.

François Quesnay, der von Hause aus Mediziner war und gleichzeitig der Leibarzt des Königs, erstellte ein erstes volkswirtschaftliches Kreislaufmodell („tableau économique"). Er teilte die Bürger in drei „Klassen" ein: die erste Klasse, die Bauern, Fischer und Bergarbeiter, die er als „produktive Klasse" bezeichnete, sorgten für die Produktion neuer Waren und somit für den Reichtum des Landes. Die zweite Klasse, die Klasse der Grundbesitzer oder auch „distributive Klasse" genannt, lebt von den Erträgen der Produktion abzüglich der Bezahlung der Bauern. Die dritte Klasse, die „sterile Klasse", wie etwa Handwerker, Angestellte, Kaufleute, leben von ihrer Arbeit für die Grundbesitzer oder der Verwaltung der landwirtschaftlichen Erträge. Die einzelnen Klassen sind in diesem Wirtschaftskreislauf miteinander verbunden. Die Bauern zahlen an die Grundbesitzer Pachtzinsen und leben vom Verkauf der Agrarprodukte. Die Grundbesitzer verkaufen die Agrarprodukte weiter an die „sterile Klasse", die diese Güter in gewerbliche Güter umwandeln und weiterverkaufen. Wenn der Staat die Wirtschaft fördern wolle, so müsse er vor allem die Landwirtschaft stärken, indem er u. a. die Leibeigenschaft aufhebe und die landwirtschaftlichen Methoden effizienter gestalte, so die Meinung der Physiokraten (Zank, 1993).

Wie wir an den bisherigen Ausführungen gesehen haben, waren die ökonomischen Erkenntnisse der beschriebenen Denker lediglich Randerscheinungen in einem philosophischen Gesamtwerk und beschäftigten sich mit ausgewählten ökonomischen Fragestellungen. Und wenn die Denker sich mit diesen Themen auseinandersetzten, dann waren sie alle keine Fachwissenschaftler der Ökonomie, sondern eher Generalisten wie die Philosophen Platon und Aristoteles oder Mediziner wie François Quesnay. Auch der Begründer der modernen Ökonomie, der Schotte Adam Smith, war von Hause aus Moralphilosoph. Smith war ähnlich wie Platon und Aristoteles eher ein Generalist, gedanklich unterwegs in verschiedenen Wissenschaften. In seinen Bemühungen um eine Stelle als Universitätsdozent hielt Smith in Edinburgh öffentliche Vorlesungen zu einem umfassenden Themenspektrum. Er referierte dabei über rechtliche Themengebiete genauso wie über englische Literatur und Rhetorik, aber auch Philosophie allgemein. Erst im Alter von 27 Jahren wurde er zum Professor für Logik an der Universität Glasgow ernannt. Zwei Jahre später wurde er Professor für Moralphilosophie. In dieser Zeit entstand sein erstes großes Werk, „Theorie der ethischen Gefühle", im englischen Original: „The Theory of Moral Sentiments" (vgl. Smith, 2010), in dem er sich mit der menschlichen Natur und ihrem Verhältnis zur Gesellschaft auseinandersetzte. Erst im Alter von 53 Jahren nach seiner Karriere als Philosophieprofessor stellte er sein ökonomisches Hauptwerk „Der Wohlstand der Nationen" (2009) fertig.

Kernthema von Smith war, wie er im Titel seines Buches prägnant formuliert, wie der Wohlstand der Nationen entsteht (vgl. Smith, 2009). Dabei untersucht Smith vielfältige Themen wie etwa die Prinzipien der Arbeitsteilung, das Zustandekommen von Löhnen und Preisen auf der Basis von Angebot und Nachfrage oder auch die Funktionen des Geldes und des Finanzsystems. Smith sah im freien Warenaustausch über die Ländergrenzen hinweg eine entscheidende Quelle des Wohlstands einer Nation. Die Produktion könne durch die Spezialisierung auf bestimmte Arbeitsvorgänge und Arbeitsteilung effizienter werden. Die dadurch kostengünstiger produzierten Güter können dann in einem freien Warenhandel international verkauft und exportiert werden. Ein wesentlicher Aspekt der Theorie von Adam Smith bezieht sich auf die menschlichen Eigenschaften: Der Egoismus des Unternehmers verhindert aus Smiths Sicht nicht etwa den Wohlstand, ganz im Gegenteil bringt der Unternehmer die Wirtschaft insgesamt voran, indem er seine eigenen Interessen verfolgt.

Die Erklärung ist relativ einfach: In seinem Streben nach Gewinn versucht der Unternehmer die Kundenbedürfnisse zu befriedigen und in einem immer effizienteren Produktionssystem möglichst qualitativ hochwertige Güter hervorzubringen. Da alle erfolgreichen Unternehmer so handeln – und dabei von der „unsichtbaren Hand", „invisible hand", gesteuert werden – werden die Produkte immer kundengerechter und effizienter hergestellt. Die Wirtschaft in der Summe wird dadurch immer wettbewerbsfähiger, und der Wohlstand der Nation wächst. Allerdings gilt dies nur, so Smith, wenn die Unternehmer langfristig denken und handeln. Smith trat auch für eine gerechte Einkommensverteilung ein, da der Arbeiter nur durch hohe und gerechte Löhne einen Ansporn erhält, fleißig und produktiv zu arbeiten. Schließlich kann er damit sich und seine Familie ausreichend ernähren.

Mit der zunehmenden Industrialisierung vor allem in England und Deutschland ändern sich auch die Rahmenbedingungen des Wirtschaftens. Die Ökonomen jener Zeit greifen natürlich diese Änderungen auf. So verläuft der Übergang von der manuellen zur maschinellen Produktion in Fabriken unter Einsatz von Massen von Arbeitern alles andere als reibungslos. Die Produktion in den Fabriken wird immer arbeitsteiliger, der Einzelne sieht nur noch einen winzigen Ausschnitt des Gesamterzeugnisses. Gleichzeitig erleben die Arbeiter eine für ihre Gesundheit alles andere als optimale Produktionsumgebung: Lange, oft stupide und sich wiederholende Tätigkeiten verlangen eine robuste körperliche und geistige Konstitution. Dabei sind die sicherheitstechnischen und hygienischen Arbeitsbedingungen äußerst mangelhaft. Die Arbeiter, die größtenteils mit ihren Familien in der Nähe der Fabriken in elenden Holzhütten und Baracken, umgeben von Dreck und Schlamm, leben, sind häufig überarbeitet und können sich kaum erholen. Selbst Kinder müssen mit anpacken, da die Eltern vielfach nicht ausreichend verdienen, um die Familie zu ernähren. Der durchschnittliche Lohn eines Arbeiters reicht bei Weitem nicht für einen würdigen Lebensstandard aus.

In dieser für den Arbeiter und seine Familie deprimierenden Situation greift die ökonomische Theorie von Karl Marx, der gemeinsam mit Friedrich Engels, dem reichen Sohn eines Spinnereibesitzers, die Situation der Zeit analysiert (vgl. Marx & Engels, 1983) und eine Revolution empfiehlt. In seinem Streben nach Profit versuche der Unternehmer, den vom Arbeiter produzierten „Mehrwert" (vgl. Marx, 2009) am entstandenen Gut für sich zu nutzen und dem Arbeiter nur den Lohn zu zahlen, den dieser braucht, um seine Arbeitskraft zu erhalten. Dadurch, dass der Unternehmer das Eigentum an den Produktionsmitteln besitzt, könne er die Früchte der Arbeit des Arbeiters genießen, ohne diesen angemessen am Gewinn zu beteiligen. Dies führe zur „Verelendung" des Arbeiters und zu einer zunehmenden Proletarisierung. Der Arbeiter „entfremde" sich immer mehr von seiner Arbeit und identifiziere sich nicht mehr mit dem Produkt seiner Mühen. Der Unternehmer optimiere seinen Kapitaleinsatz auf dem Rücken der Arbeiter, er „beute" sie aus. Dies führe zu einem „Klassenkampf" der Unternehmer oder der „Bourgeoisie" gegen die Arbeiter: Während der Arbeiter „verelende", „akkumuliere" der Unternehmer und Besitzer der Produktionsmittel das Kapital. Folgerichtig ruft Marx die Arbeiter und „Proletarier" über die Ländergrenzen hinweg auf, gegen diese Verhältnisse zu revoltieren und ein neues, sozialistisches System zu etablieren. Kernidee solle der Kommunismus (lat. *communis* = allgemein, gemeinsam), der gemeinsame Besitz aller an den Produktionsmitteln sein.

Während Karl Marx ein vergleichsweise geschlossenes ökonomisches und gesellschaftliches System vorlegte, konzentrierten sich andere Ökonomen auf wesentliche Einzelaspekte der Wirtschaft. So erläuterte David Ricardo, wie der Handel zwischen einzelnen Nationen zustande kam und warum er auch dann Sinn macht, wenn ein Land alle Güter in einem effizienteren Produktionsverhältnis selbst herstellen kann (vgl. Fischer, 2011). Der Grund dafür liegt laut Ricardo in den Spezialisierungsgewinnen: Ein Land konzentriert sich auf die Herstellung des Gutes, bei dem es im Vergleich zu einem anderen Land geringere Produktionsnachteile hat und überlässt es andererseits dem anderen Land, sich auf jene Güter zu konzentrieren, bei denen dieses noch größere Produktionsvorteile hat. Andere Ökonomen wie etwa der Franzose Jean-Baptiste Say machte sich mit dem nach ihm benannten „Sayschen Theorem" einen Namen (vgl. Hoffmann, 1992): Jede Produktion, jedes Angebot schaffe sich demnach seine Nachfrage selbst. Die Überproduktion eines Gutes in einem Land werde spätestens durch die Unterproduktion des gleichen Gutes in einem anderen Land wieder ausgeglichen. Der Engländer John Stewart Mill, der sich als politischer Ökonom begriff, sah in einem Marktsystem mit größtmöglicher persönlicher Freiheit und dennoch gerechten Marktergebnissen eine ideale Wirtschaftsordnung (vgl. Schipper, 2015).

Vielfach mussten Ökonomen, die ursprünglich Philosophen, soziologische und politische Denker waren, auf aktuelle Wirtschaftskrisen reagieren und ein in der Praxis einsatzfähiges Konzept entwickeln. So auch der wohl wirkmächtigste Ökonom des 20. Jahrhunderts, der Engländer John Maynard Keynes. Nach dem Studium der Philosophie, Mathematik und Ökonomie an der Universität Cambridge arbeitete Keynes im India Office der britischen Regierung, danach im britischen Finanzministerium und kehrte dann an die Universität als Professor zurück. Er erkannte bereits als Mitglied der britischen Delegation bei den Versailler Friedensverhandlungen am Ende des Ersten Weltkrieges, dass die Deutschland und der deutschen Wirtschaft auferlegten Reparationszahlungen eine wirtschaftliche und politische Katastrophe darstellten. In seinem Werk „The Economic Consequences of the Peace" (1919, dt.: „Die ökonomischen Konsequenzen des Friedens"), das ihn international bekannt machte, prangerte Keynes die wirtschaftlich und politisch unerfüllbaren Reparationslasten an. Es demonstrierte bereits die visionären, aber auch pragmatischen Ansichten in Keynes' ökonomischer Theorie.

Dies zeigte sich vor allem anlässlich der 1929 hereinbrechenden Weltwirtschaftskrise, die sich, ausgehend von der New Yorker Börse, über die gesamten Vereinigten Staaten ausbreitete. Im Gegensatz zu der Annahme Jean-Baptiste Says schaffe sich das Angebot seinen Markt eben nicht. Die Situation ist mit der heutigen annähern vergleichbar, auch wenn derzeit keine Wirtschaftskrise existiert (vgl. Keynes, 2017): Der Zins steuert das Angebot und die Nachfrage nach Geld. Je höher der Zins, desto mehr Geld wird gespart und bei der Bank angelegt und desto weniger wird ausgegeben. Die Bank legt das Geld an und lässt es arbeiten. Ist der Zins sehr niedrig oder gleich null, lohnt sich das Anlegen nicht, und es wird eher Bargeld gehalten. Diese „Liquiditätsfalle" – d. h., die Haushalte sparen das Bargeld lieber, als es auszugeben – führt dazu, dass wenig konsumiert wird, somit keine Nachfrage erzeugt wird und Güter und Dienstleistungen weniger nachgefragt werden. Folglich werden für deren Produktion und Erbringung weniger Arbeiter und Angestellte nachgefragt, es kommt zur Massenarbeitslosigkeit. Als Gegenmittel empfiehlt Keynes, die fehlende Nachfrage des privaten Sektors durch die staatliche Nachfrage zu ersetzen. Durch den vermehrten Bau von Autobahnen und Immobilien, die Investition in private Unternehmen etc. werden die unternehmerischen Aktivitäten gestärkt, Arbeit wird vermehrt nachgefragt und die Arbeitslosigkeit gesenkt. Der Staat regt somit die unternehmerische Aktivität an. Werden die Investitionen des Staates durch Kredite am Kapitalmarkt finanziert, steigt gleichzeitig der Zins, die Leute halten weniger Bargeld und legen es wieder bei der Bank an. Durch die gestiegene Nachfrage am Kapitalmarkt steigt der Zins an. Für Privatanleger und Sparer wird es dann wieder attraktiv, bei gestiegenen Zinsen Geld auf der Bank zu halten.

Ökonomen haben sich in den letzten Jahrzehnten mit einer Fülle unterschiedlicher Themen beschäftigt, deren Beschreibung hier den Rahmen sprengen würde. So theoretisierten sie z. B. über die ökonomischen Hintergründe der Ehe. Der Nobelpreisträger Gary Becker behauptete, die Ehepartner heirateten nicht aus Liebe, sondern aus rationalem Kalkül (vgl. Siedenbiedel, 2013). Die Familie sei mit einer kleinen Fabrik vergleichbar, die durch die Arbeitsteilung von Mann und Frau jedem einzelnen Familienmitglied mehr Wohlstand einbrächte. Wieder andere wie Joan Robinson forderten, die Ökonomie müsse das Leben erklären und sich vor allem der Themen Arbeitslosigkeit und Ausbeutung annehmen. Streit gab es häufig über den Anteil von Gleichheit und Freiheit in der Wirtschaft. So entflammte die Auseinandersetzung der Ökonomen über die Frage, wie viel Einfluss der Staat in der Wirtschaft haben dürfe. Angefangen von der idealen Wirtschaftsform bis hin zur Frage, ob der Staat nur die Rahmenbedingungen setzen dürfe wie etwa den rechtlichen und steuerlichen Rahmen, die Festlegung der Eigentumsverhältnisse, die Aufrechterhaltung eines freien Wettbewerbs oder die Verteidigung des Staates gegenüber Angriffen von innen und von außen. Vertreter eines sozialistischen, eher Ausgleich anstrebenden Ansatzes sprachen sich für einen verstärkten Eingriff des Staates zugunsten der Armen, Schwachen und gesellschaftlich Ausgegrenzten ein. Stichworte wie Vermögens- und Erbschaftssteuer, Mindestlohn und -rente, aber auch staatliche Kontrolle von Großunternehmen, bedingungsloses Grundeinkommen erfordern eine starke Einflussnahme des Staates in Form einer teilweisen Umverteilung der marktwirtschaftlichen Ergebnisse. Damit soll vor allem die immer stärker werdende Ungleichheit in der Gesellschaft bekämpft werden: Denn die Armen werden immer ärmer oder stagnieren auf niedrigem Niveau, und die Reichen werden immer reicher. Ökonomen, die in dieser Richtung forschen und argumentieren, sind u. a. der Wirtschaftsphilosoph und Nobelpreisträger Amartya Sen, der Engländer Anthony Atkinson, der US-Amerikaner Joseph Stiglitz, ebenfalls Nobelpreisträger, und John Kenneth Galbraight. Manche konzentrieren sich wie der Sozialphilosoph John Rawls in ihren denkerischen Bemühungen um das Wesen der Gerechtigkeit.

Die gegensätzliche Position eines auf die freien Kräfte des Marktes setzenden Ökonomen wurde oder wird vor allem von Ökonomen wie Friedrich von Hayek, Ludwig Mises und Milton Friedman vertreten (Friedman, 2016): Der Staat dürfe nur die Rahmenbedingungen setzen wie etwa die Rechtsordnung, die Legislative, Exekutive und Judikative und in die Wirtschaft so wenig wie möglich eingreifen. Ein gutes Beispiel liefert die staatliche Pflichtkrankenversicherung in den USA, „Obamacare": Aus Sicht von Gleichheit und Schutz der Armen und Schwachen fordernden Ökonomen ist diese staatliche Krankenversicherung ein Segen, bietet sie doch etwa 20 Mio. der ärmsten Amerikaner mit zum Teil massiven gesundheitlichen Einschränkungen einen Versicherungsschutz (vgl. Holderied, 2010). Damit erhalten die Versicherten eine einigermaßen adäquate medizinische Versorgung, die sie sich sonst aus finanziellen Gründen nicht leisten könnten. Die Verfechter der Freiheit sehen in dieser Pflichtkrankenversicherung hingegen eine unzumutbare Einschränkung der individuellen Wahlfreiheit der Bürger. Außerdem sei die Versicherung unrentabel und lasse die reichen

Versicherten die Versorgung der ärmeren Mitbürger mitbezahlen, was einem kommunistischen Ansatz gleichkäme (Schmitt, 2013; Eschbacher, 2017).

Aber nicht nur philosophische Überlegungen treiben die Ökonomen an. Vielfach wurden in den letzten Jahrzehnten vor dem Hintergrund einer forcierten Mathematisierung der Ökonomie zahlreiche mathematische Modelle beschrieben, die auf der Grundlage eines rationalen Homo oeconomicus basieren. Mithilfe umfangreicher mathematischer Formeln und Statistiken wurden die Einflüsse verschiedener Aspekte der Geldpolitik, aber auch der Fiskalpolitik und des Außenhandels auf die Gesamtwirtschaft berechnet. Im Abschn. 5.1 wird noch intensiver auf die Bedeutung der Mathematik in der Ökonomie eingegangen werden.

In der letzten Zeit hat man sich nun aber wieder stärker einem realistischen Menschenbild angenähert und das zum Teil stark irrationale Verhalten des Menschen in der Wirtschaft aufgegriffen. Unter dem Stichwort „Verhaltensökonomie" sind irrationale Verhaltensmuster der Konsumenten und Menschen bei ökonomischen Aktivitäten empirisch betrachtet worden. Es konnte aufgezeigt werden, dass Menschen sich ökonomisch stark intuitiv verhalten und ihr Verhalten von der Art der jeweiligen Fragestellung abhängt oder schlicht auf Fehlwahrnehmungen beruht. Vor gut 50 Jahren versuchte man sich schon einmal dem realen Wesen des ökonomisch denkenden und handelnden Menschen zu nähern, indem man sich im Rahmen der Spieltheorie mit dem strategisch-taktischen Verhalten des Menschen auseinandersetzte. Welche Verhaltensweise ist die taktisch cleverste, wenn ich als Verbrecher angeklagt bin und meinen Kompagnon verraten könnte? Verrate ich ihn, zeige ich mich kooperativ und kann auf Milde bei der Bestrafung hoffen. Sagt weder ich noch mein

Kompagnon etwas, können wir im Zweifel der Tat nicht überführt werden, da es keine Indizienbeweise gibt. Verrät mich mein Kompagnon, und hoffe ich auf dessen Loyalität, dann werde ich im Zweifel am härtesten von uns beiden bestraft. Diese als „Gefangenendilemma" bekannt gewordene Situation beleuchtet stärker als die mathematischen Modelle die reale Lebenswelt der Menschen bei ökonomischen Fragestellungen des Alltags.

Wie diese kurze Zusammenfassung der Kernthemen bekannter Ökonomen (vgl. Hoffmann, 2009; Karier, 2010; Piper, 1996; Kurz, 2009; Nienhaus, 2015; Starbatty, 1989; Thornton, 2015) zeigt, ist die Bandbreite ökonomischer Themen sehr groß. Viele Theorien und Kerngedanken sind mittlerweile unter Ökonomen, aber auch unter Laien zu Gemeingut geworden. Interessant sind aus meiner Sicht zwei Dinge:

1. Die Ökonomen *arbeite(te)n interdisziplinär*, waren oder sind vielseitig gebildete Intellektuelle ihrer Zeit mit unterschiedlichem akademischem Hintergrund. Sie nutz(t)en die gesamte Bandbreite der Wissenschaften, seien es Sozial-, Natur- oder Ingenieurwissenschaften. Wesentlich war und ist nur der Erkenntnisgewinn, den sie aus der Anwendung des Wissens aus anderen Bereichen zogen und ziehen.
2. Viele großen Ökonomen waren z. T. lange in der Praxis beschäftigt und konnten so ihre theoretischen Ideen mit der Praxis konfrontieren und umgekehrt ihrer Praxis Anregungen für ihre theoretischen Überlegungen entnehmen. Arbeiteten sie zudem noch empirisch mit Daten der realen Ökonomie, dann kamen sie zu konkreten und nachvollziehbaren Ergebnissen. Ökonomen dürfen selbstverständlich auch „nur" Forscher

sein – heutzutage geht es aufgrund der Komplexität
der wissenschaftlichen Erkenntnisbildung nicht ohne
Spezialisierung –, aber Praxiserfahrung hat offenkundig
nicht geschadet.

5.2   Die Logik der ökonomischen Forschung

In Abschn. 5.1 haben wir die wesentlichen Erkenntnisse der ökonomischen Zunft über die Jahrhunderte in
einer kurzen Gesamtschau zusammengetragen. Um diese
Erkenntnisse besser bewerten zu können, lohnt es sich,
sich mit einigen Grundannahmen der ökonomischen
Forschung auseinanderzusetzen. Ökonomen arbeiten
zur Erklärung komplexer wirtschaftlicher Sachverhalte
vor allem mit Modellen. Modelle stellen ein verein-
fachtes Abbild der Realität dar und dienen der Anschau-
lichkeit der Erklärungen. Um ein möglichst genaues Bild
darüber zu erhalten, welche Auswirkungen z. B. eine
Zinserhöhung auf einen bestimmten Markt hat – man
denke hier etwa an die Erhöhung des Zinssatzes der
Europäischen Zentralbank – wird ein Modell gewählt, das
die Auswirkungen simulieren soll. Dabei wird unterstellt,
dass sich nur die betrachteten Variable(n), also in unserem
Beispiel der Zins, verändert und alle anderen Einflussfaktoren gleich bleiben. In der Sprache der Ökonomen
heißt das (lat.) „ceteris paribus", also in etwa „alles andere
gleich bleibend". Damit soll ausgeschlossen werden, dass
andere Faktoren auf die wirtschaftliche Entwicklung Einfluss nehmen als der zu betrachtende Zins. Dabei wird
zugleich unterstellt, dass alle zur Entscheidung notwendigen Informationen verfügbar und transparent sind,
also vollständige Markttransparenz herrscht. Zugleich wird

der häufig kritisierte Homo oeconomicus als handelnde Person vorausgesetzt, also der stets rational agierende, seinen eigenen Vorteil suchende Mensch ohne Rücksicht auf seine Mitmenschen.

Seit der Finanzkrise vor 10 Jahren hat ein Umdenken unter den Ökonomen begonnen. Keiner von ihnen hatte die Krise kommen sehen, niemand hatte in seinen komplexen Modellen die Wirklichkeit „auf dem Radar". Die ökonomische Zunft und ihre Vertreter wurden mehrheitlich zu „Blindgängern" (vgl. Nienhaus, 2009), die die Krise auch mithilfe ihrer raffiniertesten mathematischen Modelle nicht kommen sahen. Die Realität wurde einfach ausgeblendet. Die Modelle standen in ihrer scheinbaren Eleganz und Aussagefähigkeit für sich, nur nicht für die sie umgebende Realität. Die wechselseitige Abhängigkeit der einzelnen Elemente einer Volkswirtschaft, u. a. Konsum, Investitionen, Zinssatz, Außenhandel, Geldpolitik etc., ist so groß, dass es nicht ausreicht, einzelne Elemente herauszugreifen, zu verändern und alle anderen Faktoren davon unberührt zu lassen. Wenn man sich z. B. die Konsumentscheidungen zum Kauf eines Hauses ansieht – einer der Faktoren, der zur Finanzkrise geführt hat, ausgelöst durch die „Immobilienblase" in den USA – dann wird man schnell feststellen, dass sie nicht nur eine Frage des Zinssatzes sind.

Nehmen wir eine konkrete Familie mit zwei kleinen Kindern und einem Verdiener. Natürlich spielt der Zinssatz eine Rolle, ob und wie viel ich mir an Immobilie leisten kann oder will. Je niedriger der Zins, desto größer ist meine Bereitschaft, einen Kredit bei der Bank aufzunehmen. Je niedriger der Zins, desto höher die Kreditsumme, die ich aufzunehmen bereit bin, und desto mehr reduziere ich meinen Eigenkapitalanteil. Diesen Faktor würde ich in einem ökonomischen Modell berücksichtigen und die anderen Faktoren konstant halten

(„ceteris paribus"). Hier fängt das Problem aber bereits an. Die derzeit 7,5 Mrd. Menschen auf der Welt sind alle unterschiedlich. Sie unterscheiden sich in ihrer Risikobereitschaft – abhängig davon, ob sie viel Eigenkapital haben oder eher wenig bis gar nichts. Die Kenntnisse über Häuserfinanzierung und drohende Nebenkosten variieren: Manche sind gute Rechner, planen die Nebenkosten bis auf die Nachkommastelle und werden entsprechend nicht überrascht. Andere werden von den hohen Nebenkosten überwältigt oder überschätzen ihre finanziellen Möglichkeiten. In der Finanzkrise räumten Banken Familien ohne jegliches Eigenkapital mit unter 50.000 US$ Jahreseinkommen Kredite von 300.000 US$ ein! Dass das nicht gut gehen konnte, ist leicht nachzuvollziehen.

Neben den rein finanziellen ökonomischen Faktoren spielen beim Hauskauf weitere Dinge eine Rolle. Meine Familie, meine Freunde und Bekannte beeinflussen den Kauf des Hauses. Lage, Größe und Preis des ausgewählten Hauses hängen von meinen Bedürfnissen ab, vom Platzbedarf, von der Lage der nächsten Schule, davon, wie repräsentativ die Nachbarschaft ist. Möchte ich mit meinem Haus meine Nachbarn, Freunde und Verwandten beeindrucken, ist das Haus mein Statussymbol, und möchte ich mich als finanziell besonders potent präsentieren? Habe ich Erfahrung beim Bau eines Hauses, wähle ich die richtige Firma, die richtige Bank? Vielfach trafen im Umfeld der Finanzkrise provisionsgierige Vertreter von Banken und Baufirmen auf unerfahrene Bauherren, die nicht nur ihre monatliche Belastung unterschätzten, sondern auch die Bauqualität überschätzten. Medien und klassische Werbung in den USA taten zum Teil ihr Übriges und warben für ein Eigenheim bei niedrigen Zinsen und geringer monatlicher Belastung. Jeder, der etwas auf sich hielt und etwas für sich und seine Familie tun mochte, kaufte jetzt ein Eigenheim. Verstärkt wurde der Anreiz zum Häuserkauf noch dadurch, dass auf steigende Immobilienpreise gesetzt wurde. Nach einigen Jahren sollte das Eigenheim nicht nur bezahlt, sondern auch exorbitant an Wert gestiegen sein. Der rechtzeitige Verkauf des Hauses versprach satte Gewinne und sicherte gleichzeitig das Risiko ab, die Kredite nicht bedienen zu können. Nachdem der Markt jedoch eingebrochen war, die monatlichen Raten nicht mehr bedient werden konnten, war auch das zwangsweise zu verkaufende Haus nichts mehr wert, da diesem Beispiel viele Hauseigentümer in den USA folgten. Die US-Finanzkrise schwappte schließlich auf Europa über.

Wie man unschwer an diesem Beispiel erkennen kann, sind Modelle nur so gut, wie sie in der Lage sind, die komplexe Realität halbwegs naturgetreu abzubilden. Das Problem ist dabei nicht nur die zwangsweise Durchschnittsbildung, der Durchschnittsbürger wird zum Analysegegenstand und nicht die einzelne reale Person. Weitaus gravierender ist die mangelhafte Prognosequalität, da sich die einzelnen Variablen nicht etwa konstant halten, sondern gegenseitig beeinflussen. Sogenannte Experten, die eine Immobilienblase verkünden, können die Märkte ebenso verunsichern wie entsprechende Medienberichte und unfreiwillig einer Überhitzung des Marktes Vorschub leisten. Im Gegensatz zur positiven Wissenschaft, die mit klaren, naturwissenschaftlichen Regeln und Gesetzen wie etwa dem des freien Falls operiert, ist die Ökonomie eine Sozialwissenschaft, die sich mit dem Menschen befasst. Der Mensch und seine Verhaltensweisen lassen sich nicht in mathematische Formeln kleiden und „ableiten". Das gilt sowohl für einzelne Haushaltsentscheidungen in der Mikroökonomie als auch in der Zusammenfassung auf Länderebene in der Makroökonomie. Vielmehr gilt es, stärker interdisziplinär zu arbeiten, d. h. auf die Erkenntnisse angrenzender Wissenschaften wie etwa der

Soziologie, der Psychologie, aber auch der Neurowissenschaften zurückzugreifen, um realistischere ökonomische Modelle und Prognosen aufzustellen.

5.3 Beiträge anderer Disziplinen

Schon die alten Griechen beschäftigten sich mit der Ökonomie. Aristoteles behandelte die Ökonomie als Teil der menschlichen Aktivitäten. Adam Smith, der Begründer der modernen Ökonomie, war gelernter Moralphilosoph und analysierte das wirtschaftliche Verhalten von Menschen aus einer philosophischen Brille (vgl. Smith, 2009, 2010). Heute wird die Ökonomie vielfach von der Mathematik, eleganten Gleichungen und anschaulichen Grafiken beherrscht, in dem die Kunstfigur des Homo oeconomicus regiert: des rationalen, auf seinen Eigennutz bedachten Menschen, der auf der Basis seines unbegrenzten Wissens sein Leben nach allen Regeln der Kunst in ökonomischer Hinsicht optimiert. Aber ist es tatsächlich der Sinn einer Ökonomie, sich vor allem auf Zahlen, Daten und Fakten zu konzentrieren und den Menschen dahinter zu vergessen? Ich habe dies bereits in meinem 2017 erschienenen Werk „Grenzen des ökonomischen Denkens – Wo bleibt der Mensch in der Wirtschaft" (vgl. Pietsch, 2017) ausführlich erörtert und möchte hier nur die Kerngedanken einer Ökonomie erläutern, die über die engen Fachgrenzen hinaus forscht.

Die Bedeutung einer interdisziplinären Betrachtung der ökonomischen Theorie wird an einem einfachen Beispiel aus der Lebenswelt der meisten Menschen deutlich. Nehmen wir an, ein Arbeitnehmer wechselt seinen Arbeitsplatz, da ihm der neue Job interessanter erscheint und ihn dieser beruflich und persönlich voranbringt. Zusätzlich erhält er auch noch mehr Geld pro Monat.

Der berufliche Wechsel ist allerdings mit einer weiteren Anfahrt verbunden und mit den öffentlichen Verkehrsmitteln nur schwer und umständlich zu erreichen. Welche Alternativen gibt es? Nachdem der öffentliche Nahverkehr als Möglichkeit ausscheidet, gibt es die Möglichkeiten, mit dem eigenen Auto zu fahren, eine Fahrgemeinschaft von Kollegen zu bilden, sich einer Mitfahrzentrale wie etwa „BlaBlaCar" anzuschließen oder über Carsharing ein Auto zu mieten. Da Letzteres aufgrund der hohen Kosten, der mangelnden täglichen Verfügbarkeit und der Begrenzung auf die Innenstädte als Alternative eher ausscheidet, werden die anderen Alternativen näher analysiert.

Die ökonomische Theorie betrachtet in diesem Beispiel vor allem die Bedürfnisse, in der Sprache der Ökonomie die „Präferenzen" bzw. die „Präferenzstruktur" des Kunden, in dem Falle des Arbeitnehmers, und dessen zur Verfügung stehendes Budget. Im Zweifel wird sich der Kunde für die günstigste Variante entscheiden und versuchen, eine Fahrgemeinschaft mit Kollegen zu bilden. Will er allerdings deutlich flexibler, allein und ungestört zur Arbeit fahren, wird er eher mit seinem eigenen Auto fahren wollen. Im Ergebnis wird aus der Vielzahl an Alternativen diejenige ausgewählt, die gemäß der individuellen Bedürfnisse des Kunden die kostengünstigste ist. Das kann mathematisch und grafisch durch eine Budgetgerade (Budgetrestriktion des Haushalts), die eine Isoquante (Menge aller Faktorkombinationen, die die gleiche Ausbringungsmenge erzeugen) schneidet, dargestellt werden. Dabei verkörpert die Budgetgerade die zur Verfügung stehenden finanziellen Mittel pro Monat und die Isoquantenkurve die wählbare Kombination aus Kosten des eigenen Autos im Vergleich zu den Kosten der Mitfahrzentrale. Das wäre eine rein ökonomische Betrachtung. Haben wir damit aber alle Einflussfaktoren bei der Entscheidung über die verschiedenen Alternativen beschrieben? Ich denke nicht.

Es fängt schon damit an, dass die Entscheidung zwischen der Fahrgemeinschaft mit den Kollegen oder der Mitfahrzentrale eine Frage der Persönlichkeit ist. Manche Menschen lieben es, unter Menschen zu sein, sind sehr kommunikativ, flexibel und wählen gerne die Mitfahrzentrale als Alternative, die auf jeden Fall die kostengünstigste Variante darstellt. Andere wiederum sind vernarrt in ihr eigenes Auto und lieben es, unabhängig zu sein, sind eher Morgenmuffel und wollen ihr Auto unter gar keinen Umständen teilen. Eine Mitfahrzentrale lehnen sie generell als zu inflexibel ab, weil sie keine Lust haben, täglich mit fremdem Menschen in einem Auto zur Arbeit zu fahren. Das würde sich auch nicht dadurch ändern, dass die künftige Generation von Autos autonom, d. h. selbstgesteuert, fahren werden. Dies ist noch eine vergleichsweise triviale Begründung der Unterschiede im menschlichen Verhalten, das der ökonomischen Entscheidung widersprechen kann: So kann die teurere Variante der Fahrt mit dem eigenen Auto der Mitfahrzentrale oder der Fahrgemeinschaft aus persönlichen Gründen vorgezogen werden. Dies könnte man noch mit einer unterschiedlichen „Präferenzstruktur" des Kunden erläutern.

Wie sieht es nun aber aus, wenn der Arbeitnehmer sich entscheidet, ein neues Auto oder erstmalig ein Auto zu kaufen, weil die Vielfahrten zu der weiter entfernt liegenden Arbeitsstelle mit einem neuen Auto besser und bequemer zu bewerkstelligen sind? Nach welchen Kriterien wird nun ein neues Auto erworben? Wird es gekauft oder geleast, bar bezahlt oder kreditfinanziert? Dies ist sicher eine Frage des Budgets und wird also durch die herkömmliche ökonomische Theorie abgedeckt. Wer entscheidet aber über die Marke des Autos, die

Motorisierung etc.? Entscheidungen bei der Wahl eines neuen Autos hängen nicht nur vom Budget ab. Es ist eine Frage der Einstellung zu bestimmten Automarken. Kenne ich den Händler vor Ort? Wie sieht es mit dessen Serviceleistung aus? Wie waren meine Erfahrungen mit bestimmten Marken in der Vergangenheit? Möchte ich zur Abwechslung mal wieder eine andere Marke fahren? Die Familie entscheidet in aller Regel mit: Kinder beeinflussen die Markenwahl stark, ebenso Motorisierung oder Farbe. Gleiches gilt für Freunde, Bekannte, Verwandte oder Arbeitskollegen, die bestimmte Marken oder Modelle empfehlen. Es werden Testberichte gelesen, relevante Internetseiten zurate gezogen, Werbung der Hersteller wird verglichen. Ist mein Auto für mich ein Statussymbol, wie es gerade in Deutschland häufig der Fall ist? Will ich mich von meinem Nachbarn abheben oder bei Freunden und Verwandten Eindruck machen? Vor allem bei Fahrzeugen der oberen Mittelklasse und der Oberklasse gilt immer noch die Theorie, die der norwegische Ökonom und Soziologe Thorstein Veblen (Abschn. I.3.3) in seinem Werk „The Theory of the Leisure Class" (deutsch: „Theorie der feinen Leute", vgl. Veblen, 2007) beschrieben hat: je höher der Preis, desto größer die Nachfrage nach Gütern, die vor allem ihren Besitzern Prestige einbringen.

Dies ist zugegebenermaßen eine stark vereinfachte Darstellung ökonomischer Entscheidungen. Sie zeigt aber deutlich, dass wirtschaftliche Handlungen vor allem das sind, was sie schon immer waren: Aktionen von nicht immer rational entscheidenden Menschen, die nicht nur ihr Budget vor Augen haben, sondern auch andere Faktoren. Soziologen haben eingehend die sozialen Mechanismen des Kaufprozesses untersucht, angefangen vom Einfluss des Gruppendrucks über die „Peergroup", die Gleichaltrigen oder die Menschen im eigenen Dunstkreis, die meine Entscheidungen beeinflussen und auf die diese Eindruck machen sollen. Man denke vor allem an Jugendliche, die sich durch bestimmte Kleidungsaccessoires abheben bzw. einer Gruppe zugehörig zeigen wollen. Psychologen haben eingehend das Konstrukt der Einstellungen des Konsumenten gegenüber einzelnen Marken oder den Konsum generell untersucht. Sie sind auf psychologische Phänomene wie die *kognitive Dissonanz* gestoßen (vgl. Festinger, 2001). Vereinfacht gesagt, versucht der Mensch immer sein seelisches Gleichgewicht zu erhalten. Das gilt auch bei Konsumentscheidungen. Einerseits habe ich ein aus meiner Sicht hervorragendes Auto gekauft und andererseits sehr viel Geld ausgegeben, das dann an anderer Stelle fehlt. Also werde ich versuchen, meine Entscheidung zu stärken, indem ich nach dem Kauf verstärkt Testberichte über das Auto lese, Freunde nach ihrer positiven Erfahrung mit dem neuen Auto fragen etc., um den hohen Preis mir selbst gegenüber zu rechtfertigen.

Dies ist aber nur ein Teil des Ganzen. Hirnforscher und Neurobiologen erforschen die Hirnströme und das Glücksempfinden, das der Kauf eines Autos beim Menschen auslöst. So wird beispielsweise das Glückshormon Endorphin ausgeschüttet, und bestimmte Belohnungsareale im Hirnstamm werden aktiviert. Die Liste potenzieller Fachdisziplinen, die einen Beitrag zur Analyse eines Autokaufs leisten können, ist groß und wird immer größer. Es ist nicht einzusehen, dass sich die ökonomische Theorie nur auf Optimierungsmodelle mathematischer Art konzentriert und quasi einem naturwissenschaftlichen Ansatz folgt. Es stimmt einfach nicht, dass eine Wissenschaft nur dann zu Aussagen kommt, wenn sie messbar ist und wie die Mathematik oder die Physik elegante deterministische Aussagen treffen kann. Es handelt sich bei der Ökonomie um eine Sozialwissenschaft mit dem Menschen als Protagonisten. Ich bin daher überzeugt, dass die interdisziplinären Möglichkeiten bei Weitem noch nicht ausgeschöpft sind. Wesentliche Fragen der Ökonomie, vor allem ethische Fragestellungen, wie sie aus der Philosophie bekannt sind, lauten etwa:

Ist der Kapitalismus mit der Sozialen Marktwirtschaft als Ausprägung in Deutschland noch das richtige Wirtschaftsmodell? Darf ich alles verkaufen oder konsumieren, was es zu kaufen gibt? Gibt es hier ethische Grenzen wie etwa bei Waffen oder Organe? Wie sieht es mit der Gerechtigkeit aus? Muss sich die ökonomische Theorie verstärkt der Frage stellen, wie die weiter steigende Ungleichheit der Gesellschaft analysiert und verhindert werden kann? Kann es eine Ökonomie im Dienste des Menschen geben, die dafür sorgt, dass alle Menschen nicht nur genug zu essen haben, sondern auch gut leben können? Viele Fragen lassen sich nur in einem fächerübergreifenden Dialog lösen. Fast jede Disziplin kann hier einen substanziellen Beitrag leisten (zur Darstellung ausgewählter Theorieansätze einzelner [Sozial-]Wissenschaften vgl. Pietsch, 2014, vor allem S. 35 ff.). Die Mathematik allein kann diese Fragen nicht lösen. Adam Smith und Aristoteles hätten mit Erstaunen auf die ökonomische Theorie und ihre Mathematikfixierung geschaut. Für sie war eine Analyse der Wirtschaft unter Einbezug sämtlichen vorhandenen Wissens, ganz gleich welcher Disziplin, eine Selbstverständlichkeit. Doch das ist sie in der modernen ökonomischen Theorie noch lange nicht. Ich gehe daher noch etwas genauer auf die Rolle der Mathematik in den Wirtschaftswissenschaften ein.

5.4 Mathematik in der Wirtschaftstheorie

Der Einsatz der Mathematik in der ökonomischen Theorie bringt unbestreitbar eine Reihe von Vorteilen mit sich. Zunächst zwingt sie den Forscher zu einem klaren, in mathematischen Strukturen beschreibbaren Modell der Realität. Die Annahmen über bestimmte, nachzuprüfende wirtschaftliche Sachverhalte können klar beschrieben werden. Alle Forscher eines bestimmten Fachgebiets „sprechen hierbei die gleiche Sprache" und können sich lediglich über die Grundannahmen uneinig sein. Die mathematischen Ergebnisse sind klar und eindeutig anhand der Regeln der totalen oder partiellen Differenzierung ableitbar und nachvollziehbar. Die Mathematik zwingt den Wissenschaftler, sich unmissverständlich auszudrücken und die Logik der Argumente niederzuschreiben und zu präzisieren. Ähnlich wie bei den Naturwissenschaften lassen sich auch in der Ökonomie als Sozialwissenschaft bestimmte Aussagen über wirtschaftliche Entwicklungen bestätigen oder widerlegen. Das Ganze geschieht mit eleganten Formeln, Gleichungen und nachvollziehbaren Graphen und Funktionen. Das Ergebnis der mathematischen Ableitung ist für alle Interessierten – und in der Sprache der Mathematik geschulten – Leser nachvollziehbar und einsichtig. Intuitive Zusammenhänge sind dann empirisch und mathematisch nachprüfbar und beweisbar.

So zwingend die Argumente für den Einsatz der Mathematik zu sein scheinen, so sehr vernachlässigen sie die Tatsache, dass wir es in der ökonomischen Theorie mit Menschen aus Fleisch und Blut zu tun haben. Diese handeln, wie wir bereits dargestellt haben, nicht nach dem Modell des Homo oeconomicus: Menschen haben Mitleid mit anderen Menschen, handeln irrational, orientieren sich an ihrer Referenzgruppe der Familie, Freunde und Bekannten und lassen sich in der Masse beeinflussen. Mir ist bewusst, dass es sich bei dem Konstrukt des Homo oeconomicus um eine Heuristik, um eine vereinfachte Modellannahme handelt, um z. B. wirtschaftspolitische Maßnahmen ohne Rücksicht auf ein eventuell irrational handelndes Individuum zu entwickeln. Der Homo oeconomicus, darin ähnlich der Mathematik, folgt einem Idealmodell, an dem sich alle wirtschaftlichen Eingriffe orientieren sollen.

Dabei ist die Mathematisierung der Ökonomie relativ neu. Zwar haben bereits im 19. Jahrhundert Ökonomen wie Walras, Pareto, Cournot und Heinrich von Thünen ihre Arbeiten mithilfe der Mathematik formalisiert. Doch erst im 20. Jahrhundert wurde dies vorangetrieben bis hin zu Kenneth Arrow, Gérard Debreu und Paul Samuelson in den 1940er- und 1950er-Jahren. Heute noch ist es schwer, mit rein qualitativen Arbeiten in die bekanntesten ökonomischen Journale zu kommen. Immer noch herrscht eine regelrechte Mathematikgläubigkeit der Fachleute vor. Das aber hat seinen Preis. Ökonomiestudenten lernen heute zuerst mathematische Modelle und ihre eleganten Ableitungen der totalen Differenzierung im Lagrange-Verfahren kennen. Thomas Piketty, ein französischer Ökonom, ist 2014 mit seinem Buch „Das Kapital des 21. Jahrhunderts" schlagartig weltberühmt geworden (vgl. Piketty, 2014). Er schreibt darin über die Bedeutung der Mathematik in den Wirtschaftswissenschaften (Piketty, 2014, S. 53):

> Sagen wir es klipp und klar: Die wirtschaftswissenschaftliche Disziplin hat ihre kindliche Vorliebe für die Mathematik und für rein theoretische und oftmals sehr ideologische Spekulationen nicht abgelegt, was zulasten der historischen Forschung und der Kooperation mit den anderen Sozialwissenschaften geht. Allzu häufig beschäftigen sich die Ökonomen in erster Linie mit kleinen mathematischen Problemen, an denen nur sie selbst interessiert sind, was es ihnen erlaubt, sich ohne großen Aufwand das Etikett der Wissenschaftlichkeit anzuheften und den viel komplizierteren Fragen zu entziehen, die die Welt um sie herum aufwirft.

Selbst wenn man sich dieser sehr pointierten Aussage Pikettys so nicht anschließen möchte, legt sie doch den Finger in die Wunde. Bei allen unbestreitbaren Vorteilen eines mathematischen Ansatzes greift dieser in einer Sozialwissenschaft zu kurz. Was aber wäre die Alternative dazu?

Der Hauptkritikpunkt an der ökonomischen Theorie entstand im Jahr 2008, als die Wirtschafts- und Finanzkrise von den Ökonomen und ihrer Zunft nicht vorhergesagt werden konnte (vgl. auch Kap. II.5.2). Neben reinen mathematischen Gesetzmäßigkeiten spielen auch psychologische und soziologische Faktoren eine Rolle: Hausbesitzer, die sich auf Kredite einließen, die sie mit ihrem Einkommen niemals würden tilgen können; Kreditverleiher, die, durch hohe Provisionen angetrieben, sich nicht scheuten, waghalsige Kredite an Kreditnehmer ohne jegliches Eigenkapital zu vermitteln. Mit der Aussicht auf die künftige Wertsteigerung der Immobilien und dem Verkauf nach einigen Jahren mit Gewinn wurden die Hausbesitzer geködert. Als die Immobilienblase platzte und die Hausbesitzer ihre Kredite nicht mehr bedienen konnten, die Banken auf ihren „faulen Krediten" sitzen blieben, stürzte die US-Wirtschaft als Erste in die Krise und riss die Wirtschaftswelt mit sich. Die Hausbesitzer versuchten panisch, ihre Häuser zu verkaufen, um wenigstens noch ein Teil der Schulden damit bezahlen zu können. Das Überangebot auf dem Häusermarkt ließ die Preise einbrechen, und die Hausbesitzer konnten ihre Kredite nicht mehr bedienen. Die Banken gingen Bankrott oder – noch schlimmer – mussten vom Staat gerettet werden, da sie als „systemrelevant" eingestuft wurden.

Warum konnte diese Krise nicht vorhergesagt werden (vgl. u. a. Nienhaus, 2009)? Neben den ökonomischen Gesetzmäßigkeiten von Angebot und Nachfrage spielen menschliche Faktoren eine Rolle. Die Gier der Kreditverleiher nach hohen Provisionen ohne jegliche Sicherheit. Die Gier der Hausbesitzer, die auf permanent steigende Preise setzen und sich davon hohe Gewinne versprachen. Banken, die auf steigende Renditen ihres verliehenen Kapitals setzten. Die Medien begleiteten diese Entwicklung hautnah und verstärkten sie, ohne sie ursprünglich verschuldet zu haben. Die Panik am Häusermarkt nahm zu und griff dann auf andere Märkte über. Da viele Haushalte ihre Kredite nicht mehr bedienen konnten, hatten sie auch nicht genügend Geld für die Dinge des täglichen Lebens übrig, geschweige denn für Urlaube oder größere Anschaffungen wie Autos etc. Der Konsum brach ein und mit ihm die Nachfrage nach vielen Gütern. Die Hersteller dieser Güter entließen, da sie nicht mehr so viel verkauften und ihre Gewinne einbrachen, ihre Mitarbeiter. Die entlassenen Mitarbeiter wiederum mussten sich im Konsum weiter zurückhalten. Viele dieser Themen sind abhängig von psychologischen und soziologischen Faktoren.

Natürlich kann man die Mathematik einsetzen, um die Annahmen der Immobilienblase elegant zu modellieren. Die Effekte an sich konnte aber keiner voraussagen, da es sich vor allem um das Handeln von Menschen in Zusammenhang mit anderen Menschen drehte. Diese sind aber nicht immer *Homines oeconomici*, die rational und mathematisch beschreibbar agieren. Sondern eben menschlich. Und das ist gut so. Die Alternative zur reinen mathematischen Ableitung ökonomischer Probleme ist die Einbeziehung anderer Sozialwissenschaften in die Vorhersage ökonomischer Entwicklungen. Selbst auf die Gefahr hin, dass die Ergebnisse der Vorhersage nicht so exakt und klar sind wie die mathematischen Ergebnisse.

5.5 Grenzen der ökonomischen Theorie

In den vorangegangenen Kapiteln habe ich bereits einige Unzulänglichkeiten bzw. Grenzen der ökonomischen Theorie beschrieben. Die Ökonomie als Sozialwissenschaft kann nicht auf die wichtigsten Erkenntnisse anderer Sozialwissenschaften wie der Soziologie, Anthropologie und Psychologie verzichten. Selbst Erkenntnisse der Philosophie in Form ethischer Diskussionen oder der Hirnforschung müssen bei der Beschreibung und Prognose wirtschaftlichen Verhaltens Berücksichtigung finden. Da hat selbstverständlich auch die Mathematik ihren Platz, die zu logischem Denken zwingt und auf der Basis klarer Grundannahmen in einem Modell bzw. Forschungsdesign durchaus zu interessanten Ergebnissen kommen kann. Nur sollte es mit der Mathematik nicht übertrieben werden, und der Mensch sollte nach wie vor im Mittelpunkt der Betrachtungen stehen. Um ihn geht es schließlich. Wir haben gesehen, dass der Mensch nicht dem Ideal des *Homo oeconomicus* gleicht, der mit perfekter Information ausgestattet ist und immer und zu jeder Situation rational und egoistisch handelt und die Konsequenzen seines Handelns abschätzen kann. Aber es gibt noch weitere Punkte, die die Grenzen des ökonomischen Denkens aufzeigen.

Ich möchte an dieser Stelle nicht sämtliche Erkenntnisse und Erläuterungen meines früheren Werkes „Grenzen des ökonomischen Denkens. Wo bleibt der Mensch in der Ökonomie?" (vgl. Pietsch, 2017) anführen. Gleichwohl will ich in aller gebotenen Kürze einige Denkanstöße geben, die ich in einem Zehn-Punkte-Programm im oben genannten Werk ausführlich dargestellt habe (vgl. Pietsch, 2017, S. 228 ff.). Dort habe ich neben der fehlenden

Rationalität menschlichen Handelns, der kritischen Sicht auf die Mathematik in der Ökonomie und der Pflicht, die anderen Sozialwissenschaften in die Analyse wirtschaftlichen Handelns mit einzubeziehen, weitere Grenzen aufgezeigt.

So ist es zwar zu begrüßen, dass ökonometrische Modelle statistische Vorhersagen auf der Basis von Vergangenheitsdaten treffen, etwa über die konjunkturelle Entwicklung oder Wachstumsprognosen. Die Zukunft wird so vor dem Hintergrund der Vergangenheit fortgeschrieben unter Berücksichtigung zahlreicher Einflussfaktoren wie etwa der Zins- und der Geldmengenentwicklung. Zusammenhänge der Vergangenheit, sogenannte statistische Korrelationen werden in die Zukunft fortgeschrieben, „extrapoliert", wie man sagt. Doch gilt für ökonomische Prognosen, dass sie umso unsicherer werden, je weiter in der Zukunft sie eintreffen sollen. Das liegt vor allem daran, dass das verwendete statistische Zahlenmaterial nicht immer zuverlässig ist, dass Strukturbrüche oder -wandel nicht immer vorhersehbar sind. Menschen reagieren außerdem auf Prognosen: Sind konjunkturelle Abschwünge vorhergesagt, fangen viele Menschen an, sich für die vermeintlich schlechteren Zeiten zu rüsten und sparen ihr Geld eher als zu konsumieren, was die Konjunktur (zusätzlich) belastet. Das Gleiche gilt im umgekehrten Fall für vorhergesagte Aufschwünge. Ökonomische Prognosen können häufig nur bestimmte Trendaussagen für eine überschaubare Zeit sein.

Ökonomen sind nicht frei von politischen Wertungen und Strömungen. Interessant in diesem Zusammenhang ist beispielsweise die Frage nach der zunehmenden Ungleichheit in Deutschland. Eher politisch „links" stehende Ökonomen sehen aufgrund von empirischen Daten und ihren eigenen Erfahrungen, dass die Schere zwischen Arm und Reich in Deutschland in den letzten Jahren eindeutig zugenommen hat. Dagegen sehen konservative Ökonomen eher das Gegenteil: Beide Gruppen hätten vom wachsenden Wohlstand in Deutschland profitiert. Linke wie rechte Ökonomen greifen auf ähnliche statistische Datenbasen zu, kommen aber zu unterschiedlichen Erkenntnissen. Letztlich ist dies nur menschlich: Jeder Sozialwissenschaftler ist in seiner eigenen Sicht der Dinge gefangen. Dabei spielt die eigene Sozialisation, d. h. wie ich aufgewachsen bin, ebenso eine Rolle wie meine politische Einstellung, die ich im Laufe des Lebens erworben habe. Setze ich mich für die Armen und Schwachen der Gesellschaft ein, dann werde ich eine Vermögenssteuer, eine höhere Erbschaftssteuer oder eine Steuer auf sehr hohe Einkommen, eine „Reichensteuer", eher begrüßen als ein Ökonom, der die „Leistungsstarken" der Gesellschaft in ihrer Fähigkeit und ihren Fleiß nicht „zum Schaden aller" bestrafen möchte. Die intensiven Diskussionen zwischen den Befürwortern eines starken Staates in der Wirtschaft und den liberalen Vertretern eines schlanken Staates zeugen von der vornehmlich politischen Diskussion, die die ökonomische überlagert. Interessant ist auch die Diskussion zwischen einem Vertreter der „keynesianischen Schule" und einem Verfechter der liberalen Ideen Friedmans wenn es um die Diagnose der Wirtschaft geht.

Die Erkenntnisse der Vergangenheit der ökonomischen Theorie und von deren Kernvertretern werden zu wenig berücksichtigt. Ich habe mich als Ökonomiestudent im ersten Semester vergeblich auf eine Einführungsveranstaltung gefreut, die mich mit den Kerngedanken der ökonomischen Theorie vertraut gemacht hätte. Analog der Philosophie oder der Soziologie sollten ganz am Anfang des Studiums der Wirtschaft die Ideen der herausragenden und prägenden Ökonomen der Vergangenheit und Gegenwart behandelt werden – ähnlich wie die Darstellung in diesem Buch. Selbstverständlich ist jede derartige Auswahl subjektiv, und es fehlen manche Autoren und große Vertreter des Faches, die ein anderer Autor ganz sicher ausgewählt hätte. Bestimmte Ökonomen wurden nach Ansicht mancher Leser zu kurz oder im Gegenteil intensiver dargestellt, als es der persönliche Geschmack gebietet. Doch allen kann man es nie recht machen!

Es verfehlt aber die Kernaussage, dass ein Weiterdenken der ökonomischen Theorie erst möglich ist, wenn man die bisherigen Ansätze und Ideen verinnerlicht hat und auf diesem soliden intellektuellen Fundament aufbauen kann. Zumal sich durchaus, wie wir gesehen haben, ein Kanon unbestreitbarer Klassiker herausgebildet hat. An Adam Smith, Karl Marx oder John Maynard Keynes und Milton Friedman kommt kein Student der Ökonomie vorbei. Häufig lohnt sich sogar die Lektüre der Originalwerke, sodass man in die jeweilige Gedankenwelt der Autoren und die Zeitumstände eintauchen kann. Auch auf diesem Wege erweitert man die aktuelle Theorie, die anhand von mathematischen Formeln bestimmte Gesetzmäßigkeiten der Ökonomie ableiten hilft. Ich habe es erst nach meinem Studium der Betriebswirtschaftslehre in meiner Freizeit genossen, die Klassiker der Ökonomie intensiv zu studieren, und daraus persönlich einen großen Gewinn ziehen können. Es hilft, nicht nur die unterschiedlichen Ansätze und Vorstellungen über die Wirtschaft zu verstehen. Darüber hinaus stellt man ganz schnell fest, dass ökonomischen Ideen zu bestimmten Zeitpunkten „Konjunktur" haben.

Nach dem Krieg ging es um die Frage einer adäquaten Wirtschaftsform für die junge Bundesrepublik Deutschland. Schnell war die Idee einer „sozialen Marktwirtschaft" geboren, die die Freiheit des individuellen ökonomischen Handelns mit der sozialen Komponente verband. Damals war das nicht nur eine kleine Revolution, sondern auch der Aufbruch zum bekannten Wirtschaftswunder der Nachkriegszeit. Allen ging es schnell besser als vorher, die Mangelverwaltung wurde relativ zügig durch eine wettbewerbsfähige, wachsende Wirtschaft ersetzt, die allen Bürgern zugutekam. Heute lässt sich dies nicht mehr so uneingeschränkt sagen. Die Frage der Ungleichheit und der unterschiedlichen Teilhabe am wirtschaftlichen Wohlstand in Deutschland lässt Zweifel an der aktuellen Wirtschaftsform aufkommen. Es ist sicherlich sinnvoll, über das Erfolgsmodell Soziale Marktwirtschaft wieder neu nachzudenken und dieses für die Ära der Digitalisierung zukunftsfähig zu machen, sozusagen eine Soziale Marktwirtschaft 2.0 zu entwerfen. Dies geht allerdings nur mit einer soliden Kenntnis der ökonomischen Ideen der Vergangenheit.

Während die Kenntnis der ökonomischen Ideengeschichte eher eine Angelegenheit der Fachleute oder interessierter Laien ist, gehört ökonomisches Grundwissen immer mehr zur Allgemeinbildung. Beim Schreiben dieser Zeilen hat gerade eine wissenschaftliche Analyse des ökonomischen Wissens in Deutschland durch die Wochenzeitung *Die Zeit* für Aufmerksamkeit gesorgt (vgl. Heuser, 2018). Ohne die wesentlichen Grundkenntnisse etwa zu Angebot und Nachfrage, Zinsrechnung oder Anlageformen des Geldes kann heute kein mündiger Bürger mehr auskommen. Kaum jemand kennt annähernd die aktuelle Höhe eines Hartz-IV-Satzes oder die Vermögensverteilung in Deutschland. Wie sollen große Projekte des Lebens beherrscht werden wie etwa ein Immobilienkauf, wenn ich nicht vorher die Grundregeln der Zinsrechnung, des Tilgungsprinzips und der zahlreichen Nebenkosten gelernt habe? Die Autoren von *Die Zeit* weisen zu Recht darauf hin, dass vor allem die gut verdienenden, besser ausgebildeten Schichten ein höheres Haushaltseinkommen haben, und darüber hinaus ökonomisch besser geschult sind und ihr Vermögen deshalb kompetenter vermehren können.

Wie kann man diesen Missstand beseitigen? Es wäre hilfreich, das Fach Ökonomie an allen Schulen verpflichtend einzuführen. Je nach Vorkenntnisstand können dann die Grundregeln der Wirtschaft gelehrt werden und speziell auf die jeweilige Zielgruppe zugeschnitten werden. Es hat noch niemandem geschadet, die Zins- und Zinseszinsrechnung zu kennen, zu wissen, dass sich der Preis durch Angebot und Nachfrage ergibt oder wie hoch der Hartz-IV-Satz ist. Auch hier schadet es nichts, die wesentlichen Ideen der großen Ökonomen in vereinfachter Form an die wissbegierigen Schülerinnen und Schüler weiterzugeben. So kommen die Kinder und Jugendlichen nicht nur mit den praxisnahen wirtschaftlichen Themen in Berührung, sondern erhalten auch einen ersten Eindruck von den prinzipiellen Überlegungen im Fach Ökonomie. Vielleicht hilft es sogar dem einen oder anderen Schüler, sich frühzeitig für Ökonomie zu begeistern.

Was schließlich aus meiner Sicht fehlt, ist eine ökonomische Vision für die Zukunft der deutschen Gesellschaft, ein „ökonomisches Narrativ". Wie vorhin angedeutet, sind wir alle – die Fachleute natürlich in besonderer Weise – gefragt, die bestehende Wirtschaftsordnung kritisch zu hinterfragen und auf der Basis der bereits heute absehbaren Entwicklungen anzupassen oder neu zu konzipieren. Konkret geht es um die Frage, ob die Soziale Marktwirtschaft, die in ihren wesentlichen Inhalten bereits 70 Jahre alt ist, auch die nächsten 70 Jahre so weiter bestehen bleiben kann und soll. Gilt das auch für das System des Kapitalismus als solches? In den nächsten Jahren wird die Digitalisierung die Wirtschaft komplett umkrempeln, Millionen Jobs werden deshalb verschwinden und an anderen Stellen wieder neu geschaffen

werden müssen. Diese neue oder modifizierte Wirtschaftsform wird Antworten geben müssen auf die wachsende
Ungleichheit der Einkommen und der Vermögen. In
welcher Wirtschaft wollen wir leben? Wie gestalten wir
auf dieser Basis unser tägliches Zusammenleben? Ist die
Soziale Marktwirtschaft wirklich noch sozial, oder müssen
wir tief greifende Veränderungen vornehmen? Haben wir
eine Vision der Ökonomie von morgen? Haben wir ein
neues ökonomisches Narrativ?

Die Politik ist derzeit gefordert, nicht nur über die
Zukunft der Parteien nachzudenken – die Regierungs-
parteien haben dies beim Schreiben dieser Zeilen bereits
angekündigt. Die Wirtschaftsform der Sozialen Marktwirtschaft und deren konkrete Weiterentwicklung zur
Bewältigung der zukünftigen Herausforderungen müssen
zwingend im Vordergrund der Überlegungen stehen.
Gefordert ist eine Wirtschaft, die dem Menschen dient –
und nicht umgekehrt! Passend dazu möchte ich noch ein
paar Worte zum Konstrukt des Menschen in der Wirtschaftstheorie verlieren.

Wenn die Wirtschaftswissenschaften kritisiert werden,
wird häufig der künstliche *Homo oeconomicus* ins Feld
geführt. Der *ökonomische Mensch*, so heißt es da, sei ein
immer und zu jeder Zeit rational handelnder, der den
Nutzen der Produkte und Dienstleistungen genau kennt
und für sein Geld das meiste rausholt (Pietsch, 2017,
S. 15 ff.). Dieser Menschentypus verfügt über vollständige
Informationen des Marktes und der Angebote und kann
auf dieser Basis das für seinen Geschmack und Geldbeutel beste Angebot auswählen. Je höher der Preis für
ein Produkt steigt, desto weniger wird es nachgefragt, so
heißt es in der ökonomischen Theorie. Vor dem Hintergrund meines begrenzten Budgets suche ich mir jene
Kombination aus Produkten aus, die für mich den meisten
Nutzen stiftet. Nehmen wir ein konkretes Beispiel, um

diese Idee zu illustrieren: Ich habe 30 Euro zur Verfügung und muss mir überlegen, wie viele Pizzas ich für mich und meine Familie kaufen kann. Alternativ kann ich mir Hamburger im benachbarten Fast-Food-„Restaurant" genehmigen. Außerdem möchte ich ausreichend trinken. Nehmen wir an, meine Familie besteht aus drei Personen, so muss ich zunächst meine Frau und meinen Sohn nach ihrer Speisen- und Getränkepräferenz fragen. Jetzt muss ich mich gemäß meiner Präferenzen entscheiden, ob ich die zwei Pizzas für meine Frau und mich inklusive je einem Softgetränk und einen großen Hamburger mit Pommes frites für meine 30 Euro erwerbe oder auf eine Pizza zugunsten eines weiteren Hamburgers, der günstiger ist, verzichte. Oder ich verzichte auf ein eigenes Getränk, da nur so alle Speisepräferenzen mit dem gegebenen Budget zu finanzieren sind.

So oder so ähnlich laufen ökonomische Entscheidungen im Alltag ab. Die für das gegebene Budget erhältlichen Hamburger oder Pizzas sind ökonomisch gesprochen das Güterbündel gemessen an den individuellen Präferenzen, d. h. in unserem Beispiel, an dem, was meine Familie gerne isst. In der grafischen Darstellung wird das Gesagte durch die Budgetgerade begrenzt. Und wo das Güterbündel die Budgetgerade schneidet, ergibt sich das mit meinen finanziellen Mitteln mögliche Mittagessen. Das gilt aber nur, wenn sich alle Familienmitglieder rational, d. h. einsichtig, verhalten und wir den Geldbetrag so gut wie möglich aufteilen. So würde gemäß der mikroökonomischen Haushaltstheorie (vgl. Mankiw & Taylor, 2012, S. 539 ff., vor allem S. 550) die Entscheidung über das Mittagessen ablaufen. Entspricht dies aber der Realität? Handeln wir in der Praxis tatsächlich immer so nachvollziehbar und rational, dass wir bei allen Entscheidungen nur die Nutzenmaximierung vor dem

Hintergrund eines begrenzten Budgets im Hinterkopf haben?

Wie sähe dieses Beispiel aus, wenn ein Familienmitglied auf das Essen oder zumindest ein Getränk verzichtete, um einem anderen, z. B. meinem Sohn, neben seiner heiß geliebten Pizza noch einen Nachtisch spendieren zu können? Anders ausgedrückt: Sind wir immer egoistisch handelnde Menschen, die stets überlegen, wie wir das meiste für uns rausholen können? Welche Rolle spielen dabei unser Gefühl und Empfindungen für den Nächsten. Ein solches Verhalten, das den anderen stärker in den Vordergrund rückt, also ein altruistisches Verhalten, wird komplett ausgeblendet. Warum etwa stiften zwei der reichsten Männer der Welt, Bill Gates und Warren Buffet, den größten Teil ihres Vermögens und geben es für karitative Projekte, etwa für Bildung ärmerer Kinder, aus und vererben nur einen Bruchteil ihres Vermögens an ihre Nachkommen? Warum werden Hermès-Taschen und Rolex-Uhren immer stärker nachgefragt, obwohl die Preise jedes Jahr steigen? Der Soziologe Thorstein Veblen hat dieses Phänomen „Snobeffekt" genannt. Ich erkaufe mir dadurch einen gesellschaftlichen Status und zeige, wer und vor allem wie finanziell potent ich bin. Ich vergleiche mich dadurch mit meinen Mitmenschen und zeige ihnen ganz deutlich, dass ich „mehr leiste, und mehr verdiene" und mir daher viel teurere Produkte leisten kann als die Menschen von nebenan.

Überhaupt spielt in der Gesellschaft und in Fragen der Wirtschaft der Mensch mit seinen Fehlern und Schwächen eine große Rolle. Wir vergleichen uns mit den Nachbarn, Bekannten, Verwandten und Freunden. Wer hat das größte Haus, das teuerste Auto oder das schönere Kleid? Wer hat den spannenderen Job mit dem lukrativeren Einkommen. Wir fühlen uns wohler, wenn wir in einer Reihenhaussiedlung gefühlt der Reichste sind, als wenn wir in einer Villengegend der Ärmste sind. Urlaube werden häufig nach klingenden Namen ausgewählt: Sylt klingt mondäner als Osterode, Marbella schicker als Torremolinos. In Mallorca sind nur die angesagten Orte wie z. B. Port d'Andratx mit seinem Yachthafen erwähnenswert. Je nach gesellschaftlicher Schicht ist der „Ballermann" auf Mallorca dagegen verpönt. Auch die Kleinsten werden in den Statuswettkampf integriert: Schon die Auswahl des richtigen Kindergartens mit Fremdsprachenausbildung im richtigen Stadtteil setzt Standards. Weiter geht es mit der richtigen Kleidung und dem richtigen Hobby. Alles, was teuer ist, ist gerade gut genug für den Nachwuchs.

Die US-amerikanischen Psychologen und Nobelpreisträger der Ökonomie Daniel Kahneman und Amos Tversky haben in ihrer jahrzehntelangen Forschung herausgefunden, dass sich der Mensch in seinem Verhalten sehr häufig irrational verhält (vgl. Pietsch, 2017, S 159 ff.): So stimmen wir einer Operation eher zu, wenn dabei die Überlebenswahrscheinlichkeit mit 90 % Prozent angegeben wird im Vergleich zu der Angabe der Sterbewahrscheinlichkeit mit 10 %, was im Ergebnis aber das Gleiche ist. Entscheidungen sind also abhängig davon, wie das Problem formuliert ist. Das nennt man im Fachbegriff „Framing", je nachdem in welchem Kontext oder Rahmen, englisch „frame", die Frage gestellt wird. Preise werden nachweislich höher eingeschätzt, wenn befragte Versuchspersonen im Experiment zunächst nach ihrer Sozialversicherungsnummer gefragt werden, das nennt man „anchoring", Ankerwert. *Intuition* spielt eine große Rolle bei Entscheidungen (vgl. Pietsch, 2017, S. 161). So erwähnt Kahneman eine intuitive Entscheidungssituation anhand des Kaufes eines Baseballs und eines Schlägers (vgl. Pietsch, 2017, S 17 f.): Baseball und Schläger kosten zusammen 1 US$ und 10 Cent; dabei soll der Schläger einen Dollar mehr kosten als der Ball. Wie viel kosten also Schläger und Ball jeweils? Die intuitiv richtige Lösung lautet: Der Schläger kostet 1 US$ und der Ball 10 Cent, zusammen also 1 US$ und 10 Cent. Ist diese Lösung aber richtig? Nein. Wie sich nur unschwer feststellen lässt, ist bei dieser intuitiven Lösung der Schläger nur um 90 Cent teurer als der Ball. Die Lösung kann also nicht stimmen. Richtig ist folgende Lösung: Der Schläger kostet 1 US$ und 5 Cent, der Ball nur 5 Cent. Beide kosten zusammen 1 US$ und 10 Cent, wobei bei dieser richtigen Lösung der Schläger einen Dollar teurer ist als der Ball. Wären Sie auch intuitiv darauf reingefallen? So viel zur Rationalität von Entscheidungen.

Zwei weitere Beispiele sollen die sehr eingeschränkte Nutzbarkeit des *Homo-oeconomicus*-Modells aufzeigen: die Maximierung des Einkommens und des Gewinns (vgl. Pietsch, 2017, S 9 ff.).

1. Einkommensmaximierung

Handelte jeder Mensch rational nach dem Schema des Homo oeconomicus, so würden wir alle versuchen, für unsere Arbeit und die eingesetzte Zeit das maximale Einkommen für uns herauszuholen. Ist dies aber tatsächlich der Fall? Das fängt schon damit an, dass jeder Mensch unterschiedliche Neigungen und Fähigkeiten mitbringt. Der eine ist handwerklich und praktisch begabt, der Nächste ist eher in geistigen Dingen behänd. Nicht alle wollen als Handwerker Unternehmer werden oder nur deshalb in Unternehmen arbeiten, weil sie dann für ihre Arbeitszeit das meiste Geld bekommen. Dieser Logik folgend, müssten möglichst alle bei einem Großunternehmen in den Metropolen wie Düsseldorf, München oder Frankfurt arbeiten, da dort das meiste Geld bezahlt wird. Sie müssten sich schon in der Ausbildung auf nachgefragte Handwerksberufe wie Elektrotechniker oder Mechatroniker stürzen, um z. B. bei den großen Autokonzernen angenommen zu werden. Dann müsste jeder versuchen, möglichst schnell Karriere zu machen, um vor dem Hintergrund seiner

Ausbildung so viel Geld wie möglich zu verdienen. Das bedeutet aber auch, viele Überstunden zu machen, einen überdurchschnittlichen Einsatz zu zeigen, Auslandsaufenthalte zu akzeptieren und vieles mehr.

Auf der anderen Seite des Spektrums müssten nach dem Studium Berufe wie Investmentbanker, Unternehmensberater, Fondsmanager etc. mit der Aussicht auf möglichst viel Geld in kurzer Zeit ergriffen werden. Dazu passende Studiengänge wie BWL oder Wirtschaftsmathematik etc. müssten entsprechend häufig gewählt werden. Selbst wenn „herkömmliche" Studiengänge wie Jura, Ingenieurwissenschaften oder Geisteswissenschaften wie Geschichte, Germanistik, Psychologie und Philosophie gewählt würden, müsste ein Job angestrebt werden, der ein maximales Einkommen ermöglicht. Dies ist Gott sei Dank nicht der Fall! Menschen wählen , so sie überhaupt eine Wahl haben, jene Ausbildung, die ihren Neigungen und Fähigkeiten am besten entspricht, auch wenn das Einkommen dazu nicht passt. Glücklicherweise wollen weiterhin viele junge Menschen Ausbildungen im Straßenbau oder in Pflege- und Heilberufen machen. Männer und Frauen studieren Geisteswissenschaften, Fremdsprachen oder andere Disziplinen unabhängig vom späteren Einkommen.

Der eigene Einsatz am Arbeitsplatz und die Karriereentwicklung wird glücklicherweise immer mehr von der Vereinbarkeit von Beruf und Familie abhängig gemacht. Immer mehr Eltern nehmen kollektiv oder einzeln Auszeiten, „sabbaticals", um ihre Kinder aufwachsen zu sehen. Menschen arbeiten, weil ihnen die Arbeit größtenteils Freude bringt, sie von den Kollegen und den Chefs wertgeschätzt werden und sie ihre Arbeit als im besten Fall sinnstiftend ansehen. Diese vom Einkommen unabhängige Motivation nennen die Psychologen „intrinsisch", von innen und von der Aufgabe kommend, im Gegensatz zur „extrinsischen" Motivation, die von außerhalb der Arbeit herrührt, wie etwa vom Einkommen und Status. Die Wochen- und Lebensarbeitszeit wird zunehmend den persönlichen Bedürfnissen nach Teilhabe an Familienaktivitäten oder dem Wunsch nach ausreichend Privatleben angepasst. Bezahlte oder unbezahlte Auszeiten vom Job werden immer mehr zur Regel. Weil die Menschen verschieden sind, gibt es auch solche, die den klassischen Karriereweg mit dem starken Fokus auf Einkommen und Status legen.

2. Gewinnmaximierung

Der Unternehmer als Homo oeconomicus versucht immer seinen Gewinn zu maximieren. Dazu werden in der ökonomischen Theorie mathematische Differenzialgleichungen, eine Berechnungsmethode zur Bestimmung sogenannter Maxima, herangezogen. Der Gewinn ergibt sich ökonomisch aus dem Gesamterlös minus den dafür eingesetzten Kosten. Den Erlös erhält man, wenn man den Verkaufspreis mit der Menge der verkauften Produkte oder Dienstleistungen multipliziert. Die Gesamtkosten setzen sich aus den Kosten für die Herstellung des Produkts wie etwa Entwicklung und Produktion, aber auch den Kosten für den Einkauf von Rohmaterialien, Maschinen, aber auch der Lohnkosten in Entwicklung, Produktion, Vertrieb und Verwaltung zusammen. Ohne auf die betriebswirtschaftlichen Details einzugehen, erhalte ich, vereinfachend gesagt, den maximalen Gewinn, indem ich die Kosten möglichst niedrig und den Erlös möglichst hoch halte. Strebt der Unternehmer immer nach dem maximalen Gewinn? Er sollte es zumindest theoretisch.

Dies ist aber bereits nach der Unternehmensform unterschiedlich. Nehmen wir einen Konzern in der Form einer Aktiengesellschaft. Der Vorstand und die Topmanager sind ihren Mitarbeitern, Aktionären und dem sie kontrollierenden Aufsichtsrat verpflichtet, maximales Wachstum zu erzeugen. Dafür analysieren sie Marktbedingungen, Wettbewerb und Kunden, definieren Ziele und Visionen, entwerfen Strategien, leiten Maßnahmen ab und kontrollieren deren Einhaltung. Niemand kann aber sagen, ob die Strategien für die Zukunft richtig sind, da sie häufig weit in die Zukunft reichen und Marktentwicklungen, Trends und Kundenorientierungen über viele Jahre vorweg abgeschätzt werden müssen. Nehmen Sie z. B. ein Automobildesign, das schon 5 bis 7 Jahre vor der Markteinführung des Fahzeugs das Design festlegt, das also Kunden erst in der mittelbaren Zukunft begeistern soll. Des Weiteren werden die Modelle meist für einen Lebenszyklus von 7 Jahren konzipiert und in die ganze Welt verkauft. Das Design muss auch am Ende dieses Zyklus noch weltweit aktuell sein. Niemand kann in die Zukunft sehen, sodass perfektes rationales Planen der Gewinnmaximierung unmöglich ist. Denn niemand kann langfristig alle Eventualitäten berücksichtigen.

Ist der Unternehmer aber gleichzeitig der Eigentümer, so werden neben der Gewinnmaximierung viele andere Einflussgrößen eine Rolle spielen. So spielen ethische Überlegungen eine große Rolle. Heutige Unternehmer sind sich wie auch schon in der Vergangenheit häufig ihrer besonderen Verantwortung bewusst: für ihre Mitarbeiter und deren Arbeitsplätze, für die Umwelt und ihre Erhaltung. Sie lehnen Kinderarbeit ab, lassen vielfach nicht zwecks Gewinnmaximierung in Ländern produzieren, die zwar sehr billig, aber unter inhumanen Bedingungen produzieren. Schwarze Schafe gibt es dabei zwar auch. Die sind allerdings, Gott sei Dank, selten. Angestellte Manager von Großkonzernen müssen sich selbstverständlich an die gleichen rechtlich verankerten ethischen Grundsätze halten und dürfen u. a. Kinderarbeit oder Ausbeutung von Arbeitnehmern nicht dulden. Eigenständige Unternehmer haben dagegen zumeist mehr Freiheiten, Einschränkungen des Gewinns in Kauf zu nehmen zugunsten eigener ethischer Grundüberzeugungen. Langfristig müssen aber auch sie Gewinne erzielen, um erfolgreich am Markt operieren und ihre Arbeitsplätze erhalten zu können.

Selbstverständlich ist der Homo oeconomicus ein Konstrukt, eine Heuristik oder Hilfsgröße, um sich grundlegende Gedanken über das ökonomische Verhalten der Menschen zu machen. Nur darf es sich nicht darauf beschränken, dieses Modell zu eng auszulegen und das spezifisch Menschliche dabei zu vergessen. Der Mensch verfügt über ein Wertesystem, das durch Herkunft, Erziehung, Ausbildung und das Umfeld geprägt ist. Ökonomische Entscheidungen werden nicht isoliert gefällt, sondern sind abhängig von Bezugsgruppen, medialer Beeinflussung, kultureller Einflüsse und unterliegen, wie wir gesehen haben, psychologisch bedingten Fehlschlüssen.

In der Summe muss festgehalten werden, dass der Trend der ökonomischen Wissenschaft ganz langsam wieder in Richtung „gradueller Wiedervereinigung der

Sozialwissenschaften" („gradual reunification of the social sciences") (vgl. Tirole, 2017, S.152) geht. Erkenntnisse von Wissenschaften wie Soziologie, Psychologie, aber auch Geisteswissenschaften wie Philosophie und Geschichte oder anderen angrenzenden Bereichen sollen gemeinsam genutzt werden, um menschliches ökonomisches Verhalten zu erklären bzw. vorauszusagen. Dies ist vor allem eine Erkenntnis aus der bedrückenden Wirtschaftskrise von 2008 gewesen, die kaum ein namhafter Wirtschaftswissenschaftler so vorhergesehen hatte. Seitdem wird deshalb von der „Krise der Ökonomie" gesprochen. Die immer noch bestehende Mathematiklastigkeit der Mainstream-Ökonomie wird in der Zukunft unweigerlich beendet werden müssen. Davon bin ich überzeugt. Der Mensch lässt sich nun einmal nicht mit Formeln und abstrakten Modellen beschreiben.

Wir haben es in diesem Kapitel gesehen: Der Mensch strebt nicht immer von Natur aus nur danach, schneller zu sein sowie höher und weiter zu kommen, sondern es gibt auch Grenzen des Wachstums und des ökonomischen Strebens nach mehr Einkommen und Gewinn. Welches sind nun die Themen der Wirtschaft von morgen, die dringend diskutiert werden müssen? Lassen Sie uns in Kap. 6 einen Blick auf sie werfen.

Literatur

Aquin, T. (1985). *Summe der Theologie* (3 Bände). Bernhart, J. (Hrsg.). Kröner.

Aristoteles. (2007). *Nikomachische Ethik* (2. Aufl.). Tusculum.

Bick, A. (2012). *Die Steinzeit* (2., Korr. u. ak. Aufl.). Theiss in Wissenschaftliche Buchgesellschaft (WBG).

Brodersen, K. (Hrsg.). (2006). *Aristoteles – 77 Tricks zur Steigerung der Staatseinnahmen, Oikonomika II*. Reclam.

Eschbacher, V. (2017). Warum Republikaner Obamacare ver-abscheuen. *Tiroler Tageszeitung* 24.02.2017. https://www.tt.com/politik/weltpolitik/12664194/warum-republikaner-obamacare-verabscheuen. Zugegriffen: 29. Mai 2019.

Festinger, L. (2001). *A theory of cognitive dissonance* (Combined Academic Publ. Zuerst veröffentlicht 1957). Stanford University Press.

Fischer, M. (2011). Der Freihändler. *Wirtschaftswoche* 04.12.2011. https://www.wiwo.de/politik/konjunktur/david-ricardo-der-freihaendler/5886714.html. Zugegriffen: 14. März 2019.

Friedman, M. (2016). *Kapitalismus und Freiheit* (11. Aufl. mit einem Geleitwort von Horst Siebert). Piper.

Heuser, U. J. (2018). Ökonomie: Was wissen Sie über Wirtschaft? *Die Zeit* 31.01.2018. https://www.zeit.de/2018/06/oekonomie-wirtschaft-grundwissen. Zugegriffen: 14. März 2019.

Hoffmann, J. (1992). Alles pendelt sich ein. *Die Zeit* Nr. 49/1992 vom 27.11.1992. https://www.zeit.de/1992/49/alles-pendelt-sich-ein. Zugegriffen: 14. März 2019.

Hoffmann, T. S. (2009). *Wirtschaftsphilosophie – Ansätze und Perspektiven von der Antike bis heute*. Marix.

Holderied, T. (2010). Ich weiß nicht, was ich ohne Obamacare tun soll. *jetzt* 06.05.2017. https://www.jetzt.de/usa/junge-amerikaner-sagen-ihre-meinung-zu-obamacare. Zugegriffen: 14. März 2019.

Hülser, K. H. (Hrsg.). (1991). *Platon. Sämtliche Werke griechisch und deutsch* (Bd. 10). Insel.

Karier, T. (2010). *Intellectual capital – forty years of the nobel prize in economics*. Cambridge University Press.

Keynes, J. M. (2017). *Allgemeine Theorie der Beschäftigung, des Zinses und des Geldes* (Neuübersetzung von Nicola Liebert). Duncker & Humblot.

Kirk, G. S., Raven, J. E., & Schofield, J. (2001). *Die vor-sokratischen Philosophen. Einführung, Texte und Kommentare*. Metzler.

Kurz, H. D. (Hrsg.). (2009). *Klassiker des ökonomischen Denkens* (2 Bände). Beck.

Mankiw, G. N., & Taylor, M. P. (2012). *Grundzüge der Volkswirtschaftslehre* (5., überarb. u. erweit. Aufl.). Schäffer-Poeschel.

Marx, K. (2009). *Das Kapital – Kritik der politischen Ökonomie* (Ungekürzte Ausgabe nach der zweiten Auflage von 1872 mit einem Geleitwort von Karl Korsch aus dem Jahre 1932, unveränderter Nachdruck). Anaconda.

Marx, K., & Engels, F. (1983). *Manifest der Kommunistischen Partei*. Reclam (Nachdruck).

Nienhaus, L. (2009). *Die Blindgänger: Warum die Ökonomen auch künftige Krisen nicht erkennen werden*. Campus.

Nienhaus, L. (Hrsg.). (2015). *Die Weltverbesserer – 66 große Denker, die unser Leben verändern*. Hanser.

Pietsch, D. (2014). *Mensch und Welt – Versuch einer Gesamtbetrachtung*. Eul/Lohmar.

Pietsch, D. (2017). *Grenzen des ökonomischen Denkens – Wo bleibt der Mensch in der Wirtschaft?* Eul/Lohmar.

Piketty, T. (2014). *Capital in the twenty-first century*. Harvard University Press. Deutsche Ausgabe: *Das Kapital im 21. Jahrhundert*. Beck.

Piper, N. (Hrsg.). (1996). *Die großen Ökonomen. Leben und Werk der wirtschaftswissenschaftlichen Vordenker* (2., überarb. Aufl.). Schäffer-Poeschel.

Schipper, L. (2015). John Stuart Mill. Das Glück im Kapitalismus. In L. Nienhaus (Hrsg.), *Die Weltverbesserer – 66 große Denker, die unser Leben verändern* (S. 106–109). Hanser.

Schmitt, U. (2013). „Obamacare" ist Teufelswerk – und absoluter Renner. *Die Welt* 06.10.2013. https://www.welt.de/politik/ausland/article120662017/Obamacare-ist-Teufelswerk-und-absoluter-Renner.html. Zugegriffen: 29. Mai 2019.

Siedenbiedel, C. (2013). Ökonom Gary Becker: Gegensätze ziehen sich an. *FAZ* 01.08.2013. https://www.faz.net/aktuell/wirtschaft/menschen-wirtschaft/oekonom-gary-becker-gegensaetze-ziehen-sich-an-12308018.html. Zugegriffen: 14. März 2019.

Smith, A. (2009). *Wohlstand der Nationen* (Nach der Übersetzung von Max Stirner, herausgegeben von Heinrich Schmidt). Anaconda.

Smith, A. (2010). *Theorie der ethischen Gefühle* (Philosophische Bibliothek Felix Meiner Band 605, übersetzt von Eckstein, W. und herausgegeben von Brandt, H.D.). Felix Meiner.

Starbatty, J. (Hrsg.). (1989). *Klassiker des ökonomischen Denkens* (Bd. 2). Beck.

Thornton, P. (2015). *Die großen Ökonomen. 10 Vordenker deren Werk unser Leben verändert hat.* Börsenbuch.

Tirole, J. (2017). *Economics for the common good.* Princeton University Press.

Vaupel, M., & Kaul, V. (2016). *Die Geschichte(n) des Geldes. Von der Kaurischnecke zum Goldstandard – So entwickelte sich das Finanzsystem.* Börsenmedien AG.

Veblen, T. (2007). *Theorie der feinen Leute: Eine ökonomische Untersuchung der Institutionen.* Fischer Taschenbuch.

Zank, W. (1993). Reiche Bauern, reiches Land. *Die Zeit* Nr. 8/1993. https://www.zeit.de/1993/08. Zugegriffen: 19. Febr. 1993.

6

Die drängendsten Themen der Wirtschaft von morgen

Wir sind schon fast am Ende unserer Reise durch die Ökonomie angekommen. Was noch fehlt, ist ein Ausblick auf die drängendsten Fragen der Wirtschaft von morgen. Da gibt es eine Reihe von ungelösten Problemen und Herausforderungen, mit denen wir uns alle beschäftigen sollten. Ich möchte diese im Folgenden kurz skizzieren, wohl wissend, dass jede Auswahl subjektiv ist. Beginnen wir mit dem aus meiner Sicht drängendsten Thema: der Frage der Gerechtigkeit und danach, wie die Ökonomie einen Beitrag zur Lösung dieses Problems liefern kann.

6.1 Gerechtigkeit

Vergleichen wir nun zwei gänzlich gegensätzliche Szenen des täglichen Lebens:

In der *ersten Szene* sehen wir u. a. die zahllosen Obdachlosen auf dieser Welt, die unter unsäglichen

© Springer Fachmedien Wiesbaden GmbH, ein Teil von Springer Nature 2022
D. Pietsch, *Eine Reise durch die Ökonomie*,
https://doi.org/10.1007/978-3-658-38095-3_6

hygienischen und klimatischen Bedingungen zum Teil ohne Dach über den Kopf nahezu dahinvegetieren und sich jeden Tag Gedanken machen müssen, wie sie den Tag überleben. Haben sie schon fast nichts, werden sie manchmal während des Schlafens auch noch ausgeraubt und verlieren somit das Wenigste, was sie vielleicht aus ihrem alten Leben retten konnten oder erbettelt haben. Uns allen sind in unserem Leben Menschen begegnet, die am unteren Rand der Gesellschaft angekommen sind, die keinen Ausweg aus ihrer Situation kennen. Aber auch diejenigen in den teuren Metropolen, die ein Dach über den Kopf haben und sich die teilweise horrenden Mieten immer weniger leisten können, kämpfen ums Überleben. Am schlimmsten sind die dran, die arbeitslos sind und auf kein Vermögen zugreifen können, sowie alleinerziehende Mütter oder Väter, die es kaum noch schaffen, ihre Kinder zu ernähren, geschweige denn auf ein erfolgreiches Leben vorzubereiten.

Nicht viel besser geht es den vielen schlecht bezahlten Lohnempfängern und denjenigen in den Pflegeberufen, die trotz ihrer sozial wertvollen Berufe nicht ausreichend bezahlt werden. Sie arbeiten bis zum Umfallen, und am Ende des Monats reicht es bestenfalls dazu, die Familie zu ernähren, wenn sie nicht geerbt oder einen gut verdienenden Lebenspartner haben. Nicht zu vergessen die zahlreichen Rentner, die trotz lebenslanger aufopfernder Berufstätigkeit nicht genügend beiseitelegen konnten, um mit ihrer kärglichen Rente ihren letzten Lebensabschnitt zu genießen. Es sind immer mehr Berufsgruppen und Menschen, denen es so geht, nicht nur in einem vergleichsweise reichen Land wie Deutschland oder in den USA. Und die Einkommen gehen im unteren und mittleren Teil der Gesellschaft sogar zurück, bedingt durch Arbeitslosigkeit, zunehmende Teilzeit und dem harten Wettbewerb auf dem Arbeitsmarkt.

Glaubt man einer Statistik (vgl. Feldenkirchen, 2015), dann ist das Jahreseinkommen einer typischen US-amerikanischen Mittelschichtfamilie zwischen 1999 und 2015 um durchschnittlich 5000 Dollar gesunken. 58 % der Einkommenszuwächse gehen seit 2008 (dem Jahr der Wirtschaftskrise!) auf das Konto des obersten Prozents der Bevölkerung. 0,1 % der US-amerikanischen Bevölkerung, also einer von tausend Einwohnern, vereinte ein Vermögen auf sich wie das gesamte Vermögen der unteren 90 % der Bevölkerung, also der unteren 900 dieser 1000 US-Amerikaner! Die Top-25-Hedgefonds-Manager in den USA verdienten 2013 genauso viel wie 533.000 Lehrer an öffentlichen US-Schulen, nämlich 24 Mrd. Dollar (vgl. Feldenkirchen, 2015). Studien der internationalen Entwicklungsorganisation Oxfam, rechtzeitig vor dem jährlich stattfindenden Weltwirtschaftsforum in Davos veröffentlicht, haben ergeben, dass die acht reichsten Menschen auf diesem Planeten exakt das gleiche Vermögen, nämlich 426 Mrd. Dollar, besitzen wie die gesamte ärmere Hälfte der Bevölkerung zusammen, immerhin 3,7 Mrd. Menschen (vgl. Oxfam, 2017). Den 2043 Milliardären der Welt stehen 3,7 Mrd. Menschen in relativer Armut gegenüber. 82 % des gesamten weltweiten Vermögenswachstums im Jahr 2017 ist dem einen Prozent der wohlhabendsten Menschen in der Welt zugutegekommen. Dagegen ging die arme Hälfte der Weltbevölkerung, 3,7 Mrd. Menschen, komplett leer aus (vgl. Oxfam, 2018).

Selbst in Deutschland verschärft sich die Spaltung zwischen Arm und Reich. So hat das Deutsche Institut für Wirtschaftsforschung (DIW) die Daten der Vermögenserhebung der Europäischen Zentralbank (EZB) um die Angaben aus den Reichenlisten, wie sie etwa vom *Manager Magazin* jährlich publiziert werden, erweitert. Im Ergebnis besitzen die 45 reichsten Haushalte in Deutschland so viel wie die ärmere Hälfte der Bevölkerung, immerhin mehr als 40 Mio. Menschen (vgl. Diekmann, 2018). Beide Gruppen kamen 2014 jeweils auf ein Vermögen von 214 Mrd. EUR.

Selbst wenn wir uns den alten klassenkämpferischen Ansagen eines Marx und Engels nicht anschließen, sollte uns diese Verteilung des Reichtums zu denken geben. Dabei haben wir noch nicht von der großen Zahl der Kinder geredet, die in Armut leben müssen und zum Teil dem Hungertod erliegen oder entrinnen müssen, statt sich auf ein langes und hoffentlich erfolgreiches Leben vorbereiten zu können. In manchen Teilen dieser Welt herrscht Krieg, und die davon betroffenen Kinder, aber auch deren Eltern und Großeltern, versuchen zu überleben oder zu fliehen und riskieren ihr Leben, um in den vermeintlichen Wohlstand zu flüchten. Wenn das noch nicht schlimm genug ist – der Unterschied zwischen einem armen, in einem Kriegsgebiet geborenen Kind, das um sein Leben kämpft, und einem Kind wohlhabender Eltern in einem reichen, friedlichen Land ist dem reinen Zufall zu verdanken. Hinzu kommt die Tatsache, dass sich Reichtum einerseits wie Armut bzw. Perspektivlosigkeit andererseits „vererbt". Wir alle kennen die Diskussion zur Genüge, dass ein Kind aus einfachen Verhältnissen mit Eltern aus nicht akademischen Milieu selbst im reichen Deutschland schwerlich die Erfolgsleiter wie ein von seiner Familie perfekt vorbereiteter Topmanager emporklimmen kann: Es fängt schon in der Schule an, wo die nicht akademischen Eltern weder die Zeit und das Geld noch die Kapazität und die Zuversicht haben, ihr Kind auf eine höhere Schule, geschweige denn auf die Universität zu schicken. Wo nichts ist, kann auch nichts vererbt werden, nicht einmal die unbedingte Zuversicht, es auf jeden Fall im Leben zu etwas zu bringen. Abgesehen davon, dass das notwendige Netzwerk der eigenen Familie im Leben ebenfalls eine Rolle spielt.

Die *zweite Szene des täglichen Lebens* sieht dagegen anders, viel erfreulicher aus Sicht der Beteiligten aus. Die Menschen des hinsichtlich des Vermögens obersten Prozents der Gesellschaft bräuchte sich um ihr tägliches Dasein nicht allzu viele Gedanken zu machen. Sie leben in großen Häusern, zumeist mit zusätzlichen Feriendomizilen oder gar Yachten, müssen sich keine Gedanken um ihre tägliche Mahlzeit machen und fahren mehrmals im Jahr in den Urlaub. Die Traumziele der Welt werden erkundet, koste es, was es wolle. Ihre Kinder gehen auf teure Privatschulen oder Internate, bleiben so unter ihresgleichen und genießen die bestmögliche Bildung. Die Reichsten der Reichen können von ihrem verdienten oder ererbten Vermögen sehr gut leben und für den Lebensabend rechtzeitig ansparen. Ein gutes Beispiel für die auseinandergehende soziale Schere sind die Immobilienbesitzer in den Metropolregionen, die durch den Anstieg der Immobilienpreise immer wohlhabender werden, während sich gleichzeitig viele ihrer Mieter die steigenden Mieten nicht mehr leisten können. Für 2019 werden in Deutschland im Schnitt Mietpreissteigerungen von 5 % prognostiziert (Stand 26.12.2018; Spiegel Online, 2018).

Da die Eltern sehr gut, zumeist akademisch ausgebildet sind, werden sie auch ihre Kinder durch die besten Schulen und Universitäten im In- und Ausland ausbilden lassen. Keines dieser Kinder müsste ernsthaft studieren, um sich sein Leben zu finanzieren. Studentenwohnungen werden nicht aufwändig gemietet, sondern gleich gekauft, am besten in den angesagtesten Vierteln. So wird der Nachwuchs nicht nur hervorragend ausgebildet, er kann an den privaten Elitehochschulen auch seinesgleichen kennenlernen und ein für das Leben äußerst wertvolles Beziehungsnetzwerk knüpfen. Nebenbei erhalten die meisten von ihrer Familie das unverzichtbare Selbstbewusstsein, die Zuversicht und – nicht zu vergessen – die

Umgangsformen, die man braucht, um im Leben erfolgreich zu sein. Nicht umsonst haben Unternehmenslenker und Vorstände großer Unternehmen häufig erfolgreiche Eltern und Vorfahren.

Nun ist es nicht so, dass hier zum Schluss ein Kapitel geschrieben wird, um den Sozialneid anzustacheln oder gar Argumente zu liefern, warum eine Umverteilung von oben nach unten nach dem kommunistischen Prinzip angesagt wäre. Im Gegenteil. Diese zugegebenermaßen zugespitzte Schilderung der Zweiteilung der Gesellschaft in Reich und Arm oder in 1 % gegenüber 99 % soll den Gedanken schärfen, mit welchen Herausforderungen die Ökonomie der Zukunft konfrontiert ist. Es ist meines Erachtens Aufgabe der Ökonomie – und der Ökonomietheorie und -forschung –, diese Unterschiede, dieses soziale Gefälle abzumildern. Es kann nicht sein, dass in den ärmeren Teilen dieser Welt Hunger, Elend und Krieg vorherrschen, während die Menschen in anderen Teilen in „Saus und Braus" leben. Es sei nochmals gesagt: Es geht nicht darum, den gut Situierten und „Besserverdienenden" etwas wegzunehmen und eins zu eins den Armen zu geben. So einfach funktioniert das nicht, und so wird es auch nicht umzusetzen sein. Man darf bei allem Blick auf die Erfolgreichen oder „Reichen und Schönen" dieser Welt nicht vergessen, dass deren Reichtum zum überwiegenden Teil hart verdient ist, nicht selten auf Kosten der Gesundheit. Kein Topmanager oder Politiker oder Unternehmer legt sich auf die faule Haut und wartet in seiner Hängematte auf seinen nächsten Gehaltscheck.

Aufgabe der Ökonomie und der Ökonomen wird es künftig sein zu überlegen, wie die Gesellschaft ökonomisch gerechter werden kann. Welche Instrumente müssen eingesetzt werden, um zumindest den Armen der Gesellschaft mehr Teilhabe zu ermöglichen? Natürlich gibt es zahlreiche mehr oder minder sinnvolle Vorschläge zur Umverteilung, wie etwa die Vermögenssteuer, die höhere Erbschaftssteuer oder die progressive Einkommensteuer, die höhere Einkommen überproportional besteuert und Höchsteinkommen ab etwa 1 Mio. EUR zu nahezu 100 % besteuert. Ferner gibt es Überlegungen zum Ausbau einer kostenlosen Infrastruktur des Staates wie etwa Bildungseinrichtungen oder Tafeln zur kostenlosen Ernährung. Bereits existierendes herausragendes Engagement hilfsbereiter Bürger muss weiter unterstützt werden. Wie kann ich beispielsweise die ehrenamtlichen Helfer und Unternehmer im Sinne des Gemeinwohls animieren bzw. ihnen Anreize bieten, mehr zu tun? Gehen Ansätze der „Gemeinwohlökonomie", die das gesellschaftliche Wohl der Unternehmen messen und belohnen, in die richtige Richtung? Warum gibt es keine Patenschaften zwischen „Jung" und „Alt", etwa jungen Menschen und alten, erfahrenen Managern oder auch Handwerkern, um neue Firmen zu gründen, um die Erfahrung der „Alten" nicht nutzlos versickern zu lassen? Warum gibt es keine Patenschaften zwischen „Reich" und „Arm"? Ein „Reicher", der seinem „armen" Pendant nützliche Tipps aus seinem Berufsleben oder Leben an sich gibt? In den USA gibt es eine Reihe dieser Erfolgsgeschichten, wie man es erfolgreich vom Tellerwäscher zum Millionär geschafft hat. Warum lassen diese Reichen die anderen 99 % nicht an ihren Erfahrungen teilhaben. Es fehlt meist nicht nur Erfahrung oder finanzielle Mittel, sondern auch das leuchtende Vorbild, Wille und Zuversicht, ein Experiment zu wagen.

Wer erinnert sich nicht gerne an den rührenden Film „Das Streben nach Glück" (Originaltitel: „The Pursuit of Happyness", 2006), in dem Will Smith einen erfolglosen Handelsvertreter spielt, der in dem Streben nach oben ein unbezahltes Praktikum bei einer Investmentbank erhält. Nur der beste Kandidat erhält die Chance auf eine

Festanstellung. Bevor aber die Entscheidung fällt, muss sich der Protagonist mit seinem kleinen Sohn aufgrund von Mietschulden, von seiner Frau getrennt, weiter als Handelsvertreter durchschlagen. Zwischendurch, in jeder freien Minute muss er für sein Examen zur Vorbereitung als Investmentbanker büffeln – er muss der Beste werden, sonst wird es mit dem Job nichts. Dennoch landen Vater und Sohn buchstäblich auf der Straße, einmal verpassen sie sogar die Übernachtung in einem Obdachlosenasyl. Sie müssen – das ist der Tiefpunkt – auf einer öffentlichen Toilette schlafen. *Sie haben nichts mehr außer sich selbst.* Am Ende gelingt es Will Smith, der diesen verzweifelten Vater glänzend spielt, mit unbändigem Willen und Fleiß, aber auch mit dem Wohlwollen seiner erfolgreichen Chefs, die feste Stelle bei der Investmentbank zu ergattern. Er hat es geschafft und wird zu einem der erfolgreichsten Investmentbanker der USA. Diese Handreichung zwischen „Reich" und „Arm" muss stärker angeregt werden, zum Wohle aller.

Hier kann es nicht darum gehen, eine vollständige Liste aller Möglichkeiten zur Verringerung der Ungerechtigkeit geben. Die Ökonomie von morgen muss darauf aber eine Antwort geben, wenn sie sich in den Dienst des Wichtigsten stellen möchte, das es auf der Welt gibt: des Menschen.

Wie gelingt es also, die Wirtschaft mehr an den Belangen aller Menschen auszurichten, sie für alle gerechter zu gestalten? Es kann hier nur um einige exemplarische Anregungen gehen. Natürlich kann und soll nicht jeder, wie in dem erwähnten Film Will Smith, Investmentbanker werden. Nicht alle Menschen haben das Glück und können die gebotene Chance ergreifen und sich gegen viele Bewerber durchsetzen. Selbstverständlich wird es immer Menschen geben, denen das Glück nicht so gewogen ist und die trotz harter Arbeit einen geringen

Lohn erhalten und sich bereits bei der Wohnungssuche schwertun. Notwendig ist ein gelungener Mix aus Chancengerechtigkeit und staatlicher Fürsorge, um die Wirtschaft gerechter zu gestalten. Niemand kann etwas dafür, in seine Familie hineingeboren zu sein. Manche haben einfach Glück und werden in einem reichen Land wie Deutschland oder in den USA geboren und dann vielleicht sogar in eine wohlhabende Familie. Andere haben weniger Glück und erleben, wie ihre Eltern täglich mit ihren geringen finanziellen Mitteln auskommen müssen. Allerdings müssen prinzipiell alle Menschen die gleichen Chancen erhalten.

Es beginnt ganz konkret mit der Erziehung. Natürlich werden es Kinder aus vermögenden Haushalten leichter haben, etwa durch gezielte Förderung der Talente, seien sie musikalisch, künstlerisch oder sportlich. Wenn allerdings alle Kinder ein Anrecht auf einen Kindertagesstättenplatz haben, wie es in Deutschland bereits der Fall ist, können sie unabhängig vom Geldbeutel ihrer Eltern gefördert werden. Warum setzt die Bildungsförderung nicht bereits im Kindergartenalter ein, und Kinder aus ärmeren Familien können eine Art „Kita-Bafög" erhalten und so gemäß ihren Talenten gezielt unterstützt werden? Das Erlernen von Musikinstrumenten, die Förderung von geistigen und körperlichen Fähigkeiten sollte dem Staat eine finanzielle Unterstützung wert sein. Geld, das sich im Regelfall nur die finanziell ausreichend versorgten Familien leisten können. Die gezielte Förderung auch von Kindern ärmerer Familien könnte dafür sorgen, dass deren geistige Talente rechtzeitig erkannt und so alle Kinder gezielt auf eine höhere Schulbildung vorbereitet werden. Eine finanzielle Förderung von Kindern aus ärmeren Familien bereits im Vorschul- und Schulalter in Form von „Stipendien" würde besonders talentierten Kindern ermöglichen, im Ausnahmefall je nach ihren Begabungen, auch in Privatschulen oder gar Internaten unterrichtet zu werden. In Einzelfällen existieren solche finanzielle Unterstützungen bereits. Dies könnte weiter ausgebaut werden.

Für besonders talentierte Kinder und Jugendliche muss es möglich sein, an den besten Universitäten des Landes zu studieren. Die wachsende Zahl gebührenpflichtiger Privatuniversitäten darf dafür kein Hindernis sein. Auch diese müssten talentierten Jugendlichen aller Schichten offenstehen und vom Staat finanziell unterstützt werden. Da ist noch viel Luft nach oben. Gerade in Deutschland sind immer noch zu viele Bildungswege vom Geldbeutel und von der Ausbildung der eigenen Eltern abhängig.

Die Stärkeren müssen die Schwächeren unterstützen. Auf diesem Prinzip beruht die Solidargemeinschaft. Das würde bedeuten, dass diejenigen, die über ein höheres Einkommen und Vermögen verfügen, überproportional für die ärmeren Teile der Gesellschaft zahlen. Dies ist z. B. in Deutschland und in vielen Ländern bereits über eine progressive Einkommenssteuer berücksichtigt: So steigt der Einkommenssteuersatz mit der Höhe des Einkommens sukzessive an, bis er sein Maximum bei derzeit 42 % erreicht. Der reichste Teil der Bevölkerung ab einem Einkommen von gut 250.000 EUR als Single oder gut 500.000 EUR als gemeinsam steuerlich veranlagtes Ehepaar zahlt heute schon eine „Reichensteuer" von 45 % ab dieser Höhe (vgl. u. a. Kaufmann, 2017). Da ist nicht mehr viel Luft nach oben, wenn man bedenkt, dass die Motivation derjenigen mit einem hohen Einkommen, mehr zu leisten, mit zunehmendem Steuersatz abnimmt. Versuche wie in Frankreich oder Skandinavien üblich, weit über die Hälfte des Einkommens vom Staat einzubehalten, sind daher mit Vorsicht zu betrachten.

In Deutschland gibt immer wieder Überlegungen zur Vermögenssteuer und zur Erhöhung der Erbschaftssteuer. Die Gedanken dahinter entbehren nicht einer gewissen

Logik. So sind große Vermögen häufig ererbt und nicht erarbeitet worden. Es liegt daher nahe, sich zu überlegen, wie dieses „verdienstlose" Vermögen zumindest ein wenig der Allgemeinheit dienen kann. Allerdings muss man solche Fälle etwas näher betrachten und differenzieren: Erstens ist es von der Höhe der zu vererbenden Vermögen abhängig. Zweitens davon, wie dieses Vermögen zustande kam und ob es in einem Unternehmen gebunden ist oder nicht. Es kann nicht darum gehen, das Haus der Großmutter, das der Enkel erbt und nur noch geringen Wert besitzt, in beträchtlichem Maße zu besteuern. Dies ist in Deutschland z. B. dadurch geregelt, dass die Erbschaftssteuer nur ab einem gewissen zu vererbenden Betrag, beim Erbe von Eltern an ihre Kinder z. B. 400.000 EUR, greift und mit dem Erbbetrag sukzessive ansteigt. Bei größeren zu vererbenden Vermögen sind heute schon beträchtliche Erbschaftssteuern zu zahlen. Bei zu vererbenden Unternehmen muss genau darauf geachtet werden, dass die Unternehmen durch die Erbschaftssteuer nicht in ihrer Existenz gefährdet werden. Daher darf die Erbschaftssteuer bei der Fortführung des Unternehmens nicht zu hoch sein.

Eine Vermögenssteuer, wie sie auch in anderen Ländern bereits existiert, kann einerseits der Allgemeinheit dienen, da sie die Umverteilung von reicheren zu ärmeren Schichten fördert. Andererseits wird dabei, ähnlich wie bei der Erbschaftssteuer, ein bereits aus versteuertem Einkommen aufgebautes Vermögen ein zweites Mal besteuert. So werden insbesondere diejenigen, die in ihrem Leben hart gearbeitet haben, vielleicht ein Unternehmen gegründet haben und Risiken eingegangen sind, für ihre Arbeit ein weiteres Mal zur Kasse gebeten. Wenn wir uns Gedanken darüber machen, wie eine Gesellschaft gerechter zu gestalten ist, müssen wir darüber nachdenken, ob umverteilende Maßnahmen wirklich aus allen

Perspektiven gerecht sind. Vielmehr ist auf eine stärkere freiwillige Unterstützung der Stärkeren zum Schutz der Schwächeren zu setzen. Auch wenn sich das im ersten Augenblick naiv anhört, ist es eine Möglichkeit, die Solidargemeinschaft zum Zuge kommen zu lassen. Warum sollten die Vermögenden dieser Gesellschaft den talentierten, armen Kindern und Jugendlichen dieser Welt nicht die oben genannten Stipendien über einen „Solidarfonds" zur Verfügung stellen? Es gibt bereits viele, die sich für eine kostenlose tägliche Schulspeisung einsetzen. Warum sollten nicht staatlich zusätzlich geförderte Stipendien für talentierte und leistungsbereite Kinder und Jugendliche eingerichtet werden? Wenn die Bildungsbiografie der Menschen nicht mehr allein von der Bildung und (finanziellen) Förderung des Elternhauses abhängt, kann es vielleicht gelingen, den Bildungskreislauf d. h. hohe Bildung der Eltern, hohe Bildung der Kinder und umgekehrt, zu durchbrechen und mehr Menschen den Weg zu einem auskömmlichen und erfolgreichen Leben zu bahnen. Durch diese Erhöhung der Chancengerechtigkeit bei unterschiedlicher Ausgangslage ist meiner Meinung nach mehr zu erreichen als über eine reine (Vermögenssteuer-)Abgabe, die gesellschaftlich zu Recht sehr umstritten ist. Ich werde weitere derartige Ideen in Abschn. 6.8 über eine Sozialutopie noch vertiefen, z. B. das bedingungslose Grundeinkommen und das (staatlich verbriefte) Recht auf ein Dach über den Kopf für alle Bürger eines Staates. Dies alles wären gute erste Ansätze, um eine Gesellschaft und eine Wirtschaft gerechter zu gestalten. Ist dafür das System des Kapitalismus die richtige Wirtschaftsform?

6.2   Kapitalismus als Auslaufmodell?

Nach dem Fall der Mauer und dem Zusammenbruch der kommunistischen Staaten und der Sowjetunion war vielen Beobachtern klar, dass neben dem politischen System das sozialistische Wirtschaftssystem abgewirtschaftet hatte. Der Kapitalismus, die Marktwirtschaft hatte den Sozialismus und die Planwirtschaft erfolgreich verdrängt. Der Kapitalismus galt lange Zeit als alternativlos. In den letzten Jahren sind allerdings nicht nur Intellektuellen zunehmend Zweifel gekommen, ob der Kapitalismus an sich die Antwort auf die drängenden Fragen der Zeit und der Ökonomie ist. Seit Marx wird unter dem Kapitalismus eine Wirtschafts-, aber auch eine Gesellschaftsordnung verstanden, die vor allem durch eine Marktordnung von Angebot und Nachfrage und durch Privateigentum an Gütern und Produktionsmitteln gekennzeichnet ist. Darüber hinaus ist es das Ziel des Kapitalismus, das „Kapital zu akkumulieren" (vgl. Marx, 2009) d. h. das kontinuierliche Streben nach Gewinn und Profit der Unternehmen und darin handelnden Personen.

Die Kritik am Kapitalismus ist mittlerweile vielstimmig geworden: Neben den aus der marxschen Analyse bekannten Themen „Ausbeutung der Arbeiter", „Entfremdung der Arbeit" und „Verelendung der Massen" (Marx, 2009) sind neue, aktuellere hinzugekommen. Allenthalben wird der Anstieg der Einkommens- und Vermögensungleichheit der Bevölkerung angeprangert. Viele kritisieren das Streben mancher Unternehmer und Unternehmen nach immer höheren Profiten um jeden Preis. Schließlich wird der Vorrang des Egoismus und Profitstrebens vor dem Gemeinwohl und der Wohlfahrt der Mehrheit der Bürger in einem Staat moniert. Die persönliche Bereicherung, so die schärfsten Kritiker des

Kapitalismus, gehe zulasten der ärmeren Bevölkerung, die nichts vom zunehmenden Wohlstand in den Händen einiger weniger haben, national wie international. Der Staat werde, vor allem im Musterland des Kapitalismus, den USA, immer mehr zurückgedrängt. Die Staatsverschuldung steige, da die Steuern – zumeist für den wohlhabenden Teil der Bevölkerung – dramatisch sinken. Dies wiederum gehe zulasten des Sozialstaates und der zugehörigen Infrastruktur, angefangen von Sozialleistungen bis hin zu Renten und Bildungs- und Gesundheitseinrichtungen. Nicht nur deren Zahl, sondern auch die Qualität nehme immer weiter ab.

Die Schere zwischen Arm und Reich geht nach Ansicht vieler Bürger in der Welt immer weiter auseinander, zwischen den Vermögenden und Verschuldeten, den Menschen mit guten Jobs und den Arbeitslosen, den mit den besten Ausbildungen und Chancen am Arbeitsmarkt und den Geringqualifizierten. Hohe Kriminalitätsraten und die Zunahme der Gewalt in manchen Städten seien die Folge. Das Armutsproblem verschärfe sich. Das Bewusstsein der Bürger für die Gemeinschaft, das Gefühl der Gerechtigkeit in der Gesellschaft gehe zunehmend verloren, der Einzelne beherrsche die Szenerie auf Kosten der Gemeinschaft. Das Ellenbogendenken des „Jeder-kämpft-für-sich-allein" verschärfe sich, das Gemeinwohldenken verschwinde zunehmend. Alles werde dem Diktat der Produktivitätssteigerung und der Gewinnmaximierung untergeordnet, so scheint es. Papst Franziskus hat es einmal sehr überspitzt ausgedrückt: „Diese Wirtschaft tötet." (Evangelii Gaudium). So weit die kritischen Stimmen zum Kapitalismus, die beliebig erweitert werden könnten und nicht nur in ausgewiesenen „linken" Kreisen der Länder rund um den Globus zu hören sind. Selbst wenn man sich diesem sehr kritischen Tenor nicht anschließen mag, bleibt doch der Gedanke einer zunehmenden Sorge in der Bevölkerung übrig.

Auf der anderen Seite heißt es, zu Recht, „Kein Kapitalismus ist auch keine Lösung" (Herrmann, 2016). Letztlich habe der Kapitalismus den Wohlstand gebracht, nicht nur für einige wenige, sondern für alle. Wie wir bereits gesehen haben, hat die Einführung der Sozialen Marktwirtschaft in Deutschland mit Gründung der Bundesrepublik Deutschland 1949 zumindest in den 1950er-„Wirtschaftswunderjahren" den von Ludwig Erhard versprochenen „Wohlstand für alle" (vgl. Erhard, 1964) gebracht. Dabei basiert diese Wirtschaftsform auf der Marktwirtschaft, also dem freien Spiel von Angebot und Nachfrage auf der Grundlage von Produktions- mitteln in Privateigentum und dem Streben nach Gewinn. Allerdings beschränkt sich der Staat in diesem Modell, wie wir in Abschn. 3.6 über die Ideengeber Müller- Armack und Ludwig Erhard gelesen haben, nicht nur auf die Sicherung der Rahmenbedingungen. Es werden also nicht nur die rechtlichen Vorschriften erlassen, die der Unternehmer und der Kaufmann zu beachten hat, und für die öffentliche Infrastruktur gesorgt, für Schulen und Bildungseinrichtungen, das Gesundheitssystem, die öffentlichen Parks oder Schwimmbäder sowie die innere und äußere Sicherheit. Dies alles würde auch ein rein marktwirtschaftliches System angelsächsischer Prägung zur Verfügung stellen. Der Staat sichert das Privateigentum, Vertragsfreiheit und offene Märkte, freie Preisbildung, ein stabiles Geldwesen und vor allem einen freien, ungehinderten Wettbewerb.

Darüber hinaus stellt die Soziale Marktwirtschaft aber sicher, dass der Staat in das Ergebnis des Wirtschafts- prozesses eingreift und zu große Ungleichheiten im Ergeb- nis sozial korrigiert. So sorgen progressive Steuertarife dafür, dass höhere Einkommen überproportional besteuert werden. Bedürftige werden unterstützt durch Arbeitslosen- und Sozialhilfe, Rentner erhalten eine Transferleistung des Staates. Hohe Vermögen werden nach Anrechnung eines gewissen Freibetrags bei der Vererbung besteuert. Familien mit Kindern erhalten ebenfalls steuerliche Freibeträge, und Ehepartner profitieren vom Ehegattensplitting. Ergänzt wird das staatliche Unterstützungsprogramm durch zahlreiche private und ehrenamtliche Initiativen, die versuchen, die größte Not in Deutschland zu lindern. So sieht das über viele Jahrzehnte in Deutschland erfolgreiche Modell der Sozialen Marktwirtschaft kurz skizziert aus, das zwar den Einzelnen in seinem Streben nach Profit unterstützt und zugleich bei sozialen Nöten Abhilfe schafft. Vor allem aber sorgt dieses Konzept dafür, dass nicht allein auf die Selbstheilungs- und Steuerungskräfte des Marktes vertraut wird, sondern der Staat eine aktive Ausgleichs- und Ordnungsfunktion wahrnimmt.

Welche Aufgabe kommt aber jetzt der Ökonomie und vor allem der wirtschaftswissenschaftlichen Theorie zu? In der konkreten Ausgestaltung der Wirtschaftsform eines Landes können verschiedene Funktionen und Strukturen der Wirtschaft auf das jeweils vorherrschende Leitbild zugeschnitten werden: mehr Gleichheit oder mehr Freiheit (vgl. dazu auch meine ausführlichen Erläuterungen in meinem Werk „Grenzen des ökonomischen Denkens", Pietsch, 2017, S. 165 ff.).

Will ich die *Gleichheit einer Gesellschaft* im Rahmen eines marktwirtschaftlichen Prinzips erhöhen, so muss ich bestimmte Instrumentarien stärker einsetzen. So müsste beispielsweise, wie in den skandinavischen Ländern zu sehen, die Einkommensteuer stark erhöht werden. Dort werden heute schon bereits relativ niedrige Einkommen stärker besteuert als in Deutschland und hohe Einkommen mit etwa 60 % überproportional hoch besteuert. Höchsteinkommen dürften nach Abzug der Steuern nur noch 20 % an Ertrag für den Arbeitnehmer übrig lassen. Man sollte sich nicht an den konkreten Zahlen orientieren, sie können in dem einen oder anderen Fall niedriger liegen, je nachdem inwieweit man die Gleichheit innerhalb der Bevölkerung vorantreiben möchte. Es müsste eine Vermögenssteuer auf Kapital und Immobilien, Aktien etc. sowie eine Erbschaftssteuer eingeführt werden, die vor allem höhere Vermögen träfe. Einem erhöhten Mindestlohn – idealerweise bei einer 35-Stunden-Woche – würde ein *erwerbsloses Grundeinkommen* beigestellt. Sämtliche Einkommensquellen eines Staates müssten analysiert und in ihrem prozentualen Faktor erhöht werden, mit Ausnahme der Mehrwertsteuer, die eher die „kleinen" Einkommen betrifft. Sämtliche Luxusgüter unterlägen einer „Luxussteuer". Das so gesammelte Geld würde für soziale Unterstützungsleistungen ausgegeben, wie etwa Sozialhilfe, Arbeitslosenunterstützung, höhere Renten, staatliche Finanzierung von Bildungs- und Gesundheitseinrichtungen und generell staatlichen Transfers für die weniger Begünstigten dieser Gesellschaft, seien sie Geringverdiener, alleinerziehend oder pflegebedürftig. In der Summe steht dieses Modell für „mehr Staat" und weniger freie Marktwirtschaft. Mit diesen Maßnahmen könnte eine höhere Gleichheit in der Gesellschaft erreicht werden, wenn das die ökonomische Zielsetzung ist.

Will ich dagegen die *Freiheit der Gesellschaft,* die Freiheit der Chancen und der individuellen Leistung in einer Gesellschaft betonen, so muss ich andere Wege beschreiten. Während das „Modell der Gleichheit" ein Menschenbild unterstellt, das von einem hilfsbedürftigen, nicht immer autonom handelnden Individuum ausgeht, betont das „freiheitliche Modell" den autarken, selbstbewussten, mündigen Bürger, der in jeder Situation seines Lebens für sich und die Seinen sorgen kann und nur in Ausnahmefällen staatliche Unterstützung benötigt.

Hier sollte der Staat so wenig wie möglich in die Markt-
ergebnisse eingreifen. Ein solches Modell wurde in den
1980er-Jahren unter dem damaligen US-Präsidenten
Ronald Reagan und der Britischen Premierministerin
Margaret Thatcher („Reaganomics und Thatcherismus")
realisiert. Kernelement dieser Wirtschaftsordnung ist
das nahezu ungehinderte, freie Spiel der Marktkräfte.
Steuern werden in aller Regel drastisch gesenkt: Ein-
kommens- und Unternehmenssteuern werden gesenkt,
wie aktuell wieder von der Trump-Regierung in den USA.
Vermögenssteuern. Erbschaftssteuern werden ebenfalls
drastisch reduziert. Steuern auf Immobilien existieren
genauso wenig wie Steuern auf Luxusgüter. Das dem
Staat entsprechend entgehende und daher fehlende Geld
wird nicht vollständig durch eine höhere Motivation der
Unternehmen und Arbeitnehmer ausgeglichen, die jetzt
mehr vom Lohn bzw. Gewinn behalten dürfen, mehr
konsumieren und investieren und damit die heimische
Wirtschaft ankurbeln. Dieses fehlende Geld muss zulasten
staatlicher Infrastrukturleistungen und der Sozialhilfe
teilweise geopfert werden. So steht weniger Geld für die
staatlichen Schulen und Universitäten zur Verfügung, für
das Gesundheitssystem und die öffentlichen Anlagen wie
Parks, Theater, Museen, Spielplätze etc. Über diese beiden
Extremvarianten der Marktwirtschaft – mehr Gleichheit
oder mehr Freiheit – müssen sich die politisch Verantwort-
lichen und vor allem die Bürger bei demokratische Wahlen
selbst ein Bild machen.

Aufgabe der Ökonomie wird es sein, auf der Basis
empirischer Studien, d. h. Zahlen, Daten und Fakten beispielsweise über den Nutzen des Mindestlohns oder einer
Vermögenssteuer, und schlüssiger Theoriegebäude Hand-
lungsempfehlungen für den Staat zu geben und damit
die Gestaltung der optimalen Wirtschaftsform in entsprechenden Bahnen zu lenken. Nur so kann aus einem

Kapitalismus ein „zivilisierter" (Dönhoff, 1997) oder ein „mitfühlender" Kapitalismus für alle werden, an dem die genannten Kritikpunkte mehrheitlich abprallen. Dies zu definieren und erfolgreich in die Praxis umzusetzen bzw. die Umsetzung zu begleiten wird eine wesentliche Herausforderung der ökonomische Zunft der Zukunft werden. Der Kapitalismus ist kein Auslaufmodell. Eine wichtige Aufgabe besteht allerdings darin, den Kapitalismus moralischer zu gestalten.

6.3 Wirtschaft und Ethik

Nicht alles, was ökonomisch effizient und effektiv ist, ist auch ethisch vertretbar. Die Notwendigkeit eines moralischen Rahmens ökonomischer Aktivitäten ist im Laufe der letzten Jahre immer unbestreitbarer geworden. Nicht umsonst werden immer mehr künftige Führungskräfte rund um den Globus mit den ethischen und moralischen Grundvoraussetzungen im Rahmen des Faches „Unternehmensethik" oder in seiner angelsächsischen Variante „Business Ethics" vertraut gemacht. Ethische Probleme in der Ökonomie lassen sich im Wesentlichen auf drei Ebenen identifizieren (vgl. u. a. Küng, 2010):

- Auf der individuellen Ebene, z. B. bei den Führungskräften und Beteiligten des Wirtschaftsgeschehens
- Auf der Ebene der Unternehmen und Institutionen, die wesentlich in den Wirtschaftsprozess eingreifen
- Auf der Ebene der Konzeption und Weiterentwicklung des Wirtschaftssystems als solches

Welche ethischen Herausforderungen sind gemeint? Jeder vernünftige Mensch weiß, dass heutzutage Sklavenarbeit verboten ist, ebenso wie Kinderarbeit. Niemand würde in Deutschland auf die Idee kommen, Arbeiter irgendeiner geistigen oder körperlichen Folter zu unterwerfen. Es versteht sich dabei von selbst, dass Unternehmen weder in solchen Ländern, in denen diese Praktiken auch nur ansatzweise geduldet werden, produzieren noch mit Partnern zusammenarbeiten, die diese Zustände unterstützen. Auch der einzelne Konsument sollte sich für die Herstellungsbedingungen der von ihm präferierten Produkte interessieren, da auch er mit seinem Kaufverhalten dafür sorgen kann, dass diese Praktiken nicht unterstützt werden bzw. „keinen Markt" haben. Dennoch gibt es viele Beispiele von ethisch fragwürdigen Methoden des Wirtschaftens, die dringend einer Korrektur bedürfen und vor allem der Festsetzung von klaren Regeln zur Vermeidung solchen Verhaltens.

Die Liste möglicher Verfehlungen ist lang. Da geht es zum einen um Korruption, bei der ein bestimmtes Fehlverhalten von Managern oder einfachen Mitarbeitern durch Geldzahlungen oder Sachleistungen belohnt wird. So kann eine Ausschreibung staatlicher wie nicht staatlicher Stellen durch eine geheime Zahlung auf Auslandskonten bei den jeweiligen Entscheidern zu Auftragsvergaben an die Firma des Zahlers dieser Bestechungsgelder erfolgen. Große sportliche Wettkämpfe und Events können durch Geldzahlungen an Entscheider in bestimmte Länder oder Städte gelenkt werden. Administrative Prozesse lassen sich in einigen Ländern durch die Zahlung von hohen Geldsummen im Sinne des zahlenden Unternehmens oder der Institution vereinfachen bzw. beeinflussen. So kann beispielsweise die Zollabwicklung erleichtert, der Transport eiliger Waren beschleunigt oder gar die Einreise bestimmter Personen in ein Land ermöglicht werden. Vielfach werden Einkäufer und Einkaufsleiter größerer Unternehmen zum

Ziel korrumpierenden Verhaltens. Da diese häufig entscheidungsbefugt sind, von welchen Lieferanten bestimmte für die Produktion benötigte Teile oder Komponenten erworben werden, und es sich häufig um sehr große Mengen handelt, besteht die Gefahr, dass diese Entscheidung durch den jeweiligen Lieferanten durch illegale Methoden beeinflusst werden.

Korruption ist nur eine Form ethischen Fehlverhaltens. Absprachen oder Kartellbildungen sind weitere Beispiele. So könnten sich Unternehmen, vor allem auf einem Markt mit nur wenigen mächtigen Spielern, in ihrem Verhalten absprechen, z. B. um Preise oder Produktionsmengen zu bestimmen, die allen Beteiligten einen möglichst großen Gewinn erzielen lassen zulasten des Verbrauchers. Dabei sind nicht generell alle Absprachen ethisch zu verurteilen, sondern sogar notwendig. So gibt es Fälle, in denen sich eine Industrie zum Wohl des Verbrauchers auf bestimmte Standards verständigt, z. B. darauf, welche Ladevorrichtungen für Elektroautos vorzusehen sind oder welche Größe Koffer einzuhalten haben, um bei der Reise im Kofferraum oder im Flugzeug den vorhandenen Platz optimal zu nutzen. Manchmal geht es nur darum, dass der Gesetzgeber neue Standards für eine Branche erlässt, mit deren Hilfe dann diese Anforderungen in die Praxis umgesetzt werden sollen. So existieren bestimmte ISO-Normen (International Standards Organisation, ISO), die technologische Standards zur Erleichterung des internationalen Waren- und Dienstleistungsaustauschs setzen, an denen auch die Hersteller mitarbeiten, wie z. B. bei der Größe von Kindersitzen. Generell gilt allerdings, dass sämtliche Absprachen von Firmen und Institutionen untereinander zur Verringerung des Wettbewerbs zwischen diesen oder zur Erhöhung des Gewinns der beteiligten Unternehmen zulasten des Endkunden verboten sind.

Gleiches gilt für die Nutzung einer Monopolstellung, beispielsweise zur Erhöhung der Preise.

Ein weiteres Beispiel der Notwendigkeit der Einhaltung von ethischen Regeln bilden ökologische Aspekte des Wirtschaftens. Es dürfte niemandem entgangen sein, dass die Natur durch die Aktivitäten des Menschen, vor allem durch dessen wirtschaftliches Verhalten, nachhaltig geschädigt wurde und wird. Stichworte sind Klimaerwärmung, Giftmüllexporte, Fracking. Letzteres ist eine Methode zur Gewinnung von Erdgas, bei der mit Wasser und Chemikalien die Gesteinsschichten in der Erde zerstört werden, um das in ihnen angesammelte Gas zu gewinnen. Die Gefahr des Frackings besteht darin, dass toxische Chemikalien das Grundwasser verunreinigen (vgl. u. a. Merkel, 2013), in Flüsse und Gewässer gelangen und dort Fische und andere Lebewesen töten kann. Ferner kann die Luft durch frei werdende giftige Gase verseucht werden. Die im Erdinneren bereits bestehenden Spannungen werden durch das Fracking weiter verstärkt und erhöhen die Gefahr von Erdbeben. Weitere Umweltsünden durch ökonomische Aktivitäten sind die Rodung von Regenwäldern (vgl. Reuter, 2014), um an wertvolles Holz zu gelangen oder landwirtschaftlich nutzbare Flächen zu gewinnen, die weltweite Überfischung der Meere (vgl. Honey, 2016) und Chemikalien mit zweifelhaftem Ruf wie etwa Glyphosat, die zur Schädlingsbekämpfung in der Landwirtschaft eingesetzt werden, die Ernte und Anwender gefährden können und daher zu Recht umstritten sind (vgl. Oberhuber, 2015).

Das Internet bietet weitere Möglichkeiten unethischen Verhaltens, da dieses Medium durch den Kauf und Verkauf viel stärker als der persönliche Konsum auf gegenseitigem Vertrauen beruht. Die Anfänge des Unternehmens eBay sind dafür ein beredtes Beispiel. Jeder Käufer und Verkäufer durchläuft verschiedene

Sicherheitsprozeduren zur Gewährleistung der Seriosität der Transaktion. Gerade der Bezahlvorgang im Internet birgt zahlreiche Risiken und unterliegt einem umfangreichen Sicherheitssystem. Dennoch sind Geldzahlungen über das Internet genauso wenig vor Hackerangriffen zu schützen wie persönliche Daten. Alle erwähnten Formen unethischen Verhaltens existieren auch in der Welt des Internets: von der Korruption über Absprachen bis hin zu Betrug und „Abzocke". Durch die häufig anonyme Abwicklung des Kaufs- und Verkaufsvorgangs sind die Möglichkeiten des Betrugs vielschichtiger geworden, wie z. B. Zahlung, ohne Ware zu versenden bzw. zu erhalten, und nur durch strenge Sicherheitsstandards und -maßnahmen, etwa Zuverlässigkeitsbewertungen, das Löschen zweifelhafter Accounts oder das Einrichten von „Internetpolizeiabteilungen" etc., zu bekämpfen.

Ich möchte hier nur noch auf zwei Beispiele unethischen Verhaltens in der Wirtschaft eingehen, den Umgang mit Tieren und jegliche Form der Diskriminierung, bevor ich in der gebotenen Kürze Ansätzen für eine Korrektur solcher Praktiken skizziere.

Der würdige *Umgang mit Tieren* (vgl. Precht, 2016) ist zu Recht ein sehr sensibler Punkt in der Wahrnehmung von Produkten und Firmen durch die Öffentlichkeit geworden. Bilder von Legebatterien für Hühner, die auf engstem Raum eingepfercht gehalten werden, um als „Ware" ein Produkt auszuwerfen, das dem Kunden verkauft werden kann, sind zum Sinnbild für unmenschliches Verhalten gegenüber Tieren geworden. Nicht umsonst muss auf den Verpackungen von Eiern hinterlegt werden, wie diese Eier „produziert" wurden und wie es den Hühnern dabei ging. Ein weiteres Beispiel ist der Einsatz von Tierversuchen in der Kosmetikentwicklung. So müssen Tiere leiden und werden zum Teil getötet, damit die Unverträglichkeit von Duschgel oder Make-up für den Menschen nachgewiesen werden kann. Zwar wurden sämtliche Tierversuche in der Kosmetikindustrie 2003 von der EU-Kommission verboten. Dennoch gilt das nur für EU-Mitgliedsländer, und immer noch existieren Firmen, die in Länder ausweichen, in denen diese Praktiken weiter existieren. Tierschutzorganisationen wie PETA e. V. machen dagegen zu Recht mobil und veröffentlichen regelmäßig „Positivlisten" mit Kosmetikfirmen (vgl. Tierschutzbund, 2019), die eindeutig gegen Tierversuche Stellung beziehen, darunter so prominente Namen wie „Lush" oder auch „Body Shop". Nur durch Veröffentlichung von positiven Beispielen und Brandmarkung von Negativverhalten kann eine Korrektur der unethischen Unternehmenspraktiken erreicht werden.

Ein weiterer Fall unethischen Verhaltens in der Wirtschaft ist die *Diskriminierung*. Kein Mensch darf wegen seiner Rasse, Religion, sexuellen Orientierung, Nationalität oder Kulturzugehörigkeit oder gar wegen seines Geschlechts diskriminiert werden. Das fängt bei der Auswahl neuer Mitarbeiter an, die weder aufgrund ihres Bildes oder ausländisch klingenden Namens in Bewerbungsunterlagen abgelehnt werden dürfen. Es geht weiter bei der Bezahlung, bei der Art des Jobs, bei dem die adäquate Ausbildung der einzige Bestimmungsfaktor sein sollte. Die Bezahlung sollte einzig auf der Qualifikation und der Expertise der Kandidaten beruhen und nicht dadurch beeinträchtigt werden, dass er oder sie ein Mann oder eine Frau ist, einer bestimmten Ethnie, Religion oder Nationalität angehört oder eine bestimmte sexuelle Orientierung hat. Einzig die vermutete und tatsächliche Leistung sollte den Ausschlag geben, auch wenn letztere meist nicht objektiv messbar ist.

Die skizzierten Beispiele unethischen Verhaltens können sowohl individuell, sprich von Einzelpersonen als auch von Unternehmen und Institutionen und den darin handelnden Personen ausgeführt werden. Auf beiden Ebenen müssen Regeln zur Korrektur definiert werden, um Missbrauch zu vermeiden. In jüngster Zeit ist vor allem das Wirtschaftssystem des „Kapitalismus" stark in die öffentliche Kritik geraten. Ich habe in Abschn. 6.2 zu den Spielarten des kapitalistischen Systems bereits einen Einblick in die Problematik der Wirtschaftsethik auf der Systemebene gegeben. Folgende Mechanismen und Maßnahmen werden diskutiert bzw. bereits angewendet, um unethische Verhaltensweisen zu korrigieren oder gar nicht erst entstehen zu lassen (vgl. u. a. Lütge & Uhl, 2017, S. 173 ff.):

- Gütesiegel wie *Fair Trade* zum Ausweis des fairen Handels sollen sicherstellen, dass der gesamte Herstell- und Handelsprozess fair, d. h. in gegenseitigem Geben und Nehmen erfolgt. Als konkretes Beispiel kann der Kaffeehandel gelten. Fair Trade soll die Lebens- und Arbeitsbedingungen der Kleinbauern und ihrer Familien qualitativ verbessern, indem ein etwas höherer Konsumentenpreis als marktüblich an die Bauern weitergegeben wird. Diese erhalten schlicht deutlich mehr für die geernteten Kaffeebohnen. Garantiert man den Bauern einen Mindestpreis, werden die Einkommen auf eine sichere Grundlage gestellt, und die Versorgung der Familien wird gesichert, selbst wenn die Ernte einmal schlechter ausfällt. Gleichzeitig kann man die Vereinbarkeit von Ökologie und Ökonomie forcieren, indem man umweltverträglichere Bioprodukte handelt und konsumiert.
- Ein Gütesiegel kann auch anhand von Kriterien vergeben werden, die bestimmte Formen der Arbeit verbieten, wie etwa Kinderarbeit, oder unzumutbare Arbeitsbedingungen oder -zeiten. In die gleiche

Richtung gehen Überlegungen zum Mindestlohn, der den Arbeitnehmern ein auskömmliches Gehalt sichert.

- Auf Unternehmensebene haben sich verbindliche *Ethikkodizes* etabliert, die neben einer Mission, wie etwa: „Wir wollen ethisch tätig sein, da auch wir für unsere Gesellschaft und unsere Umwelt Verantwortung tragen", klare Kernwerte des Unternehmens definieren, etwa Wertschätzung, Verantwortung, Verbot jedweder Diskriminierung etc. Daraus sollen klare Normen und Regeln für die tägliche Zusammenarbeit im Unternehmen und den Umgang mit den Kunden und der Gesellschaft definiert erwachsen, etwa „Wir sind unseren Mitarbeitern und unseren Kunden verpflichtet. Wir tragen Verantwortung für die Gesellschaft und die Umwelt." etc.

- In den letzten Jahren haben sich in den Unternehmen *Compliance*-Abteilungen und Bereiche bewährt, die dafür sorgen sollen, dass unternehmerisches und individuelles Fehlverhalten rechtzeitig identifiziert und entsprechend geahndet wird. Dies reicht von der Korruptionsbekämpfung und bis hin zu Aufdeckung von Bestechungen und unethischem Verhalten wie Diskriminierung aufgrund der Zugehörigkeit zu Ethnien, Religionen oder Ungleichbehandlung von Kunden. Wesentlich ist hierbei die Schulung und Sensibilisierung der Führungskräfte und Mitarbeiter. Diese Maßnahmen lassen sich durch Datenbanken unterstützen, in denen die Annahme von kleineren Geschenken im Sinne der Transparenz ebenso dokumentiert werden wie anonyme Hinweise auf eventuelles Fehlverhalten einzelner Mitarbeiter („Whistleblowing").

- Bisweilen reicht auch die Ermahnung an das Leitbild des „ehrbaren Kaufmanns", zu dem Tugenden wie Ehrlichkeit, Verantwortung, Anstand, Sorgfalt,

Nachhaltigkeit und Vorbildfunktion gehören. Wesentlich dabei ist, dass Fehlverhalten konsequent und öffentlich geahndet wird, sodass kein Interpretationsspielraum bleibt.

- Schließlich kann der Konsument, können wir alle mit unserem Kaufverhalten dafür sorgen, dass wir mit Unternehmen, die sich nicht dem Fair Trade verpflichten oder ethische Normen unterlaufen, keine Geschäfte mehr machen.

Ethische Überlegungen enden aber nicht bei einem fairen Umgang in der Wirtschaft und mit der Natur. Ebenso muss man das Ziel der Ökonomie, die Optimierung, auch vor dem Hintergrund ethischer Überlegungen betrachten.

Das Wesen der Wirtschaft ist die Optimierung. So oder so ähnlich liest man es in kritischen Berichten in Zeitungen und Zeitschriften. Man hört es in den Vorlesungen an den wirtschaftswissenschaftlichen Fakultäten in Deutschland und der Welt. Das Ziel lautet „höher, schneller, weiter", mathematisch gesprochen: das Optimum. Das ökonomische Prinzip des maximalen Ergebnisses bei gegebenem Input oder des zu erreichenden Ergebnisses mit minimalem Input. Wird das Prinzip des Optimums, des Bestmöglichen, auf gesellschaftliche Vorgänge übertragen, wirkt die Vorgehensweise befremdlich: Hole ich aus meinen Freundschaften das meiste heraus? Minimiere ich meine Kosten, indem ich meine Verwandten und Bekannten bitte, mich zu unterstützen? Halte ich Beziehungen nur aufrecht, um das maximal Mögliche für mich herauszuholen? Eine solche Haltung wäre in Freundschaften nicht nur befremdlich, sondern würde ohne das gegenseitige Geben und Nehmen, dem Prinzip jeder Freundschaft, schnell zum Ende selbst langer Beziehungen führen. Doch in der Ökonomie ist dieses Prinzip der Optimierung immer noch der Kern. Wie aber verlief der lange Weg von der Tauschwirtschaft und der arbeitsteiligen Spezialisierung der Steinzeit, der Antike über das Mittelalter in die Neuzeit und Moderne?

Während zu Beginn des Wirtschaftens, wie wir gesehen haben, die Sorge um eine ausreichende Ernährung der Familie und der Sippe im Vordergrund stand, erlangte der Tauschhandel immer mehr Bedeutung. Man produzierte jetzt mehr, als man selbst benötigte, und tauschte den Rest. Die Tauschpartner waren immer weiter voneinander entfernt, die immer leistungsfähigere Logistik ermöglichte schließlich sogar den Handel zwischen weit entfernten Ländern. Geld als Tauschmittel half bei der Aufbewahrung des Wertes der getauschten Güter und konnte in vielfältiger Weise wieder ausgegeben werden. Zunächst nur zum persönlichen Bedarf oder dem der Familie und Sippe, später für ein eher sinnloses Zusammenraffen von Reichtümern, die selbst über mehrere Generationen nicht ausgegeben werden konnten. Mit dem Aufkommen der Maschinen im Rahmen der Industrialisierung und der immer größer werdenden Unternehmen wurde der unternehmerische Gewinn immer wichtiger. Während in den mittelalterlichen Zünften noch sehr stark die Versorgung der einzelnen Mitglieder im Vordergrund stand, galt es in den entstehenden Großunternehmen, das vom Geldgeber, dem „Kapitalisten", eingesetzte Geld sinnvoll dazu zu verwenden, einen entsprechenden Ertrag zu erwirtschaften.

Ein Unternehmer im klassischen Sinne würde niemals auf die Idee kommen, sein Geld für einen Prozess zur Herstellung von bestimmten Produkten einzusetzen, wenn er nicht gleichzeitig hoffte, sein eingesetztes Kapital zu vermehren. Dieser Anreiz des Geldverdienens war schon seit der Einführung des Geldes die Grundbedingung für erfolgreiches Unternehmertum. Das ist auch heute noch ein legitimer Anreiz für Unternehmer aller Art, für das entstehende Risiko und das Gelingen des Unternehmens und dem Erhalt der Arbeitsplätze eine Kompensation zu erhalten. Dies war schon immer das Bestreben der Geldgeber und Unternehmer, das investierte Kapital maximal zu verzinsen bzw. einen größtmöglichen Ertrag zu erzielen. Daraus wurde in der ökonomischen Theorie die Forderung nach der Gewinnmaximierung. Bei Karl Marx hieß das noch „der Mehrwert" des Kapitals (vgl. Marx, 2009). Warum aber ist das Prinzip der Gewinnmaximierung für den Unternehmer so wichtig?

Zunächst müssen wir uns klarmachen, wie der Gewinn eines Unternehmens entsteht. Vereinfacht gesagt, muss ein Unternehmen versuchen, möglichst viele Produkte und Dienstleistungen zu einem am Markt durchsetzbaren hohen Preis zu verkaufen. Dieser Umsatz in Form von erhaltenen Geldmitteln muss so hoch sein, dass er alle eingesetzten Kosten für Mitarbeiter, Maschinen, Fabrikhallen und Gebäuden, Grundstücke etc. finanzieren kann und im besten Fall noch etwas übrig bleibt, was der Unternehmer und seine Familie zum Leben brauchen und das eingesetzte Kapital entsprechend verzinst wird. Würden Sie als Unternehmer Ihr hart erarbeitetes Geld, sagen wir mal einige Hunderttausend Euro, als Kapitalgeber in eine Firma investieren, wenn diese keinen Gewinn erwirtschaftet und Sie von der Bank alternativ zumindest 1–2 % Zinsen auf Ihr eingesetztes Kapital erhielten? Vermutlich nicht. Der Gewinn des Unternehmens erlaubt es, alle zugehörigen Kosten zu begleichen, etwa die Löhne der Mitarbeiter zu zahlen und dadurch sichere Arbeitsplätze zu schaffen. Gleichzeitig müssen Sie aber immer weiter in die Zukunft investieren, z. B. in neue Produkte, Maschinen und Hallen Vielleicht müssen Sie auch in anderen Ländern Filialen errichten oder gar in Wachstumsbranchen investieren. Für all das benötigen Sie einen hohen Unternehmensgewinn, den Sie zu einem Großteil in das Unternehmen reinvestieren müssen.

In der heutigen Zeit existieren viele Großunternehmen und Konzerne, die sehr viele Geldgeber in Form von Aktionären aufweisen, die vom Erfolg des Unternehmens profitieren wollen. Das ist legitim, da die Aktionäre je nach Höhe ihrer in das Unternehmen investierten Geldmittel ja auch einen Teil des unternehmerischen Risikos tragen. Mittlerweile sind Unternehmer und Geldgeber veschiedene Personen. Die Aufgaben des Unternehmers übernehmen in Großkonzernen angestellte Manager, deren Mandat es ist, das eingesetzte Kapital der Aktionäre bestmöglich einzusetzen, das Unternehmen nach vorne zu bringen und Tausende von Arbeitsplätzen zu erhalten. Dabei gilt die Logik: Je höher der unternehmerische Gewinn – zumeist gemessen am Ende des Geschäftsjahres –, desto sicherer sind die Arbeitsplätze der Mitarbeiter, desto mehr kann in die Zukunft investiert werden und desto höher ist das Vertrauen der Geldgeber, dass ihr eingesetztes Kapital in diesem Unternehmen sehr gut investiert ist. In der Sprache der Börse: Der Aktienkurs steigt. Gleichzeitig wird das Unternehmen, gemessen an der Marktkapitalisierung, mehr wert und kann immer schwerer von anderen Unternehmen aufgekauft werden.

Also setzen die Manager an der Spitze des Unternehmens, je nach Rechtsform der Vorstand oder die Geschäftsführer, alles daran, den Gewinn des Unternehmens maximal zu steigern. Gibt es bei der Steigerung des Unternehmensgewinns Grenzen, oder ist im Zuge der Gewinnerzielung jedes Mittel recht? Erinnern wir uns noch einmal an die Anfänge des Wirtschaftens: Hier galt die Versorgung des Einzelnen und der Familie – äquivalent zum heutigen Arbeitnehmer eines Unternehmens – als Ziel unternehmerischen Handelns und Strebens. Wird der erzielte Gewinn dadurch erreicht, dass ich immer bessere, qualitativ hochwertigere Produkte zu auskömmlichen Preisen anbiete, und haben die Kunden dadurch einen

Mehrwert, so ist nichts dagegen einzuwenden. Beide, Kunde und Unternehmen, sind zufrieden, die einen mit dem Produkt und die anderen mit dem Gewinn. Wird der Gewinn fair auf Mitarbeiter und Management bzw. Geldgeber in Form von Dividenden verteilt, dann ist dagegen nichts einzuwenden. Kluge Unternehmensführer investieren rechtzeitig auf der Basis der Markt- und Wettbewerbsbeobachtung in die Zukunft des Unternehmens in Form neuer Produkte, anderer Märkte oder Wachstumsbranchen. So ist sichergestellt, dass das Unternehmen auch in Zukunft krisensicher ist und die Arbeitsplätze erhalten bleiben. Gewinne müssen immer höher ausfallen, da im Rahmen der Inflation die Löhne, Materialkosten und vieles mehr steigen und entsprechend kompensiert werden müssen.

Ein gutes Beispiel für ein solches, solides Geschäftsmodell mit einem ordentlichen Gewinn, der die oben genannten Kriterien erfüllt, sind die Geschäftsbanken der Vergangenheit. Die Kunden profitierten von den Banken dadurch, dass sie ihr Geld sicher auf dem Konto verwahrt sahen und dafür Zinsen bekamen. Gleichzeitig konnten sie sich zu guten Marktkonditionen Geld in Form von Krediten leihen, die sie nach einem klaren Plan zurückzahlen konnten. Viele vor allem mittelständische Unternehmer in Deutschland konnten sich so für ihre Investitionen in die Zukunft ihres Unternehmens mit Geld am Kapitalmarkt versorgen, expandieren und dadurch die Arbeitsplätze sichern. Die Banken profitierten durch die verzinsten Gelder oder die Anlage des eingelegten Kapitals ihrer Kunden am Kapitalmarkt und erzielten einen ordentlichen Gewinn. Es musste die Überlegung jedes Managements, der angestellten Unternehmer, sein, wie sich der Gewinn weiter steigern lässt, um noch mehr Geld für die Zukunftsvorsorge des Unternehmens zur Verfügung zu haben.

Allerdings ist das Optimieren um des Optimierens willen nicht die Lösung. Gewinnmaximierung als Leitgedanke der Ökonomie ist zwar notwendig (vgl. Mankiw & Taylor, 2012, S. 353 ff.). Allerdings rechtfertigt es nicht alle Mittel und beantwortet auch nicht die Frage nach dem „auskömmlichen Gewinn" oder wie viel Gewinn genug ist. Die Gewinnmaximierung gilt natürlich nicht nur für Unternehmen, sondern auch für Staaten. Jeder Staat und seine Vertreter werden bemüht sein, die Staatseinnahmen so hoch zu schrauben, dass alle Aufgaben des Staates zu finanzieren sind und der Staat sich nicht verschuldet. Leider ist dies kaum einem Staat auf dieser Welt vergönnt. Das Staatsdefizit, das entsteht, wenn die Staatsausgaben höher als die Staatseinnahmen sind, ist allerorten die Regel und steigt in den meisten Staaten dieser Erde sogar noch an. Das Bestreben der Staatsregierung muss es daher sein, über Steuern, Gebühren, Abgaben und Geldströmen aus dem Ausland mehr einzunehmen, als sie für alle Staatsaktivitäten wie den Bau von Straßen, öffentlichen Gebäuden, Verteidigung, Kultur, Bildung, Soziales und vieles mehr ausgibt. Sie verhält sich also analog den Handlungen eines Unternehmers. Dass man die Haushaltspolitik von Staaten nicht so einfach mit unternehmerischem Handeln vergleichen kann, werden wir später noch einmal sehen. Das Prinzip der Gewinnmaximierung bleibt aber in beiden Fällen gleich.

Lassen Sie mich noch ein Wort zur *Nutzenmaximierung* verlieren. Es wird in der ökonomischen Theorie davon ausgegangen, dass der Kunde oder Konsument beim Kauf von Gütern bzw. Produkten versucht, seinen Nutzen zu maximieren (vgl. u. a. Mankiw & Taylor, 2012, S. 522). Der Optimierungsgedanke aus Sicht der Konsumenten ist, was für den Unternehmer die Gewinnmaximierung ist. Wiewohl der Nutzen für den Kunden im Einzelfall schwer zu ermitteln, geschweige denn zu messen ist, liegt diesem Prinzip der Gedanke zugrunde, dass der Kunde mit seinem vorhandenen Finanzbudget den maximalen Nutzen für sich herausholen möchte. So versuche ich über diverse Urlaubsportale und Angebote im Netz einen erholsamen Familienurlaub in der Sonne Spaniens so billig wie möglich zu buchen. Dadurch stelle ich sicher, dass ich mit dem Urlaub den höchsten Nutzen für mich und meine Familie erziele. So einfach sich dieses Prinzip anhört, so schwierig ist seine Umsetzung in der Praxis. Sind Urlaube tatsächlich vergleichbar? Habe ich vollkommene Transparenz über alle Angebote für meinen geplanten Urlaub in Spanien? Diese Idee der Nutzenmaximierung entstammt dem Modell des *Homo oeconomicus,* eines idealisierten Menschen, der stets rational handelt, alle Entscheidungsalternativen kennt und immer nach persönlicher Optimierung strebt. Bei der Optimierung spielt in der Wirtschaft das Geld eine entscheidende Rolle. Lassen Sie uns ein paar Gedanken über das Geld an sich verlieren.

Diese Ausführungen zeigen deutlich eine thematische Veränderung von der steinzeitlichen Notwendigkeit des Tauschs und der Arbeitsteilung hin zur Optimierung der Verteilung und der ökonomischen Gerechtigkeit. Um es plakativ zu formulieren: Es war ein weiter Weg von der steinzeitlichen, antiken und mittelalterlichen Wirtschaft der Versorgung und des „gerechten" Tauschs eines Aristoteles' oder Thomas von Aquins bis hin zur „Akkumulation des Kapitals" in den Händen einer weniger zuzeiten der Industrialisierung bei Marx und schließlich der Gerechtigkeitsfrage von heute. Die acht reichsten Menschen vereinen heute ein Vermögen auf sich wie die untere Hälfte der Menschheit, also gut 3,7 Mrd. Menschen (vgl. Oxfam, 2017). Lassen Sie uns dieses Thema der Vermögenskonzentration etwas näher betrachten.

Unsere Vorfahren in der Jungsteinzeit tauschten Werkzeug, Schmuck und Rohstoffe gegen Nahrungsmittel und Dinge des täglichen Bedarfs ein, also Ware gegen Ware. Schon die alten Ägypter verwendeten viele Jahrtausende später gegen 3100 v.Chr. erstmals Gold als Zahlungsmittel, Recheneinheit und Wertaufbewahrungsmittel (vgl. Haidacher, 2015, S. 34). Im Stadtstaat Athen wird bereits 600 v.Chr. die griechische Drachme als Münze mit einem bildlichen Symbol als Zahlungsmittel verwendet. Geld entwickelt sich schon bei den alten Griechen immer mehr vom Zahlungsmittel zum Zwecke des Tauschs hin zum Wohlstandsobjekt und Vermögensgegenstand (vgl. Vaupel & Kaul, 2016). Zur Zeit Cäsars wird Geld auch eingesetzt, um den eigenen Aufstieg mithilfe seines Heers zu finanzieren, und Münzen werden mit dem eigenen Konterfei geprägt (vgl. Bankenverband, 2018). Geld galt damals als Ausdruck von Macht und diente zu deren Sicherung und zu Propagandazwecken. Im 9. Jahrhundert n.Chr. wurde die Mark als Gewichtseinheit und Zahlungsmittel im Gebiet Nordgermaniens erstmals urkundlich erwähnt (vgl. Bayerisches Münzkontor, 2019). Geld war damit eine wesentliche Komponente der Wirtschaft.

Mit Einführung des Geldes als Tausch- und Wertaufbewahrungsmittel begann aber auch eine unheilvolle Entwicklung des *immer mehr, immer schneller,* zum Teil gegen die Regeln. Bis dahin ging es vor allem um die Selbstversorgung der Mitglieder einer Gemeinde mit dem für das Leben und Überleben Notwendigsten. Die wirtschaftlichen Aktivitäten waren eine notwendige, den jeweiligen Umständen geschuldete Maxime zur Sicherstellung des puren Weiterlebens. Mit dem Aufkommen von Geld in Form von Gold, Silber und weiteren Edelmetallen wurde diese Funktion der Lebenssicherung um die neue Funktion des Vermögensaufbaus zum Zwecke des Wohlstands und dessen Steigerung ergänzt: Es wurde möglich,

Geld um des Geldes willen zu sammeln und nicht vornehmlich zum Tausch gegen Waren einzusetzen, die man im Zuge der Arbeitsteilung von anderen Gemeinschaften oder anderen Ländern erwarb. Der britische Ökonom David Ricardo verdeutlichte zu Beginn des 19. Jahrhunderts seine Theorie der komparativen Kostenvorteile anhand des Tauschs von Wein und Tuch: Ein Land konzentriert sich auf die Herstellung des Weines, den es aufgrund des günstigeren Klimas und der größeren Erfahrung besser produzieren kann als ein anderes Land, das sich auf die Herstellung von Tuch konzentriert (vgl. Eltis, 1989). Beide Länder profitieren vom Tausch der Waren und erhöhen so den Wohlstand ihrer Bevölkerung.

Bald ging es aber nicht mehr um die Erhöhung des Wohlstands der Mitglieder einer Gemeinschaft oder eines Landes, sondern um das Geld an sich. Geld war plötzlich verbunden mit Vermögen, Reichtum, Macht, Erfüllung aller Träume, einem besseren Leben. Die Funktion des Geldes als Tauschmittel wurde zum Maß für die finanzielle Potenz einzelner Mitglieder der Gesellschaft umgewidmet. Menschen, die nicht den Wohlstand ihres Landes im Auge hatten, sondern ihre ureigene Profitgier. Das Streben nach Macht über materielle Dinge, Menschen, Status und Image wurde immer wichtiger. Es wurde ein Luxuskonsum durch die Verfügbarkeit einer schier unendlichen Geldmenge ermöglicht und damit der Erwerb einer Vielzahl von Häusern, die kein Mensch jemals gleichzeitig bewohnen kann. Es konnten so Ländereien zusammengekauft werden, die man kaum selbst durchwandern kann oder schlicht Kleidung und Schmuck in einer Menge erworben, deren teilweiser Verkauf ausreichen würde, eine Vielzahl von armen, hungernden Menschen zu unterstützen.

Natürlich ist dies eine sehr vereinfachte Darstellung der heutigen Realität, und es ist natürlich auch in der

Vergangenheit selten so extrem gewesen. So gab es früher bereits die Einteilung in Reich und Arm. Die im ausgehenden Mittelalter wohl reichste Familie, die Handelsdynastie der Fugger aus Augsburg, war tief in ihrem christlichen Glauben verhaftet und spendete großzügig für die armen Menschen. Sie schufen zahlreiche nahezu kostenlose Unterkünfte für die armen Arbeiter und Tagelöhner der Gegend und unterstützten arme Familien mit kostenfreier Nahrung. Wirtschaftliche Aktivitäten zum Wohle der Gemeinschaft wie die der Fugger wurden jedoch immer mehr degeneriert zu einer schnellstmöglichen Ansammlung von Geld für einzelne zum deren eigenem Vergnügen. Damit darf man aber nicht verwechseln, dass der Unternehmer im marktwirtschaftlichen System eine angemessene Vergütung seiner Investitionen erzielen *muss*. Das ist das legitime Streben eines Unternehmers. Auch er ist für das Wohlergehen seiner Familie und seiner ihm anvertrauten Mitarbeiter verantwortlich und sichert deren Arbeitsplätze durch sein unternehmerisches risikobehaftetes Handeln. Der unternehmerische Gewinn sichert seinen eigenen Wohlstand und den seiner Mitarbeiter.

Aus dem Ruder gelaufen zu sein scheinen aber Bestrebungen, in kürzester Zeit möglichst viel Geld zu verdienen, ohne Blick auf das Wohlergehen der davon ebenfalls betroffenen Mitglieder der Gesellschaft. Die Gier des Einzelnen, der seine wirtschaftlichen Aktivitäten nicht wie in den Jahrhunderten zuvor nutzt, um den „Wohlstand für alle" (Erhard, 1964) zu erreichen, sondern lediglich seine Geldgier befriedigt, indem er auf legale Weise wirtschaftliche Aktivitäten verfolgt, die nur auf seinen materiellen Wohlstand zielen und darüber hinaus keinen Mehrwert schaffen. Im Gegensatz dazu produzieren zahlreiche große, aber auch mittelständische Unternehmen u. a. in der Automobil- und Maschinenbauindustrie in

Deutschland weltweit sehr begehrte Produkte wie Autos, Maschinen und andere Ingenieurprodukte mit dem Siegel „Made in Germany". Sie schaffen und sichern dadurch viele Tausend Arbeitsplätze, erzielen einen ordentlichen Gewinn und sorgen durch die üppigen Gewerbesteuern auch für den Wohlstand der sie beherbergenden Städte und Gemeinden. Sie alle *schaffen Wert* und behalten in legitimer Weise einen Teil ihres Gewinnes ein, um alle an der Wertschöpfung Beteiligten zu entlohnen.

Wie sieht es aber bei denjenigen aus, die an den Börsen Spekulationsgeschäfte tätigen, etwa auf steigende Lebensmittelpreise wetten und Gewinne zulasten der Ärmsten realisieren? Ein Glücksspiel mit einem langen Hebel zu individuellem Reichtum, verbunden mit der sinnlosen, äußerst nachteiligen Verteuerung von lebensnotwendigen Lebensmitteln – Aktienspekulationen generell, die nicht mehr betriebswirtschaftlichen Gesetzen folgen, sondern nur darauf hoffen, Aktienkäufe und -verkäufe mit Aussicht auf den schnellstmöglichen Profit zu realisieren. Der Gipfel der Spekulation sind die sogenannten Leerverkäufe (vgl. u. a. Schömann-Finck, 2011), bei denen ein Verkäufer Wertpapiere, Waren etc. verkauft, die ihm zu diesem Zeitpunkt noch nicht einmal gehören, sondern die nur geliehen sind („short sale"). Dies dient lediglich dem Zweck, diese nur geliehenen Wertpapiere zu einem späteren Zeitpunkt (zum Ausgangszeitpunkt) billiger zu erwerben und dann durch die positive Differenz von Verkaufs- und Einkaufspreis einen Gewinn zu erzielen, die sogenannte *Short Position*. Natürlich versucht jeder Unternehmer und Händler von Waren, die Artikel z. B. für seinen Supermarkt billiger einzukaufen, als er sie danach an seine Endkunden verkauft. Mit einem kleinen, aber wesentlichen Unterschied: Er verkauft Waren des täglichen Bedarfs an seine Kunden und erhöht so deren Wohlfahrt. Leerverkäufe erhöhen nur das Konto des Verkäufers, sonst nichts. Daher sind sie seit 2010 in Deutschland zu Recht verboten (vgl. Schömann-Finck, 2011).

Die Wirtschaftskrise 2008 wurde nach allem, was wir heute wissen, zu großen Teilen durch den Immobilienmarkt und die „Sub-prime-Kredite" ausgelöst (vgl. u. a. Kohlenberg & Uchatius, 2008): Damals wurden vor allem US-amerikanischen Durchschnittsverdienern zum Teil ohne Eigenkapital von unseriösen Bankangestellten günstige Kredite eingeräumt, die diese in ihrem Leben niemals auch nur annähernd zurückzahlen konnten. Mit dem Kredit war die Hoffnung verbunden, der eigenen Familie ein Dach über den Kopf zu bescheren und nach einer gewissen Spekulationszeit das Haus mit einer ordentlichen Wertsteigerung wieder zu verkaufen. Der Nachfrageüberhang nach diesen Häusern gab diese Wertsteigerung allemal her. Gewinner waren vor allem die Kreditvermittler, die üppige Provisionen einstrichen. Als dieser Automatismus mit dem Zusammenbruch der Nachfrage auf dem Häusermarkt abebbte und die Kreditnehmer ihre überschuldeten Häuser unter Wert verkaufen mussten, wackelte das US-Bankensystem und bald die gesamte Weltwirtschaft mit ihm. Die Gier dieser Kreditvermittler stürzte Familien in den Ruin, sie selbst strichen bis zum Ende die Provisionen ein.

Wie wir gesehen haben, hat die Einführung des Geldes in die Wirtschaft nicht nur Positives mit sich gebracht, weil man jetzt nicht mehr umfangreiche Warenbestände zum Tausch anbieten musste, sondern auf Geld als Wertaufbewahrungs- und Tauschmittel setzen konnte. Dennoch haben die Menschen von alters her Geld nicht nur benutzt, um Wohlstand zu schaffen, sondern auch dazu, sich zu bereichern. Dies geschah, wie wir wissen, nicht immer auf legale Weise. Aber, so ist zu fragen, macht viel Geld auch glücklich? Genauer: Wie viel Geld braucht der Mensch zum Glück? Und lässt sich das Glück immer weiter steigern, je mehr Geld der Einzelne hat? Gibt es dafür eine Grenze? Wenn Geld allein nicht glücklich macht, trägt die Wirtschaft dann zum Wohlbefinden der Menschen bei? Diese Themen wollen wir in Abschn. 6.4 näher betrachten.

6.4 Grenzen des Wachstums

1972 erschien das aufsehenerregende Buch des US-amerikanischen Ökonomen Dennis Meadows „The Limits of Growth", auf Deutsch „Die Grenzen des Wachstums" (Meadows, 1972). Es basierte auf einer Studie, die der Club of Rome in Auftrag gegeben hatte, eine Vereinigung von Wissenschaftlern und Experten verschiedener Disziplinen aus mehr als 30 Ländern, gegründet 1968. Kernaussage des die Weltöffentlichkeit alarmierenden Buches war, dass das damalige Wirtschafts- und Bevölkerungswachstum, also das im Jahr 1972, in die Zukunft projiziert zu einer Nahrungsmittelknappheit führen, enorme Umweltverschmutzung und einen massiven Rohstoffengpass zur Folge haben wird. Dies alles führe dazu, so Meadows und seine Koautoren, dass die Weltwirtschaft noch vor dem Jahr 2100 zusammenbrechen, der Wohlstand drastisch zurückgehen und die Ernährung der Weltbevölkerung nicht mehr gesichert sein werde. Diesem unheilvollen Trend müsse dringend entgegengesteuert werden, beispielsweise durch Geburtenkontrolle und forcierten Umweltschutz im Sinne eines sparsameren Umgangs mit lebenswichtigen, nicht erneuerbaren Rohstoffen.

Auch wenn man sich diesen negativen Szenarien von damals nicht hundertprozentig anschließen möchte, ist es doch sinnvoll, darüber nachzudenken, wo die Grenzen des ökonomischen Wachstums liegen. Den aktuellsten Bezug zu diesen Grenzen kann man heute in China erkennen. Wer in den letzten Jahren einmal die Gelegenheit hatte, nach China zu reisen, vor allem in Chinas Hauptstadt Peking, der war negativ berührt von den Ausmaßen, die die Luftverschmutzung dort bereits angenommen hat. Kaum ein Tag vergeht, an dem die Belastung durch Feinstaub nicht das Vielfache der noch gesundheitsverträglichen Menge überschreitet (vgl. Lee, 2017) und die Menschen ihr Haus ohne Filtermasken verlassen können. Schuld daran sind nicht nur die Kohlekraftwerke, sondern auch die massive Stickstoffbelastung der Industrieschornsteine, aber auch des ausufernden Straßenverkehrs. Nicht umsonst ist China mittlerweile ein Vorreiter bei der Förderung alternativer Antriebe von Fahrzeugen geworden. Es wird sogar über eine verbindliche Quotenregelung für Elektrofahrzeuge ab 2019 in Höhe von 10 % gesprochen, um den Smog zu reduzieren (vgl. Giesen & Hägler, 2017). In China sieht man an den Industrieemissionen die Grenzen des Wachstums am deutlichsten. Eine vergleichbare Diskussion gab es vor etlichen Jahren hinsichtlich des Einsatzes von mit Fluorchlorkohlenwasserstoffen versetzten Sprays aller Art, die die Ozonschicht sukzessive zerstören (zur Diskussion 25 Jahre nach dem FCKW Verbot vgl. Knauer, 2015).

Die nicht erneuerbaren Rohstoffe wie Rohöl sowie Mineralien wie Nickel und Kupfer setzen uns eine ähnlich natürliche Grenze des Wchstums. Die Folge der zunehmenden Knappheit dieser Ressourcen (vgl. exemplarisch Bräutigam, 2013) sind gestiegene Rohstoffpreise, die vor allem für ärmere Länder immer weniger erschwinglich sind. Regenwälder werden abgeholzt, Ölfelder werden irgendwann einmal restlos verstopft ausgeschöpft sein ebenso wie das Elfenbein, das jährlich zahlreichen Elefanten das Leben kostet. Nicht nur das Leben der Dickhäuter ist durch die wachsende Nachfrage nach Elfenbein gefährdet, sondern auch das anderer Tierarten (vgl. Habekuß, 2019). OECD-Ökonomen kommen schon seit Jahren zu der Erkenntnis, dass ein weiteres ökonomisches Wachstum wie bisher zu Wasserknappheit, erhöhter Umweltverschmutzung, Klimawandel und sinkender Artenvielfalt führen wird. Nicht umsonst werden schon seit Jahren ressourcenschonende Produktionsverfahren eingesetzt, Rohstoffe zurückgewonnen („recycelt") oder durch andere, nachwachsende Rohstoffe ersetzt – so soll z. B. Kunststoff künftig aus Mais herstellbar sein.

Diese Beispiele von Grenzen des ökonomischen Wachstums sind schon lange bekannt und haben sich tief in das Bewusstsein der Menschen der Industrieländer eingeprägt. Zahlreiche Klimaforen und -gipfel der letzten Jahre waren zumindest in Ansätzen bei der Bekämpfung des Klimawandels erfolgreich. Wenn wir über die Grenzen des Wachstums sprechen, müssen wir aber auch über die gesellschaftlichen Rahmenbedingungen des Wachstums nachdenken. Wie viel Konsum ist genug? Brauche ich wirklich jedes zweite Jahr ein neues Smartphone oder ein neues Laptop? Wie viele Schuhe, Taschen, Mäntel oder Anzüge brauche ich während des Jahres? Reicht nicht mein alter Anzug auch noch, meine alten Hemden und Schuhe oder mein Tabletcomputer der zweiten Generation? Muss ich unbedingt die aktuellste Generation haben, um mitreden zu können? Die heutige Generation der Konsumenten ist aufgeschlossener, besser ausgebildet und kritischer. Sie lässt sich nicht mehr so einfach durch die Marketingmaßnahmen der Anbieter verführen. Das beste Beispiel ist die „Sharing Economy", die Ökonomie des Teilens: Anstelle eines eigenen Autos werden Autos bei Gelegenheit einfach kurzerhand gemietet und für den Transport von A nach B genutzt. Hotelzimmer werden durch kurzzeitig gemietete Privatwohnungen im

Urlaubsziel über Anbieter wie Airbnb ersetzt. Besitz an sich ist kein Statussymbol mehr, sondern nur noch reines Mittel zum Zweck. Konsum findet heute bewusster statt: „bio" statt normal, vegetarisch oder vegan statt Fleisch, ohne Verpackung und nur recycelbare Ware.

Auch die reichsten Menschen dieser Welt wollen nicht immer nur höher, schneller, weiter. Bill Gates und Warren Buffet etwa bringen den größten Teil ihres Vermögens in Stiftungen ein, um es für karitative Zwecke zu nutzen. Junge Mütter und Väter wollen vielfach nicht mehr schnellstmöglich Karriere machen, möglichst viel Geld in kurzer Zeit verdienen und dann dem Statuskonsum frönen. Heute wird immer mehr zur Regel, dass sich junge Paare die Kindererziehung teilen, um die Kinder in gemeinsamer Elternzeit, Teilzeitarbeit unter Verzicht auf die ganz große Karriere aufwachsen zu sehen. Die „Work-Life-Balance" steht immer mehr im Vordergrund: mehr Zeit statt mehr Konsum, mehr Kinder als berufliche Titel, im Zweifel weniger Geld und dafür mehr von den Kindern und seinem Lebenspartner haben. Diese neuen Tendenzen in der Gesellschaft – zugegebenermaßen vor allem in den reichen Industrieländern – führen dazu, dass der Konsum eingeschränkt wird. Eine neue Bescheidenheit entsteht, die nicht immer nur nach dem höher, weiter und schneller strebt – beruflich wie privat.

Die Lebenszeit wird Gott sei Dank immer länger. Viele Menschen wollen heute nicht mehr nur leben, um zu arbeiten, sondern auch ihr Leben genießen. Manche Gutverdiener sagen sich um die 60, dass sie genügend gearbeitet haben, steigen früher aus dem Erwerbsleben aus und starten noch einmal in ein neues, eher freizeitorientiertes Leben. Sie stehen den Unternehmen dann nicht mehr zur Verfügung. Den Schritt für das letzte Quäntchen zusätzliches Geld oder Zusatzrente sind viele nicht mehr bereit zu gehen. Einen gewissen

Lebensstandard wollen sie sich sichern, verzichten aber zugunsten von Lebensqualität auf ein Mehr an Einkommen und Versorgung. Sie brauchen kein großes Haus mehr und ziehen eher innenstadtnah in kleinere Wohnungen. Oder sie ziehen über Winter in den sonnigen Süden Spaniens und leben entspannter und bei niedrigeren Kosten in einer Idylle. Manch einer ist von einem kurzzeitigen Aufenthalt im Kloster berauscht, einem Ort der Abgeschiedenheit und Stille, einer Zeit innerer Einkehr und der Muße. Die Themen Zeit, Zeit für sich und Bescheidenheit werden nicht nur im Alter, sondern generell immer wichtiger. Anstelle von „immer höher, schneller und reicher" tritt ein gewisses Minimum an Lebensqualität, an Zeit für sich und seine geliebten Menschen. Dies alles muss zwar nicht zwangsläufig zu weniger Konsum führen. Häufig ist dies aber der Fall. Das geringere Einkommen über die Lebenszeit führt häufiger zu mehr Glück und eher nicht zu zusätzlichem Konsum. Die Grenzen des ökonomischer Wachstums sind nicht nur Folge einer Begrenzung der natürlichen Ressourcen, sondern liegen auch in uns Menschen selbst begründet.

Das ökonomische Prinzip fußt im Wesentlichen darauf, mit gegebenem Mitteleinsatz das maximale Ergebnis zu erzielen oder ein vorgegebenes Ziel mit minimalem Ressourceneinsatz sicherzustellen. Gleichzeitig wird unterstellt, dass die Wirtschaft immer wächst und dadurch dem Wohlstand aller am besten gedient ist, da die Konsumwünsche besser befriedigt werden können und immer mehr Bürger eine gut bezahlte Arbeit finden. Ist diese permanente Wachstumsmaxime in der heutigen Zeit, vor allem aber in der Zukunft noch realistisch? Ist es wirklich so, dass eine permanent wachsende Volkswirtschaft automatisch einen höheren Wohlstand für alle ermöglicht und daher mit aller Gewalt anzustreben ist? Diese Frage will ich einer kritischen Analyse unterziehen.

Der Oldenburger Ökonom Niko Paech zieht die positiven Wirkungen einer permanent wachsenden Wirtschaft in Zweifel. Er vertritt bei seiner „Postwachstumsökonomie" (Paech, 2012) den Ansatz, dass es möglich sein muss, ohne Wachstum des Bruttosozialprodukts auszukommen und ein reduziertes Konsumniveau zuzulassen. Geld allein mache nicht glücklich: Ab einem gewissen Einkommensniveau bewirke eine weitere Zunahme des Gehalts keine Steigerung des individuellen Wohlbefindens oder des Lebensglücks. Irgendwann habe ich genügend Geld verdient, die wesentlichen Dinge des Lebens gekauft, wie etwa eine Immobilie, ein Auto, und genügend Geld für meine Hobbies und die Absicherung der Familie. Fraglich ist auch, ob sich mit einer Steigerung der Wirtschaftsleistung Hunger und Armut wirksam bekämpfen lassen, geschweige denn im Hinblick auf die ökologischen Auswirkungen. Natürliche Ressourcen sind knapp und gehen bei weiterer Inanspruchnahme durch die Wirtschaft an ihr natürliches Limit. Die Medienberichte sind voll von den smogverseuchten Städten in China, aber auch in Indien, wo Industrieabgase die Lebensqualität der Bevölkerung drastisch mindern.

Vieles spricht für ein stetiges Wirtschaftswachstum. Arbeitsplätze werden geschaffen, die gezahlten Gehälter helfen, die Familien der Arbeitnehmer abzusichern und zu konsumieren. Ein Außenhandelsüberschuss, bei dem heimische Waren im Ausland beliebter sind als die ausländischen Waren im Inland, bringt Geld ins Land. Das kann für die öffentliche Infrastruktur wie etwa Parks, Schulen, Theater etc. verwendet werden. Mehr Arbeit bedeutet mehr Steuern, Geld, das über Sozialtransfers den Schwachen der Gesellschaft wie Kindern, Rentnern, Kranken und Pflegebedürftigen, aber auch Arbeitslosen und Menschen mit Behinderung zur Verfügung gestellt werden kann. Solange die natürlichen Ressourcen in ausreichender Menge zur Verfügung stehen, ist dies kein Problem. Problematisch wird es nur, wenn die Segnungen der Sozialen Marktwirtschaft in Deutschland nicht mehr alle erreicht. Zweifel an dieser wohlstandsfördernden Funktion für alle Bürger sind angebracht.

So wird vielfach kritisiert, dass das Wachstum einer Volkswirtschaft immer weniger allen zugutekommt. Der Preisanstieg am Immobilienmarkt mit dem Kampf um knappen Wohnraum vor allem in den Metropolen bewirkt eine zunehmende Zweiklassengesellschaft (vgl. Fricke, 2018): auf der einen Seite die Immobilienbesitzer, deren Vermögen aus Eigentum durch die verstärkte Nachfrage permanent steigt, auf der anderen Seite die Mieter, die sich durch die permanenten Mietsteigerungen immer weniger Wohnraum leisten können. Die Löhne steigen nur moderat, kaum über der Inflationsrate, und die Investmentbanker in den oberen Etagen können sich über dramatische Gehaltssteigerungen freuen. Die Gewinne der Unternehmen kommen vor allem den in ihnen arbeitenden Mitarbeitern zugute, während die Arbeitslosen und Sozialhilfeempfänger leer ausgehen. Selbstverständlich müssen diese Arbeitnehmer hart für ihr Geld arbeiten. Auch die Immobilienbesitzer haben einst hart für ihr Eigentum arbeiten müssen, es sei denn, sie hätten alles geerbt. Dennoch lässt sich an der Kluft zwischen den Besitzenden und den Besitzlosen ablesen, dass das Wirtschaftswachstum nicht automatisch den „Wohlstand für alle" (Erhard, 1964) schafft, selbst wenn es Deutschland noch vergleichsweise gut geht. Die Vermögensschere geht weiter auseinander.

Gleichzeitig wird ein Mehr an Wirtschaftsleistung oft mit einem Mehr an Rohstoffverbrauch erkauft. Der CO_2-Ausstoß pro Kopf der Bevölkerung ist um ein Vielfaches zu hoch, um das Zwei-Grad-Klimaschutzziel einhalten zu können. Jeder von uns kennt aus seinem Lebensumfeld genügend Beispiele von natürlichen Ressourcen, die endlich sind und durch permanentes ökonomisches Wachstum schneller an ihr Ende gelangen können. Dies ist ebenfalls eine Frage der Vereinbarkeit von Ökologie und Ökonomie.

Wie lassen sich diese negativen Folgen der Wirtschaft in einer „Postwachstumsökonomie" vermeiden? Niko Paech sieht eine Möglichkeit in der Verkleinerung des Industriesystems: Am die Stelle der bisherigen soll eine regionale und selbstversorgende Ökonomie der kommunalen Mitglieder einer Gesellschaft treten, die stärker füreinander eintreten (vgl. Paech, 2019). Statt 40 h in der Fabrik zu schuften, sollen sie lieber nur 20 h arbeiten und sich den Rest der Zeit für die Gemeinschaft einsetzen. Das kann in Form von handwerklichen Leistungen für die Gemeinschaft sein, durch Selbstversorgung mit Lebensmitteln bis zu einem gewissen Grad in eigenen Gärten durch den Anbau von Pflanzen und die Haltung von Tieren. Der Konsumbedarf der einzelnen Mitglieder einer Gesellschaft kann auch durch Tausch oder Verschenken nicht mehr benötigter Waren, z. B. von Kinderkleidung oder Spielzeug, gedeckt werden, um so die Nutzungsdauer von Artikeln des täglichen Bedarfs zu erhöhen. Verschleißteile etwa von Waschmaschinen können häufiger repariert, Kleidungsstücke selbst genäht und getauscht, Computer ausgeschlachtet und wiederverwertet werden. Dadurch wird der akute Konsumbedarf reduziert, man kann mit weniger Geld auskommen und muss nicht zwangsweise auf eine wachsende Wirtschaft setzen. Monetäres wird gemäß Paech durch soziales Kapital ersetzt. Der Mensch in der Gemeinschaft mit seinem Netzwerk des Tauschs und der Selbstversorgung ersetzt bis zu einem gewissen Grad das Wachstum. Allerdings kann ein Unternehmen und die Volkswirtschaft als Ganzes auf Wachstum generell nicht verzichten, um die Mitarbeiter und die Bevölkerung zu einem gewissen Einkommen bzw. Wohlstand zu verhelfen.

Unabhängig davon, ob man einer solchen „Postwachstumsökonomie" Realisierungchancen einräumt oder nicht, muss sich jeder Mensch heute die Frage stellen, ob es immer mehr, besser, reicher sein muss oder ob er nicht mit einem gewissen Konsumniveau zufrieden sein kann. Muss ich immer noch mehr haben als mein Nachbar? Brauche ich von jedem Kleidungsstück verschiedene Varianten? Kann ich in mehr als einem Haus oder einer Wohnung gleichzeitig leben? Die Frage, die sich jene stellen müssen, die sich berufsmäßig mit Ökonomie und Politik beschäftigen, lautet: Brauchen wir zwingend ein immer größeres Wachstum der Volkswirtschaft, oder müssen wir nicht zunächst einmal damit beginnen, die Schere zwischen Arm und Reich, zwischen Gewinnern und Verlierern dieser Wirtschaft, anzusehen und zu überlegen, wie wir diese Diskrepanz verringern statt vergrößern können? Am besten wäre natürlich beides: ein Wachstum der Volkswirtschaft *und* eine Verringerung der Diskrepanzen. Vielleicht gelingt es dann mit einem angemessenen Wachstum der Wirtschaft wieder besser, den Wohlstand für alle zu erreichen. Was national gilt, ist im Hinblick auf die weltweite Wirtschaft von herausragender Bedeutung.

6.5 Globalisierung und Digitalisierung

Die Globalisierung, der weltweite Handel, ist kein neues Phänomen. Bereits in der Antike wurden Waren aller Art in die entlegensten Winkel des weit verzweigten Römischen Reiches verkauft und gehandelt. Im Mittelalter schufen die Augsburger Fugger ein nahezu weltumspannendes Handelsreich. Allerdings ist der weltweite

Handel in den letzten Jahren durch das Internet in ein neues Entwicklungsstadium gelangt. Transport- und Kommunikationskosten sanken dramatisch, man denke nur an See- und Lufttransporte oder Telefonate zwischen den Kontinenten. Das Zollniveau ist nicht erst durch die Schaffung des EU-Binnenmarktes auf ein historisches Tief gesunken, was auch durch den Austritt Großbritanniens aus der EU („Brexit") nicht grundsätzlich anders würde. Allein zwischen 1960 und 2008 hat sich der Außenhandel bei konstanten Preisen um den Faktor 15,5 erhöht (vgl. Bundeszentrale für politische Bildung, 2018). Die Zahl der international tätigen Unternehmen hat sich von Ende der 1960er-Jahre bis 2008 mehr als verachtfacht (vgl. Pietsch, 2017, S. 65).

Im Laufe der Jahre sind globale Marken entstanden, die überall auf der Welt den gleichen Standard verheißen: Fast-Food-Ketten wie McDonalds oder Pizza Hut gibt es überall. Fernsehformate wie „Voice of Germany" oder „Wer wird Millionär?" werden global vermarktet. Stars des Schauspiels und der Musik sind weltweit bekannt. Nachrichten über Ereignisse von Weltbedeutung werden in den sozialen Netzwerken geteilt und Online-Spiele wie „Clash of Clans" weltweit gespielt. Die Mode globaler Marken ist längst überall auf der Welt verfügbar. Luxusmarken wie Gucci, Hermès, Prada oder Louis Vuitton findet man in Luxusboutiquen auf der ganzen Welt ebenso wie Sportartikel von Puma, Adidas oder Nike.

Die Globalisierung erschafft einen weltweiten Markt mit 7,5 Mrd. potenziellen Konsumenten. Länder können sich nach Ricardos Theorie der komparativen Kostenvorteile (vgl. Eltis, 1989, vor allem S. 200) auf bestimmte Produkte spezialisieren, Deutschland etwa auf Automobile und Maschinen, und so Spezialisierungsgewinne abschöpfen. Aber nicht jeder auf der Welt profitiert vom gestiegenen Wohlstand durch den globalen Handel.

Die Gewinne kommen hauptsächlich den Industrieländern (EU, USA, Australien, Teile von Asien wie etwa
China) zugute. Gerade aber in den armen Ländern dieser
Welt, vor allem in den Ländern südlich der Sahara, aber
auch in Länder wie Indien, erhöht sich immer noch die
Zahl der Menschen, die mit umgerechnet 1,25 Dollar pro
Tag und Kopf auskommen müssen. Ganz Afrika erbringt
lediglich 3,1 % der weltweiten Wirtschaftsleistung,
gemessen am Bruttoinlandsprodukt (BIP). Die Staaten
mit dem höchsten BIP, USA, China, Japan, Deutschland,
UK, kommen zusammen auf etwa 51 % des weltweiten
BIP (vgl. Bundeszentrale für politische Bildung bpb,
2016).

Die Globalisierung bringt neben den ökonomischen
Effekten weitreichende ökologische Folgen mit sich.
Auf der Suche nach vermarktungsfähigem Holz werden
weltweit Wälder substanziell gerodet, wird Wasser für
Wärmekraftwerke überdimensional beansprucht. Alternative Energiequellen wie Wind- oder Sonnenenergie
reichen noch nicht aus, um den weltweiten Energie-
bedarf zu decken. Daher bleiben Kohle- und Atomkraft-
werke in einzelnen Ländern auf nicht absehbare Zeit in
Betrieb. Mit den Güterströmen gehen weltweite Finanz-
geschäfte einher. Gelder fließen um die Welt, um an den
Börsen, in Hedgefonds oder Private-Equity-Gesellschaften
Gewinne abzuwerfen. Vielfach dienen die Geschäfte zur
Absicherung von Währungen oder des Warenhandels. In
einigen Fällen, wie etwa in Form von hochspekulativen
Finanzderivaten, werden sie aber einzig genutzt, um
Roulette zu spielen, ohne produktive Funktion für die
Weltwirtschaft sollen sie für astronomische Gewinne
einzelner Banken sorgen, wie in der Finanzkrise im
Jahr 2008 geschehen. Die Gewinne wurden dabei
„individualisiert", vor allem bei den Investmentbankern,
die Verluste dann über den Staat und letztlich die Bürger

„sozialisiert" (vgl. u. a. Hank & Petersdorff, 2013). Die Globalisierung ist also in ihren Auswirkungen auf Wirtschaft und Gesellschaft differenziert zu betrachten.

Ein weiteres Element der aktuellen und zukünftigen wirtschaftlichen Entwicklung ist die Digitalisierung. Am deutlichsten werden die Auswirkungen der Digitalisierung für die Arbeitswelt, wenn man sich exemplarisch einzelne Branchen anschaut. Aufgrund ihrer Bedeutung konzentrieren wir uns auf die Automobilbranche in Deutschland, da dort die Einschnitte durch die digitale Welt sehr bedeutsam sein werden. Die Automobilbranche steht vor ihrem größten Umbruch seit Jahrzehnten. Neben der zunehmenden Elektrifizierung der Autos – von den Hybridmodellen, die einen Elektromotor und einen konventionellen Verbrennungsmotor kombinieren, über den Elektromotor mit Reichenweitenverlängerung („range extender") bis hin zum rein elektrisch angetriebenen Auto – wird der Markt durch autonom fahrende und miteinander vernetzte Autos dominiert werden. Ferner wird der Anteil der druch Carsharing „geteilten" Fahrzeuge weltweit zunehmen. Fragt man sich, welche Auswirkungen die Digitalisierung auf die Automobilbranche haben wird, werden die genannten Trends eine große Rolle spielen.

In einer groß angelegten Studie hat die internationale Unternehmensberatung McKinsey 2015 (vgl. McKinsey, 2015) über 3000 Kunden, jeweils gut 1000 in Deutschland, den USA und China, intensiv über die Auswirkungen der Vernetzung und des autonomen Fahrens befragt. Alle Kunden hatten erst kürzlich ein Auto gekauft. Diese Ergebnisse wurden mit denen einer Befragung von 20 Top-Führungskräften ausgewählter Automobilhersteller verglichen. Die Resultate werfen ein interessantes Licht auf die künftige Entwicklung der Automobilbranche vor dem Hintergrund der Digitalisierung.

So stellten die Autoren der Studie fest, dass die Autos von morgen immer mehr die Kommunikations- und Informationsdienste der sozialen Medien integrieren werden: In jedem Auto werden Fahrende in absehbarer Zeit Zugriff auf ihre E-Mails, SMS, WhatsApp oder soziale Medien wie Facebook oder Instagram haben. Heute werden Smartphones aller Art bereits zum Abspielen von Musik über Bluetooth-Verbindungen genutzt oder Apps installiert, mit deren Hilfe das Auto ferngesteuert genutzt werden kann. So kann beispielsweise der aktuelle Standort und der Tankfüllstand aus der Entfernung abgefragt und die Standheizung eingeschaltet werden. Künftig wird der direkte Datenaustausch des Fahrzeugs mit der Außenwelt auch ohne Smartphone möglich sein. Verkehrs-, Wetter- und Straßenbedingungen werden künftig aus der Datenwolke, der Cloud, abgerufen. So werden die Routenplanung und die Suche nach einem Parkplatz mit entsprechender Elektroladestation vereinfacht werden. Fahrzeuge werden miteinander kommunizieren, um den nächsten Stau rechtzeitig mitzuteilen, bis hin zur automatischen Anpassung der Geschwindigkeit. Der Zugang zum Internet erlaubt im Auto prinzipiell die gleichen Aktivitäten wie zu Hause am Schreibtisch: So könnten z. B. Online-Bestellungen mittels Sprachsteuerung aufgegeben, Nachrichten abgerufen oder YouTube-Filme angesehen werden. Es sind aber auch automobilspezifische Dienstleistungen möglich wie Hotlines, online buchbare Werkstatttermine inklusive Online-Ferndiagnose ebenso wie Probefahrten oder Feedback an den Hersteller.

In mehreren Stufen wird das autonome Fahren von den Automobilherstellern umgesetzt. Heute kann ein Fahrer eines aktuellen 7er-BMW-Modells sein Auto bereits ferngesteuert in seine Garage oder eine Parklücke einparken lassen. Fahrerassistenzsysteme wie Spurwechselwarnung,

Bremskraftverstärker mit Auffahrwarnung etc. unterstützen den Fahrer. Parkassistenten ermöglichen das Einparken, während der Fahrer die Hand vom Lenkrad lässt. In der nächsten Stufe wird es beispielsweise möglich sein, im zähen Stadtverkehr oder auf der Autobahn für eine bestimmte Zeit mit „Autopilot" zu fahren. Dann steuert das Auto autonom über Abstandsmessung und Navigation und fordert nur in unübersichtlichen oder gefährlichen Situationen den Fahrer über ein akustisches Signal auf, wieder Lenkrad und Steuerung zu übernehmen. In der letzten Stufe wird das Auto die Steuerung komplett autonom übernehmen, der Fahrer kann sich entspannt zurücklehnen und die Reise genießen bzw. seiner Arbeit nachgehen.

Was bedeuten diese Trends für die Unternehmen, die Arbeitsplätze und die Gesellschaft?

Unternehmen

Unternehmen bietet die Digitalisierung und damit die direkte Kommunikation mit ihren Kunden einen unübersehbaren Vorteil: Sie können ihre Angebote direkt auf ihre Nutzer bzw. Kunden zuschneiden. So hört ein Kunde beispielsweise im Auto klassische Musik, fährt häufiger nach Italien und lässt sich dann durch einen Concierge-Service passende Restaurants inklusive Navigation dorthin anbieten. Er nutzt in den großen Städten, z. B. bei einem Wochenendbesuch in Berlin, Carsharing und lässt sich auf seiner App zeigen, wo der nächste freie Parkplatz ist und wie man dort hinkommt. Zudem erfreut sich der Kunde an seinem Auto und bevorzugt sportliches Fahren. Lässt er durch seine Einwilligung den Hersteller an der Nutzung einzelner Dienste im Auto teilhaben, können so aktiv bestimmte Angebote für den Kunden zusammengestellt werden. So kann der Hersteller im oben genannten Fall für den Liebhaber klassischer Musik aktiv Konzertkarten in seiner Heimatstadt oder Umgebung vermitteln, Events zum sportlichen Fahren mit einem vergleichbaren oder nächsthöheren Modell anbieten oder das Carsharingangebot in bestimmten Städten aufzeigen, die ebenfalls als Urlaubsort gebucht werden. Ferner können Werkstatttermine online angekündigt und gleich vereinbart werden, wenn der Kunde das will. Dabei definiert er, wie weit er Informationen über sich und seine Aktivitäten preisgeben möchte. Oberstes Gebot ist dabei die Hoheit über die eigenen Daten und der vernünftige Umgang mit diesen in beiderseitigem Einverständnis und zu beiderseitigem Nutzen.

Digitalisierung bedeutet auch, neue Kenntnisse und Fähigkeiten bei den Mitarbeitern aufzubauen, diese entsprechend weiterzubilden oder schlicht Mitarbeiter mit den entsprechenden Kenntnissen einzustellen. Das bedeutet nicht nur die Rekrutierung von Mitarbeitern, die Daten analysieren können, sondern auch von Software- und Appentwicklern, die die Prozesse und die notwendige Dateninfrastruktur in neuester, „agiler" Technologie entwickeln können. Einzelne Unternehmen wie Google, Apple, Amazon etc. rücken stärker mit Automobilherstellern und Versicherungen zusammen, um einen gemeinsamen Nutzen für deren Kunden zu stiften, wie wir es etwa am oben genannten Beispiel gesehen haben. Arbeitsplätze werden umgewidmet, etwa vom Verbrennungsmotor mehr in Richtung Elektromobilität und Dienstleistungen. Herkömmliche Autos zum Selbstfahren werden durch autonom fahrende ergänzt oder zum Teil ersetzt.

Die Kultur der Unternehmen wird sich in den nächsten Jahren ebenfalls ändern in Richtung flachere Hierarchien, selbstbestimmte, agile Teams, in denen die Chefs alter Prägung sich zu Moderatoren bzw. Coaches entwickeln. Der Kampf um die besten Talente wird sich auch in der entsprechenden Start-up-Kultur niederschlagen. Vorbei sind die Zeiten hierarchisch denkender Chefs mit Krawatte und großem Vorzimmer. Es werden immer mehr die fachlich mitarbeitenden, gründerorientierten Führungskräfte ohne Allüren sein, die künftig den Ton angeben. Das Einzelbüro als Statussymbol hat ausgedient. Was zählt, sind die coole Arbeitsatmosphäre und ein anregendes Thema oder Projekt, sei es eine App- oder Softwareentwicklung oder ein neues Onlinemodell. Es werden keine 1000-seitigen Konzepte mehr geschrieben, sondern gleich Prototypen entwickelt, mit denen man die künftigen Produkte vorwegnehmen kann.

Arbeitsplätze

Sicherlich werden einige Arbeitsplätze wegfallen bzw. in den nächsten Jahren deutlich weniger werden wie etwa die Jobs rund um den Verbrennungsmotor oder die von Versicherungsagenten. Bücher etwa werden dank Amazon zunehmend online gekauft und verringern so die Zahl der Arbeitsplätze im stationären Buchhandel. Dabei sind die Einschätzungen hinsichtlich des Ausmaßes einer Veränderung der Arbeitswelt unterschiedlich. Der Philosoph Richard David Precht (vgl. Precht, 2018, S. 23 ff.) prognostiziert etwa, dass es in den nächsten Jahren immer weniger Menschen geben wird, die einen Achtstundenarbeitstag haben werden. Millionen Arbeitsplätze könnten wegfallen und mit ihnen die typischen Angestelltenjobs. Computer und Roboter sollen den Job künftig übernehmen, indem standardisierte Prozesse wie ein Versicherungsantrag online abgewickelt werden oder Roboter die Produktion zunehmend übernehmen. Transporte von A nach B werden künftig von autonom fahrenden Autos oder Transportern oder – bei Briefen oder Paketen – von Drohnen übernommen. Autonom fahrende Autos wird man über eine pauschale Rate für eine gewisse Zeit per

Smartphoneapp buchen. Ebenso, so Precht, könnten Computer im Rahmen der künstlichen Intelligenz Rechtsexpertise ersetzen. In Google werde heute bereits nach medizinischen Symptomen gesucht und eine passende Diagnose vorgefertigt, bevor man zum Arzt geht. So fallen Tausende von Jobs weg. Das fehlende Einkommen müsste dann durch ein bedingungsloses Grundeinkommen gedeckt werden (vgl. Precht, 2018, S. 125 ff.). Bildung im Sinne einer Kenntnis der digitalen Inhalte und Weiterbildung werden künftig noch wichtiger werden.

Gesellschaft

Das Zeitalter des Internets wird enorme Vorteile bringen. So verfügen die meisten Menschen auf der Welt über Computer, Tablet und/oder Smartphone sowie Internetanschluss. Dadurch sind sie ständig vernetzt: mit der Familie, Freunden, Bekannten, Kollegen, aber auch Gleichgesinnten in entsprechenden Foren. Sie nutzen soziale Medien wie Facebook oder Instagram, kommunizieren via WhatsApp, chatten über Skype oder Zoom. Sie teilen Videos, Fotos, Sprachnachrichten, bloggen ihre Gedanken, folgen Freunden und Stars und beurteilen diese durch entsprechende Likes. Das moderne Fernsehen sind die einschlägigen YouTube-Kanäle, Onlinespiele ersetzen zum Teil das Spiel auf der Straße.

Die digitale Welt ersetzt allerdings zunehmend den persönlichen Kontakt. Das kann man sehr bedauerlich finden, ändert aber nichts an der Tatsache an sich. Vor allem junge Menschen kommunizieren fast ausschließlich online über ihre Smartphones. Persönliche Gespräche und Telefonate werden weniger wichtig. Trends kommen fast ausschließlich aus der digitalen Welt, dies aber global und rund um die Uhr. Soziale Netzwerke ersetzen zunehmend die realen aus Fleisch und Blut. Mobbing findet allerdings genauso in der Onlinewelt statt. Verbrechen machen auch vor der Onlinewelt nicht halt. Soziologen sehen die zunehmende Digitalisierung der Kommunikation in der Gesellschaft kritisch (vgl. exemplarisch Hurtz, 2017), da sie zu einer schleichenden Vereinsamung und sozialen Entfremdung führen kann. Auch Fußball kann man lebensecht auf der Playstation oder Xbox spielen, ohne sein Zimmer zu verlassen.

Wie alles im Leben hat die zunehmende Digitalisierung der Gesellschaft zwei Seiten: Einerseits wird man täglich mit anderen Meinungen auch aus anderen Ländern konfrontiert und dadurch weltoffener und besser informiert. Universitäten nehmen zunehmend ihre Veranstaltungen auf Video auf und laden sie auf YouTube hoch; manche Universitäten von Weltruf wie Harvard bieten sogar Onlinekurse für die breite Masse im Rahmen der „Massive Open Online Courses" (MOOC; vgl. Harvard, 2019) an. Wissens- und Informationsunterschiede zwischen den Ländern nehmen immer mehr ab, da alle auf den gleichen Informations- und Nachrichtenpool zugreifen können. Es wird zunehmend leichter, sich Wissen anzueignen. Der Umgang mit neuen Technologien wird für die neue heranwachsende Generation der „digital natives" zunehmend zum selbstverständlichen Handwerkszeug. Dank Wikipedia, zahlreichen Onlinebibliotheken von Universitäten und Informationsseiten im Internet wird Wissen in zunehmendem Maße frei verfügbar. Das Wissen nimmt zu.

Die negativen Seiten liegen ebenfalls auf der Hand. Neben der zunehmenden Vereinsamung und Isolierung des Menschen „off-line" bei gleichzeitigem Leben „online" ist der Umgang mit den persönlichen Daten sehr kritisch. Daten, die einmal in den sozialen Netzwerken hochgeladen wurden, werden zumeist lebenslang gespeichert. Suchanfragen bei Google und Co. erlauben eine exakte Datenanalyse des Nutzers. Amazon bietet bei einer Artikelsuche ähnliche Artikel an mit dem Hinweis auf Leute, die den gleichen Suchpfad durchlaufen haben und kauften („Leute, die diesen Artikel kauften, kauften auch ..."). Die Menschen sind nahezu rund um die Uhr im Internet unterwegs. Sie tauschen sich aus, lesen Nachrichten, kaufen ein, laden Fotos und Videos hoch oder schauen sich welche an. E-Mails werden heute bisweilen schneller geschrieben, als man hallo sagt. Arbeitgeber bzw. Vorgesetzte erwarten heutzutage eine sofortige Reaktion auf Anfragen, zum Teil auch am Wochenende. Die permanente Erreichbarkeit wird als Standard der Neuzeit definiert. Es zählt nicht nur die richtige Antwort, sondern auch die Reaktionszeit. Arbeitnehmer und andere Bürger fühlen sich zunehmend gestresst, überfordert und leiden zum Teil unter chronischen Erschöpfungszuständen. Bisweilen führt der hohe Internetkonsum zur Abhängigkeit beispielsweise von Computerspielen.

Am Ende dieses kurzen Abschnitts über die Digitalisierung müssen die Fragen stehen, welche Aspekte – negative oder positive – überwiegen werden und wie wir es schaffen können, Gesellschaft und Ökonomie mit der Digitalisierung in Einklang zu bringen. Oder wie es Precht im Hinblick auf die Umwälzungen durch die Digitalisierung formuliert: In welcher Gesellschaft wollen wir leben? Ich würde diese Frage um die ökonomische Komponente ergänzen: *In welcher Wirtschaft wollen wir leben?* In einer Wirtschaft, die für den Menschen da ist und nicht umgekehrt? Wie könnte so eine Wirtschaft aussehen? Der Weg, den die Bundesrepublik Deutschland nach dem verheerenden Weltkrieg mit der Sozialen Marktwirtschaft eingeschlagen hat, war prinzipiell richtig. Heute kommt es darauf an, vor allem die „soziale" Komponente dieser Marktwirtschaft (weiter) zu stärken. Konkret könnte das so aussehen:

Wir wollen in einer Wirtschaft leben, in der kein Mensch mehr hungern muss und jeder ein Dach über dem Kopf hat. Jeder sollte seine Grundbedürfnisse – ausreichende Nahrung, Kleidung, Unterkunft – stillen können und genügend Geld übrig haben, um etwas für die Gesundheit zu tun und sich im Urlaub zu erholen. Die gesundheitliche Vorsorge sollte für jeden erschwinglich sein. Heute noch gibt es im reichen Deutschland genügend Menschen, die (aus unterschiedlichen Gründen) aus der gesetzlichen Krankenversicherung herausfallen. Die Wirtschaft kann nicht dazu verpflichtet werden, dafür zu sorgen, dass jeder Arbeitssuchende einen passenden Job erhält. Das ist gut so und in einer Marktwirtschaft ohne zentralistische, planerische Eingriffe des Staates nicht möglich. Allerdings könnten diese Menschen ohne Job durch ein bedingungsloses Grundeinkommen abgesichert werden. Da gerade in Zeiten der Digitalisierung viele Jobs wegfallen, kann dies eine Möglichkeit sein, einen permanenten oder temporären Jobverlust zu kompensieren.

Die Wirtschaft sollte stärker als bisher von der Solidargemeinschaft getragen werden. Dabei sollten nicht nur die bewährten Methoden der progressiven Besteuerung der Einkommen oder der Erbschaftsteuer greifen, die eine gewisse Vermögensumverteilung von den „Stärkeren" zu den „Schwächeren" bewirken. Darüber hinaus ist die „Zivilgesellschaft" gefordert: Die Spenden- und Hilfsbereitschaft gerade des Teils der Bevölkerung, dem es materiell besser geht, ist groß. Das zeigte nicht nur die Hilfsbereitschaft zu Beginn der Flüchtlingskrise etwa am Münchner Hauptbahnhof. Auch international sind viele, vor allem sehr vermögende Menschen bereit, einen nicht unerheblichen Teil ihres Vermögens zu spenden, um z. B. ausgebrannte Teile geschichtsträchtiger Bauwerke wie Notre Dame in Paris zu restaurieren.

Es sollte eine Wirtschaft sein, in der die Jungen den Alten mit ihren Ideen, ihrer Kenntnis der neuen Medien und der Technologie generell helfen. Im Gegenzug teilen die Alten mit den Jüngeren ihre Lebenserfahrung und unterstützen mit Rat und Tat. So könnten die älteren mit ihrer umfangreichen Berufserfahrung den jüngeren helfen, sich für den richtigen Job oder die richtige Ausbildung zu entscheiden. „Coaching" heißt hier das Stichwort, nicht nur für die neue Generation der Führungskräfte, sondern auch für die Zusammenarbeit von Jung und Alt. Mit ein wenig mehr Solidarität und Gemeinschaftsdenken wäre schon vielen geholfen. Diese aktive Zusammenarbeit zwischen den einzelnen Teilen der Gesellschaft, aber auch der Wirtschaft wäre zu wünschen. Dies würde zu einer „Neuen Sozialen Marktwirtschaft" vor dem Hintergrund der Herausforderungen von Digitalisierung, Ökologie und Globalisierung führen. Es fehlen nur die richtigen Impulse aus der Gesellschaft. Jemand muss den Anfang machen.

6.6 Wirtschaft und Ökologie

Ökonomie und Ökologie verfolgen wesensgemäß unterschiedliche Zielsetzungen. Die Ökonomie trachtet nach Effizienz, nach geringstmöglichem Faktoreinsatz zur Erreichung einer bestimmten Zielmenge, oder versucht mit gegebenen Mitteln das maximale Ergebnis zu erzielen. Der Ökologie geht es vor allem um ein gedeihliches Miteinander von Lebewesen, ob Mensch oder Tier, und einem sorgsamen Umgang mit dem jeweiligen Lebensraum. Die potenziellen negativen Folgen für die Umwelt werden in der Ökonomie als unvermeidliche Kollateralschäden hingenommen. Dem Streben der Ökonomie nach Wohlstandsmehrung bei gleichzeitiger Kostenoptimierung und klarer Wettbewerbsorientierung steht das ökologische

Gesetz des Lebens im Einklang mit der Natur gegenüber. Es hat sich zwar schon viel getan: So wurden beispielsweise fluorchlorkohlenwasserstoffhaltige (FCKW-)Sprays verboten, und die Kyoto-Ziele zur Reduzierung des CO_2-Ausstoßes unterstreichen den Willen der Menschheit, die Natur der nächsten Generationen möglichst unbeschadet zu überlassen. Allerdings bleibt hier noch viel zu tun. Die Ökonomie der Zukunft muss sich am Beitrag zur Verbesserung der ökologischen Situation in der Welt messen lassen. Ein weiteres Wachstum, ohne die negativen Folgen des wirtschaftlichen Handelns auf das Ökosystem des Menschen zu berücksichtigen, also ein Weiter-so-wie-bisher, kann es nicht geben. Wir haben nur eine Welt. Auch wenn der Gedanke nicht neu ist, bleibt er dennoch entscheidend für die ökonomischen Gedanken über die Zukunft.

Die ökologischen Kernherausforderungen der Ökonomie sind alle längst bekannt: Rohstoff- und fossile Energievorräte sind begrenzt und können nicht weiter ausgeschöpft werden, ohne den Naturhaushalt nachhaltig zu stören. So wird Erdöl ebenso nur begrenzt zur Verfügung stehen wie bestimmte Metalle wie Lithium zur Batteriegewinnung oder Kunststoffe. Ansatzpunkte sind hier jegliche Formen des Recyclings, sei es von Metall, Kunststoffen, Papier, oder der Ersatz durch biologisch abbaubare Stoffe. Ein gutes Beispiel für einen dringend notwendigen korrigierenden Eingriff in die starke Ressourcennutzung ist der Plastikmüll. Nach Angaben des Umweltbundesamts werden in der EU jährlich bis zu 500.000 t Kunststoffe in die Meere verbracht (vgl. Umweltbundesamt, 2018a). Sämtliche Arten von Plastikverpackungen stellen die Umwelt vor ein großes Problem. Nach Angaben des Umweltbundesamts fielen in Deutschland im Jahr 2016 etwa 18,2 Mio. t Verpackungsabfall (vgl. Umweltbundesamt, 2019) an. Dies war der höchste Wert seit Jahren.

Diese Entwicklung ist auch leicht anhand der Gewohnheiten des täglichen Lebens einsehbar: Bücher werden nach wie vor aus Schutzgründen häufig in Plastikfolie eingeschweißt verkauft. Der Leser möchte zwar in einem Exemplar im Buchladen stöbern. Im Endeffekt möchte er aber ein neu verpacktes Buch mitnehmen oder verschenken. Gleichzeitig nehmen Verlage zumeist die Bücher nur in verpackter Form vom Buchhändler als Retouren zurück. Der Trend zum Fast Food oder zum Getränk zum Mitnehmen, „coffee to go", nimmt zu und mit ihm die Verpackungen. Der Onlinebestellhandel nimmt zu. Amazon liefert immer mehr direkt an die Haustür, inklusive Verpackung. Die Zahl der Ein- und Zweipersonenhaushalte nimmt vor allem bei Menschen im Alter zu und mit ihr die kleineren Portionierungen von Lebensmitteln oder Haushaltsutensilien, die pro Einzelperson verpackt werden müssen (Singleportionen statt Familienpackungen).

Nun sind Verpackungen nicht gleich Verpackungen. Recyclingfähige Stofftragetaschen sind z. B. für den Transport von Büchern besser geeignet als Plastiktaschen. Mehrwegverpackungen helfen dabei, Abfälle zu reduzieren. Pfandflaschen haben den Vorteil, dass sie über den ökonomischen Anreiz mit höherer Wahrscheinlichkeit zurückgegeben werden. Auch hier kann der Verbraucher aktiv an der Erhöhung der Nachhaltigkeit mitwirken, indem er sich für die richtige Verpackung entscheidet oder eine bereits gekaufte Verpackung wie etwa eine Tragetasche wieder zum Einkauf mitnimmt, um die neue Ware zu transportieren. Der unterschiedliche Wiederverwertungsgrad der Verpackungen ist zum großen Teil vorgegeben: So werden 75 % der Verpackungen aus Glas, 70 % der aus Papier, Pappe oder Karton und 60 % der Aluminiumverpackungen gemäß Verordnung wiederverwertet (vgl. Umweltbundesamt, 2019).

Das Ergebnis einer solchen ökologisch unvertretbaren Strategie ist, dass mittlerweile der Anteil der Plastikteilchen im Meer sechsmal höher ist als der des Planktons (vgl. Krieger, 2016), das die Fische dringend als Nahrung benötigen. Mit dem Verzehr von Fischen, die heute mit der Nahrung unweigerlich auch Plastikmüll aufnehmen, ist der Mensch dem Plastikmüll letztlich wieder indirekt ausgesetzt. Derzeit werden nur knapp 30 % des (weiter wachsenden) Kunststoffabfalls in der EU recycelt (vgl. Europäisches Parlament, 2018). Die Zielsetzung existiert bereits, den Verbrauch von Kunststoffen EU-weit einzudämmen. Ob die praktische Umsetzung gelingt, wird die Zeit zeigen. Sicherlich sind auch hier ökonomische Ansätze wie z. B. die Einführung einer Steuer auf Kunststoffe zu überlegen. Der Mensch muss sich allerdings ebenfalls beteiligen, indem er von sich aus bestimmte Produkte, z. B. solche mit einem umweltverträglichen Label, bevorzugt und andere meidet, generell weniger verbraucht oder bestimmte Produkte wie etwa Elektro- und Elektronikgeräte länger nutzt.

Eine zweite ökologische Herausforderung besteht in der Produktion und Energieerzeugung. Schadstoffe wie gefährliche Chemikalien oder radioaktives Material belasten die Umwelt. Unerwünschte Nebenprodukte der Herstellung von Industrieerzeugnissen können Boden, Wasser und Luft nachhaltig verunreinigen. In den letzten Monaten wurde viel über die Folgen des Einsatzes des Pflanzenschutzmittels Glyphosat in der Landwirtschaft diskutiert. Dessen Langzeitfolgen für die Natur sind nicht klar. Daher sollte Glyphosat zunächst nicht oder nur unter strengen Auflagen weiter verwendet werden (vgl. Oberhuber, 2015). Ähnliche Vorsicht ist beim Einsatz sogenannter Biozide in der Umwelt angezeigt (vgl. Umweltbundesamt, 2018b Biozide). Putz- und Desinfektionsmittel, Holzschutzmittel, aber auch

Mückenspray und Ameisengift sind laut Umweltbundesamt potenziell gefährlich für Umwelt, Mensch und Tier
und müssen einer strengen Kontrolle unterworfen werden.
Ähnliches gilt für die Rückstände von bestimmten Arzneimitteln im Trinkwasser.

Nicht zu unterschätzen sind die weiten Transportwege,
um Massenprodukte zu den Verbrauchern zu bringen.
Jeder kennt die Strecken, die bestimmte Produkte hinter
sich bringen, um am Ende im Kühlregal im heimischen
Supermarkt zu liegen. Dem Vorteil der großen Auswahl an frischen Produkten wie Erdbeeren oder Fisch zu
wettbewerbsfähigen Preisen steht die Umweltbelastung
gegenüber, die sich durch lange Logistikwege ergibt:
So verbrauchen alle Verkehrsträger Energie, egal ob
Bahn, LKW, Schiff oder Flugzeug. Letztere beiden Verkehrsträger verbrauchen große Mengen Diesel bzw.
Kerosin und weisen daher eine entsprechende Schadstoffbelastung in Form von CO_2 und NO_X (vgl. Flämig,
2018) auf. Selbst wenn man unterstellt, dass immer mehr
regenerative Energie, z. B. in Form von Elektroantrieben
in LKW und Schiffen, zum Einsatz kommen werden, wird
es noch einige Jahre dauern, bis die Emissionsbelastung
deutlich reduziert werden kann.

Diese Kernherausforderungen mögen an dieser Stelle
genügen, um die Notwendigkeit eines zwingenden
Zusammenwirkens von Ökonomie und Ökologie aufzu-
zeigen (vgl. u. a. Müller, 2015 insbesondere S. 187 ff.).
Dabei sind den ökonomischen Ansätzen zur Nachhaltig-
keit kaum Grenzen gesetzt. Nicht umweltbewusstes
Handeln des Einzelnen, aber auch der Unternehmen kann
ökonomisch sanktioniert werden, etwa durch Geldbußen,
Sonderabgaben oder Steuern auf bestimmte Stoffe oder
Chemikalien. Es können Recyclingquoten vorgegeben
werden genauso wie die verpflichtende Einführung von
Mehrwegverpackungen, Pfandflaschen etc. Verstärkte

Verbraucheraufklärung kann zu bewussteren Konsum führen, wie etwa zur Vermeidung von Plastiktüten oder verlängerten Nutzung bestimmter Elektronikprodukte. Wesentlich für die Ökonomie und ihre Erforschung ist der Trend zur Nachhaltigkeit. Dieser fängt im Kopf der Wirtschaftsakteure an: Die Umwelt als begrenzte Ressource, die es für die nächsten Generationen zu schonen gilt. Eine saubere Umwelt ist nicht zum Nulltarif zu haben: Sie kostet Geld, erfordert aufmerksames Handeln und den Willen aller Beteiligten zur Nachhaltigkeit. Verantwortung für die Solidargemeinschaft statt Eigennutz, rechtzeitige und langfristige Vorsorge statt kurzfristiges Handeln ohne Rücksicht auf die Folgen für Umwelt und Menschen. Dies gilt auch im globalen Rahmen, da die Umweltverschmutzung nicht vor Länder- oder Kontinentgrenzen haltmacht. Die Ökonomie und ihre Forscher und Ideenlieferanten sind gefordert, der Politik und der Gesellschaft die bestmöglichen Strategien und Instrumente zur Verfügung zu stellen, um den ökologischen Herausforderungen adäquat begegnen zu können. Eine große Aufgabe kommt da auf die Ökonomie zu!

Ansatzpunkte zu einer ökologieorientierten Wirtschaft betreffen bereits die Zielsetzung. So könnte das Ziel des Umweltschutzes in eine Art Wirtschaftsverfassung übernommen werden. Ähnliches gilt für die Zielsetzung der einzelnen Unternehmen. So könnten sich Unternehmen verpflichten, die Umweltressourcen so schonend wie möglich zu nutzen, nachhaltige Materialien zu verwenden oder bestimmte Materialien gar nicht mehr zu nutzen. So nutzen bestimmte Verlage zum Schutz ihrer neuen Bücher keine Plastikfolien mehr, sondern verbinden beide Buchdeckel nur noch mit einem symbolischen Klebestreifen. Die Automobilindustrie setzt künftig ganz auf Elektromobilität oder Wasserstoffantriebe, wobei der Strom aus nachhaltiger Energie gewonnen werden sollte. Ressourcen wie etwa Wasser können in der Produktion wiederverwertet werden. Recycling von Plastikflaschen oder Stahl in allen Formen hilft, den Kreislauf von Produktion und Verbrauch in beherrschbaren Mengen zu halten („Circular Economy").

Die „Sharing Economy" d. h. die Wirtschaft, die auf das Teilen der Produkte durch verschiedene Kunden abzielt, hilft ebenfalls, die Umwelt zu schonen. Wohnungen werden über Anbieter wie Airbnb geteilt, sodass der bestehende Wohnraum zumindest temporär von mehreren Menschen genutzt wird. Autos werden beim Carsharing geteilt und damit besser genutzt und ausgelastet. Wird dies mit Elektrofahrzeugen betrieben, dann wird die Umwelt doppelt geschont: einerseits durch die Reduzierung der Anzahl der Menschen, die sich ein Auto anschaffen und andererseits durch umweltschonende Elektroantriebe. Dadurch wird der Weg bereitet für eine „Postcarbongesellschaft" (vgl. zukunftsInstitut: Megatrend Neo-Ökologie, 2019), also eine Gesellschaft, die ohne Kohle als Energieträger auskommt. Unternehmen können ihre Kunden zu umweltbewussterem Verhalten „erziehen", indem sie für nachhaltigere Produkte werben. Sie können Lieferanten nach zertifizierten Umweltstandards bewerten und auswählen. Produktionsverfahren können immer weiter optimiert werden, um die Ökobilanz bei der Herstellung von Produkten zu verbessern.

Weitere Ansätze für eine nachhaltige Ökonomie könnte die Forcierung von Bioprodukten sein sowie der Ansatz, die Logistik zwischen Kunden und Produzenten so kurz und schlank wie möglich zu halten („direct trade"). Unterstützt wird das Ganze durch die Einstellung von Verbrauchern, aber auch Mitarbeitern der Unternehmen: Es wird ein bewusster Umgang mit den Ressourcen gepflegt, der eher zu Minimalismus tendiert als zum Maximalismus. Es wird eine längere Nutzung von langlebigen Konsumgütern, aber auch Textilien angestrebt und damit gegen den Trend vorgegangen, jede Saison ein neues, modisches Kleidungsstück zu erstehen. Das Ziel ist ein bewusster Verzicht umweltschädigender Produkte und generell eine Reduktion des Konsums und damit die Minimierung des eigenen Mülls (vgl. zukunftsInstitut: Megatrend Neo-Ökologie, 2019). Dies sind nur wenige exemplarische Ansätze, die hier als Skizze ausreichen sollen.

6.7 Die Arbeitsgesellschaft von morgen

Heutzutage ist in vielen Fachsymposien und bei Treffen von Vertretern der Wirtschaft mit der Politik häufig die Rede von der „Industrie 4.0" (vgl. Merz, 2015). Der Begriff soll nicht nur von der Zukunft künden, sozusagen als Version 4.0, sondern bezieht sich auf die bei Software-aktualisierungen übliche Nomenklatur in Releases, sprich neuen Versionen. Die Zukunft der Arbeit wird also immer stärker von der neuesten IT-Technik bestimmt werden. Wenn die Version 4.0 vor der Haustür steht, muss es frühere Ausgaben der Industriewelt gegeben haben. Die „Versionierung", man kann auch sagen, die einzelnen industriellen Revolutionen, beginnt mit der Einführung der mechanischen Produktionstechnik im ausgehenden 18. Jahrhundert (1.0), der dank der Elektrifizierung zu Beginn des 20. Jahrhunderts die arbeitsteilige Massen-produktion „fordscher" Prägung folgte (2.0). Durch den zunehmenden Einsatz von Elektronik und Informations-technik wurde gegen Mitte des 20. Jahrhunderts die nächste Stufe gezündet und eine weitere Automatisierung der Produktion ermöglicht (3.0).

Den vorläufigen Schlusspunkt setzte nun die vierte Stufe der industriellen Revolution mit dem Internet als Infrastruktur. Physikalische Objekte wie Maschinen, Logistik- und Lagersysteme, Betriebsmittel etc. sind über das Internet so miteinander verbunden, dass sie eigenständig auf der Basis ausgetauschter Informationen Aktionen auslösen und sich gegenseitig steuern können. Dies wird im Allgemeinen „Internet der Dinge" genannt (vgl. Schipper, 2015). Beispiele für eine solche automatisierte Zusammenarbeit von einzelnen Elementen der Produktion sind z. B. fahrerlose Transportfahrzeuge, Inventur von Lagerbeständen mithilfe von autonomen Flugrobotern, den Drohnen, automatische Einzelstückfertigung von Schuhen oder Textilien, Vernetzung von Maschinen und Anlagen.

Was bedeutet diese industrielle Revolution 4.0 für die Tätigkeiten der Arbeitnehmer von morgen? Klar ist, dass einfache Tätigkeiten, wie etwa der Transport von A nach B, in der Produktion, die Maschinenbedienung und die manuelle Datenerfassung durch die neue Technologie in hohem Maße ersetzt werden (vgl. Eckert, 2018). Kontroll- und Überwachungsfunktionen von Facharbeitern werden in stärkerem Maße als bisher automatisiert und erfordern nicht mehr die gleich hohe Qualifikation wie früher. Benötigte Güter und Waren könnten ohne Zutun des Mitarbeiters maschinell disponiert und rechtzeitig abgerufen werden. Was bleibt sind Tätigkeiten wie anspruchsvolle Wartungs- und Reparaturaufgaben, gewisse manuelle Produktionsfähigkeiten, z. B. am Produktionsband, aber vor allem komplexere Koordinations-, Kontroll- und Entscheidungsfunktionen. Die profunde Kenntnis der IT-Systeme wird immer wichtiger, genauso wie die des komplexen Zusammenspiels des gesamten Produktionsprozesses. Programmierkenntnisse und die Fähigkeit, komplexe Systeme im Zusammenspiel zu steuern und zu koordinieren, wird gerade für den Facharbeiter alter Prägung immer wichtiger. Für das Management bedeutet Industrie 4.0, dass bestimmte Planungs-, Steuerungs- und Koordinationstätigkeiten an die Facharbeiter weitergegeben werden. Ihnen kommt noch viel stärker als bisher eine Kontroll- und Koordinationsfunktion zu, die durch eine wachsende Zahl von Zahlen, Daten und Fakten nicht leichter wird.

Diese skizzierten Herausforderungen betreffen vor allem die produzierende Industrie. Generell werden nicht nur die neuen Medien und Kommunikationsmittel die Arbeitswelt verändern, sondern vor allem eine neue heranwachsende Generation von Arbeitnehmern, die mit anderen Einstellungen zur Arbeit antreten werden (vgl. Rövekamp, 2016). Das Primat von Beruf und Karriere wird zunehmend zurücktreten hinter das Bedürfnis, ein glückliches Leben zu führen und dabei ein auskömmliches Leben zu genießen. Nicht der große Luxuswagen oder ein Einzelbüro mit Vorzimmer ist mehr erstrebenswert, sondern eine anspruchsvolle, interessante Tätigkeit, die viel Freiraum und Selbstverwirklichung, aber auch mehr Freizeit für Hobbies, Familie und soziales Engagement erlaubt. Luxusprodukte wie Autos oder Wohnungen werden immer mehr geteilt und rein funktional gesehen, d. h. es wird darum gehen, mit dem Auto von A nach B fahren, in der gemieteten Urlaubsunterkunft übernachten. Die kommende Generation, zumindest in den westlichen Ländern, möchte nicht leben, um zu arbeiten, sondern arbeiten, um zu leben.

Arbeit findet immer häufiger orts- und zeitunabhängig statt (vgl. u. a. Lange, 2018): ob in einem Café bei einem Cappuccino mit Smartphone oder Laptop in Reichweite oder von zu Hause aus oder auf einer Parkbank. Viele Tätigkeiten wie z. B. Programmierjobs für Apps oder andere Internetanwendungen werden auf der Basis konkreter Zielvorgaben wie erlaubte Zeit, geforderte Qualität etc. vergeben, deren Erfüllung die Aufgabe selbstbestimmter Teams ist. Die in den Unternehmen derzeit angesagte Methode des agilen Programmierens nach der sogenannten Scrum-Methode weist die Richtung in diese autonome Arbeitsweise der Entwicklungsteams. Hierarchien werden immer unwichtiger: Die Zeiten der beeindruckend aussehenden Leiter aller Art, in der Vergangenheit häufig Männer, mit ihren gut sitzenden Anzügen und modischen Krawatten und der förmlichen Ansprache der Mitarbeiter wird bald endgültig der Vergangenheit angehören. Der Trend geht hin zu Jeans und Turnschuhen oder maximal zu „Smart Casual", einem eleganteren, aber legeren Outfit. Die Krawatte als Hoheitssymbol hat allemal ausgedient. Die Atmosphäre ist eher ungezwungen. Man arbeitet in kleinen Teams, die sich ihrer Projektarbeit hingeben. Die Umgangsformel des vertraulichen „Du" wird immer mehr zur Regel als zur Ausnahme. Die neue Arbeitswelt und ihre Arbeitskultur werden der der unzähligen Start-ups entsprechen, wie sie vor Jahren vor allem im kalifornischen Silicon Valley den Siegeszug um die Welt antraten. Laptop und Smartphone reichen häufig als Grundausstattung vollkommen aus.

Einige Tätigkeiten werden allerdings ohne den körperlichen Einsatz der Menschen nicht auskommen. Angehörige der Pflegeberufe werden in einem alternden Land wie Deutschland nach wie vor hart körperlich und psychisch gefordert werden – trotz des Fortschritts der Technik. Mitarbeiter in der Gastronomie werden immer noch – Gott sei Dank – Essen und Getränke servieren. Der Weg bis zum Roboter oder zur Drohne ist noch weit. Verkäuferinnen und Verkäufer werden nach wie vor den

Kunden in den stationären Geschäften beraten, wenngleich das Internet auch in diese Bereiche mit einem zeitunabhängigen Onlinekauf eindringt. Auch die klassische Hausarbeit macht sich nicht von allein. Viele Themen bleiben auf den Menschen ausgerichtet, obwohl die Technik das Arbeitsleben auch in solchen Bereichen deutlich verbessern wird.

Dieser Umwälzung der Arbeitswelt im Zuge der Wirtschaft 4.0, wie ich sie in Anlehnung an die Industrie 4.0 nennen möchte, wird nur durch Investition in die Bildung gelingen. Die Kinder müssen von klein auf nicht nur im Umgang mit Computern und Smartphones vernünftig eingewiesen, sondern auch gezielt auf die Veränderungen der Arbeitswelt vorbereitet werden. Erwachsene Arbeitnehmer müssen häufiger als heute auf die vielfältigen Angebote der Weiterbildungsagenturen zurückgreifen. Man ist nie zu alt, um nicht noch hinzuzulernen. Es ist motivierend zu erleben, dass in den meisten Parteiprogrammen in Deutschland diese Weiterbildungsanstrengungen verankert sind und die Vorbereitung des Bürgers auf das digitale Zeitalter vorangetrieben wird. Nur so ist ein Leben mit einer zukunftsfähigen Arbeit möglich. Die Alternative wäre die langfristige Arbeitslosigkeit eines Teils der abgehängten Bevölkerung, die unweigerlich mit dem Verlust an Menschenwürde einhergeht. Dies gilt es unter allen Umständen zu vermeiden. Wie aber sähe eine Ökonomie aus, die glücklich macht und ein gutes Leben verspricht? Wäre es nicht eine gute Idee, am Schluss unserer Reise darüber intensiv nachzudenken? Dabei wollen wir auch beleuchten, was Glück eigentlich bedeutet. In Abschn. 6.8 werden wir darüber hinaus eine „Ökonomie des guten Lebens" entwerfen.

6.8   Die Ökonomie des guten Lebens

Wie wir gesehen haben, ist wirtschaftliches Handeln eine dem Menschen in seiner Welt vorgegebene Aktivität. Schon unsere Vorfahren handelten und tauschten, zunächst Waren gegen Waren, später Waren gegen Geld. Bereits hier bildeten sich, wie wir festgestellt haben, Fehlentwicklungen heraus, etwa in Form einer zügellosen Gier, Geld um des Geldes zu besitzen und nicht als Gegenwert zum Tausch von Waren des täglichen Lebens. Macht aber Geld die Menschen tatsächlich glücklich?

Zunächst wollen wir uns kurz mit dem Begriff Glück beschäftigen. Im Englischen existieren bezeichnenderweise im Wesentlichen zwei Begriff für Glück: Da gibt es zum einen den Begriff *luck,* den man mit Losglück, Zufallsglück übersetzen kann. Ein Spieler, der im Casino oder beim Lotto einen hohen Gewinn einfährt, ist in diesem Sinne glücklich, nicht als Ergebnis seiner Lebensführung, er hatte „einfach Glück im Spiel". Der zweite Begriff *Happiness* ist der, um den es sich in unserer Betrachtung handelt: das Lebensglück, die Zufriedenheit mit sich und seinen Lebensumständen. Dieses Lebensglück gilt es zu finden. Die alten Griechen verwendeten dafür ein treffendes Wort, *eudaimonia,* die Glückseligkeit, nach der alle streben sollen. Die Gründerväter der Vereinigten Staaten von Amerika schrieben sich das Streben nach Glückseligkeit, „the Pursuit of Happiness", in ihre Unabhängigkeitserklärung. Wird man aber durch Geld, oder allgemeiner gefasst, durch die Wirtschaft glücklicher?

Einigkeit scheint darüber zu bestehen, dass Glück zu allererst davon abhängt, ob man körperlich und geistig gesund ist und keinerlei Mangel zu erleiden hat. Manche Philosophen verstiegen sich zu der Aussage, Glück sei die Abwesenheit von Schmerzen oder ein Zustand der

„Seelenruhe", die *ataraxia* (Epikur). Natürlich kann sich ein jeder von Ihnen Momente des Glücks vorstellen: Gesundheit, eine fröhliche Familie mit Kindern, viele Freunde, eine sinnvolle Arbeit, ein schönes Zuhause, Enkelkinder und vieles mehr. Nicht alle dieser Glücksmomente haben mit der Wirtschaft zu tun.

Hält man sich die wichtigsten Elemente des Glücks vor Augen, körperliche und geistige Gesundheit und Abwesenheit von Mangelerleben – der US-Psychologe Abraham Maslow nannte dies in seiner Bedürfnishierarchie die unterste Bedürfniskategorie – dann sind wir uns schnell einig, dass dies nur mit einem gewissen Einkommen zu erreichen ist. Macht ein hohes Einkommen und damit mehr Geld pro Monat die Menschen aber glücklicher? Die Glücksforschung der Wirtschaftswissenschaften, die „Happiness Economics" (vgl. Weimann et al., 2011), beschäftigt sich seit einigen Jahrzehnten mit diesem Thema. Ausgelöst wurde die Diskussion durch den US-Forscher Richard Easterlin, der mit dem nach ihm benannten Easterlin-Paradox die Grenzen des Glücks aufzeigte: Er wies in seiner Studie nach, dass der einzelne Mensch zwar durch ein höheres Einkommen tendenziell glücklicher wird, auf das Glück einer ganzen Nation hat dies allerdings keine Auswirkung. Der britische Ökonom Angus Deaton, der 2015 den Alfred-Nobel-Gedächtnispreis für Wirtschaftswissenschaften erhielt, konnte anhand von 450.000 Interviews mit Amerikanern nachweisen, dass das Glücksempfinden der Menschen bis zu einem jährlichen Bruttoeinkommen von 75.000 Dollar anstieg (vgl. Ettel & Zschäpitz, 2015). Danach hatte eine Einkommenssteigerung auf die Glücksgefühle der befragten Bürger keine nachweisbaren Effekte mehr.

Dies ist allerdings nur die halbe Wahrheit, denn Deaton und sein Mitstreiter Daniel Kahneman, ebenfalls Träger des Alfred-Nobel-Gedächtnispreises für Wirtschaft des

Jahres 2002, fanden in einer weiteren Studie heraus (vgl. Faigle, 2010), dass die Lebenszufriedenheit mit dem steigenden Einkommen wächst, und zwar kontinuierlich, wenngleich sich das Glücksempfinden nicht weiter verstärkt. Offensichtlich reicht es den Menschen, eine gewisse Grundversorgung mit Nahrung, Kleidung und Wohnraum zu sichern, dazu Gesundheitsvorsorge, vielleicht ein- bis zweimal im Jahr in den Urlaub zu fahren und, wenn es sehr gut läuft, irgendwann einmal eine Immobilie abzuzahlen. Allerdings gilt umgekehrt, dass sich in Deutschland unterhalb eines Monatsnettoeinkommens von 1200 EUR jede Erhöhung um 100 EUR dreimal so stark auf das Glücksempfinden auswirkt wie oberhalb von 1200 EUR. Dies leuchtet intuitiv ein: Menschen, die nicht genügend Geld für das Allernötigste haben wie etwa Nahrung, Kleidung, ein Dach über dem Kopf und Gesundheitsvorsorge, sind objektiv nicht glücklich zu nennen. Eine Steigerung des Einkommens nur um 100 EUR im Monat lässt die Spielräume zum Leben bereits deutlich ansteigen, vor allem wenn man schon bis zum letzten Cent kalkulieren muss.

Die Glücksforschung hat ebenfalls gezeigt, dass in Ländern, die objektiv arm sind, wie Bhutan oder Bangladesch, und die seit Jahrzehnten nicht nur den materiellen Wohlstand, sondern auch den Glückszustand des ganzen Volkes messen (vgl. Wallacher, 2007), dieser Glückszustand höher ist als bei manchem wesentlich reicheren Land. Es ist eine Binsenweisheit, dass Glück ein individuelles Phänomen ist und von vielen Faktoren abhängt, wie Partnerschaft, Familie, einer glücklichen Kindheit, einer erfüllten Arbeit, Freunden etc. Dennoch ist der materielle Wohlstand, ist Geld ein entscheidender Faktor. Geld ermöglicht den Kauf von Dingen, die persönliches Wohlbefinden steigern, wie etwa ein schönes Haus, ein tolles Auto, einen schönen Urlaub usw. Nicht zu unterschätzen ist aber vor allem der Einfluss des Geldes auf eine gesunde Lebensführung: Ich kann gesünder leben, mich gesünder ernähren, gehe regelmäßig zur ärztlichen Vorsorge, kann mich wärmer kleiden usw. Höhere Einkommen gehen einher mit höheren Rentenzahlungen, einem alterssichernden Haus. Allerdings wirkt dieser positive Zusammenhang zwischen hohem Einkommen und Lebenszufriedenheit oder Glück nur bis zu einer bestimmten Grenze. Danach nehmen die Glückszuwächse immer mehr ab. Wer genug besitzt, dem entlockt ein Mehr an Geld kaum noch ein Lächeln, und andere Dinge wie persönliche Krisen oder Erlebnisse werden wichtiger. Andererseits wollen gerade in der jüngeren Generation viel mehr Männer an der Erziehung ihrer Kinder teilhaben, verzichten zugunsten des Nachwuchses auf eine große Karriere und nehmen ebenfalls Elternzeit. Manche Arbeitnehmer Mitte 50 wollen zugunsten einer höheren Lebensqualität auf ein hohes Einkommen verzichten und steigen vorzeitig aus dem Berufsleben aus. Ein Mehr an Geld bringt nicht immer ein Mehr an individuellem Glück.

Zwei Aspekte zum Thema Wirtschaft und Glück sollen hier noch Erwähnung finden. Zum Ersten: Nicht das absolute, sondern der relative Reichtum ist für die meisten Menschen ab einem gewissen Mindesteinkommen für ihr Glücksempfinden entscheidend. So vergleichen sich Nachbarn untereinander, wer das imposantere Haus, den größeren Garten oder das schönere Auto besitzt. Vor allem Männer vergleichen ihre vermeintlichen Einkommen oder ihre berufliche Position. Platt gesagt: Ein Mann, der in einer weniger wohlhabenden Nachbarschaft das größere Reihenhaus hat, ist zufriedener als ein Mann, der in einem Nobelvorort von München wohnt, dort aber über das mit Abstand kleinste Anwesen verfügt.

Zum Zweiten: Entscheidend ist, was man mit dem zusätzlichen Geld macht. Es gibt viele Persönlichkeiten der

Gesellschaft aber auch Normalbürger, die sich materiell oder auch persönlich in den Dienst einer karitativen Institution stellen, Obdachlose unterstützen, Essen für die Tafel spenden, eine gemeinnützige Einrichtung zur Unterstützung von Bürgern in sozialen Schwierigkeiten gründen und finanzieren. Oder aber sie vergeben Bildungsstipendien für arme Schüler und stiften überall in Deutschland Schulspeisungen für Grundschulkinder (vgl. exemplarisch Hasse, 2012). Es ist hier nicht genügend Platz, alle diese Beispiele darzustellen und zu würdigen.

Nachdem wir uns nun darüber Gedanken gemacht haben, was Glück in der Wirtschaft sein kann, möchte ich im Folgenden eine „Ökonomie des guten Lebens" skizzieren. Dabei will ich nicht eine Wirtschaft schildern, wie sie ist, sondern wie sie aus meiner Sicht sein könnte, auch wenn die konkrete Ausgestaltung sehr schwierig werden dürfte. Dennoch ist die Skizzierung einer solchen „Sozialutopie" im Sinne eines Zielbildes wichtig.

Einer der berühmtesten Sätze des berühmten US-Präsidenten John F. Kennedy (1961) lautet: „Fragt nicht, was euer Land für euch tun kann – fragt, was ihr für euer Land tun könnt." Ich möchte dieses Zitat für meine Zwecke umformulieren und das Ziel einer Ökonomie formulieren, wie ich sie mir vorstelle: *Man soll nicht fragen, was der Mensch für die Ökonomie tun kann, sondern was die Ökonomie für den Menschen tun kann.* Es dreht sich in der Welt nicht um die Wirtschaft – wiewohl man immer wieder den Eindruck bekommen könnte –, sondern um den Menschen. Und dieser sollte auch bei ökonomischen Überlegungen im Mittelpunkt stehen. Ich möchte im Folgenden eine, zugegebenermaßen etwas verklärte, Sozialutopie beschreiben, bei der die Ökonomie den Menschen wieder in den Mittelpunkt stellt.

Ich möchte sie mit keinem „Label" ausstatten, das sich dann vermarkten lässt, sondern vielmehr einen aus meiner Sicht wünschenswerten Zielzustand definieren, wie die Ökonomie dem Menschen zu Diensten sein könnte. Ohne eine Idee, ein *Narrativ,* eine Mission, zu der wir alle unsere ökonomischen Aktivitäten hinbewegen wollen, kann aus meiner Sicht nichts Neues entstehen. Nicht umsonst stand am Anfang großer Unternehmen eine klare Mission. Auch die Soziale Marktwirtschaft startete nach dem Zweiten Weltkrieg mit einer Idee. Im Folgenden will ich einzelne Elemente dieser Mission, ich nenne sie Sozialutopie, skizzieren. Wiewohl der Begriff Utopie als Nicht-Ort, von altgriechisch *ou topos* für „kein Ort, nirgendwo", signalisiert, dass diese Idee nicht einfach realisierbar ist, will ich doch den Versuch wagen, einen Weg des Handelns anzuregen. Wenn wir alle gemeinsam uns über den Zielzustand einig sind, dann fällt es uns vielleicht leichter, den Weg dorthin zusammen zu suchen und zu gehen. Dass ich mich dabei der Einfachheit halber auf Deutschland konzentriere, bedeutet nicht, dass einzelne Elemente nicht auch weltweit gelten.

Niemand muss in Deutschland verhungern, Gott sei Dank. Das ist schon einmal ein großer Verdienst der Sozialen Marktwirtschaft und seiner Akteure. Der Sozialstaat garantiert die Sozialleistungen für die Bedürftigen, die verpflichtenden Kranken- und Pflegeversicherungen finanzieren die Kosten des Arztbesuchs sowie Krankenhaus- und Pflegeheimaufenthalte. Zahlreiche Armenspeisungen, wie etwa die Tafeln oder sonstige karitative Einrichtungen und Obdachlosenheime, sorgen für Verpflegung und Unterkunft des ärmsten Teils der Bevölkerung. Es ist ein hartes Leben voller Entbehrungen, Armut und Krankheit, aber der Staat sorgt zumindest für das Überleben. Das kann aber noch nicht alles sein. Ist es wirklich ausreichend, dass in Deutschland niemand mehr gezwungenermaßen verhungern oder gar erfrieren muss? Können wir als Gesellschaft damit zufrieden sein? Muss nicht ein so reiches Land wie Deutschland auch seinen ärmsten Mitbürgern ein auskömmliches, ein menschenwürdiges Leben gewährleisten? Und welche Rolle kann dabei die Ökonomie spielen?

Aus meiner Sicht muss zu allererst die Zielsetzung der Ökonomie verändert werden. Aus dem Ziel der Ökonomie, „Kein Mensch darf in Deutschland verhungern" (Es gibt auch heute noch in Deutschland zu viele Menschen, aber auch Kinder, die hungern!), muss das ambitioniertere Ziel „In Deutschland müssen alle Menschen auskömmlich leben können" werden. Was sich wie eine irreale Forderung anhört, möchte ich im Folgenden mit Leben zu füllen versuchen. Dabei ist vollkommen klar, dass viele Elemente dessen, was ich nun vorstellen werde, als Vorschlag so oder so ähnlich schon existiert. Ich möchte dabei aber viel stärker auf Freiwilligkeit und auf das Mitgefühl der Mitbürger, vor allem der wohlhabenderen, setzen und weniger auf staatliche Zwangsmaßnahmen. Was das konkret bedeutet, erkläre ich im Folgenden.

Die erste Frage, die wir beantworten müssen, lautet: Was verstehen wir unter einem auskömmlichen Leben? Ohne allzu philosophisch zu werden, können wir das an ein paar Grundbedürfnissen des Lebens festmachen. So muss die Grundbedürfnisse des täglichen Lebens eines jeden Menschen befriedigen werden: genügend zu essen und zu trinken, passende Kleidung für alle Jahreszeiten, ein Dach über dem Kopf. Im Falle von Krankheiten muss ein schneller Arztbesuch möglich sein. Das gehört zur Grundsicherung des menschlichen Lebens. Dies reicht allerdings noch nicht zu einem auskömmlichen Leben. Dazu gehört ein interessanter Job, für viele eine Familie, aber auch ausreichend Freizeit, um Hobbies nachzugehen, sich um seine Liebsten zu kümmern oder einfach nur auszuruhen oder in den Urlaub zu fahren. Ein entsprechendes

Freizeitangebot oder auch Urlaub muss man sich leisten können. Viele Menschen in Deutschland können das heute nicht. Vielfach ist das nur mit einem gut bezahlten Job, in den Ballungszentren manchmal auch nur mit zweien bei Doppelverdienern, machbar. Ein solcher Job wiederum ist nur mit einer entsprechenden Ausbildung zu erlangen. Das dürfte in etwa das sein, was sich die meisten Menschen hierzulande unter einem auskömmlichen bzw. sogar guten Leben vorstellen. Ich rede hier nicht von einem Leben im Luxus nach dem Millionengewinn im Lotto, sondern von einem zumindest materiell sorgenfreien Leben.

Dem steht allerdings heute entgegen, dass viele Menschen von Hartz IV leben und mit etwa 400 EUR monatlich pro Person auskommen müssen. Viele sind obdachlos oder können nur noch mit Mühe ihre Wohnung finanzieren. Die Rente reicht im Alter trotz jahrzehntelanger harter Arbeit nicht aus, um Wohnung und Leben zu finanzieren. Vom Urlaub und eventuellen Hobbies ganz zu schweigen. Was man sparen kann, wird an die Kinder weitergegeben. Weihnachtsgeschenke fallen häufig aus oder müssen an anderer Stelle wieder eingespart werden. Übertragen wir nun unseren Gedanken zum auskömmlichen Leben für alle Bürger als Ziel einer erfolgreichen Ökonomie auf die materiellen Voraussetzungen, so bedeutet das:

- Alle Bürger brauchen eine materielle Grundsicherung, die es ihnen ermöglicht, sich auskömmlich und idealerweise ausgewogen zu ernähren, sich zu kleiden und sich eine ausreichend große Unterkunft mit bezahlbarer Miete zu leisten.
- Sie brauchen alle eine finanzierbare umfassende Krankheits- und Pflegeversorgung.

- Es muss für alle Bürger Zeit übrig sein, ihren Hobbies nachzugehen, seien sie sportlich oder kulturell, und mindestens einmal im Jahr in den Urlaub zu fahren.
- Eine gute Ausbildung sollte alle Bürger auf den jeweiligen geeigneten Beruf vorbereiten, der am Ende eines Arbeitslebens zu einer Rente führt, mit der sie sich die oben genannten Punkte eines auskömmlichen Lebens leisten können, immer vorausgesetzt, sie haben mit ihrem Geld normal gehaushaltet.

Welchen Beitrag kann die Ökonomie dazu leisten, bzw. welche Grundvoraussetzungen müssen dafür gegeben sein? Es ist unstrittig, dass sich der vermögende Teil der Bevölkerung, zumindest die obere Hälfte dieses auskömmliche Leben ohne den Staat leisten kann und auch heute schon auskömmlich und gut lebt, zumindest materiell. Es geht also um die untere Hälfte der Bevölkerung, streng genommen um das untere Drittel, das über wenig oder gar kein Vermögen verfügt bzw. Schulden hat. Da zum unteren Drittel der Bevölkerung viele Menschen gehören, die keine Arbeit und/oder keine Wohnung haben und damit keine Chance auf eine Selbstfinanzierung, müsste diese Bevölkerungsgruppe aus einer anderen Quelle Geld erhalten. Das könnte zum Beispiel ein bedingungsloses Grundeinkommen (vgl. Bohmeyer & Cornelsen, 2019) sein. Je höher dieses pro Kopf der Bevölkerung ist, desto eher könnte es die Grundbedürfnisse abdecken. Die konkrete Höhe ist schwierig zu ermitteln, hängt aber vom jeweiligen Wohnort ab und den Kosten, die dort entstehen. So wird ein Einkommen in München höher sein müssen als in einer Kleinstadt in Mecklenburg-Vorpommern. Legt man eine Familie mit zwei Kindern zugrunde, dann wird man pro Person mindestens 1000 EUR im Monat ansetzen müssen, um in einer Stadt mit durchschnittlichen Lebenshaltungskosten Miete,

Kleidung und Ernährung zu finanzieren und noch Zeit für Hobbies oder Urlaub zu haben.

Die Frage ist, ob alle Bürger im Sinne der Fairness ein bedingungsloses Grundeinkommen erhalten sollen oder nur solche bis zu einem gewissen Vermögen bzw. Jahreseinkommen. Nehmen wir an, jeder Bürger bekäme dieses bedingungslose Grundeinkommen, so könnte alternativ jeder vermögende Bürger auf sein Grundeinkommen zugunsten der bedürftigen Bürger ganz oder zumindest teilweise verzichten. Das Grundeinkommen würde bis zum Lebensende gezahlt und nicht mit der Rente verrechnet. So wäre sichergestellt, dass auch im Alter genügend Geld für ein auskömmliches Leben zur Verfügung steht. Fehlende Wohnungen müssten vom Staat gefördert und zu subventionierten Preisen vermietet werden wie die klassischen Sozialwohnungen. Die Miete könnte mit dem bedingungslosen Grundeinkommen verrechnet werden. Genauso wie heute jedes Kind ein Anrecht auf einen Kitaplatz hat – selbst in den teuren Metropolen –, hätte jeder Bürger ein Anrecht auf eine Wohnung. Dieses Recht würde den Druck zum Bau von Wohnungen enorm erhöhen.

Die Ideen zur Finanzierung eines solchen bedingungslosen Grundeinkommens sind zahlreich und schon in verschiedenen Parteiprogrammen in Deutschland, aber auch in anderen Ländern diskutiert worden. Die Vorschläge reichen von einer höheren Erbschafts- bzw. Einkommenssteuer (vor allem für Topverdiener) über eine progressive Vermögenssteuer (je höher das Vermögen, desto höher der Steuersatz) bis zu einer Finanztransaktionssteuer (Precht, 2018, S. 135 ff.) z. B. auf Aktienkäufe und -verkäufe. Dies sind keine neuen Ideen. Neu ist aus meiner Sicht die stärkere Berücksichtigung der Freiwilligkeit, der Appell an die Solidargemeinschaft aller Bürger: Um den Ärmsten der Bevölkerung und damit uns allen ein gutes Leben zu ermöglichen, könnte man sich auch einen Solidarfonds der Reichen und Bessergestellten in der Gesellschaft vorstellen. Jeder Vermögende oder gut verdienende Bürger der Mittelschicht oder jeder, der es sich leisten will oder kann, könnte freiwillig in den Solidarfonds zugunsten des unteren Drittels der Bevölkerung einzahlen.

Was sich im ersten Augenblick wie ein unrealistisches Unterfangen, eine Sozialspinnerei, anhört, entpuppt sich auf den zweiten Blick als nicht ganz so unsinnig. Wer sich die Spendenbereitschaft der Bevölkerung generell anschaut, etwa bei Hungersnöten oder für Kriegsopfer etc., wird schnell sehen, dass es viele, vor allem vermögende Menschen in Deutschland gibt, die gerne beträchtliche Summen an karitative Organisationen spenden. Würde man einen Teil dieses Geldes in einen solchen Solidarfonds für Deutschland einzahlen, könnten viele bedingungslose Grundeinkommen und/oder Sozialwohnungen finanziert werden. Als konkrete und pragmatische Umsetzung dieses Vorschlags stelle man sich z. B. ein zusätzliches Feld in der Steuererklärung vor, in das ein Bürger freiwillig nach seinem Gutdünken einen bestimmten Spendenbetrag einträgt, etwa in Höhe einer Promille bis hin zu einem Prozent seines Jahreseinkommens. Das wären bei einem Durchschnittsverdienst von 42.000 EUR eine Summe von 42 bis 420 EUR, bei einem Einkommensmillionär jedoch schon 1000 bis 10.000 EUR. Noch nicht eingerechnet sind die großzügigen Spender, die jährlich – oder in einkommensstarken Jahren – weit mehr als ein Prozent ihres Einkommens in die Kassen des Staates spülen.

So naiv wie sie sich im ersten Moment anhört, ist diese Idee gar nicht. Das jährlich über das Finanzamt gesammelte Geld des Solidarfonds würde dann von einem regional und kommunal untergliederten Gremium aus seriösen und erfahrenen Fachleuten in verschiedene

Sozialprojekte wie Wohnungsbau, kostenfreie Kita, Alten-
pflegeplätze oder Bildungseinrichtungen gesteckt. Die
Priorisierung übernimmt ein Gremium aus Kommunal-
politikern, Sozialexperten etc., die neben der Priorisierung
der Mittel nach Bedürftigkeit der Einrichtungen oder
förderungspflichtigen Personengruppen die Mittelver-
wendung kontrollieren. So entstünde ein weiterer Sozial-
haushalt auf allen Ebenen, der dafür sorgen könnte, dass
nicht nur kein Mensch mehr in Deutschland hungern
muss, sondern auch noch vergleichsweise gut leben kann.
Das wäre ein möglicher Weg zu einer *Neuen Sozialen
Marktwirtschaft,* einer Marktwirtschaft, die den Menschen
dient und für ein gutes Leben sorgt.

Eine solche Sozialutopie hätte, sofern sie Realität
würde, eine positive Auswirkung auf den Wohlstand der
Bevölkerung. Die Umsetzung des Rechtsanspruchs auf ein
Dach über dem Kopf würde nicht nur die Obdachlosen
oder diejenigen, die vor allem in den großen Metropolen
heute schon keine Wohnung mehr für wenig Geld finden,
enorm helfen, ihre Lebensbedingungen zu verbessern.
Gleichzeitig würde sie der Baubranche und allen von ihr
abhängigen Wirtschaftszweigen zugutekommen und
Arbeitsplätze schaffen oder sichern. Das bedingungslose
Grundeinkommen würde vielen Menschen z. B. Gering-
verdienern, mehr Flexibilität verschaffen, sich einen Job
auszusuchen, der ihren Neigungen am besten entspricht,
auch wenn er gering bezahlt ist. Dennoch könnten sie ein
auskömmliches Leben führen. Würde zur Finanzierung
z. B. die Finanztransaktionssteuer herangezogen, müssten
die von dieser Steuer Betroffenen keine erhebliche
Einbußen hinsichtlich ihres Wohlstands befürchten. Eine
Finanztransaktionssteuer ist eine Steuer auf Transaktionen
am Finanzmarkt, die vor allem auf Aktiengeschäfte
erhoben wird.

Häufig fehlen den armen Familien, vor allem deren Kindern, die entsprechenden Vorbilder, Menschen, die es geschafft haben, aus ihrem Leben etwas zu machen, einen interessanten Beruf zu ergreifen oder gar zu Vermögen zu kommen. Vielfach fehlt dem abgehängten Teil der Bevölkerung Mut, Selbstbewusstsein und das Vertrauen in die eigenen Fähigkeiten, um den Weg von einer guten Ausbildung zu einem erfolgreichen oder interessanten Beruf einzuschlagen. Jeder Mensch hat einzigartige Talente, die es zu finden und zu fördern gilt. Vorbilder können dabei helfen. Beispielsweise könnten erfolgreiche Frauen und Männer in soziale Brennpunktschulen gehen und dort erzählen, wie sie sich hochgearbeitet haben und weshalb sie dabei so weit gekommen sind.

Unserer Gesellschaft fehlt die Partnerschaft von Jung und Alt, Arm und Reich, Erfolgreichen und Abgehängten. Um orientierungslosen Jugendlichen unter die Arme zu greifen, könnten erfolgreiche Unternehmer als Paten agieren und dabei aufzeigen, wie sie ihren Weg begonnen haben. Somit könnte Jugendlichen eine Perspektive geboten werden – ein Anreiz, der ihnen zeigt, wie sie zu lernen haben, was die richtige Einstellung ist und worauf es im Leben ankommt. Wenn das obere Ende und das untere Ende der Gesellschaftspyramide freiwillig zusammenarbeiten, wie viel mehr kann man dann in Deutschland erreichen? Es muss nicht immer um staatlich verordnete Zwangsmaßnahmen gehen. Warum kann nicht auch die Zivilgesellschaft in Deutschland mehr stemmen? Gelänge dies, dann wäre eine solche Sozialutopie der Ökonomie des guten Lebens in Deutschland oder anderswo auf der Welt kein Wunschtraum mehr.

6.9 Ausblick: Ökonomie in unsicheren Zeiten

Im März 2020 brachte die Corona-Pandemie die Weltwirtschaft kurzfristig an den Rand des Zusammenbruchs: In Deutschland brach die Wirtschaftsleistung, gemessen am Bruttoinlandsprodukt, 2020 um 4,9 % gegenüber dem Vorjahr ein (vgl. im Folgenden Statistisches Bundesamt, 2021; Pietsch, 2022, Kap. 8). Im zweiten Quartal 2020 erlebte die deutsche Wirtschaft einen historischen Einbruch um 9,7 % im Vergleich zu 2019. Der Staat war kurzfristig gezwungen, über verschiedene Stützungsleistungen für Unternehmen wie etwa das Kurzarbeitsgeld und Beihilfen die Wirtschaft zu retten, was zu einem staatlichen Finanzierungsdefizit von 139,6 Mrd. EUR führte. Einzelne Branchen waren durch die Pandemie besonders betroffen: Der Luftverkehr sackte 2020 mit knapp 58 Mio. Fluggästen um knapp 75 % auf den 24 größten Flughäfen Deutschlands ab, verglichen mit 2019. Die Tourismusbranche verzeichnete im Vergleich zu 2019 in 2020 nur noch 32 Mio. Übernachtungsgäste aus dem Ausland, ein Einbruch um zwei Drittel. Der Gastronomieumsatz in Deutschland schrumpfte ebenfalls um fast die Hälfte. Der Onlinehandel dagegen florierte. Er stieg von März 2020 bis Januar 2021 um 27,8 % gegenüber dem vergleichbaren Vorjahreszeitraum. Trotz der Kurzarbeit mit der staatlichen Kompensation auf 67 % des Lohnniveaus gingen die Reallöhne um 1,1 % zurück.

Großveranstaltungen aller Art mussten abgesagt werden, Schulen wurden geschlossen und es wurde auf Fernunterricht umgestellt. *Die Pandemie traf auf ein Land, das darauf nicht ausreichend vorbereitet war.* Lehrerinnen und Lehrer aber auch genervte Familien mit kleinen oder schulpflichtigen Kindern oblag die komplette Organisation und erforderte nicht nur eine hohe Frustrationstoleranz, sondern brachte sie auch an den Rand der physischen und psychischen Erschöpfung. *Homeoffice* und *Homeschooling* mussten zum Teil parallel bewerkstelligt werden. Diejenigen, die in der Lage waren, von zu Hause aus zu arbeiten, konnten dabei noch von Glück sagen. Gut situierte Eltern mit akademischer Ausbildung konnten beim Homeschooling ihren Kindern nicht nur mit der nötigen Infrastruktur in Form von Computern und Laptops, sondern auch mit Rat und Tat zur Seite stehen. Ein unschlagbarer Vorteil im Vergleich zu Familien aus sozial schwachen oder bildungsfernen Haushalten.

Gesellschaftlich sehr umstritten war vor allem die Frage, *wieviel Einschränkung der Freiheit* möglich und wirklich notwendig bzw. erlaubt war. Der Riss ging zeitweilig durch die gesamte Gesellschaft in Deutschland, aber auch international mit ihren unterschiedlichen Modellen des Lockdowns bzw. der späteren Öffnung. Demonstrationen aus Sicht der Gegner der Corona-Maßnahmen auf den Straßen wechselten sich ab mit den dringenden Apellen der Epidemiologen, sich impfen zu lassen und alle Abstands- und Hygieneregeln einzuhalten. Die drängendste Frage war: Nach welchen Kriterien entscheide ich einen Lockdown, welche Branchen und Geschäfte sollen davon betroffen sein? Später, nach der Einführung der Impfungen war die entscheidende Frage, *welche G-Regelung gelten solle* d. h. geimpft, genesen, getestet oder „geboostert" und ob man das Impfen zur Pflicht erheben kann.

Gerade für unsere Zwecke ist die Frage bedeutsam, ob bei der Abwägung zwischen der Gesundheit bzw. dem Überleben gerade der vulnerablen Gruppen und der Ökonomie, richtig entschieden wurde. Wurde zu schnell und nachhaltig *gegen die Freiheit und den Wohlstand entschieden?* Selbstverständlich kann man immer trefflich darüber diskutieren, ob die Lockdown-Maßnahmen im Einzelnen vermeidbar gewesen wären – so hatten z. B. die Restaurantbetreiber und Sportveranstalter ein detailliertes Hygienekonzept ausgeklügelt – war es sicher insgesamt richtig, die Wirtschaft zum Schutze der Gesundheit zeitweise herunterzufahren.

Den Lockdowns steht natürlich immer die Einschränkung von Bürgerrechten gegenüber, die zwangsweise in Kauf genommen werden muss. Jeder hat das Recht auf freie Bewegung, Versammlungsfreiheit, Konsum etc. Die freiheitliche Lebensweise *per se* ist also ein hohes Gut, welches es zu schützen gilt. Doch konnten durch die Maßnahmen zur Eindämmung der Ausbreitung des Corona-Virus viele Menschenleben, vor allem alte und schwache aber auch Menschen mit Vorerkrankungen, gerettet werden. Die Argumentation einzelner liberaler Wirtschaftsethiker (vgl. exemplarisch Lütge & Esfeld, 2021), dass die Kosten und Nutzen der Corona-Maßnahmen in keinem Verhältnis stünden und die von der Regierung verhängten Lockdowns nicht zu rechtfertigen seien, ist wenig überzeugend. Es gilt nach wie vor: *Jedes Menschenleben, das durch eine Corona-Maßnahme gerettet werden konnte, jede vollzogene Impfung, war dieser Anstrengung und der Entbehrungen wert!* Die schrecklichen Bilder aus den überfüllten Intensivstationen in Bergamo und anderswo 2020 bleiben unvergessen. Damals mussten Ärztinnen und Ärzte die schier unmenschliche ethische Entscheidung treffen, wer an das Beatmungsgerät angeschlossen wird bzw. bleibt und wer im Zweifel nicht („Triage"). Eine solche Entscheidung über Leben und Tod sollte niemand mehr treffen und wir sollten diese Bilder niemals mehr sehen müssen!

Die Bilanz der Corona-Pandemie ist erschütternd (vgl. Radtke, 2022): Stand März 2022, zum Zeitpunkt des

Abfassens dieser Zeilen, sind mehr als *6 Mio. Menschen weltweit durch die Sars-CoV-2 Pandemie gestorben.* Bei der weltweit bestätigten kumulativen Zahl an bestätigten SARS-CoV-2-Infektionen von mehr als 448 Mio. beträgt die Sterblichkeitsrate (Letalitätsrate) folglich gut 1,3 %. Die inoffizielle, statistisch nicht erfasste Zahl, dürfte vermutlich noch weit höher ausfallen. Zwar sind mittlerweile die meisten der betroffenen Menschen Gott sei Dank wieder genesen, doch sind viele von ihnen von Langzeitschäden („Long Covid") betroffen. Zu den langanhaltenden Symptomen zählen u. a. eine eingeschränkte Belastbarkeit, Atemprobleme oder auch dauerhafte Geschmacks- und Geruchseintrübungen (vgl. Ärzteblatt, 2021). Dies Menschen sind für ihr Leben gezeichnet.

Die Ansteckungsrate, der Verlauf von Covid-19 und die Genesung sind natürlich auch eine Frage der Impfungen. *Geboosterte,* d. h. dreimal geimpfte Menschen haben ein geringeres Risiko, ernsthaft zu erkranken oder gar zu sterben. Weltweit gab es beträchtliche Unterschiede in den Auswirkungen der Pandemie, nicht nur was die Impfquote anbelangt, sondern auch die Mengen an Impfstoff, die zur Verfügung stehen. Während in den reichen Industrieländern des Westens wie in Europa, Nordamerika aber auch in großen Teilen Asiens die Impfungen zum Teil schleppend aber größtenteils erfolgreich verliefen, waren die *ärmeren Länder dazu nicht in dem Maße in der Lage.* Ihnen fehlten sowohl die finanziellen als auch die technologischen Möglichkeiten d. h. Patente und Produktionsstraßen, um genügend Impfstoff in kürzester Zeit für ihre Bevölkerung zu beschaffen und damit Schlimmeres zu verhindern. Es war daher ein ermutigendes Zeichen der internationalen Solidarität, dass auf dem G7 Gipfel im Juni 2021 in Cornwall beschlossen wurde, eine Milliarde Impfdosen ärmeren Ländern bereitzustellen (vgl. Spiegel online vom 11.06.2021).

Die am meisten beeindruckenden Bilder waren die des Krankenhaus- und Pflegepersonals. Sie rangen an vorderster Front unter Einsatz ihrer eigenen Gesundheit bis zum Rand ihrer Belastungsgrenzen (und zum Teil darüber hinaus) um das Wohl ihrer Patientinnen und Patienten. Sie alle haben unsere *große und dauerhafte Wertschätzung* verdient. Sie müssten dazu *endlich die Bezahlung* erhalten, die ihnen und ihrer Tätigkeit angemessen ist. Daher müssen die Gehaltsstrukturen grundsätzlich überdacht werden. Krankenhäuser müssten weniger die rein betriebswirtschaftlichen Faktoren wie ein rigides Kostenmanagement betreiben, sondern den menschlichen Faktor der Pflege und der Behandlung höher gewichten: Die angemessene Ausstattung und die Bezahlung des medizinischen Personals *müssen im Zweifel zu Lasten der betriebswirtschaftlichen Rendite* gehen.

Aber nicht nur Corona hat uns deutlich vor Augen geführt, wie wichtig die Ökonomie für uns Menschen mittlerweile geworden ist. Auch die *Flutkatastrophe* stand ganz und zurecht im Zeichen der mitmenschlichen Solidarität und Hilfe: Viele freiwillige Helferinnen und Helfer aus ganz Deutschland packten persönlich mit an, um die Flutschäden zu beseitigen. Umfangreiche finanzielle Hilfen wurden sofort von Bund, Ländern und Gemeinden zugesagt, um die Not zu lindern und ein Wiederaufbau der betroffenen Regionen zu ermöglichen. Es wurde ein 30 Mrd. EUR schwerer Aufbaufonds aufgelegt, der sich in Sofort- Wiederaufbauhilfe unterteilte und zumindest für die materiellen Schäden kompensieren sollte (vgl. Biegger, 2022).

Ebenso wurde der beim Verfassen dieser Zeilen erst wenige Wochen alte Krieg in der Ukraine nicht nur, aber vor allem *mit ökonomischen Instrumenten* bekämpft: Umfangreiche und einschneidende Wirtschaftssanktionen wurden unmittelbar nach Beginn der russischen

Kriegshandlungen in der Ukraine beschlossen. Sie reichen von der finanziellen Beschränkung über die Einstellung von unternehmerischen Aktivitäten in Russland, Einfrieren von Vermögen u. a. der Oligarchen bis hin zum Ausschluss russischer Banken aus dem internationalen Zahlungsverkehr SWIFT (vgl. u. a. Europäischer Rat, 2022). Sogar ein möglicher Importstopp des russischen Gases und Öls wird diskutiert. Selbstverständlich muss richtigerweise die große menschliche Tragödie der notleidenden Bevölkerung in der Ukraine im Vordergrund der Aufmerksamkeit stehen. Zerstörte Städte, Häuser und Gebäude, eine traumatisierte Bevölkerung, vor allem unzählige *betroffene Kinder*. Sie alle fristen ein Leben unter hygienisch und sicherheitstechnisch unwürdigen Bedingungen in Luftschutzkellern. Kinder, die ihre Geburtstage, stumm vor Angst, in Notunterkünften mit ihren Müttern – die Väter müssen ihr Land verteidigen – verbringen müssen und auf einen nahen Frieden hoffen. Umfangreiche Hilfslieferungen mit Lebensmitteln, Arzneimitteln und Dinge des täglichen Lebens sind ebenso ein *ermutigendes Zeichen weltweiter Solidarität* wie Geldspenden und die Aufnahme von mehreren Millionen ukrainischer Flüchtlinge in verschiedenen Ländern Europas.

So eminent wichtig diese Fragen der Humanität sind, so müssen wir uns im Zuge dieses Buches auch die Frage der wirtschaftlichen Auswirkungen stellen. Konkret: Welche ökonomischen Folgen werden diese größten Herausforderungen der Menschheit seit Langem, die Corona-Pandemie, die Flutkatastrophe und der Krieg in der Ukraine zeitigen? Ich möchte im Folgenden vor allem auf 5 Punkte eingehen (vgl. auch Pietsch, 2021, S. 417 ff.):

1. Wie wird die *Digitalisierung* das Leben in Deutschland verändern? Wie werden wir künftig arbeiten?

2. Was bedeuten die Corona-Pandemie und der Krieg für die viel beschworene *Globalisierung?*
3. Inwiefern werden Pandemie und Krieg die *Staatsverschuldung* und die bereits bestehende *ökonomische Ungleichheit* innerhalb der Bevölkerung aber auch zwischen den Ländern verstärken?
4. Was bedeuten ökologische Katastrophen wie die Flutkatastrophe für das Zusammenspiel zwischen Ökonomie und Ökologie? Müssen wir jetzt nicht *weltweit noch schneller und konsequenter* handeln?
5. Müssen nicht auf Basis der Erfahrungen im Ukraine-Krieg *Wirtschaftssanktionen als „negativer Freihandel"* in den ökonomischen Instrumentenkasten mit aufgenommen werden? *Wirtschaftssanktionen als legitime „Waffe"* im Kampf gegen Aggressoren?

Arbeiten im Zeitalter der pandemiebedingten Digitalisierung

Ich weiß nicht wie es Ihnen ergeht: Können Sie sich noch an Ihren eigenen Arbeitsalltag oder den ihrer Kinder, Enkel oder Bekannte und Freunde *vor* der Pandemie erinnern? Wir sind häufig früh morgens aufgestanden, haben nach dem eigenen Frühstück schnell die Kinder versorgt und sind dann in den hektischen Berufsverkehr eingetaucht. Wir waren entweder mit den öffentlichen Verkehrsmitteln, mit dem eigenen Auto oder mit dem Fahrrad zur Arbeit unterwegs. Die Bus- und U-Bahn Fahrpläne bestimmten das Leben, teilweise dicht gedrängt auf den einzelnen Sitzplätzen, auf denen schnell noch wichtige Unterlagen gelesen wurden, seien es Aufgaben für die Schule, die Universität oder einfach für die anstehenden Termine des Büroalltags. Der morgendliche Stau mit seinen Blechlawinen umfing uns und wir waren häufig genervt von der vielen Zeit, die wir verbrachten, um in der Schule, der Uni, dem Büro oder generell am Arbeitsplatz anzukommen. Einige von uns mussten auch schnell den nächsten Flieger erwischen oder die Bahn, um dann von A nach B zu reisen.

Hinter den meisten von uns lag also schon eine lange Odyssee an Warten, Stau, Umsteigen, Schlange stehen etc. Im Büro hetzten wir häufig von Termin zu Termin in verschiedenen Besprechungsräumen, teilweise an physisch unterschiedlichen Standorten mit den entsprechenden Fahrten und der Parkplatzsuche. Am Ende des Arbeitstages ging alles wieder rückwärts nur in umgekehrter Richtung: Man steckte wieder im Stau, holte vielleicht noch hektisch die Kinder von der Schule oder der Kita ab, bevor irgendwann am späteren Abend uns der Feierabend empfing. Zumeist war man dann durch die Strapazen des Tages viel zu müde oder geschafft, um die kurze freie Zeit im Kreise der Familie oder Freunden zu genießen. Für viele von uns war das zumindest so oder so ähnlich der typische Arbeits- und Berufsalltag. *Aber das ist schon lange vorbei.*

Seit dem Beginn der Corona-Pandemie im März 2020 findet der Büroalltag fast ausschließlich virtuell d. h. in online Meetings à la Skype, Teams, Zoom etc. statt. Diese gab es zwar schon vorher, doch wurden sie ergänzt durch persönliche Treffen und Meetings in Präsenz inklusive der gemeinsamen Mittagessen bzw. Kaffeepausen und Gesprächen mit den Kolleginnen und Kollegen. Die Änderungen der Arbeitswelt waren bereits vor Corona in Gange. Die *Pandemie wirkte hier nur als Brandbeschleuniger der Digitalisierung.* Schon vor Corona starb die Welt des statusbetonten Einzelbüros langsam aus. Großraumbüros waren eher die Regel sowie das Arbeiten in (agilen) Teams, die „Duz und Sneaker"-Kultur und Jeans anstelle des Anzugs bzw. des Kostüms. Während die meisten vor Corona zumindest noch einen eigenen Arbeitsplatz hatten, den sie individuell einrichten konnten, werden im Zuge des zunehmenden Anteils der Arbeit von zu Hause aus, die Arbeitsplätze verdichtet und die Schreibtische geteilt. Die Unternehmen haben hier eine Kosteneffizienz erkannt, die sie entsprechend nutzen: Mehr Homeoffice bedeutet weniger Bürofläche, ist gleich weniger Kosten. Dies ist aus Sicht der Firmen legitim, verstärkt aber den Trend hin zum Homeoffice. Abgesehen davon, dass sich viele Mitarbeiterinnen und Mitarbeiter in ihren eigenen vier Wänden eingerichtet und neue Routinen in angenehmer Umgebung geschaffen haben. Der Trend geht mittlerweile dahin, die *Büros wieder attraktiver* zu machen, um mehr Kolleginnen und Kollegen vor Ort zu haben.

Die virtuelle Arbeit zu Hause schenkte den meisten Arbeitnehmerinnen und Arbeitnehmern allerdings kaum Zeit. Anstelle der frühen Anreise ins Büro fing man entsprechend früher an und nutzte die Zeit, bereits vor dem ersten Termin die ersten Mails zu lesen und zu beantworten oder den anstehenden Termin vorzubereiten. Teilweise wurde die entfallene Zeit zur Büroanreise auch genutzt, um den ersten Termin des Tages vorzuziehen. Gleiches galt am Abend, da man bei sich zu Hause am Schreibtisch lediglich den Laptop herunterklappen musste. Schließlich war man ja schon zu Hause und konnte nahtlos in den Feierabend gleiten. Unnötig zu erwähnen, dass die Dienstreisen ebenfalls mehrheitlich entfielen, da die Ansprechpartner national wie international *nur einen Klick entfernt* waren. Und siehe da: Es funktionierte auch so, auch wenn virtuelle Meetings mittel- bis langfristig natürlich nicht das persönliche Treffen ersetzen. Auch Teamevents oder Kaffeerunden lassen sich virtuell organisieren. Doch das ist nicht dasselbe. Jeder, der schon länger in einem Unternehmen gearbeitet hat weiß, dass nichts über einen gelegentlichen *persönlichen Austausch* beim Abendessen mit den nationalen und internationalen Kolleginnen und Kollegen geht.

Welche Änderungen der Corona-Zeit werden den Übergang zur Post-Pandemiezeit überdauern? Wie werden wir künftig arbeiten (vgl. im Folgenden auch Precht, 2022, vor allem S. 98 ff.)? Das *Ende der Anwesenheitspflicht* dürfte für alle diejenigen in den Unternehmen kommen, die ihre Arbeit von zu Hause aus verrichten können. Firmen wie SAP haben bereits angekündigt, wenn nötig oder gewünscht sogar die ganze Woche von zu Hause aus arbeiten zu lassen (vgl. White, 2022). Dies ist natürlich im Bereich der Softwareentwicklung leichter darstellbar, da man schon heute virtuell an verschiedenen Softwaremodeulen in agilen Teams arbeitet. Der Ort der Arbeit wird künftig so gut wie keine Rolle mehr spielen, wesentlich sind nur die Führungskultur, die auf Vertrauen, Teamorientierung, Zusammenhalt und Ergebnisorientierung setzt. Künftig wird der Weg in Richtung eines *„hybriden Arbeitens"* (vgl. im Folgenden etwa Rau, 2021) gehen, bei der die Formen der klassischen Büroarbeit mit dem virtuellen Arbeiten von zu Hause aus (wo auch immer dieses zu Hause dann sein wird!) zu einer Einheit verschmelzen.

Die Unternehmensführung wird künftig die richtige Balance zwischen Präsenz- und Heimarbeit sicherstellen müssen: Die Leistungsbeurteilung der Mitarbeiterinnen und Mitarbeiter muss noch konsequenter als bisher anhand von klaren Zielen erfolgen, da das persönliche Erleben der einzelnen Beschäftigten vor Ort nicht mehr vorausgesetzt werden kann. Dabei darf es *keine Nachteile oder abweichende Behandlungen der Mitarbeitenden* geben, egal wo sie arbeiten. Vielleicht müssen bestimmte Termine als Präsenzveranstaltungen definiert werden wie etwa Personalgespräche oder nachhaltige Strategieworkshops. Mitarbeiterinnen und Mitarbeiter mit ständigem

Kundenkontakt müssen vermutlich auch weiterhin ihre wichtigsten Kunden zumindest einmal im Jahr vor Ort treffen, um den persönlichen Kontakt nicht zu gefährden und Vertrauen aufbauen zu können. Es wird unumgänglich werden, bestimmte Standards in den einzelnen Unternehmen zu definieren, wie ein hybrides Arbeiten aussehen sollte. Konkret: Wie viele Tage in der Woche darf Homeoffice genutzt werden? Welche Meetings und Themen sind vor Ort zu klären, welche technische Ausstattung soll den Beschäftigten zur Verfügung gestellt werden etc. Dabei wird es sicher *Unterschiede in der Hierarchie* geben, was die Anwesenheit anbelangt. Vorstände werden sicherlich häufiger vor Ort präsent sein müssen als z. B. Softwareentwickler.

Aber wollen die Arbeitnehmerinnen und Arbeitnehmer ein solches hybrides Arbeiten überhaupt? Passen hier die Vorstellungen von Unternehmen und Mitarbeitenden zusammen? Eine Umfrage des Instituts für Arbeits- und Berufsforschung (IAB) im Rahmen der Studie „Homeoffice in Zeiten von Corona – Nutzung, Hindernisse und Zukunftswünsche" (vgl. IAB, 2021) kommt zu dem Schluss, dass die Corona-Pandemie den Trend zum Homeoffice weiter beschleunigt hat. *81 %* derer, die die Möglichkeit zum Homeoffice hatten, nutzten diese auch ganz oder teilweise und fast zwei Drittel der Befragten waren zufrieden mit der Arbeit von zu Hause. *Nur 7 % der Befragten* (!) kann sich eine komplette Rückkehr zum Büroalltag vor Ort vorstellen. Die größten Herausforderungen ergaben sich bei der technischen Infrastruktur d. h. Ausstattung, Infrastruktur wie WLAN, Kapazität der Leitungen, Zugang zu den Firmennetzwerken etc.

Die Nachteile der Homeoffice-Arbeit wurden allerdings ebenso klar benannt: Die Präsenzkultur wurde durch die rein virtuellen Meetings ersetzt. Der geschätzte persönliche Austausch mit den Kolleginnen und Kollegen etwa beim

Kaffee entfiel. Zudem wurde klar erkannt, dass durch die physische Nähe zum Arbeitsplatz schnell die *Grenzen zwischen Arbeit und Freizeit verschwimmen*. Gefordert sind künftig mündige Mitarbeiterinnen und Mitarbeiter, die im Zweifel auch ohne permanente Anwesenheit und den Rat des Vorgesetzten alleine klarkommen. Das setzt Chefs voraus, die ihren Mitarbeiterinnen und Mitarbeitern vertrauen, häufiger mit ihnen kommunizieren, um sich nach deren Wohl zu erkundigen und fachliche Tipps geben können. Konkret bedeutet dies, dass sich die Arbeitskultur auf Unternehmensseite mehr auf *Vertrauen, Wertschätzung und Zielorientierung* konzentrieren muss. Gefragt sind Arbeitnehmerinnen und Arbeitnehmer, die künftig noch mehr Eigenorganisation, Eigenverantwortung und Flexibilität mitbringen müssen, gepaart mit noch mehr digitaler Kompetenz. Nur so werden die Unternehmen und wir alle als Arbeitnehmerinnen und Arbeitnehmer für der *Arbeitswelt nach Corona* vorbereitet sein.

Globalisierung zu Zeiten der Pandemie und des Krieges

Die Corona-Pandemie aber auch der Krieg in der Ukraine haben vor allem eines gezeigt: Die Abhängigkeit der Unternehmen untereinander im Rahmen der globalen Ökonomie. Zu Beginn der Corona-Pandemie wurden Produktionsstraßen kurzfristig heruntergefahren. Ländergrenzen mussten dicht gemacht werden, um eine nationale Verbreitung des Virus zu verhindern. Die Warenströme konnten nicht mehr länderübergreifend fließen, produktionsnotwendige Materialien, Rohstoffe oder gar ganze Module verharrten an den Grenzen. Globale Lieferketten konnten nicht mehr bedient werden. Viele Dinge des täglichen Lebens konnten nur noch lokal bevorratet werden. Wir alle erinnern uns noch mit Grausen an die Hamsterkäufe etwa des Toilettenpapiers. Schon kamen

Diskussionen auf, die einer *neuen De-globalisierung* das Wort redeten (vgl. etwa Dullien, 2021).

Der Krieg in der Ukraine zwang ebenfalls zum Umdenken: Viele Unternehmen beendeten ihre Geschäftstätigkeit, verkauften keine Produkte mehr und zogen sich sukzessive aus Russland zurück. Gleichzeitig fehlten viele Ersatzteile, etwa Kabelbäume, die nicht mehr aus der Ukraine geliefert werden konnten. Tage- und wochenlange Produktionsunterbrechungen waren die Folge. Die eingeleiteten harten aber legitimen Wirtschaftssanktionen taten ihr Übriges. So führte der sukzessive eingeleitete Importstopp russischer Güter zu einer Verknappung des Angebots in Deutschland und zu einem Anstieg der Preise und der Inflation. Die Verletzlichkeit der Globalisierung zeigte sich in den unsicheren Zeiten der Pandemie und des Krieges am deutlichsten.

Gemäß einer Analyse des Instituts für Makroökonomie und Konjunkturforschung (IMK) ist tatsächlich mit einer *De-Globalisierung* zu rechnen (vgl. Dullien, 2021). Grund dafür ist, dass viele Länder dazu übergehen werden, zentrale Produkte des täglichen Lebens national oder gar lokal zu beschaffen. Unternehmen werden auf Basis einer Risikoanalyse der Lieferketten künftig stärker gezwungen sein, bestimmte Rohstoffe und Vorprodukte zumindest mittelfristig aus dem nationalen Markt zu beziehen. Diese *Re-Nationalisierung der Lieferketten* sei allerdings nur bedingt möglich, wenn man zusätzliche Komplexität, Ineffizienzen und steigenden Kosten in Kauf nimmt (vgl. ter Haseborg, 2021). Unternehmen sollten daher stärker als bisher ein sogenanntes Frühwarnsystem für ihre Lieferketten etablieren, das eine flexible Umsteuerung ermöglicht. Zudem muss immer wieder damit gerechnet werden, dass es auch in Zukunft weitere Pandemien oder auch Handels- und Zollkonflikten geben wird. Daher wird ein *richtiger Mix aus regionalen und internationalen*

Produktionsstrukturen und Lieferketten empfohlen, um rechtzeitig auf Krisen reagieren zu können.

Die Globalisierung wird sich trotz aller Rückschläge und einiger De-Globalisierungstendenzen nicht aufhalten lassen. Wir werden weiterhin mit ihr leben müssen, aber: *Sie wird sich verändern müssen.* Der Leiter des Referats Globale Politik und Entwicklung der Friedrich-Ebert-Stiftung, Jochen Steinhilber (vgl. Steinhilber, 2021), prognostiziert eine verlangsamte Globalisierung (*„Slowbalisierung"*) und erläutert seine Einschätzung anhand von fünf unterschiedlichen Trends:

1. Unternehmen werden ihre *Lieferketten stärker diversifizieren* d. h. zusätzliche Lieferanten im In- und Ausland mitaufnehmen, um die Gefahr der Abhängigkeit von einem Lieferanten zu verringern. Vor allem die Ergänzung der Lieferketten in Heimatmarkt verhindere einen krisen- oder pandemiebedingten Ausfall.

2. *Die Rolle des Staates wird sich ändern.* Die Corona-Pandemie hat das Pendel ein wenig *mehr in Richtung Staat* ausschlagen lassen. Gemäß Steinhilber wird dies in der Post-Corona-Zeit auch so bleiben. Der Staat hat sich in den Krisenzeiten als Manager, Stabilisator und Bewahrer vor allem dort bewährt, wo die Märkte versagen. Als konkrete Beispiele dienen u. a. die milliardenschweren Hilfspakete für die Wirtschaft zur Rettung von Schlüsselindustrien und Unternehmen, die Corona-Soforthilfen, das bewährte Kurzarbeitsgeld und vieles mehr. So hat etwa US-Präsident Joe Biden hat ein billionenschweres Investitionspaket zur Rettung der schwächelnden US-Konjunktur geschnürt, um damit gleichzeitig die globale Konjunktur anzuregen. Dabei sind allerdings der Schutz und die Stärkung des Gemeinwohls abzuwägen gegen die wirtschaftliche Freiheit, die eine staatliche Intervention eher konterkariert.

Wir erinnern uns an die Kontroverse zwischen John Maynard Keynes und Milton Friedman (s. Abschn. 3.4 und 3.5, S. 175 ff., vor allem S. 200): Während Keynes die gesamtwirtschaftliche Nachfrage durch ein staatliches Investitionsprogramm stärken wollte, lehnte Friedman staatliche Eingriffe aller Art im Wesentlichen ab.

Vor allem aber in Krisenzeiten, wie etwa in der Finanzkrise von 2008, zeigt sich, dass der Markt eine Abmilderung der Folgen einer Pandemie, einer Flutkatastrophe oder eines Krieges nicht alleine leisten kann. Gerade der ärmere Teil der Bevölkerung, aber auch viele kleinere und mittlere Unternehmen, die nicht auf ein großes finanzielles Polster zurückgreifen können, *müssen staatlich unterstützt* werden. Dies kann natürlich nur zeitlich begrenzt und einmalig passieren, um den Wettbewerb und das freie Spiel der marktwirtschaftlichen Kräfte nicht dauerhaft lahmzulegen. Die Rolle des Staates wird daher künftig im Rahmen der globalen Ökonomie stärker diskutiert werden müssen.

3. Trotz der *globalen* Auswirkungen der Pandemie werden die *Herausforderungen rein national gelöst werden müssen.* Jedes Land musste für sich und seine Bevölkerung die richtigen Regeln und ökonomischen Strategien definieren, um bestmöglich aus der Krise herauskommen. Dies betraf die Lockdown-Regularien, die Art und Intensität der Wirtschaftshilfen, die Impfstrategie und schließlich die Vorgehensweise und zeitliche Taktung der Lockerungen. Rein finanziell bedingt gab es weltweit deutliche Unterschiede: Reiche Industrieländer wie Deutschland, die USA oder Großbritannien mit einem gut gefüllten staatlichen Geldbeutel konnten eher die heimische Ökonomie schützen, staatliche Unternehmenshilfen zur Verfügung stellen oder

ausreichenden Impfstoff gewährleisten als etwa die ärmeren Volkswirtschaften Südamerikas oder Afrikas. Die Unterstützung der ärmeren Länder aus der ökonomischen Stärke heraus ist vor allem für die reichen Länder ein *ethischer Imperativ.* Umso erfreulicher war die Vergabe von Milliarden von Impfdosen u. a. an die afrikanischen Länder, nachdem die Versorgung der eigenen Bevölkerung mit ausreichendem Impfstoff sichergestellt worden war.

4. Staaten üben sukzessive mehr Einfluss in der globalen Ökonomie zu ihren Gunsten aus. Steinhilber bezeichnet dies zurecht als *„Denken in Einflusssphären"*. Wirtschaftspolitische Maßnahmen wie etwa Strafzölle, Sanktionen, Kontrolle von Rohstoffen, werden gegenseitig als Mittel eingesetzt, um politische Ziele zu erreichen. Als Beispiel diene hier die äußerst kontrovers geführte Diskussion um die Abdeckung des 5G Mobilfunk-Netzes in Deutschland durch den chinesischen Mobilfunkanbieter Huawei.

5. Nicht nur der Krieg in der Ukraine oder die Pandemie der letzten zwei Jahre haben der Wirtschaft weltweit geschadet. Generell scheint die Zeit des andauernden Wirtschaftswachstums global beendet zu sein. Gemäß dem US-amerikanische Ökonom Larry Summers zeichnett sich weltweit eine säkulare Stagnation, *„the secular stagnation"*, (vgl. Steinhilber, 2021) ab. Selbst China, in den letzten Jahren Garant eines jährlichen zweistelligen Wirtschaftswachstums, gemessen am Bruttoinlandprodukt, kalkuliert jetzt „nur" noch mit einstelligen Wachstumsraten. Neben den Pandemieerfahrungen der letzten beiden Jahre und den düsteren Aussichten des Krieges in der Ukraine liegen die Gründe vor allem in der demografischen Entwicklung, der wachsenden Ungleichheit und der Staatsüberschuldung. Auf die letzten beiden Gründe möchte ich im Folgenden kurz eingehen.

Bekämpfung der Ungleichheit und der zunehmenden Staatsverschuldung

Die Corona-Pandemie wird die Ungleichheit zwischen den Ländern und innerhalb der Länder noch weiter verschärfen. Während die reicheren Länder durch staatliche Beihilfen und milliardenschwere Investitionsprogramme die pandemiegebeutelte Wirtschaft wieder ankurbeln konnten, taumeln die ärmeren Länder nach wir vor (vgl. im Folgenden Unmüßig, 2022). In Ländern mit niedrigem Einkommen („low income countries") waren Stand Januar 2022 nur 5 % der Bevölkerung vollständig geimpft. Über 160 Mio. Menschen gerieten durch die Pandemie weltweit in Armut. Bis 2030 könnten weitere 207 Mio. folgen. Länder der westlichen Industriestaaten dagegen kamen leichter an Impfdosen, die sie nicht nur finanzieren konnten, sondern teilweise auch im eignen Land produzierten. Der Kampf um die raren Impfdosen wurde vor allem in der ersten Zeit von diesen Ländern gewonnen. Es ist nichts dagegen zu sagen, dass jedes Land sich und ihre eigenen Bürgerinnen und Bürger zuerst versorgen möchte, um der Pandemie zu entkommen. Dennoch bleibt festzuhalten, dass die Impfquoten vor allem in den ärmeren Ländern lange Zeit relativ niedrig blieb (vgl. Unmüßig, 2022).

Auch innerhalb der einzelnen Länder gab es weitere Unterschiede im Kampf mit der Pandemie: Wohl dem, der in Zeiten der Pandemie vom Homeoffice arbeiten konnte. Neben den Bürotätigkeiten waren es vor allem hochbezahlte Spezialisten-Jobs wie der Softwareentwickler, Projektmanager etc., die sich mit der Heimarbeit deutlich leichter taten. Pflegeberufe bzw. soziale und pädagogische Berufe wie etwa Sozialarbeiterinnen und -arbeiter konnten nicht von den Vorzügen eines Homeoffice profitieren und wurde noch dazu besonders gefordert. Am härtesten dagegen traf es die *Haushalte mit den niedrigeren Einkommen,* die zum Teil nur einen begrenzten Zugang zu gesundheitlichen Diensten hatten. Darüber hinaus waren deren Stellen häufig von der Streichung bedroht: Vor allem die in niedrig bezahlten aber besonders betroffenen Branchen wie im Tourismus oder der Gastronomie Arbeitenden, wurden im Zuge der Pandemie überproportional abgebaut (vgl. auch Steinhilber, 2021). Dies galt vor allem für die gering Qualifizierten. Es wird vor allem in der Zeit nach der Pandemie – wann auch immer das sein wird – darauf ankommen, die finanziellen Lasten auf mehrere Schultern zu verteilen und nicht von denjenigen Ländern und Bevölkerungsgruppen tragen zu lassen, die sich sowieso schon schwertun, das Leben zu meistern (vgl. zu ausgewählten Maßnahmen zur Bekämpfung der Ungleichheit u. a. Pietsch, 2020, S. 237 ff.). Darüber hinaus dürfen wir der nächsten Generation keinen riesigen Schuldenberg hinterlassen, den diese dann irgendwie abgetragen bekommen. Nach dem Motto: Nach uns die Sintflut.

Zusätzlich *wird die globale Armut infolge der Pandemie weiter steigen* (vgl. Unmüßig, 2022). Das darf uns nicht kalt lassen. Ärmere Länder mussten sich zum Schutz und Versorgung der Bevölkerung weiter verschulden, während gleichzeitig die Wirtschaftskonjunktur gedrosselt oder ganz abgewürgt wurde. Es ist nicht nur die ethische Pflicht der reicheren Länder, beim wirtschaftlichen Wiederaufbau zu unterstützen, sondern auch aus Eigeninteresse geboten: Ein niedriger Impfstatus nutzt niemanden und kann durch erhöhte Inzidenzen auch die reicheren Länder durch eine neue Pandemiewelle bedrohen (vgl. Steinhilber, 2021). Neben der weltweiten finanziellen Unterstützung für ärmere Länder im Zuge einer Forcierung der Impfungen, muss auch über eine zumindest *zeitweise Aufhebung eines globalen Patentschutzes* nachgedacht werden. Wir alle leben gemeinsam auf dieser einen Erde. Zwar muss jedes Land für sich mit der Pandemie fertig werden (und muss es weiterhin), dennoch *müssen wir eine internationale Solidarität mit den ärmeren Ländern leben.* Dies gilt in der heutigen dramatischen Zeit vor allem für die Bevölkerung der kriegsgebeutelten Ukraine. Die Aufnahme von Flüchtlingen zu ihrem Schutz vor Krieg und Terror ist selbstverständlich. Uns wurde auch geholfen, als unsere Großmütter und Großväter aus den betroffenen Kriegsgebieten fliehen mussten. Dabei geht es nicht nur um Schutz und Sicherheit, sondern auch um Frieden und Demokratie. Der Wohlstand und die Gesundheit müssen *künftig global ankommen und darf nicht bei einigen wenigen aufhören.*

Beschleunigte Verzahnung von Ökologie und Ökonomie

Spätestens die Flutkatastrophe von 2021 sollte die letzten Zweifler in Deutschland zum Umdenken gebracht haben: Der Klimawandel ist kaum noch aufzuhalten und hat uns alle mit Wucht erfasst. Ein Ende der Klima-Katastrophen ist nicht in Sicht. Beim Schreiben dieser Zeilen wurde die Ostküste Australiens, vor allem die Region rund um Sydney, von einem Jahrhundert-Hochwasser heimgesucht (vgl. Senzel, 2022). Zuerst gab es mehrere Jahre extreme Dürre und daraus resultierend verheerende Busch- und Waldbrände. Dann diese Flut. Die Ursachen sind eindeutig: Der Klimawandel erhöht das Risiko einer Flut, da die aufgeheizte Atmosphäre mehr Wasser aufnimmt und die Intensität und Häufigkeit von Regenfällen dramatisch zunimmt. In der Bevölkerung Australiens, die traditionell als Staat mit den meisten Klimaleugnern weltweit gilt, hat bereits ein Umdenkprozess begonnen (vgl. Senzel, 2022). Jetzt gilt es, angesichts dieser immer häufiger auftretenden Klimakatastrophen, den Zeitplan der Umsetzung ökologischer Maßnahmen massiv zu beschleunigen: Jede

Maßnahme zur CO_2-Reduktion, zum Einstieg in erneuerbare Energien etc. ist zu priorisieren und wenn möglich *zügiger umzusetzen als bislang geplant.* Dies wird nicht nur für Deutschland gelten, sondern weltweit. Was sich als Erkenntnis zunächst trivial anhört, wird bei der konkreten Umsetzung vor Ort *eine Herkulesaufgabe für die nächsten Jahre und Jahrzehnte!*

Wirtschaftssanktionen als legitime Waffe in Kriegszeiten

Niemand weiß, wie lange uns die Pandemie noch in Atem halten wird. Gleiches gilt für den Krieg in der Ukraine. Was wir aber wissen ist, dass die *Ökonomie für uns alle überlebensnotwendig* geworden ist. Wie schnell die Versorgung mit dem Nötigsten abreißen kann und auch der Krieg Lieferketten zum implodieren bringt, haben wir alle schmerzlich erfahren müssen. Selbst der einfache Weg zur Tankstelle zeigt uns, wie abhängig wir von dem Prinzip von Angebot und Nachfrage sind: Werden die Rohstoffe wie Gas und Öl knapp, merken wir das direkt im Geldbeutel. Kriege werden mittlerweile u. a. *mit den Mitteln der Wirtschaftssanktionen* bekämpft. Der Staat und seine Akteure müssen sich immer häufiger selbst in die Wirtschaft einmischen, nicht nur um den Rahmen zu setzen wie die ordoliberalen Wirtschaftspolitiker meinten, sondern auch zur Sicherung der Versorgung der Bevölkerung und zur Stabilisierung von Unternehmen. Wir werden die Rolle des Staates in der Ökonomie neu hinterfragen müssen.

Die breit angelegten Wirtschaftssanktionen gegen Russland, vom Importstopp von Flugzeugersatzteilen über Finanzmärkte, Banken, IT-Sektor bis hin zu persönlichen Sanktionen gegen Präsident Putin und seinem engsten Umfeld (vgl. Schröder, 2022), zeigen Wirkung. Zwar wird die aktuelle Kriegsführung kurzfristig durch diese

Sanktionen nicht beeinflusst, wird allerdings mittel- bis langfristig zu einer erheblichen Schwächung der russischen Wirtschaft führen. Der Rubel hat jetzt schon deutlich an Wert verloren. Ein potenzielles Importembargo für russisches Öl und Gas wird auch noch die lukrativen Einnahmen in Milliardenhöhe wegbrechen lassen. Ökonomische Sanktionen wirken aber eher mittel- bis langfristig und können den Zusammenhalt der betroffenen Bevölkerung mit der Regierung erhöhen. Ein aus der Psychologie bekannter *Reaktanz-Effekt,* der die, von einem gemeinsam erlebten äußeren Druck, Betroffenen eher noch zusammenschweißt. Wichtig wird ebenso werden, einen Weg aus der Sanktionsspirale zu finden, sofern Russland bereit ist, den Krieg zu beenden.

Was wird sich künftig ändern?

Lassen Sie uns am Ende dieses Kapitels einen kurzen Blick in die Zukunft wagen und die ökonomischen Herausforderungen skizzieren, *die wir vor allem in der Zeit nach der Corona-Pandemie zu meistern haben werden.* Dies werden aus meiner Sicht vor allem folgende sein (vgl. u. a. Pietsch, 2021, S. 418 ff.):

- *Die Pandemie hat auf die Digitalisierung wie ein Brandbeschleuniger gewirkt.* Künftig werden das Leben und Arbeiten in der offline und online-Welt zu einem harmonischen Ganzen verschmelzen müssen. Die Digitalfähigkeit wird nicht nur für unsere Kinder, sondern für uns alle zu der zentralen Kompetenz der Zukunft. Die *Weltgesellschaft immer mehr zu einer Hybridgesellschaft werden:* Eine Gesellschaft, die die optimale Balance zwischen der virtuellen und der „realen" Welt für sich finden muss. Das wird sicherlich die Art und Weise wie wir arbeiten werden dramatisch verändern und vermutlich auch Arbeitsplätze kosten.

Es hilft allerdings nicht, sich gegen die Entwicklung zu stemmen. Wir müssen ihr im Gegenteil aktiv entgegentreten und umarmen.

- Die *Globalisierung wird sich ändern müssen*. Es wird darauf ankommen, die Globalisierung so auszugestalten, dass gerade die Ärmeren und Schwächeren in der Welt am meisten davon profitieren. Oder wie es der Bonner Philosoph Markus Gabriel formuliert: „*… wir müssen eine Art der Globalisierung hervorbringen, die einen ethischen Zusammenhalt aller Menschen (…) produziert.*" (Gabriel in Gabriel & Scobel, 2021, S. 293). Wir müssen für einen globalen Wohlstand einsetzen, der bei allen ankommt und nicht nur bei einigen Wenigen. Eine Globalisierung, die sich daher eher an den Menschen richtet und die in den Blick nimmt, die von ihr am meisten profitieren sollten.

- Die Pandemie hat uns klar vor Augen geführt, dass *die Umwelt vom Leben in der virtuellen Welt profitiert*. Die Verringerung der Anzahl an Reisen und international Meetings und deren Ersatz durch virtuelle Treffen haben zwar die Internetkapazität zum Glühen gebracht, aber dadurch die Straßen leergefegt und damit die Schadstoffbelastung deutlich heruntergefahren. Niemand bestreitet mehr ernsthaft, dass wir zur Abwehr der drohenden Klimakatastrophe dringend umlenken müssen. Wir haben *kein Erkenntnis-, sondern ein Umsetzungsproblem*. Die schrecklichen Bilder der Hochwasserkatastrophe von 2021 sollen uns daran erinnern und mahnen, die eingeleiteten ökologischen Maßnahmen noch um mindestens eine Potenz zu beschleunigen. Dies wird nicht nur der Umwelt zugutekommen, sondern auch der Artenvielfalt der Tiere. Das Thema der Ökologie wird auf der ethischen Agenda der Ökonomie weiterhin an oberster Stelle stehen müssen.

- Die Pandemie und die schrecklichen Bilder des Krieges haben aber auch deutlich gemacht: *Die Welt ist ein Stück weit stärker zusammengerückt und solidarischer geworden.* Die allermeisten Bürgerinnen und Bürger in den Ländern weltweit haben sich an die vorgegebenen Regeln der Pandemie gehalten, ob es sich um die Maskenpflicht, die Abstands- und Hygieneregeln, die Ausgangs- und Kontaktbeschränkungen oder die Impfungen handelte. Die Jüngeren nahmen auf die Älteren und Gebrechlicheren Rücksicht, die Gesunden auf die Kranken. Sie kauften Lebensmittel für diejenigen ein, die es nicht mehr konnten. Viele nahmen Kriegsflüchtlinge aus der Ukraine auf oder spendeten Geld und Dinge des täglichen Bedarfs für die vom Tode bedrohte Bevölkerung. Wir *sitzen alle im gleichen Boot.* Kaum jemand kennt nicht mindestens einen Fall in seiner Verwandtschaft, seinem Freundes- und Bekannten- oder Kollegenkreis, der von Corona betroffen oder der Verwandte in der Ukraine hat. Führungskräfte vertrauten ihren Mitarbeiterinnen und Mitarbeitern bezüglich deren Arbeit im Homeoffice, die das in sie gesetzte Vertrauen bestätigten und ihre Ergebnisse in einer für sie ungewohnten Arbeitsweise zuverlässig ablieferten.

- Die *Rolle des Staates wird noch einmal neu durchdacht werden müssen.* So wichtig Kurzarbeitergeld, Corona-Soforthilfen oder einzelne Staatsbeteiligungen bzw. Stützungen ganzer Branchen wie etwa die Tourismusindustrie waren, sie waren doch aktive Eingriffe in den Steuerungsmechanismus des Marktes. Dabei wird das Pendel der Diskussionen zwischen einem nur Rahmen setzenden, den Wettbewerb sicherstellenden Staat und einem „Interventionsstaat", der im Zweifel unbillige Härten des Krieges, von Pandemien oder Unwetterkatastrophen aber auch der zunehmenden Ungleichheit von der Bevölkerung fernhalten soll. Dies ist nicht nur eine Frage der politischen Gesinnung, sondern ganz praktisch die Frage, in welchem Staat wir künftig leben wollen. Soll der Staat für die Schwächsten unter uns ein Garant des Wohlstands und der Versorgung sein oder nur die freie Marktwirtschaft begleiten und sichern? Die Diskussion scheint spannend zu werden.

- Die *Ungleichheit der Gesellschaft hat sich in den meisten Ländern aber auch zwischen den Ländern weiter verschärft.* Wir müssen hier massiv gegengensteuern. Nicht nur die Pandemie, sondern auch ökologische Katastrophen und Kriege könnten künftig geschehen, was keiner von uns hoffen mag. Die Pandemie hat, wie wir gesehen haben, die sozialen Unterschiede vergrößert – man denke nur an die unterschiedlichen Voraussetzungen des Homeschooling. Diese Tendenz wird in den kommenden Jahren aller Voraussicht nach andauern (vgl. Fratzscher, 2022, S. 227). Ökologische Katastrophen treffen vor allem Länder, die bereits heute kaum das Geld haben, ihre Bevölkerung ausreichend zu ernähren wie die Länder von Subsahara-Afrika. Bereits die Flutkatastrophe in einem reichen Land wie Deutschland hat gezeigt, welche finanziellen Verluste den betroffenen Menschen drohen, die zum Teil alles verloren haben. Der Krieg wird ebenfalls viele Menschen in die Armut zwingen, die durch Flucht alles aufgeben, was sie sich mühsam aufgebaut haben. Die Schere wird stärker auseinandergehen.

- *Wir hinterlassen der nachfolgenden Generation eine hohe Staatsverschuldung durch die Pandemie.* So haben sich etwa die Ausgaben des Bundeshaushalts von rund 343 Mrd. EUR 2019 auf 508 Mrd. EUR in 2020 erhöht (vgl. Pietsch, 2021, S. 423). Alleine im Zeitraum Januar bis Oktober 2020 wies der Bundeshaushalt ein Defizit von gut 89 Mrd. EUR auf.

Die Staatsquote in Deutschland hat sich 2020 gegenüber 2019 um knapp 20 % erhöht und beträgt aktuell
54 %. Diese hohe Schuldemuss so schnell wie möglich
wieder abgetragen werden. Dabei müssen die starken
Schultern mehr tragen als die schwachen. *Generationen-
gerechtigkeit ist auch ein ethischer Imperativ:* Die nach-
folgende Generation muss nicht auch noch finanziell
die Pandemie für uns ausbaden. Sie hatte schon genug
unter den Corona-Regeln zu leiden.

Allen Herausforderungen zum Trotz müssen wir nach
vorne sehen und uns um die drängenden Themen
kümmern. Wenn es stimmt, dass *die größten Herausforderungen der kommenden Jahre* und Jahrzehnte nicht
nur die ökologischen, sondern *vor allem die ökonomischen*
sein werden, dann wird es Zeit, sich intensiver mit diesen
drängenden Themen zu beschäftigen. Ich hoffe, dass dieses
Buch einen Beitrag dazu geliefert hat, die ökonomischen
Themen der Vergangenheit, Gegenwart aber auch der
Zukunft besser zu verstehen. Nur so sind wir auf alle
Eventualitäten, die uns in den nächsten Jahren vor allem
ökonomisch drohen, besser vorbereitet.

Literatur

Ärzteblatt. (2021). Long COVID: Patienten klagen über mehr
als 200 verschiedene Symptome. *Ärzteblatt* 15.07.2021.
https://www.aerzteblatt.de/nachrichten/125635/Long-
COVID-Patienten-klagen-ueber-mehr-als-200-verschiedene-
Symptome. Zugegriffen: 19. Juli 2021.
Bankenverband. (2018). o.V. Geldköpfe Teil 1: Der erste
Mensch auf der Münze. https://bankenverband.de/blog/
geldkopfe-teil-1-der-erste-mensch-auf-einer-munze/.
Zugegriffen: 21. März 2019.

Bayerisches Münzkontor. (2019). o.V. Die „Mark" vor 1945. *Bayerisches Münzkontor*. https://www.muenzkontor.de/muenzkunde-numismatik/die-deutsche-mark-vor-1945. Zugegriffen: 22. März 2019.

Biegger, S. (2022). 30 Milliarden-Aufbaufonds. Flutopfer hoffen auf schnelle Hilfe. *Tagesschau* 07.09.2021. https://www.tagesschau.de/wirtschaft/unternehmen/wiederaufbaufonds-fluthilfe-101.html. Zugegriffen: 10. März 2022.

Bohmeyer, M., & Cornelsen, C. (2019). Bedingungsloses Grundeinkommen. 1000 Euro mehr im Monat – Auch für Managersöhne und Sozialamtbetrüger. *Die Zeit* 23.01.2019. https://www.zeit.de/arbeit/2019-01/bedingungsloses-grundeinkommen-michael-bohmeyer-buchauszug/komplettansicht. Zugegriffen: 18. März 2019.

Bräutigam, T. (2013). Knappe Rohstoffe. Wann bauen wir das letzte Windrad? https://www.wiwo.de/technologie/green/knappe-rohstoffe-wann-bauen-wir-das-letzte-windrad/13547618.html. Zugegriffen: 13. März 2019.

Bundeszentrale für politische Bildung. (2018). Entwicklung des grenzüberschreitenden Warenhandels. http://www.bpb.de/nachschlagen/zahlen-und-fakten/globalisierung/52543/entwicklung-des-warenhandels. Zugegriffen: 15. März 2019.

Bundeszentrale für politische Bildung bpb. (2016). Weltbruttoinlandsprodukt. Stand: 12.06.2016. http://www.bpb.de/nachschlagen/zahlen-und-fakten/globalisierung/52655/weltbruttoinlandsprodukt. Zugegriffen: 1. Apr. 2019.

Diekmann, F. (2018). Superreiche: 45 Deutsche besitzen so viel wie die ärmere Hälfte der Bevölkerung. *Spiegel*. http://www.spiegel.de/wirtschaft/soziales/vermoegen-45-superreiche-besitzen-so-viel-wie-die-halbe-deutsche-bevoelkerung-a-1189111.html. Zugegriffen: 23. Jan. 2018.

Dönhoff, M. G. (1997). *Zivilisiert den Kapitalismus. Grenzen der Freiheit*. DVA.

Dullien, S. (2021). Weltwirtschaft: Nach Corona kommt die Deglobalisierung. *Hans Böckler Stiftung*. https://www.boeckler.de/data/impuls_2021_02_S2-3.pdf. Zugegriffen: 28. Juni 2021.

Eckert, D. (2018). Automatisierung. Diese Jobs sind besonders von Robotern bedroht. *Die Welt* 16.02.2018. https://www.welt.de/wirtschaft/article173642209/Jobverlust-Diese-Jobs-werden-als-erstes-durch-Roboter-ersetzt.html. Zugegriffen: 18. März 2019.

Eltis, W. (1989). David Ricardo. In J. Starbatty (Hrsg.), *Klassiker des ökonomischen Denkens* (Bd. 2, S. 188–207). Beck.

Erhard, L. (1964). Wohlstand für alle. 8. Auflage, bearbeitet von Wolfram Langer. https://www.ludwig-erhard.de/wp-content/uploads/wohlstand_fuer_alle1.pdf. Zugegriffen: 17. Juni 2018.

Ettel, A., & Zschäpitz, H. (2015). Zufriedenheit und Gehalt – Die Wahrheit über Glück. https://www.welt.de/wirtschaft/article147904505/Zufriedenheit-und-Gehalt-Die-Wahrheit-ueber-Glueck.html. Zugegriffen: 13. März 2019.

Europäischer Rat. (2022). Restriktive Maßnahmen der EU als Reaktion auf die Krise in der Ukraine. *Europäischer Rat* https://www.consilium.europa.eu/de/policies/sanctions/restrictive-measures-ukraine-crisis/. Zugegriffen: 10. März 2022.

Europäisches Parlament. (2018). Plastikmüll und Recycling in der EU: Zahlen und Fakten. http://www.Europarl.Europa.eu/news/de/headlines/society/20181212STO21610/plastikmull-und-recycling-in-der-eu-zahlen-und-fakten. Zugegriffen: 8. März 2019.

Faigle, P. (2010). Reichtumsstudie: 60.000 Euro reichen für ein schönes Leben. https://www.zeit.de/wirtschaft/2010-09/studie-reichtum-glueck. Zugegriffen: 13. März 2019.

Feldenkirchen, M. (2015). Vereinigte Oligarchen von Amerika. *Spiegel* 29.08.2015. http://www.spiegel.de/spiegel/print/d-138379369.html. Zugegriffen: 14. März 2019.

Flämig, H. (2018). *Luft- und Klimabelastung durch Güterverkehr.* Forschungsinformations- system (FIS) Mobilität und Verkehr. https://www.forschungsinformationssystem.de/servlet/is/39787/. Zugegriffen: 18. März 2019.

Fratzscher, M. (2022). *Geld oder Leben. Wie unser irrationales Verhältnis zum Geld die Gesellschaft spaltet*. Berlin.

Fricke, T. (2018). Reich und arm. Wie der Immobilienboom das Land spaltet. *Spiegel* 29.09.2018. http://www.spiegel.de/wirtschaft/service/immobilien-wie-der-boom-die-spaltung-der-gesellschaft-vertieft-a-1230495.html. Zugegriffen: 15. März 2019.

Gabriel, M., & Scobel, G. (2021). *Zwischen Gut und Böse. Philosophie der radikalen Mitte*. Edition Körber.

Giesen, C., & Hägler, M. (2017). E-Mobilität: China führt Quote für E-Autos ein. https://www.sucddeutsche.de/wirtschaft/e-mobilitaet-china-fuehrt-quote-fuer-e-autos-ein-1.3687137. Zugegriffen: 13. März 2019.

Habekuß, F. (2019). Artensterben. Wie geht es den Arten? https://www.zeit.de/2019/03/artensterben-oekosystem-umwelt-schutz-zerstoerung. Zugegriffen: 13. März 2019.

Haidacher, B. (2015). *Bargeldmetaphern im Französischen. Pragmatik, Sprachkultur und Metaphorik*. Frank & Timme.

Hank, R., & von Petersdorff, W. (2013). Gewinne privatisieren, Verluste sozialisieren. *FAZ* 22.12.2013. https://www.faz.net/aktuell/wirtschaft/wirtschaftspolitik/gewinne-privatisieren-verluste-sozialisieren-wie-wir-lernten-die-banken-zu-hassen-12722023.html. Zugegriffen: 18. März 2019.

Harvard. (2019). *HarvardX*. Free online courses from Harvard University. https://www.edx.org/school/harvardx. Zugegriffen: 18. März 2019.

Hasse, E. S. (2012). Brotzeit. Uschi Glas engagiert sich für Schulkinder. *Welt* 07.05.2012. https://www.welt.de/regionales/hamburg/article106269940/Uschi-Glas-engagiert-sich-fuer-Schulkinder.html. Zugegriffen: 21. März 2019.

Herrmann, U. (2016). *Kein Kapitalismus ist auch keine Lösung. Die Krise der heutigen Ökonomie oder was wir von Smith, Marx und Keynes lernen können* (3. Aufl.). Westend.

Honey. C. (2016). Überfischung. Wir essen die Weltmeere leer. *Die Zeit* 19.01.2016. https://www.zeit.de/wissen/umwelt/2016-01/ueberfischung-bedrohung-arten-fehler-angaben. Zugegriffen: 15. März 2019.

Hurtz, S. (2017). Sind Smartphones doch etwa ein Problem? *SZ* 25.10.2017. https://www.sueddeutsche.de/digital/doku-reihe-homo-digitalis-sind-smartphones-vielleicht-doch-ein-problem-1.3723358. Zugegriffen: 18. März 2019.

IAB. (2021). Wie stellen sich Arbeitnehmer das Arbeiten nach der Pandemie vor? *Techniker Krankenkasse* zitiert aus der Studie des Instituts für Arbeitsmarkt- und Berufsforschung (IAB). https://www.tk.de/firmenkunden/service/fachthemen/coronavirus-arbeitgeber/homeoffice-nach-corona-2104308. Zugegriffen: 27. Juni 2021.

Kaufmann, S. (2017). Millionärssteuer. So viel zahlen Menschen mit hohem Einkommen. https://www.berliner-zeitung.de/wirtschaft/millionaerssteuer-soviel-steuern-zahlen-menschen-mit-hohem-einkommen-27875330. Zugegriffen: 3. März 2019.

Kennedy, J. F. (1961). Antrittsrede vom 20.01.1961, Deutsche Fassung. https://www.jfklibrary.org/learn/about-jfk/historic-speeches/inaugural-address. Zugegriffen: 29. Mai 2019.

Knauer, R. (2015). 25 Jahre FCKW-Verbot. Es bleibt ein Loch ohne Boden. *Spektrum der Wissenschaft* https://www.spektrum.de/news/25-jahre-fckw-verbot-wie-steht-es-um-das-ozonloch/1352353. Zugegriffen: 21. März 2019.

Kohlenberg, K., & Uchatius, W. (2008). Finanzkrise. Wo ist das Geld geblieben? *Die Zeit* 27.02.2008. https://www.zeit.de/2008/49/DOS-Wo-steckt-das-Geld. Zugegriffen: 19. März 2019.

Krieger, A. (2016). Plastikmüll im Meer. Zahlen und Fakten nach Meeresregionen. http://anjakrieger.com/2016/06/02/plastikmuell-meer-zahlen-region-vergleich/#5. Zugegriffen: 18. März 2019.

Küng, H. (2010). *Anständig wirtschaften – Warum Ökonomie Moral braucht.* Piper.

Lange, K. (2018). Wie Digitalisierung die Arbeitswelt verändert. Wer Karriere macht und wer um seinen Job bangen muss. Interview Lange K mit Penning S. *Manager Magazin* 26.10.2018. http://www.manager-magazin.de/unternehmen/

artikel/karriere-und-jobverlust-digitaler-wandel-veraendert-arbeitswelt-a-1127180.html. Zugegriffen: 18. März 2019.

Lee, F. (2017). Klimaschutz in China. „Kohlefreie Zone" in Peking. *Die Zeit* 17.10.2017. https://www.zeit.de/wirtschaft/2017-10/klimaschutz-klimawandel-china-regierung-smog-emissionen. Zugegriffen: 21. März 2019.

Lütge, C., & Esfeld, M. (2021). *Und die Freiheit? Wie die Corona-Politik und der Missbrauch der Wissenschaft unsere offene Gesellschaft bedrohen.* Riva.

Lütge, C., & Uhl, M. (2017). *Wirtschaftsethik.* Vahlen.

Mankiw, G. N., & Taylor, M. P. (2012). *Grundzüge der Volkswirtschaftslehre* (5., überarb. u. erweit. Aufl.). Schäffer-Poeschel.

Marx, K. (2009). *Das Kapital – Kritik der politischen Ökonomie* (Ungekürzte Ausgabe nach der zweiten Auflage von 1872 mit einem Geleitwort von Karl Korsch aus dem Jahre 1932, unveränderter Nachdruck). Anaconda.

McKinsey. (2015). Competing for the connected customer - perspectives on the opportunities created by car connectivity and automation. https://www.mckinsey.com/~/media/mckinsey/industries/automotive%20and%20assembly/our%20insights/how%20carmakers%20can%20compete%20for%20the%20connected%20consumer/competing_for_the_connected_customer.ashx.. Zugegriffen: 14. Okt. 2019.

Meadows, D. (1972). *Die Grenzen des Wachstums. Bericht des Club of Rome zur Lage der Menschheit.* Deutsche Verlagsanstalt.

Merkel, W. W. (2013). Fracking: Zu viele Risiken, zu wenig Wissen. *Welt* 11.07.2013. https://www.welt.de/wissenschaft/article117938329/Fracking-zu-viele-Risiken-zu-wenig-Wissen.html. Zugegriffen: 15. März 2019.

Merz, S. L. (2015). Industrie 4.0 ist keine Theorie mehr. Die vierte industrielle Revolution kommt in der Wirklichkeit an. *Computerwoche* 21.12.2015. https://www.computerwoche.de/a/die-vierte-industrielle-revolution-kommt-in-der-wirklichkeit-an,3096002. Zugegriffen: 18. März 2019.

Müller, C. (2015). *Nachhaltige Ökonomie. Ziele, Herausforderungen und Lösungswege.* De Gruyter Oldenbourg.

Oberhuber, N. (2015). Glyphosat: Gift für mehr Wachstum. *Die Zeit* 06.08.2015. https://www.zeit.de/wirtschaft/2015-08/glyphosat-unkrautvernichter-krebs-landwirtschaft-ertraege-monsanto/komplettansicht. Zugegriffen: 15. März 2019.

Oxfam. (2017). 8 Männer besitzen so viel wie die ärmere Hälfte der Weltbevölkerung. https://www.oxfam.de/ueber-uns/aktuelles/2017-01-16-8-maenner-besitzen-so-viel-aermere-haelfte-weltbevoelkerung. Zugegriffen: 14. März 2019.

Oxfam. (2018). Bericht zur sozialen Ungleichheit: 82 Prozent des weltweiten Vermögenswachstums geht ans reichste Prozent der Bevölkerung. https://www.oxfam.de/presse/pressemitteilungen/2018-01-22-82-prozent-weltweiten-vermoegenswachstums-geht-ans-reichste. Zugegriffen: 14. März 2019.

Paech, N. (2012). *Befreiung vom Überfluss. Auf dem Weg in die Postwachstumsökonomie.* Oekom.

Paech, N. (2019). Grundzüge einer Postwachstumsökonomie. http://www.Postwachstumsoekonomie.de/material/grundzuege/. Zugegriffen: 15. März 2019.

Pietsch, D. (2017). *Grenzen des ökonomischen Denkens – Wo bleibt der Mensch in der Wirtschaft?* Eul/Lohmar.

Pietsch, D. (2020). *Prinzipien moderner Ökonomie. Ökologisch, ethisch, digital.* Springer.

Pietsch, D. (2021). *Die Ökonomie und das Nichts. Warum Wirtschaft ohne Moral wertlos ist.* Springer.

Pietsch, D. (2022). *Unsere Wirtschaft ethisch überdenken. Eine Aufforderung.* Springer (in Vorbereitung).

Precht, R. D. (2016). *Tiere denken. Vom Recht der Tiere und den Grenzen des Menschen.* Goldmann.

Precht, R. D. (2018). *Jäger, Hirten, Kritiker: Eine Utopie für die digitale Gesellschaft.* Goldmann.

Precht, R. D. (2022). *Freiheit für alle. Das Ende der Arbeit wie wir sie kannten.* Goldmann.

Radtke, R. (2022). Todesfälle mit Coronavirus (COVID-19) nach Ländern 2022. https://de.statista.com/statistik/daten/studie/1100818/umfrage/todesfaelle-aufgrund-des-coronavirus-2019-ncov-nach-laendern/. Zugegriffen: 10. März 2022.

Rau, K. (2021). Arbeitswelt nach Corona. „Hybrides Arbeiten ist sicherlich die anstrengendste Form", Interview mit der Arbeitsforscherin Barbara Stöttinger. *Wirtschaftswoche* 27.05.2021. https://www.wiwo.de/erfolg/beruf/arbeitswelt-nach-corona-hybrides-arbeiten-ist-sicherlich-die-anstrengendste-form/27212258.html. Zugegriffen: 18. Okt. 2021.

Reuter, H. (2014). Amazonas Regenwald: Pro Stunde werden 526 Fußballfelder abgeholzt. *Die Welt* 07.11.2014. https://www.welt.de/wissenschaft/umwelt/article134117363/Pro-Stunde-wurden-526-Fussballfelder-abgeholzt.html. Zugegriffen: 15. März 2019.

Rövekamp, M. (2016). Digitalisierung bis Demografie. Wie sich die Arbeitswelt wandelt. *Der Tagesspiegel* https://www.tagesspiegel.de/wirtschaft/digitalisierung-bis-demografie-wie-sich-die-arbeitswelt-wandelt/14898360.html. Zugegriffen: 18. März 2019.

Schipper, L. (2015). Was eigentlich ist das Internet der Dinge? *FAZ* 17.03.2015. https://www.faz.net/aktuell/wirtschaft/cebit/cebit-was-eigentlich-ist-das-internet-der-dinge-13483592.html?printPagedArticle=true#pageIndex_0. Zugegriffen: 18. März 2019.

Schömann-Finck, C. (2011). Kurz erklärt. Was sind eigentlich Leerverkäufe? *Focus Money* https://www.focus.de/finanzen/boerse/kurz-erklaert-was-sind-eigentlich-leerverkaeufe_aid:505874.html. Zugegriffen: 21. März 2019.

Schröder, U. (2022). Russland-Ukraine-Krieg/Chancen und Gefahren von Sanktionen gegen Putin. *Deutschlandfunk* 10.03.2022. https://www.deutschlandfunk.de/sanktionen-gegen-putin-russland-ukraine-krieg-100.html. Zugegriffen: 10. März 2022.

Schultz, S. (2013). So rechnet Apple seine Steuerlast klein. *Spiegel* 21.05.2013. http://www.spiegel.de/wirtschaft/unternehmen/apples-steuertricks-in-der-uebersicht-a-901015.html. Zugegriffen: 15. März 2019.

Senzel, H. (2022). Jahrhundert-Hochwasser bedroht Sydney. *Tagesschau* 03.03.2022. https://www.tagesschau.de/ausland/ozeanien/flut-australien-103.html. Zugegriffen: 10. März 2022.

Spiegel Online (o. V.). (2018). Mieten sollen erneut kräftig steigen 26.12.2018. https://www.spiegel.de/wirtschaft/service/deutschland-mieten-sollen-2019-um-bis-zu-fuenf-prozent-steigen-a-1245410.html. Zugegriffen: 29. Mai 2019.

Spiegel Online. (11.06.2021). G7 Staaten wollen ärmeren Ländern eine Milliarde Impfdosen bereitstellen. *Spiegel* 11.06.2021. https://www.spiegel.de/ausland/corona-g7-staaten-wollen-aermeren-laendern-eine-milliarde-impfdosen-bereitstellen-a-23f47dd0-2acb-4836-940c-a4f83a72b9a5. Zugegriffen: 20. Juni 2021.

Statistisches Bundesamt. (2021). Die Folgen der Corona-Pandemie in 10 Zahlen, Pressemitteilung Nr. N 023 vom 31.März 2021. *Statistisches Bundesamt.* https://www.destatis.de/DE/Presse/Pressemitteilungen/2021/03/PD21_N023_p001.html. Zugegriffen: 20. Juni 2021.

Steinhilber, J. (2021). Wie sich die Globalisierung nach Corona verändern muss. Zeit für einen grundlegenden Wandel. *Neue Gesellschaft.* Frankfurter Hefte Ausgabe 04/2021. https://www.frankfurter-hefte.de/artikel/zeit-fuer-einen-grundlegenden-wandel-3173/. Zugegriffen: 28. Juni 2021.

Ter Haseborg, V. (2021). Lieferketten: Globalisierungs-Killer Corona? Von wegen! *Wirtschaftswoche* 04.06.2021. https://www.wiwo.de/politik/konjunktur/lieferketten-globalisierungs-killer-corona-von-wegen/27254224.html. Zugegriffen: 28. Juni 2021.

Tierschutzbund. (2019). Kosmetikpositivliste. https://www.tierschutzbund.de/information/service/publikationen/kosmetik-positivliste/. Zugegriffen: 15. März 2019.

Umweltbundesamt. (2018a). EU-Plastikstrategie: Guter Absatz, aber zu unkonkret. *Umweltbundesamt* https://www.umwelt-bundesamt.de/themen/eu-plastikstrategie-guter-ansatz-aber-zu-unkonkret. Zugegriffen: 18. März 2019.

Umweltbundesamt. (2018b). Biozide. *Umweltbundesamt.* https://www.umweltbundesamt.de/themen/chemikalien/biozide. Zugegriffen: 18. März 2019.

Umweltbundesamt. (2019). Verpackungen. *Umweltbundesamt* 28.12.2018. https://www.umweltbundesamt.de/themen/abfall-ressourcen/produktverantwortung-in-der-abfallwirtschaft/verpackungen#textpart-1. Zugegriffen: 18. März 2019.

Unmüßig, B. (2022). Corona-Pandemie, Impfstoffverteilung und globale Gerechtigkeit. *Heinrich Böll Stiftung* 10.02.2022. https://www.boell.de/de/2022/02/10/corona-pandemie-impfstoffverteilung-und-globale-gerechtigkeit eine-zwischenbilanz. Zugegriffen: 10. März 2022.

Vaupel, M., & Kaul, V. (2016). *Die Geschichte(n) des Geldes. Von der Kaurischnecke zum Goldstandard – So entwickelte sich das Finanzsystem.* Börsenmedien AG.

Wallacher, J. (2007). Impulse der ökonomischen Glücks-forschung für die Wirtschaftsethik. https://www.hfph.de/hochschule/lehrende/prof-dr-dr-johannes-wallacher/artikel/wallacher-personalfuchrung.pdf. Zugegriffen: 13. März 2019.

Weimann, J., Knabe, A., & Schöb, R. (2011). *Measuring happiness – The economics of well-being.* Boston: The MIT Press. Dtsch.: (2011). *Geld macht doch glücklich: Wo die öko-nomische Glücksforschung irrt.* Stuttgart: Schäffer-Poeschel.

White, J. (2022). SAP erlaubt Mitarbeitern Homeoffice zu jeder Zeit. *Manager Magazin* 02.06.2021. SAP-Vor-ständin Julia White im Gespräch mit Reuters. https://www.manager-magazin.de/unternehmen/tech/sap-mitarbeiter-koennen-homeoffice-machen-wann-sie-wollen-a-1283fedc-dcdf-4dae-95ee-a8bc1704f101. Zugegriffen: 10. März 2022.

Zukunftsinstitut: Megatrends Neo-Ökologie. (2019). https://www.zukunftsinstitut.de/artikel/mtglossar/neo-oekologie-glossar/. Zugegriffen: 8. Mai 2019.

Dank

Ein Buch hat zumeist viele Mütter und Väter, aber nur einen Autor. Ich möchte die Gelegenheit nutzen, an dieser Stelle all denjenigen Menschen zu danken, ohne die dieses Buch nicht möglich gewesen wäre. Hervorheben möchte ich dabei vor allem Frau Dr. Isabella Hanser und ihr Team vom Springer Verlag – und darin vor allem Frau Lisa Wötzel – die mich betreut und mit Geduld und gleich bleibender Motivation auf dem Weg zur Veröffentlichung begleitet haben.

Im Laufe der Jahre haben mich zahlreiche intellektuelle Wegbereiter auf dem Weg zum Autor immer wieder unterstützt und motiviert. Stellvertretend seien drei genannt: zum einen mein akademischer Lehrer, Professor emeritus Dr. Manfred Perlitz, der die Grundlagen meiner wissenschaftlichen und beruflichen Karriere legte und mich bis heute in vielen Fragen des Lebens begleitet, zum anderen Dr. Markus Seidler und Dr. Patrick Strunkmann-Meister, die mich immer wieder dazu motivierten, meine Ideen und Gedanken zur Wirtschaft niederzuschreiben.

© Springer Fachmedien Wiesbaden GmbH, ein Teil von Springer Nature 2022
D. Pietsch, *Eine Reise durch die Ökonomie*,
https://doi.org/10.1007/978-3-658-38095-3

Schließlich möchte ich den wichtigsten Menschen in meinem Leben danken: meinen Eltern sowie meiner Frau und meinem Sohn für ihre immerwährende emotionale und motivierende Unterstützung und ihren festen Glauben an mich. Meinem Sohn und seiner Generation der Ökonomen widme ich dieses Buch.

München, im Oktober 2019

Literatur

Ärzteblatt. (2021). Long COVID: Patienten klagen über mehr als 200 verschiedene Symptome. *Ärzteblatt* 15.07.2021. https://www.aerzteblatt.de/nachrichten/125635/Long-COVID-Patienten-klagen-ueber-mehr-als-200-verschiedene-Symptome. Zugegriffen: 19. Juli 2021.

Aquin, T. (1985). *Summe der Theologie* (3 Bände). In Bernhard, J. von (Hrsg.). Kröner.

Aquin, T. (2012). *Summa Theologiae.* http://www.unifr.ch/bkv/summa/inhalt1.htm. Zugegriffen: 6. Juni 2019.

Aristoteles. (1995a). *Philosophische Schriften in sechs Bänden.* Übersetzt von Rolfes E. Felix Meiner. Meiner.

Aristoteles. (1995b). *Philosophische Schriften in sechs Bänden* (Politik, Bd. 4). Übersetzt von Rolfes E. Felix Meiner. Meiner.

Aristoteles. (2007). *Nikomachische Ethik* (2. Aufl.). Tusculum.

Atkinson, A. B. (2015). *Inequality – what can be done?* Harvard University Press.

Bankenverband. (2018). *o. V. Geldköpfe Teil 1: Der erste Mensch auf der Münze.* https://bankenverband.de/blog/geldkopfe-teil-

1-der-erste-mensch-auf-einer-munze/. Zugegriffen: 21. März 2019.

Bayerisches Münzkontor. (2019). o. V. Die „Mark" vor 1945. *Bayerisches Münzkontor.* https://www.muenzkontor.de/muenzkunde-numismatik/die-deutsche-mark-vor-1945. Zugegriffen: 22. März 2019.

Bentham, J. (1776). A fragment on government. In von J. H. Burns & H. L. A. Hart (Hrsg.), *A comment on the commentaries and a fragment on government* (S. 391–551). (The collected works of Jeremy Bentham) London 1977.

Beutter, F. (1989). Thomas von Aquin. In J. Starbatty (Hrsg.), *Klassiker des ökonomischen Denkens* (2 Bände, S. 56–75). Beck.

Biegger, S. (2022). 30 Milliarden-Aufbaufonds. Flutopfer hoffen auf schnelle Hilfe. *Tagesschau* 07.09.2021. https://www.tagesschau.de/wirtschaft/unternehmen/wiederaufbaufonds-fluthilfe-101.html. Zugegriffen: 10. März 2022.

Bick, A. (2012). *Die Steinzeit.* (2., Korr. u. ak. Aufl.) Theiss in Wissenschaftliche Buchgesellschaft (WBG).

Bofinger, P. (2015). Adam Smith. Der Segen des Egoismus. In L. Nienhaus (Hrsg.), *Die Weltverbesserer – 66 große Denker, die unser Leben verändern* (S. 31–34). Hanser.

Böhm, S. (1996). Die Verfassung der Freiheit. In N. Piper (Hrsg.), *Die großen Ökonomen. Leben und Werk der wirtschaftswissenschaftlichen Vordenker* (2., überarb. Aufl., S. 105–111). Schäffer-Poeschel.

Böhm, S. (2009a). Joseph A. Schumpeter. In H. D. Kurz (Hrsg.), *Klassiker des ökonomischen Denkens* (Bd. 2, S. 137–160). Beck.

Böhm, S. (2009b). Friedrich August von Hayek. In H. D. Kurz (Hrsg.), *Klassiker des ökonomischen Denkens* (Bd. 2, S. 228–249). Beck.

Bohmeyer, M., & Cornelsen, C. (2019). Bedingungsloses Grundeinkommen. 1000 Euro mehr im Monat – auch für Managersöhne und Sozialamtbetrüger. *Die Zeit* 23.01.2019. https://www.zeit.de/arbeit/2019-01/bedingungsloses-grundeinkommen-michael-bohmeyer-buchauszug/komplettansicht. Zugegriffen: 18. März 2019.

Born, K. E. (1989). Jean Baptiste Colbert. In J. Starbatty (Hrsg.), *Klassiker des ökonomischen Denkens* (2 Bände, S. 96–113).Beck.

Bortis, H. (o. J.). *Anfänge der Wirtschaft und Wirtschaft der Antike*. https://www.unifr.ch/withe/assets/files/Bachelor/Wirtschaftsgeschichte/Anfaenge_der_Wirtschaft_Wige.pdf. Zugegriffen: 19. März 2019.

Braunberger, G. (2008). Ordoliberalismus. Das verwaiste Erbe der Freiburger Schule. *FAZ* 19.06.2008. https://www.faz.net/aktuell/ordoliberalismus-das-verwaiste-erbe-der-freiburger-schule-1912163-p2.html. Zugegriffen: 20. März 2019.

Braunberger, G. (2015). Friedrich List. Der Feuerkopf der Globalisierung. In L. Nienhaus (Hrsg.), *Die Weltverbesserer – 66 große Denker, die unser Leben verändern* (S. 23–26). Hanser.

Braunberger, G. (2015a). Joseph Schumpeter, Vergesst mir die Banken nicht. In L. Nicnhaus (Hrsg.), *Die Weltverbesserer – 66 große Denker, die unser Leben verändern* (S. 249–253). Hanser.

Braunberger, G. (2015b). Walter Eucken. Der wahre Neoliberale. In L. Nienhaus (Hrsg.), *Die Weltverbesserer – 66 große Denker, die unser Leben verändern* (S. 63–67). Hanser.

Bräutigam, T. (2013). *Knappe Rohstoffe. Wann bauen wir das letzte Windrad?* https://www.wiwo.de/technologie/green/knappe-rohstoffe-wann-bauen-wir-das-letzte-windrad/13547618.html. Zugegriffen: 13. März 2019.

Brodersen, K. (Hrsg.). (2006). *Aristoteles – 77 Tricks zur Steigerung der Staatseinnahmen, Oikonomika II*. Reclam.

Brost, M. (1999). Immer alles im Lot. Jean-Baptiste Say: Traité d'Économie Politique. *Die Zeit* 27.05.1999. https://www.zeit.de/1999/22/199922.biblio-serie_3_s.xml. Zugegriffen: 14. März 2019.

Bundeszentrale für politische Bildung. (2018). *Entwicklung des grenzüberschreitenden Warenhandels*. http://www.bpb.de/nachschlagen/zahlen-und-fakten/globalisierung/52543/entwicklung-des-warenhandels. Zugegriffen: 15. März 2019.

Bundeszentrale für politische Bildung bpb. (2016). *Weltbruttoinlandsprodukt*. 12.06.2016. http://www.bpb.de/nachschlagen/zahlen-und-fakten/globalisierung/52655/weltbruttoinlandsprodukt. Zugegriffen: 1. Apr. 2019.

Caspari, V. (2009). John Maynard Keynes. In H. D. Kurz (Hrsg.), *Klassiker des ökonomischen Denkens* (Bd. 2, S. 161–186). Beck.

Daniels, A. (1996). Zölle fürs Vaterland. In N. Piper (Hrsg.), *Die großen Ökonomen. Leben und Werk der wirtschaftswissenschaftlichen Vordenker* (2., überarb. Aufl., S. 127–132). Schäffer-Poeschel.

Dettling, W. (1996). Wie modern ist die Antike? In N. Piper (Hrsg.), *Die großen Ökonomen. Leben und Werk der wirtschaftswissenschaftlichen Vordenker* (2., überarb. Aufl., S. 3–7). Schäffer-Poeschel.

de Marchi, M. (1989). John Stuart Mill. In J. Starbatty (Hrsg.), *Klassiker des ökonomischen Denkens* (2 Bände, S. 266–290). Beck.

Diekmann, F. (2018). Superreiche: 45 Deutsche besitzen so viel wie die ärmere Hälfte der Bevölkerung. *Spiegel*. http://www.spiegel.de/wirtschaft/soziales/vermoegen-45-superreiche-besitzen-so-viel-wie-die-halbe-deutsche-bevoelkerung-a-1189111.html. Zugegriffen: 23. Jan. 2018.

Dönhoff, M. G. (1997). *Zivilisiert den Kapitalismus. Grenzen der Freiheit*. DVA.

Dullien, S. (2021). Weltwirtschaft: Nach Corona kommt die Deglobalisierung. *Hans Böckler Stiftung*. https://www.boeckler.de/data/impuls_2021_02_S2-3.pdf. Zugegriffen: 28. Juni 2021.

Eckert, D. (2018). Automatisierung. Diese Jobs sind besonders von Robotern bedroht. *Die Welt* 16.02.2018. https://www.welt.de/wirtschaft/article173642209/Jobverlust-Diese-Jobs-werden-als-erstes-durch-Roboter-ersetzt.html. Zugegriffen: 18. März 2019.

Eisermann, G. (1989). Vilfredo Pareto. In J. Starbatty (Hrsg.), *Klassiker des ökonomischen Denkens* (Bd. 2, S. 158–174). Beck.

Eltis, W. (1989). David Ricardo. In J. Starbatty (Hrsg.), *Klassiker des ökonomischen Denkens* (2 Bände, S. 188–207). Beck.

Erhard, L. (1964). 8. *Aufl., bearbeitet von Wolfram Langer.* https://www.ludwig-erhard.de/wp-content/uploads/wohlstand_fuer_alle1.pdf. Zugegriffen: 17. Juni 2018.

Eschbacher, V. (2017). Warum Republikaner Obamacare verabscheuen. *Tiroler Tageszeitung* 24.02.2017. https://www.tt.com/politik/weltpolitik/12664194/warum-republikaner-obamacare-verabscheuen. Zugegriffen: 29. Mai 2019.

Ettel, A., & Zschäpitz, H. (2015). *Zufriedenheit und Gehalt – Die Wahrheit über Glück.* https://www.welt.de/wirtschaft/article147904505/Zufriedenheit-und-Gehalt-Die-Wahrheit-ueber-Glueck.html. Zugegriffen: 13. März 2019.

Europäisches Parlament. (2018). *Plastikmüll und Recycling in der EU: Zahlen und Fakten.* http://www.europarl.europa.eu/news/de/headlines/society/20181212STO21610/plastikmull-und-recycling-in-der-eu-zahlen-und-fakten. Zugegriffen: 08. Mai 2019.

Europäischer Rat. (2022). Restriktive Maßnahmen der EU als Reaktion auf die Krise in der Ukraine. *Europäischer Rat* https://www.consilium.europa.eu/de/policies/sanctions/restrictive-measures-ukraine-crisis/. Zugegriffen: 10. März 2022.

Faigle, P. (2010). *Reichtumsstudie: 60.000 Euro reichen für ein schönes Leben.* https://www.zeit.de/wirtschaft/2010-09/studie-reichtum-glueck. Zugegriffen: 13. März 2019.

Feldenkirchen, M. (2015). Vereinigte Oligarchen von Amerika. *Spiegel* 29.08.2015. http://www.spiegel.de/spiegel/print/d-138379369.html. Zugegriffen: 14. März 2019.

Felderer, B. (1989). Léon Walras. In J. Starbatty (Hrsg.), *Klassiker des ökonomischen Denkens* (Bd. 2, S. 59–75). Beck.

Festinger, L. (2001). *A theory of cognitive dissonance* (Combined Academic Publ. Zuerst veröffentlicht 1957). Stanford University Press.

Fischer, M. (2011). Der Freihändler. *Wirtschaftswoche* 04.12.2011. https://www.wiwo.de/politik/konjunktur/david-ricardo-der-freihaendler/5886714.html. Zugegriffen: 14. März 2019.

Flämig, H. (2018). *Luft- und Klimabelastung durch Güterverkehr.* Forschungsinformations- system (FIS) Mobilität und Verkehr. https://www.forschungsinformationssystem.de/servlet/is/39787/. Zugegriffen: 18. März 2019.

Flashar, H. (2013). *Aristoteles – Lehrer des Abendlandes.* Beck.

Fratzscher, M. (2022). *Geld oder Leben. Wie unser irrationales Verhältnis zum Geld die Gesellschaft spaltet.* Berlin.

Frenkel, R. (1996). Gelächter im Gottesdienst. In N. Piper (Hrsg.), *Die großen Ökonomen. Leben und Werk der wirtschaftswissenschaftlichen Vordenker* (2., überarb. Aufl., S. 218–222). Schäffer-Poeschel.

Fricke, T. (2018). Reich und arm. Wie der Immobilienboom das Land spaltet. *Spiegel* 29.09.2018. http://www.spiegel.de/wirtschaft/service/immobilien-wie-der-boom-die-spaltung-der-gesellschaft-vertieft-a-1230495.html. Zugegriffen: 15. März 2019.

Friedman, M. (1953). *Essays in positive economics.* https://pdfs.semanticscholar.org/4af4/acabcbae145c9d21bca3cfb34fdbb5 5282a0.pdf. Zugegriffen: 23. Juni 2018.

Friedman, M. (2016). *Kapitalismus und Freiheit* (11. Aufl. mit einem Geleitwort von Horst Siebert). Piper.

Gabriel, M., & Scobel, G. (2021). *Zwischen Gut und Böse. Philosophie der radikalen Mitte.* Edition Körber.

Gaertner, W. (2009). Amartya Sen. In H. D. Kurz (Hrsg.), *Klassiker des ökonomischen Denkens* (Bd. 2, S. 354–372). Beck.

Gerken, L. (Hrsg.). (2000). *Walter Eucken und sein Werk. Rückblick auf den Vordenker der Sozialen Marktwirtschaft* (Untersuchungen zur Ordnungstheorie und Ordnungspolitik (Walter Eucken Institut), Bd. 41). Mohr Siebeck.

Giesen, C., & Hägler, M. (2017). *E-Mobilität: China führt Quote für E-Autos ein.* https://www.sueddeutsche.de/wirtschaft/e-mobilitaet-china-fuehrt-quote-fuer-e-autos-ein-1.3687137. Zugegriffen: 13. März 2019.

Gilibert, G. (1989). François Quesnay. In J. Starbatty (Hrsg.), *Klassiker des ökonomischen Denkens* (2 Bände, S. 114–133). Beck.

Graß, R.-D. (1996). Marx der Bourgeoisie. In N. Piper (Hrsg.), *Die großen Ökonomen. Leben und Werk der wirtschaftswissenschaftlichen Vordenker* (2., überarb. Aufl., S. 69–74). Schäffer-Poeschel.

Habekuß, F. (2019). *Artensterben. Wie geht es den Arten?* https://www.zeit.de/2019/03/artensterben-oekosystem-umweltschutz-zerstoerung. Zugegriffen: 13. März 2019.

Haidacher, B. (2015). *Bargeldmetaphern im Französischen. Pragmatik, Sprachkultur und Metaphorik.* Frank& Timme.

Hank, R., & Petersdorff, von W. (2013). Gewinne privatisieren, Verluste sozialisieren. *FAZ* 22.12.2013. https://www.faz.net/aktuell/wirtschaft/wirtschaftspolitik/gewinne-privatisieren-verluste-sozialisieren-wie-wir-lernten-die-banken-zu-hassen-12722023.html. Zugegriffen: 18. März 2019.

Harvard. (2019). *HarvardX.* Free online courses from Harvard University. https://www.edx.org/school/harvardx. Zugegriffen: 18. März 2019.

Hasse, E. S. (2012). Brotzeit. Uschi Glas engagiert sich für Schulkinder. *Welt* 07.05.2012. https://www.welt.de/regionales/hamburg/article106269940/Uschi-Glas-engagiert-sich-fuer-Schulkinder.html. Zugegriffen: 21. März 2019.

Häuser, K. (1989). Friedrich List. In J. Starbatty (Hrsg.), *Klassiker des ökonomischen Denkens* (2 Bände, S. 225–244). Beck.

Hayek, F. A. (2007). *The road to serfdom text and documents. Nachdruck der Originalversion von 1944.* The University of Chicago Press.

Hennings, K.-H. (1989). Eugen von Böhm-Bawerk. In J. Starbatty (Hrsg.), *Klassiker des ökonomischen Denkens* (Bd. 2, S. 175–190). Beck.

Herrmann, U. (2016). *Kein Kapitalismus ist auch keine Lösung. Die Krise der heutigen Ökonomie oder was wir von Smith, Marx und Keynes lernen können* (3. Aufl.). Westend.

Heuser, U. J. (1996). Geld, Freiheit, Ideologie. In N. Piper (Hrsg.), *Die großen Ökonomen. Leben und Werk der wirtschaftswissenschaftlichen Vordenker* (2., überarb. Aufl., S. 274–280). Schäffer-Poeschel.

Heuser, U. J. (2012). Schreck der Ökonomen. *Die Zeit* 16.05.2012. https://www.zeit.de/2012/21/L-P-Kahneman/komplettansicht. Zugegriffen: 20. März 2019.

Heuser, U. J. (2018). Ökonomie: Was wissen Sie über Wirtschaft? *Die Zeit* 31.01.2018. https://www.zeit.de/2018/06/oekonomie-wirtschaft-grundwissen. Zugegriffen: 14. März 2019.

Höffe, O. (2015). Platon. Griechenlands bester Ökonom. In L. Nienhaus (Hrsg.), *Die Weltverbesserer – 66 große Denker, die unser Leben verändern* (S. 129–131). Hanser.

Hoffmann, J. (1992). Alles pendelt sich ein. *Die Zeit* Nr. 49/1992 vom 27.11.1992. https://www.zeit.de/1992/49/alles-pendelt-sich-ein. Zugegriffen: 14. März 2019.

Hoffmann, T. S. (2009). *Wirtschaftsphilosophie – Ansätze und Perspektiven von der Antike bis heute*. Marix.

Holderied, T. (2010). Ich weiß nicht, was ich ohne Obamacare tun soll. *jetzt* 06.05.2017. https://www.jetzt.de/usa/junge-amerikaner-sagen-ihre-meinung-zu-obamacare. Zugegriffen: 14. März 2019.

Honey. C. (2016). Überfischung. Wir essen die Weltmeere leer. *Die Zeit* 19.01.2016. https://www.zeit.de/wissen/umwelt/2016-01/ueberfischung-bedrohung-arten-fehlerangaben. Zugegriffen: 15. März 2019.

Horn, K. (2015a). Carl Menger. Die Preise richten sich nicht nach den Kosten. In L. Nienhaus (Hrsg.), *Die Weltverbesserer – 66 große Denker, die unser Leben verändern* (S. 199–202). Hanser.

Horn, K. (2015b). Friedrich August von Hayek. Wider die Anmaßung von Wissen. In L. Nienhaus (Hrsg.), *Die Weltverbesserer – 66 große Denker, die unser Leben verändern* (S. 57–59). Hanser.

Hülser, K. H. (Hrsg.). (1991a). *Platon. Sämtliche Werke griechisch und deutsch* (10 Bände). Insel.

Hülser, K. H. (Hrsg.). (1991b). *Platon. Sämtliche Werke griechisch und deutsch* (Bd. 10). Insel.

Hurtz, S. (2017). Sind Smartphones doch etwa ein Problem? *SZ* 25.10.2017. https://www.sueddeutsche.de/digital/doku-reihe-homo-digitalis-sind-smartphones-vielleicht-doch-ein-problem-1.3723358. Zugegriffen: 18. März 2019.

IAB. (2021). Wie stellen sich Arbeitnehmer das Arbeiten nach der Pandemie vor? *Techniker Krankenkasse* zitiert aus der Studie des Instituts für Arbeitsmarkt- und Berufsforschung (IAB). https://www.tk.de/firmenkunden/service/fachthemen/coronavirus-arbeitgeber/homeoffice-nach-corona-2104308. Zugegriffen: 27. Juni 2021.

Janssen, H. (2009). Walter Eucken. In H. D. Kurz (Hrsg.), *Klassiker des ökonomischen Denkens* (Bd. 2, S. 187–204). Beck.

Kahneman, D. (2012). *Schnelles Denken, langsames Denken.* Penguin.

Kaier, E. (Hrsg.). (1974). *Grundzüge der Geschichte: Band 1 Von der Urgeschichte bis zum Ende der Völkerwanderungszeit* (Moritz Diesterweg 12. Aufl.). Moritz Diesterweg, cop.

Karier, T. (2010). *Intellectual capital – Forty years of the nobel prize in economics.* Cambridge University Press.

Kaufmann, S. (2017). *Millionärssteuer. So viel zahlen Menschen mit hohem Einkommen.* https://www.berliner-zeitung.de/wirtschaft/millionaerssteuer-so-viel-steuern-zahlen-menschen-mit-hohem-einkommen-27875330. Zugegriffen: 3. Mai 2019.

Kennedy, J. F. (1961). *Antrittsrede vom 20.01.1961, Deutsche Fassung.* https://www.jfklibrary.org/learn/about-jfk/historic-speeches/inaugural-address. Zugegriffen: 29. Mai 2019.

Keynes, J. M. (2016). *The economic consequences of the peace.* Introduction by Former Chair of the Federal Reserve Paul Volcker. Skyhorse Publishing/Anodos Books, Whithorn, Reissue 2016 (originally published 1919).

Keynes, J. M. (2017). *Allgemeine Theorie der Beschäftigung, des Zinses und des Geldes* (Neuübersetzung von Nicola Liebert). Duncker & Humblot.

Kirk, G. S., Raven, J. E., & Schofield, J. (2001). *Die vorsokratischen Philosophen. Einführung, Texte und Kommentare*. Metzler.

Klier, A. (2009). *Amartya Kumar Sen & Martha Craven Nussbaum. Jedem nach seinen Befähigungen*. https://www.alexander-klier.net/wp-content/uploads/2012/06/Artikel-Bef%C3%A4higungen.pdf. Zugegriffen: 20. März 2019.

Knauer, R. (2015). 25 Jahre FCKW-Verbot. Es bleibt ein Loch ohne Boden. *Spektrum der Wissenschaft*. https://www.spektrum.de/news/25-jahre-fckw-verbot-wie-steht-es-um-das-ozonloch/1352353. Zugegriffen: 21. März 2019.

Kohlenberg, K., & Uchatius, W. (2008). Finanzkrise. Wo ist das Geld geblieben? *Die Zeit* 27.02.2008. https://www.zeit.de/2008/49/DOS-Wo-steckt-das-Geld. Zugegriffen: 19. März 2019.

Köhler, B. (2006). Serie Ökonomen: Amartya Sen: Das Gewissen der Ökonomie. *Bilanz* 14.03.2006. https://www.bilanz.ch/unternehmen/serie-oekonomen-amartya-sen-das-gewissen-der-oekonomie#. Zugegriffen: 20. März 2019.

Krelle, W. (1989). Jean-Baptiste Say. In J. Starbatty (Hrsg.), *Klassiker des ökonomischen Denkens* (2 Bände, S. 172–187). Beck.

Krieger, A. (2016). *Plastikmüll im Meer. Zahlen und Fakten nach Meeresregionen*. http://anjakrieger.com/2016/06/02/plastikmuell-meer-zahlen-region-vergleich/#5. Zugegriffen: 18. März 2019.

Küng, H. (2010). *Anständig wirtschaften – Warum Ökonomie Moral braucht*. Piper.

Kurz, H. D. (1996a). Das System der natürlichen Freiheit. In N. Piper (Hrsg.), *Die großen Ökonomen. Leben und Werk der wirtschaftswissenschaftlichen Vordenker* (2., überarb. Aufl., S. 29–36). Schäffer-Poeschel.

Kurz, H. D. (1996b). Geiz der Natur. In N. Piper (Hrsg.), *Die großen Ökonomen. Leben und Werk der wirtschaftswissenschaftlichen Vordenker* (2., überarb. Aufl., S. 37–43). Schäffer-Poeschel.

Kurz, H. D. (Hrsg.). (2009). *Klassiker des ökonomischen Denkens* (Bd. 2). Beck.

Kurz, H. D. (2015). Karl Marx. Die Entzauberung des Kapitalismus. In L. Nienhaus (Hrsg.), *Die Weltverbesserer – 66 große Denker, die unser Leben verändern* (S. 78–81). Hanser.

Lange, K. (2018). Wie Digitalisierung die Arbeitswelt verändert. Wer Karriere macht und wer um seinen Job bangen muss. Interview Lange K mit Penning S. *Manager Magazin* 26.10.2018. http://www.manager-magazin.de/unternehmen/artikel/karriere-und-jobverlust-digitaler-wandel-veraendert-arbeitswelt-a-1127180.html. Zugegriffen: 18. März 2019.

Lee, F. (2017). Klimaschutz in China. „Kohlefreie Zone" in Peking. *Die Zeit* 17.10.2017. https://www.zeit.de/wirtschaft/2017-10/klimaschutz-klimawandel-china-regierung-smog-emissionen. Zugegriffen: 21. März 2019.

Lenel, H. O. (1989). Walter Eucken. In J. Starbatty (Hrsg.), *Klassiker des ökonomischen Denkens* (Bd. 2, S. 292–311). Beck.

Leube, K. R. (1996). Das Ich und der Wert. In N. Piper (Hrsg.), *Die großen Ökonomen. Leben und Werk der wirtschaftswissenschaftlichen Vordenker* (2., überarb. Aufl., S. 91–96). Schäffer-Poeschel.

Lingen, M. (2019). *Alfred Müller-Armack.* Internetseite der Konrad-Adenauer-Stiftung. https://www.kas.de/web/geschichte-der-cdu/personen/biogramm-detail/-/content/alfred-mueller-armack-v1. Zugegriffen: 20. März 2019.

Lütge, C., & Esfeld, M. (2021). *Und die Freiheit? Wie die Corona-Politik und der Missbrauch der Wissenschaft unsere offene Gesellschaft bedrohen.* Riva.

Lütge, C., & Uhl, M. (2017). *Wirtschaftsethik.* Vahlen.

Mankiw, G. N., & Taylor, M. P. (2012). *Grundzüge der Volkswirtschaftslehre* (5., Überarb. u. erweit. Aufl.). Schäffer-Poeschel.

Marx, K. (2009). *Das Kapital – Kritik der politischen Ökonomie* (Ungekürzte Ausgabe nach der zweiten Auflage von 1872 mit einem Geleitwort von Karl Korsch aus dem Jahre 1932, unveränderter Nachdruck). Anaconda.

Marx, K., & Engels, F. (1983). *Manifest der Kommunistischen Partei.* Nachdruck Reclam.

März, E. (1989). Joseph Alois Schumpeter. In J. Starbatty (Hrsg.), *Klassiker des ökonomischen Denkens* (Bd. 1, S. 251–272). Beck.

McKinsey. (2015). *McKinsey connectivity and autonomous driving consumer survey 2015*. McKinsey.

Meadows, D. (1972). *Die Grenzen des Wachstums. Bericht des Club of Rome zur Lage der Menschheit*. Deutsche Verlagsanstalt.

Merkel, W. W. (2013). Fracking: zu viele Risiken, zu wenig Wissen. *Welt* 11.07.2013. https://www.welt.de/wissenschaft/article117938329/Fracking-zu-viele-Risiken-zu-wenig-Wissen.html. Zugegriffen: 15. März 2019.

Merz, S. L. (2015). Industrie 4.0 ist keine Theorie mehr. Die vierte industrielle Revolution kommt in der Wirklichkeit an. *Computerwoche* 21.12.2015. https://www.computerwoche.de/a/die-vierte-industrielle-revolution-kommt-in-der-wirklichkeit-an,3096002. Zugegriffen: 18. März 2019.

Mierzejewski, A. C. (2005). *Ludwig Erhard. Der Wegbereiter der Sozialen Marktwirtschaft. Biografie*. Siedler.

Mill, J. S. (2004). *Principles of political economy* (Great mind series). Prometheus Books.

Müller, C. (2015). *Nachhaltige Ökonomie. Ziele, Herausforderungen und Lösungswege*. de Gruyter Oldenbourg.

Müller-Armack, A. (1990). *Wirtschaftslenkung und Marktwirtschaft* (Sonderausgabe). Kastell.

Nienhaus, L. (2009). *Die Blindgänger: Warum die Ökonomen auch künftige Krisen nicht erkennen werden*. Campus.

Nienhaus, L. (Hrsg.). (2015). *Die Weltverbesserer – 66 große Denker, die unser Leben verändern*. Hanser.

Oberhuber, N. (2015). Glyphosat: Gift für mehr Wachstum. *Die Zeit* 06.08.2015. https://www.zeit.de/wirtschaft/2015-08/glyphosat-unkrautvernichter-krebs-landwirtschaft-ertraege-monsanto/komplettansicht. Zugegriffen: 15. März 2019.

Oltmanns, T. (1996a). Ökonomie gegen die Armut. In N. Piper (Hrsg.), *Die großen Ökonomen. Leben und Werk der wirtschaftswissenschaftlichen Vordenker* (2., überarb. Aufl., S. 75–81). Schäffer-Poeschel.

Oltmanns, T. (1996b). Die Weisheit des Auktionators. In N. Piper (Hrsg.), *Die großen Ökonomen. Leben und Werk der wirtschaftswissenschaftlichen Vordenker* (2., überarb. Aufl., S. 63–68). Schäffer-Poeschel.

Oswalt, W. (1996). Die Ordnung der Freiheit. In N. Piper (Hrsg.), *Die großen Ökonomen. Leben und Werk der wirtschaftswissenschaftlichen Vordenker* (2., überarb. Aufl., S. 195–207). Schäffer-Poeschel.

Ott, A. E. (1989). Karl Marx. In J. Starbatty (Hrsg.), *Klassiker des ökonomischen Denkens* (Bd. 2, S. 7–35). Beck.

Oxfam. (2017). *8 Männer besitzen so viel wie die ärmere Hälfte der Weltbevölkerung.* https://www.oxfam.de/ueber-uns/aktuelles/2017-01-16-8-maenner-besitzen-so-viel-aermere-haelfte-weltbevoelkerung. Zugegriffen: 14. März 2019.

Oxfam. (2018). *Bericht zur sozialen Ungleichheit: 82 Prozent des weltweiten Vermögenswachstums geht ans reichste Prozent der Bevölkerung.* https://www.oxfam.de/presse/pressemitteilungen/2018-01-22-82-prozent-weltweiten-vermoegenswachstums-geht-ans-reichste. Zugegriffen: 14. März 2019.

Paech, N. (2012). *Befreiung vom Überfluss. Auf dem Weg in die Postwachstumsökonomie.* Oekom.

Paech, N. (2019). *Grundzüge einer Postwachstumsökonomie.* http://www.Postwachstumsoekonomie.de/material/grundzuege/. Zugegriffen: 15. März 2019.

Pietsch, D. (2014). *Mensch und Welt – Versuch einer Gesamtbetrachtung.* Eul/Lohmar.

Pietsch, D. (2017). *Grenzen des ökonomischen Denkens – Wo bleibt der Mensch in der Wirtschaft?* Eul/Lohmar.

Pietsch, D. (2020). *Prinzipien moderner Ökonomie. Ökologisch, ethisch, digital.* Springer.

Pietsch, D. (2021). *Die Ökonomie und das Nichts. Warum Wirtschaft ohne Moral wertlos ist.* Springer.

Pietsch, D. (2022). *Unsere Wirtschaft ethisch überdenken. Eine Aufforderung.* Springer (in Vorbereitung).

Piketty, T. (2014a). *Das Kapital im 21. Jahrhundert.* Beck.

Piketty, T. (2014b). *Capital in the twenty-first century*. Boston: Harvard University Press. Deutsche Ausgabe. *Das Kapital im 21. Jahrhundert*. Beck.

Piper, N. (1996a). Der Unternehmer als Pionier. In*Die großen Ökonomen. Leben und Werk der wirtschaftswissenschaftlichen Vordenker* (2., überarb. Aufl., S. 97–104). Schäffer-Poeschel.

Piper, N. (Hrsg.). (1996b). *Die großen Ökonomen. Leben und Werk der wirtschaftswissenschaftlichen Vordenker* (2., überarb. Aufl.). Schäffer-Poeschel.

Platon (1991a). Theaitetos. Sämtliche Werke IV. In K. H. Hülser (Hrsg.), *Sämtliche Werke griechisch und deutsch* (Bd. 10). Insel.

Platon (1991b). Politeia. Sämtliche Werke V. In K. H. Hülser (Hrsg.), *Sämtliche Werke griechisch und deutsch* (Bd. 10). Insel.

Platon (1991c). Nomoi. Sämtliche Werke IX. In K. H. Hülser (Hrsg.), *Sämtliche Werke griechisch und deutsch* (Bd. 10). Insel.

Plickert, P. (2008). Joseph Stiglitz. Kassandra der Finanzkrise. *FAZ* 06.10.2008. https://www.faz.net/aktuell/beruf-chance/mein-weg/joseph-stiglitz-kassandra-der-finanzkrise-1714311.html?printPagedArticle=true#pageIndex_0. Zugegriffen: 20. März 2019.

Plickert, P. (2015). Ludwig von Mises. Der letzte liberale Ritter. In L. Nienhaus (Hrsg.), *Die Weltverbesserer – 66 große Denker, die unser Leben verändern* (S. 38–41). Hanser.

Precht, R. D. (2016). *Tiere denken. Vom Recht der Tiere und den Grenzen des Menschen*. Goldmann.

Precht, R. D. (2018). *Jäger, Hirten, Kritiker: Eine Utopie für die digitale Gesellschaft*. Goldmann.

Precht, R. D. (2022). *Freiheit für alle. Das Ende der Arbeit wie wir sie kannten*. Goldmann.

Radtke, R. (2022). Todesfälle mit Coronavirus (COVID-19) nach Ländern 2022. https://de.statista.com/statistik/daten/studie/1100818/umfrage/todesfaelle-aufgrund-des-coronavirus-2019-ncov-nach-laendern/. Zugegriffen: 10. März 2022.

Rau, K. (2021). Arbeitswelt nach Corona. „Hybrides Arbeiten ist sicherlich die anstrengendste Form", Interview mit der Arbeitsforscherin Barbara Stöttinger. *Wirtschaftswoche* 27.05.2021. https://www.wiwo.de/erfolg/beruf/arbeitswelt-nach-corona-hybrides-arbeiten-ist-sicherlich-die-anstrengendste-form/27212258.html. Zugegriffen: 18. Okt. 2021.

Recktenwald, H. C. (1989). Adam Smith. In J. Starbatty (Hrsg.), *Klassiker des ökonomischen Denkens* (2 Bände, S. 134–155). Beck.

Reuter, H. (2014). Amazonas Regenwald: Pro Stunde werden 526 Fußballfelder abgeholzt. *Die Welt* 07.11.2014. https://www.welt.de/wissenschaft/umwelt/article134117363/Pro-Stunde-wurden-526-Fussballfelder-abgeholzt.html. Zugegriffen: 15. März 2019.

Rieter, H. (1989). Alfred Marshall. In J. Starbatty (Hrsg.), *Klassiker des ökonomischen Denkens* (Bd. 2, S. 135–157). Beck.

Rosenbach, M. (Hrsg.). (2011). *Seneca. Philosophische Schriften lateinisch und deutsch* (2. Aufl., Bd. 5). Wissenschaftliche Buchgesellschaft.

Rövekamp, M. (2016). Digitalisierung bis Demografie. Wie sich die Arbeitswelt wandelt. *Der Tagesspiegel.* https://www.tagesspiegel.de/wirtschaft/digitalisierung-bis-demografie-wie-sich-die-arbeitswelt-wandelt/14898360.html. Zugegriffen: 18. März 2019.

Sander, O. (1996). Die Zeit gehört Gott. In N. Piper (Hrsg.), *Die großen Ökonomen. Leben und Werk der wirtschaftswissenschaftlichen Vordenker* (2., überarb. Aufl., S. 8–13). Schäffer-Poeschel.

Schefold, B. (1989). Platon und Aristoteles. In J. Starbatty (Hrsg.), *Klassiker des ökonomischen Denkens* (2 Bände, S. 19–55). Beck.

Scherf, H. (1989). John Maynard Keynes. In J. Starbatty (Hrsg.), Thomas Morus. In J. Starbatty (Hrsg.), *Klassiker des ökonomischen Denkens* (2. Bd., S. 273–291). Beck.

Schipper, L. (2015a). John Stuart Mill. Das Glück im Kapitalismus. In L. Nienhaus (Hrsg.), *Die Weltverbesserer – 66 große Denker, die unser Leben verändern* (S. 106–109). Hanser.

Schipper, L. (2015b). Thorstein Veblen. Spott auf die feinen Leute. In L. Nienhaus (Hrsg.), *Die Weltverbesserer – 66 große Denker, die unser Leben verändern* (S. 176–180). Hanser.

Schipper, L. (2015c). Amartya Sen. Anwalt der Armen. In L. Nienhaus (Hrsg.), *Die Weltverbesserer – 66 große Denker, die unser Leben verändern* (S. 150–153). Hanser.

Schipper, L. (2015e) Was eigentlich ist das Internet der Dinge? *FAZ* 17.03.2015. https://www.faz.net/aktuell/wirtschaft/cebit/cebit-was-eigentlich-ist-das-internet-der-dinge-13483592.html?printPagedArticle=true#pageIndex_0. Zugegriffen: 18. März 2019.

Schmidt, R. H. (2001). Nobelpreis. Rütteln an den Grundfesten. *Die Zeit* 18.10.2001. https://www.zeit.de/2001/43/200143_nobelpreis.xml/komplettansicht. Zugegriffen: 20. März 2019.

Schmitt, U. (2013). „Obamacare" ist Teufelswerk – und absoluter Renner. *Die Welt* 06.10.2013. https://www.welt.de/politik/ausland/article120662017/Obamacare-ist-Teufelswerk-und-absoluter-Renner.html. Zugegriffen: 29. Mai 2019.

Schömann-Finck, C. (2011). Kurz erklärt. Was sind eigentlich Leerverkäufe? *Focus Money.* https://www.focus.de/finanzen/boerse/kurz-erklaert-was-sind-eigentlich-leerverkaeufe_aid:505874.html. Zugegriffen: 21. März 2019.

Schröder, U. (2022). Russland-Ukraine-Krieg/Chancen und Gefahren von Sanktionen gegen Putin. *Deutschlandfunk* 10.03.2022. https://www.deutschlandfunk.de/sanktionen-gegen-putin-russland-ukraine-krieg-100.html. Zugegriffen: 10. März 2022.

Schultz, S. (2013). So rechnet Apple seine Steuerlast klein. *Spiegel* 21. Mai 2013. http://www.spiegel.de/wirtschaft/unternehmen/apples-steuertricks-in-der-uebersicht-a-901015.html. Zugegriffen: 15. März 2019.

Schwarz, G. (2015). Milton Friedman. Konsequent liberal. In L. Nienhaus (Hrsg.), *Die Weltverbesserer – 66 große Denker, die unser Leben verändern* (S. 209–212). Hanser.

Sen, A. (2000). Ökonomie für den Menschen – Wege zu Gerechtigkeit und Solidarität in der Marktwirtschaft. Hanser (Titel der Originalausgabe (1999) Development as freedom. New York: Oxford University Press).

Senzel, H. (2022). Jahrhundert-Hochwasser bedroht Sydney. *Tagesschau* 03.03.2022. https://www.tagesschau.de/ausland/ozeanien/flut-australien-103.html. Zugegriffen: 10. März 2022.

Siedenbiedel, C. (2013). Ökonom Gary Becker: Gegensätze ziehen sich an. *FAZ* 01.08.2013. https://www.faz.net/aktuell/wirtschaft/menschen-wirtschaft/oekonom-gary-becker-gegensaetze-ziehen-sich-an-12308018.html. Zugegriffen: 14. März 2019.

Smith, A. (2009). *Wohlstand der Nationen*. Nach der Übersetzung von Max Stirner, herausgegeben von Heinrich Schmidt. Anaconda.

Smith, A. (2010). *Theorie der ethischen Gefühle* (Philosophische Bibliothek Felix Meiner Band 605, übersetzt von Eckstein, W. und herausgegeben von Brandt, H.D.). Felix Meiner.

Spahn, H.-P. (2009). Milton Friedman. In H. D. Kurz (Hrsg.), *Klassiker des ökonomischen Denkens* (Bd. 2, S. 282–300). Beck.

Spiegel Online (o. V.) (2018). *Mieten sollen erneut kräftig steigen* 26.12.2018. https://www.spiegel.de/wirtschaft/service/deutschland-mieten-sollen-2019-um-bis-zu-fuenf-prozent-steigen-a-1245410.html. Zugegriffen: 29. Mai 2019.

Spiegel Online. (11.06.2021). G7 Staaten wollen ärmeren Ländern eine Milliarde Impfdosen bereitstellen. *Spiegel* 11.06.2021. https://www.spiegel.de/ausland/corona-g7-staaten-wollen-aermeren-laendern-eine-milliarde-impfdosen-bereitstellen-a-23f47dd0-2acb-4836-940c-a4f83a72b9a5. Zugegriffen: 20. Juni 2021.

Starbatty, J. (Hrsg.). (1989). *Klassiker des ökonomischen Denkens* (2 Bände). Beck.

Starbatty, J. (1996). Weltgeschichte mit Heilsplan. In N. Piper (Hrsg.), *Die großen Ökonomen. Leben und Werk der wirtschaftswissenschaftlichen Vordenker* (2., überarb. Aufl., S. 211–217). Schäffer-Poeschel.

Statistisches Bundesamt. (2021). Die Folgen der Corona-Pandemie in 10 Zahlen, Pressemitteilung Nr. N 023 vom 31.März 2021. *Statistisches Bundesamt.* https://www.destatis.de/DE/Presse/Pressemitteilungen/2021/03/PD21_N023_p001.html. Zugegriffen: 20. Juni 2021.

Stehle, A. (2014). Jedes Angebot schafft sich seine Nachfrage. *Wirtschaftswoche* 06.02.2014. https://www.wiwo.de/politik/konjunktur/geistesblitze-der-oekonomie-xiv-jedes-angebot-schafft-sich-seine-nachfrage/9412150.html. Zugegriffen: 29. Mai 2019.

Steinhilber, J. (2021). Wie sich die Globalisierung nach Corona verändern muss. Zeit für einen grundlegenden Wandel. *Neue Gesellschaft.* Frankfurter Hefte Ausgabe 04/2021. https://www.frankfurter-hefte.de/artikel/zeit-fuer-einen-grundlegenden-wandel-3173/. Zugegriffen: 28. Juni 2021.

Steinmann, G. (1989). Thomas Robert Malthus. In J. Starbatty (Hrsg.), *Klassiker des ökonomischen Denkens* (2 Bände, S. 156–171). Beck.

Stiglitz, J. E. (2002). *Globalization and its discontents.* Norton.

Stiglitz, J. E. (2015). *The Great Divide – unequal societies and what we can do about them.* Norton.

Straubhaar. (2017) Dieser Nobelpreisträger brach mit allen Heiligtümern. *Die Welt* 10.10.2017. https://www.welt.de/wirtschaft/article169490204/Dieser-Nobelpreistraeger-brach-mit-allen-Heiligtuemern.html. Zugegriffen: 20. März 2019.

Streissler, E. (1989). Carl Menger. In J. Starbatty (Hrsg.), *Klassiker des ökonomischen Denkens* (Bd. 2, S. 119–134). Beck.

Streminger, G. (2017). *Adam Smith. Wohlstand und Moral – Eine Biographie.* Beck.

Ter Haseborg, V. (2021). Lieferketten: Globalisierungs-Killer Corona? Von wegen! *Wirtschaftswoche* 04.06.2021. https://www.wiwo.de/politik/konjunktur/lieferketten-globalisierungs-killer-corona-von-wegen/27254224.html. Zugegriffen: 28. Juni 2021.

Thornton, P. (2015). *Die großen Ökonomen. 10 Vordenker deren Werk unser Leben verändert hat.* Börsenbuch.

Tierschutzbund. (2019). *Kosmetikpositivliste.* https://www.tier-schutzbund.de/information/service/publikationen/kosmetik-positivliste/. Zugegriffen: 15. März 2019.

Umweltbundesamt. (2018a). EU-Plastikstrategie: Guter Absatz aber zu unkonkret. *Umweltbundesamt.* https://www.umwelt-bundesamt.de/themen/eu-plastikstrategie-guter-ansatz-aber-zu-unkonkret. Zugegriffen: 18. März 2019.

Umweltbundesamt. (2018b). Biozide. *Umweltbundesamt.* https://www.umweltbundesamt.de/themen/chemikalien/bio-zide. Zugegriffen: 18. März 2019.

Umweltbundesamt. (2019). Verpackungen. *Umweltbundesamt* 28.12.2018. https://www.umweltbundesamt.de/themen/abfall-ressourcen/produktverantwortung-in-der-abfallwirt-schaft/verpackungen#textpart-1. Zugegriffen: 18. März 2019.

Unmüßig, B. (2022). Corona-Pandemie, Impfstoffver-teilung und globale Gerechtigkeit. *Heinrich Böll Stiftung* 10.02.2022. https://www.boell.de/de/2022/02/10/corona-pandemie-impfstoffverteilung-und-globale-gerechtigkeit-eine-zwischenbilanz. Zugegriffen: 10. März 2022.

Vaupel, M., & Kaul, V. (2016). *Die Geschichte(n) des Geldes. Von der Kaurischnecke zum Goldstandard – So entwickelte sich das Finanzsystem.* Börsenmedien AG.

Veblen, T. (2007). *Theorie der feinen Leute: Eine ökonomische Untersuchung der Institutionen.* Fischer Taschenbuch.

von Oertzen, P. (1991). Karl Marx. In W. Euchner (Hrsg.), *Klassiker des Sozialismus* (Bd. 1, S. 139–156). Beck.

von Petersdorff, W. (2015). Thomas Malthus. Der traurige Pastor. In L. Nienhaus (Hrsg.), *Die Weltverbesserer – 66 große Denker, die unser Leben verändern* (S. 115–118). Hanser.

von Weizsäcker, C. C. (2015). John Maynard Keynes. In L. Nienhaus (Hrsg.), *Die Weltverbesserer – 66 große Denker, die unser Leben verändern* (S. 16–19). Hanser.

Wagener, H.-J. (2009). Vilfredo Pareto. In H. D. Kurz (Hrsg.), *Klassiker des ökonomischen Denkens* (Bd. 2, S. 26–47). Beck.

Wallacher, J. (2007). *Impulse der ökonomischen Glücksforschung für die Wirtschaftsethik.* https://www.hfph.de/hochschule/

lehrende/prof-dr-dr-johannes-wallacher/artikel/wallacher-personalfuehrung.pdf. Zugegriffen: 13. März 2019.

Weimann, J., Knabe, A., & Schöb, R. (2011). *Measuring happiness – The economics of well-being*. The MIT Press. Auf Deutsch erschienen (2011)*Geld macht doch glücklich: Wo die ökonomische Glücksforschung irrt*. Schäffer-Poeschel.

Weischedel, W. (2005). *Die philosophische Hintertreppe. Die großen Philosophen im Alltag und Denken* (Ungekürzte Ausgabe). Verlagsgesellschaft.

White, J. (2022). SAP erlaubt Mitarbeitern Homeoffice zu jeder Zeit. *Manager Magazin* 02.06.2021. SAP-Vorständin Julia White im Gespräch mit Reuters. https://www.manager-magazin.de/unternehmen/tech/sap-mitarbeiter-koennen-homeoffice-machen-wann-sie-wollen-a-1283fedc-dcdf-4dae-95ee-a8bc1704f101. Zugegriffen: 10. Marz 2022.

Zank, W. (1993). Reiche Bauern, reiches Land. *Die Zeit* Nr. 8/1993. https://www.zeit.de/1993/08. Zugegriffen: 19. Febr. 1993.

Zank, W. (1996a). Reiche Bauern, reiches Land. In N. Piper (Hrsg.), *Die großen Ökonomen. Leben und Werk der wirtschaftswissenschaftlichen Vordenker* (2., überarb. Aufl., S. 20–25). Schäffer-Poeschel.

Zank, W. (1996b). Der Staat als Hebel. In N. Piper (Hrsg.), *Die großen Ökonomen. Leben und Werk der wirtschaftswissenschaftlichen Vordenker* (2., überarb. Aufl., S. 157–162). Schäffer-Poeschel.

Zank, W. (1996c). Lob der Enthaltsamkeit. In N. Piper (Hrsg.), *Die großen Ökonomen. Leben und Werk der wirtschaftswissenschaftlichen Vordenker* (2., überarb. Aufl., S. 44–49). Schäffer-Poeschel.

Zank, W. (1996d). Freiheit und Sozialismus. In N. Piper (Hrsg.), *Die großen Ökonomen. Leben und Werk der wirtschaftswissenschaftlichen Vordenker* (2., überarb. Aufl., S. 55–56). Schäffer-Poeschel.

Zukunftsinstitut: Megatrends Neo-Ökologie. (2019). https://www.zukunftsinstitut.de/artikel/mtglossar/neo-oekologie-glossar/. Zugegriffen: 8. Mai 2019.

Printed in the United States
by Baker & Taylor Publisher Services